Tacitus, Agricola Germania Dialogus

m

KRÖNERS TASCHENAUSGABE · BAND 225

PUBLIUS CORNELIUS TACITUS

AGRICOLA · GERMANIA
DIALOGUS DE ORATORIBUS

DIE HISTORISCHEN VERSUCHE

ÜBERSETZT UND ERLÄUTERT VON
KARL BÜCHNER †

DRITTE AUFLAGE, BEARBEITET VON
REINHARD HÄUSSLER

Mit zwei Übersichtskarten von
FRIEDRICH GISINGER †

ALFRED KRÖNER VERLAG STUTTGART

CIP-Kurztitelaufnahme der Deutschen Bibliothek

Publius Cornelius Tacitus
Agricola · Germania · Dialogus de Oratoribus
Die historischen Versuche
Übers. u. herausg. von Karl Büchner
3. Aufl. bearb. von Reinhard Häußler
Stuttgart: Kröner 1985
(Kröners Taschenausgabe; Bd. 225)
ISBN 3-520-22503-4

Gesamtherstellung von Friedrich Pustet, Regensburg

FRIEDRICH KLINGNER

DEM LEHRER UND MEISTER

IN DANKBARKEIT UND VEREHRUNG

GEWIDMET ZUM

7. JULI 1954

INHALT

EINLEITUNG 9

AGRICOLA
Einführung 49 Übersetzung 83

GERMANIA
Einführung 125 Übersetzung 149

DIALOGUS
Einführung 183 Übersetzung 228

ANMERKUNGEN
Einleitung 275
Agricola 282 Germania 301 Dialogus 320
Literaturübersicht 350 Register 355

VORWORT ZUR ZWEITEN UND DRITTEN AUFLAGE

Es wäre verkehrt, anzunehmen, daß eine Übersetzung, die es mit ihrer Aufgabe ernst nimmt, notwendig überhell und verständlicher als das Original sein müsse. Im Gegenteil muß jede Übersetzung, die ihrer Pflicht genügt, ein in einer fremden Sprache entstandenes Kunstwerk in seiner Einmaligkeit mit allen Bezügen und Nuancen zu verstehen und sie im Medium der eigenen Sprache auszuformen, zunächst befremden. Denn es darf zwar nicht gegen die Gesetze der Sprache verstoßen werden, das in ihr Gewöhnte aber kann für das Andersartige nie zureichend sein. So hat sich diese Übersetzung nicht nur das gute Deutsch zum Ziel gesetzt, sondern eine Nachbildung der verschiedenen Stile der drei kleinen Schriften des Tacitus. Bei allem unverwechselbar Taciteischen (mit seiner Komprimiertheit, Transparenz, dynamischen Wachheit, der Vermeidung jedes Fremdwortes, dem Grad der Abstraktion, der Wortfolge, dem Fehlen des Technischen und der kühnen Metaphorik, die immer der Erfassung geistiger Wirklichkeiten dient) soll etwas von der anfangshaften und kühnen Übersteigerung des Agricola, dem herodoteischen Kolorit der Germania und dem ciceronischen Atem und der differenzierten Urbanität des Dialogus spürbar werden. Nur dann lassen sich die Erkenntnisse des Tacitus, die vielfach im Sprachlichen liegen, voll erfassen und etwas erreichen, was uns bereichert.

Freiburg i. Br. — Karl Büchner

Nach dem Tod Karl Büchners am 19. November 1981 wurde dieser Band, im Tacitusgespräch längst verankert, für die dritte Auflage einer Durchsicht unterzogen – mit jener Behutsamkeit, die *professione pietatis* Verständnis finden wird.

Düsseldorf — Reinhard Häußler

EINLEITUNG

Unser Ausgangspunkt ist der vom einzig bleibenden und für uns möglichen Zentrum, vom duldenden, strebenden und handelnden Menschen, wie er ist und wie er war und sein wird . . .

JACOB BURCKHARDT
Weltgeschichtliche Betrachtungen

Wenn nicht alles täuscht, wird heute wohl kein römischer Autor mit solcher Leidenschaft in aller Welt gelesen wie Tacitus, wenigstens in jenen Kreisen der Gebildeten, denen die Gefährdung der Persönlichkeit eine ernste Sorge ist. Es ist das Höchste, das damals wie heute in Gefahr ist, damals durch die Beschränkung der Freiheit unter dem Herrscher, heute durch die Technik und ihre politischen Konsequenzen. So verschieden die Gründe, so verschieden die Begriffe von Freiheit sind, es bleibt etwas erregend Gemeinsames.[1]

Fragt man nach dem Wesen der taciteischen Geschichtsschreibung, wird man erkennen, daß es das Wesen der Geschichtsschreibung überhaupt ist. Man wird heute kaum noch verstehen, daß das neunzehnte Jahrhundert ihn aus der Reihe der Historiker ausschließen wollte, weil es sich nicht um Geschichtswissenschaft handle.

Geschichte und Geschichtsschreibung dient dem Leben als rühmende, bewahrende und verurteilende Haltung zur Vergangenheit. Zuviel Geschichte erstickt das Leben, Leben ohne Geschichte ist unmöglich. Das war der Inhalt des Kampfrufes, den Friedrich Nietzsche der geschichtsseligen Wissenschaft seiner Zeit in der zweiten unzeitgemäßen Betrachtung vom Nutzen und Nachteil der Historie für das Leben ins Gesicht schleuderte. Kühn unternahm er es, von dieser Position aus die Geschichtsschreibung nach ihren Funktionen in monumentale, antiquarische und kritische zu gliedern. Diese Gliederung der Funktionen hat etwas Faszinierendes durch ihre Geschlossenheit, weil sie in der Stufung von Negation bis zur verbindlichen Bejahung, zur Begeisterung, alle Möglichkeiten subjektiven Verhaltens umschließt. Mit der monumentalen ist dabei übertreibende Verschönerung, die zum großen Handeln anspornt, fast notwendig verbunden ebenso wie Ungerechtigkeit mit der kritischen. Und dazwischen liegt als das gute Hausbrot, das man zum Leben nötig hat, die antiquarische, die den Hausrat schafft, der den Menschen vom Tier unterscheidet.

Gewiß, Nietzsche spricht in Verbindung mit der kritischen von der höchsten Tugend der Gerechtigkeit und dem furchtbaren Richteramt des Historikers. Aber ein Begriff fehlt, ohne den auch seine Bestimmung ebenso wie die Monopolisierung der wissenschaftlichen Geschichtsschreibung ein absolutistisches Diktat bleibt: Dienst am Leben? Wo bleibt die reine Betrachtung? — Feindschaft zwischen Geschichte und Wissenschaft? Wo bleibt die Genauigkeit, die nur auf diesem Wege zu erreichen ist? — Verurteilung oder Verherrlichung des Vergangenen? Wo bleibt das Gute oder Schlechte der in Bausch und Bogen verurteilten oder verherrlichten Zeiten? — Ich will nicht weiter fragen. Der Begriff, der fehlt und der die notwendige Lebensinhärenz, die notwendige Gerechtigkeit, die eigentliche Frucht für das Leben umschließt, ist der echter Erkenntnis und echten Urteils. Der Historiker vermag das Besondere der Aktion in ihrem Zusammenhang und ihrer Einmaligkeit zu erkennen und damit ein Urteil zu sprechen, nicht mehr und nicht weniger. Und wie jüngst Franz Wieacker als das Wesentliche der römischen Jurisprudenz und, wie er glaubt, das Wesentliche jeder Jurisprudenz das Judiz[2] bezeichnet hat, so ist das Wesentliche an Tacitus, und damit ist er dem Wesen aller Geschichtsschreibung verbunden, das *iudicium* über die *consilia* der historisch bedeutsamen Persönlichkeiten. Er gehört zu denen, die das Gedächtnis nicht verlorengehen lassen wollen, die Gegenwart in ihrem zeitlichen Raume nach rückwärts erweitern wollen *incorruptum iudicium professi.*

Fragt man aber nach seiner Bedeutung, das heißt nach der Bedeutung seines Urteils, so soll sie nicht, wie heute beliebt, nach der Größe einer Fragestellung sich bemessen, sondern, wie das Wort *iudicium* zu erkennen gibt, in der Größe einer Antwort. Ihr Rang aber läßt sich erahnen, wenn wir vorausschikken, daß sie der Antwort eines der größten modernen Althistoriker über den größten Gegenstand der Geschichte gleichkommt, der des jüngst verstorbenen ROSTOVTZEFF über den Untergang der antiken Welt[3], einer Welt, deren Macht ohne Grenzen gewesen war.

Seitdem GIBBON[4] in seinem großen Werk das Christentum für den Untergang der antiken Welt verantwortlich gemacht hat, ist man nicht müde geworden, die Gründe für den Verfall aufzudecken. Dabei sind je nach den Interessen der Historiker und Zeiten die verschiedensten Gesichtspunkte hervorgetreten. So etwa der pragmatische: Germaneneinfälle; der wirtschaftliche: Ende der Freizügigkeit und Verkümmerung von Handel und Industrie; der biologische: Aussterben der alten Familien, Rassenmischung; aber auch der religiöse: Ausrichtung aufs Jenseits durch Christentum und verwandte Religionen.

ROSTOVTZEFFS[5] Forschungen haben die Struktur der Spätantike aufgedeckt und jene Schraube ohne Ende erkannt, die das Leben dieser Zeit verkümmern ließ. Damit hat er eine Welt erschlossen, eine Erkenntnis, die erregend und fruchtbar auf die verschiedensten Disziplinen, nicht nur die Altertumswissenschaft wirkte, vor allem natürlich auf Soziologie und Philosophie. Es ist nun höchst interessant, daß dieser Mann, der in erster Linie die wirtschaftlichen Zusammenhänge erkannt hat und in seiner Geschichte der Alten Welt diesen Gesichtspunkt besonders betont, in seinem Schlußurteil mit jenem Spiel, das eine Windung der Schraube ohne Ende herausgriff und behauptete, sie sei der Anfang, Schluß gemacht hat. Es lohnt sich, die inhaltsschweren Sätze hier zu vergegenwärtigen: »So ist auch hier, im Falle der römischen Kaiserzeit ein stetiger Verfall der Kultur nicht auf physische Entartung oder auf Verschlechterung des Blutes der höheren Rassen infolge der Sklaverei oder auf politische und wirtschaftliche Umstände zurückzuführen, sondern auf die gewandelte Geisteshaltung der Menschen. Dieser Wandel beruht auf der Kette von Umständen, die sich aus den besonderen Lebensbedingungen der römischen Kaiserzeit ergeben hatten«. Sieht man sich diese Antwort an, so erkennt man, daß es das von Tacitus vorweggenommene Urteil über den Untergang der antiken Welt ist. Der Verfall der *virtus*, eine Notwendigkeit unter den Kaisern, die ihr keinen Spielraum lassen und lassen können, das Verschwinden der wesentlichen geschichtsgestaltenden Kraft ist schuld an einem Verfall, dem man in düsterer Hoffnungslosigkeit, wenn nicht gar in völliger Verzweiflung zusehen muß. Fragt man aber nach den Gründen dieser *sterilitas virtutum*, die sich aus den besonderen Lebensbedingungen der Kaiserzeit ergibt, so würde Tacitus freilich wohl nicht in säkularisierter Weise auf die Kette von Umständen verweisen, die sich aus ihnen ergeben hätten, sondern in jenem unerklärbaren Zwang das Wirken des Fatum sehen, das, dem Historiker nicht mehr zugänglich, das Leben nicht mehr froh gedeihen läßt, sondern in bedrängender Enge hält. Die fast völlige Identität der Antworten zeigt deutlich Rang und Bedeutung des Tacitus.

Von den Lebensumständen des Tacitus wissen wir nur wenig, weil der Stil[6] der großen römischen Geschichtsschreibung es nicht erlaubt, dem Leser Persönliches, wohl gar noch in minutiöser Genauigkeit, mitzuteilen, und weil seine Geschichtsschreibung schon in eine Zeit fiel, in der selbst der nächste Freund doch ihre Bedeutung nur annähernd abschätzen konnte, die Zeit nicht das Bedürfnis verspürt hat, sich mit der außergewöhnlichen Erscheinung zu beschäftigen.

Der ältere Plinius[7] erwähnt um das Jahr 57 n. Chr. in seiner Naturgeschichte den Sohn eines Cornelius Tacitus, eines römischen Ritters, *rationes Belgicae Galliae procurantis*, also eines kaiserlichen Beamten. Man hat vermutet, daß es sich um den Vater unseres Tacitus handelt, aber das muß unbeweisbare Vermutung bleiben. Doch würde ein Aufwachsen in Gallien gut dazu passen, daß sein nachmaliger Schwiegervater aus Forum Julii stammte und in Marseille seine Ausbildung genoß und daß sich Tacitus, um seine Redekunst zu vervollkommnen, gallischen Rednern angeschlossen hat, dem Secundus und Aper. Schlüssig ist das natürlich nicht. Auch über das Geburtsjahr und selbst den Vornamen besteht keine eindeutige Klarheit: der Mediceus I[8] nennt ihn in der Unterschrift am Schluß des 1. und 3. Buches der Annalen Publius Cornelius Tacitus, Sidonius Apollinaris[9] in zwei Briefen Gaius Cornelius Tacitus. Hier freilich wird man der handschriftlichen Tradition den Vorzug geben; der späte Redner mag sich in seinem Gedächtnis getäuscht haben. Das Geburtsjahr aber muß erschlossen werden. Der Freund Plinius[10] würdigt und bestimmt einmal in seiner sympathischen Art das Glück seiner Freundschaft mit Tacitus: »Es wird etwas Seltenes und Besonderes sein, daß zwei Männer, an Alter, an Stellung fast gleich, von einigem Namen in der geistigen Welt ..., der eine des anderen Bestrebungen gefördert hat. Ich jedenfalls wünschte schon in früher Jugend, als du bereits in Ruhm und Ansehen standest, dir nachzufolgen.« Da der jüngere Plinius im Jahre 61 oder 62 geboren wurde, wird man beiden Tatsachen — daß beide fast gleichaltrig waren und doch Tacitus in den entscheidenden Jünglingsjahren schon berühmt war, während Plinius ihm nachzueifern trachtete — gerecht, wenn man sein Geburtsjahr mit den meisten der Gelehrten in das Jahr 55 n. Chr. setzt.

Seinen Bildungsgang können wir uns recht gut vorstellen, weil uns Art und Einrichtungen der damaligen Zeit genau bekannt sind.[11] Hat doch der Lehrer des Freundes Plinius — ob Tacitus bei ihm studiert hat, ist nicht sicher zu erkennen —, Quintilian, in seiner institutio oratoria die Notwendigkeiten der Ausbildung dargestellt, die zum Bildungsziel der Zeit, dem vollkommenen Redner, führte. Sein späterer Ruhm als Redner, die Vertrautheit mit allen Problemen der Redekunst, sein Stil machen es sicher, daß Tacitus nach der Vorschule beim *grammatista*, der höheren Stufe beim *grammaticus*, dem Philologen, bei dem hauptsachlich die Dichter gelesen wurden — auch das Sachwissen wurde in solcher Lektüre erarbeitet —, beim *rhetor*, dem Redelehrer, studiert hat. Er wird wie alle in Streitreden, *controversiae*, und Beratungsreden, *suasoriae*, fingierte Fälle deklamiert und Gedächtnis und Stil in diesen Übungen geschult haben. Aber bezeichnend für ihn ist es, bezeichnend auch für die Spannungen, die sein Leben beherrschen und auf die wir besonders zu sprechen kommen müssen, daß er dann sehr bald, und zwar in Rom selbst in altrömischer Weise praktisch gelernt hat, indem er sich in das Gefolge der damals besonders berühmten Redner Secundus und Aper, eben jener Gallier, begab und ihr Leben teilte, so wie Cicero etwa mit den Scaevolae studiert hatte. Der Dialogus schildert ein Gespräch, an dem der junge Tacitus als *sectator* des Secundus und Aper teilnahm. Sehr früh hat er geheiratet, die etwa dreizehnjährige Tochter des Konsuls Agricola. Daß Agricola ihm in so jungen Jahren seine so jugendliche Tochter anvertraute, ist ein Zeichen, daß Tacitus aus sehr angesehener Familie stammen muß und seine Karriere als gesichert gelten konnte. Das Jahr selbst ist umstritten. Man schwankt zwischen dem Jahre 77 und 78. Allem Anschein nach eine Quisquilie, hat die Entscheidung der Frage die bedeutendsten Konsequenzen und läßt sich treffen aus dem Ganzen der Kenntnis des Tacitus, das heißt, unterliegt auch dem Urteil der Leser dieser Ausgabe. Darum darf die Frage in dieser Einführung kurz berührt werden.

Es steht fest, daß Agricola, der Schwiegervater des Tacitus, nach seinem Dienst als Legionskommandeur in Britannien[12] unter Petilius Cerialis im Jahre 73, spätestens Anfang 74 nach Rom zurückgekehrt ist. Er hatte dann, wie es ausdrücklich heißt, weniger als drei Jahre die Provinz Aquitanien zu verwalten, schon mit der Aussicht auf das Konsulat. Zum Konsul bestimmt — diese Bestimmung erfolgte wohl am 9. Januar des jeweiligen Jahres — wurde er von diesem Amte zurückgerufen, wobei man wegen seiner Tüchtigkeit schon überzeugt war, daß ihm dann die Verwaltung der Provinz Britannien zufallen würde. Alles dies muß im Jahre 77 geschehen sein, nach der Wendung 'weniger als drei Jahre' sogar Anfang 77. In einer sehr merkwürdigen Reihe, die offenbar das unmittelbare Nacheinander zum Ausdruck bringen soll, heißt es dann im Agricola, Kap. 9: *consul egregiae tum spei filiam iuveni mihi despondit ac post consulatum collocavit, et statim Britanniae praepositus est ...* Daß Zweifel aufkommen können, wann Agricola das Amt des Konsuls ausgeübt hat, erklärt sich aus den Bedingungen der Zeit. Bekanntlich wurden damals außer den eponymen Konsuln eine Reihe *consules suffecti* ernannt. Die eponymen Konsuln waren gewöhnlich vier Monate im Amte, die *suffecti* zwei.

Anders lag es freilich, wenn der Princeps selber der eponyme Konsul war. Im Jahre 77 waren es Vespasian und Titus. In diesem Falle verzichtete er nämlich häufig früher. So macht es keine Schwierigkeiten, anzunehmen, daß Agricola seine zwei Monate im März und April 77 amtiert, nach dem Konsulat die Hochzeit ausgerichtet hat und sogleich nach der Ernennung zum Prokonsul von Britannien – der Titel lautete übrigens auch für Konsulare *legatus pro praetore* – noch im selben Jahre nach Britannien übergesetzt ist, um das Heer zu übernehmen. Das stimmt nun mit der Nachricht zusammen, die im Kap. 18 derselben Schrift besonders ausführlich behandelt wird: mitten im Sommer kommt Agricola in Britannien an, die Soldaten sind überzeugt, daß die Zeit schon so weit vorgeschritten ist, daß der übliche Sommerfeldzug in diesem Jahre ausfällt, und haben sich innerlich und auch äußerlich schon auf das Winterlager eingerichtet. Da fährt Agricola dazwischen. Kein Gedanke an Anfangsbesuche und Einstandszeremonien! Er bestraft den rebellischen Stamm der Ordoviken und vernichtet ihn fast, und es gelingt, sogar noch die Insel Mona durch einen kühnen und glücklichen Handstreich zu nehmen, ein Unternehmen, an dem ein Paulinus einst gescheitert war. Man erkennt leicht, daß nicht nur der Charakter des Agricola entscheidungsfroh kein Säumen kennt, sondern daß es des Tacitus ganze Absicht ist, diese Energie des Agricola zur Darstellung zu bringen. Die späte Ankunft in Britannien aber würde sich aufs beste erklären, wenn das Konsulat daran schuld war. Nimmt man dagegen an, daß Agricola nach seinen zwei Monaten im Jahre 77 den Winter in Rom verbrachte, dann die Hochzeit seiner Tochter gefeiert und schließlich, obwohl ausdrücklich gesagt ist, daß er *statim* an die Spitze von Britannien gestellt worden sei, den halben Sommer hätte verstreichen lassen, ehe er endlich bequem in Britannien ankam, so würde eine solche Annahme nicht nur den Wortlaut und den Stil des Wortlauts des Tacitus Lügen strafen, sondern dann hätte es einer Entschuldigung bedurft, dann würde dieses Zögern, von der ganzen Weltsicht des Tacitus aus gesehen – zumal den Anfang des Sommers ein Stamm zur Erhebung benutzte – ein unverantwortliches Versäumnis sein, das mit einer Hochzeit nicht entschuldigt wäre, zumal eben das *statim* zeigt, daß eine Schuld auf Seiten des Kaisers nicht vorlag. Das Problem zeigt, daß die Rechnung des pragmatischen Historikers nicht aufgeht, wenn die Aussage des Tacitus nicht aus dem Ganzen seiner Persönlichkeit verstanden wird. Es kann kein Zweifel sein, daß nicht nur die Hochzeit des Tacitus mit der Tochter des Agricola, sondern auch die Ankunft Agricolas in Britannien in das Jahr 77 n. Chr. fällt. Denn die absurde Auskunft, etwa Tacitus selber lügen zu lassen, verbietet die allgemeine Bekanntheit und Nähe der Ereignisse. So unscheinbar das Ergebnis für das Leben des Tacitus sein mag, es wird von Bedeutung für die Würdigung der Biographie des Agricola werden.

Die Ausbildungszeit wird wie auch bei Cicero durch Ableistung militärischer Dienste[13] unterbrochen gewesen sein, die man nach Vollendung des 18. Lebensjahres zu leisten pflegte. Die praktische Anwendung des Gelernten, die Ausübung seines Rednertalentes aber begann für Tacitus etwa mit fünfundzwanzig Jahren, als er in den Senat eintrat. Eine berühmte Stelle der Historien[14], ein einziger Satz, muß für uns das Jahrzehnt zwischen 80 und 90 n. Chr. ausfüllen. Tacitus sagt dort, er möchte nicht abstreiten, daß seine Stellung von Vespasian begründet, von Titus erhöht, von Domitian aber bedeutend gefördert worden sei — *dignitatem nostram a Vespasiano incohatam, a Tito auctam, a Domitiano longius provectam.* Aber der vielleicht noch wichtigere Nachsatz zeigt, worauf es Tacitus eigentlich ankommt. Er will nicht etwa die Stationen einer glänzenden oder doch jedenfalls eindrucksvollen Karriere vorführen, sondern erwähnt sie nur, um zu sagen, daß solche Förderungen für ein Urteil, das nach reiner Wahrheit geht, nichts bedeuten dürfen: Liebe und Haß sind ihm gleicherweise fern. Die Dreizahl der Stufen ist also nicht in erster Linie bestimmt von dem Dreischritt der Laufbahn in den Ämtern, sondern von der Zufälligkeit, daß in dem darzustellenden Zeitraum gerade drei Kaiser herrschten, von denen er jeweils Förderung erfuhr, wie er gleich zu Beginn zugibt, ohne dadurch seine Glaubwürdigkeit etwa gefährdet zu sehen. Weil Tacitus nicht etwa seine Laufbahn berichten will, hat dann auch die genaue Bestimmung dieser Laufbahn noch nicht zu einem befriedigenden Resultat geführt und kann es nicht, wenn nicht vielleicht einmal äußere Indizien gefunden werden. Zwei Möglichkeiten bestehen in der Hauptsache. Der große holländische Philologe Lipsius[15], dessen Tacitusausgabe um 1600 Epoche machte, nahm an, Tacitus sei unter Vespasian Quaestor, unter Titus Aedil oder Volkstribun, unter Domitian Prätor gewesen. Um den Abstand zwischen Ädilität oder Volkstribunat und Prätur — nach dieser Theorie sieben oder acht, normal drei Jahre — zu verringern, hat Nipperdey die kleine Verbesserung hinzugefügt, daß er Tacitus zu den beiden ersten Ämtern von Vespasian und Titus nur bestimmt werden ließ und Quästur und Ädilität in das Jahr 80 bzw. 82 setzte. Die andere Möglichkeit schlug Borghesi[16] vor: Titus habe ihn zum Quästor gemacht, die Ädilität oder das Volkstribunat seien ins Jahr 84 zu setzen. Die Frage, inwiefern Vespasian die Stellung begründet habe, beantwortete er mit der Vermutung, er sei unter ihm Militärtribun oder *vigintivir*[17] gewesen oder sei auch wohl zum *eques senatoria dignitate*, einer bevorzugten Klasse des Ritterstandes, erhoben worden, falls er das nicht schon vorher gewesen sei. Nimmt man die Verbesserung an, die auch diese These erfahren hat, daß Tacitus nämlich von Titus nur zum Quästor bestimmt worden wäre und das Amt im Jahre 82 bekleidet hätte — so Urlichs —, dann hat man die Normalabstände bis zur Ädilität (85) und der Prätur (88). Aus den entwickelten Gründen müssen das Spielereien bleiben. Sicher ist, daß Tacitus im Jahre 88 n. Chr. Prätor war. Er sagt es selbst in den Annalen und fügt hinzu, daß er in diesem Jahre — und das ist der Anlaß, daß er hier in seinem Spätwerk überhaupt von sich spricht — viel Anstrengung in die Säkularspiele[18] gesteckt habe, die Domitian in diesem Jahre feierte. Wahrscheinlich war ihm ebensowenig wie seinem Schwiegervater Agricola die Rechtsprechung zugefallen, und vor allem hatte er als Quindecimvir sacris faciundis[19], wie er sagt, diese Aufgabe zu betreuen. Vor 88 also muß er schon in dieses hohe Priesterkollegium, das zu den vier alten Kollegien der Republik gehörte, gewählt worden sein. Domitian war der dauernde Magister der Priesterschaft, und Tacitus mag öfter dort mit ihm zusammengetroffen sein.

Denn wichtiger als die genauen Bestimmungen der Etappen

sind doch wohl die allgemeinen Aussagen, die wir auf Grund der kargen Nachrichten wagen dürfen. Die Laufbahn des Tacitus ist wie die des Agricola – Agricola wurde vom Kaiser sogar unter die Patrizier aufgenommen – typisch für die neue Beamtenschaft und den Beamtenadel im Kaiserreiche, die nach Bewährung von Stufe zu Stufe führte. Tacitus wird es da am Anfang als Schwiegersohn des Agricola nicht schwer gehabt haben. War doch Agricola einer der ersten und wichtigen Parteigänger des Vespasian bei der Machtergreifung. Und so folgen denn die Ämter am Anfang rasch aufeinander. Vielleicht, daß der Abstand bis zur Prätur und dann der Umstand, daß Tacitus unter Domitian nicht mehr das Konsulat bekleidet hat, mit der Entfremdung zwischen Domitian und Agricola zusammenhängt. Für sicher aber darf man es jedenfalls halten, daß Tacitus seine Ämter auf Vorschlag des Kaisers – eines der wichtigsten seiner Rechte – erhalten hat, sonst hätte er sich kaum so ausdrücken können, wie er es getan hat.

Das Konsulat ist ihm zuteil geworden nach dem Sturz Domitians. Als *consul suffectus* hatte er die *laudatio*, die öffentliche Grabrede, auf den im Jahre 97 verstorbenen Verginius Rufus zu halten. Dieser große General hatte den Aufstand des Vindex niedergeworfen und dreimal die Kaiserwürde, die man ihm anbot, abgelehnt. Er hatte alle Kaiser überstanden, und nun wurde ihm, wie sich Plinius im ersten Briefe des zweiten Buches seiner Sammlung ausdrückt, um sein Glück voll zu machen, zuletzt noch das Höchste zuteil, der *laudator eloquentissimus*, die Lobrede durch den beredtesten Redner. Wir mögen uns vorstellen, wie ein Tacitus jene innere Freiheit, die Verginius bewiesen hatte in Situationen, wo die meisten doch wohl gierig nach der Krone gegriffen hätten, aus Überzeugung gerühmt hat. Die größte Wahrscheinlichkeit spricht so dafür, daß Tacitus im Jahre 97 *consul suffectus* war. In dieser Zeit aber war Tacitus offenbar auf der Höhe seines Ruhmes als Redner.

Das zeigt auch das andere Ereignis, das Plinius[20] in seinen Briefen mit Stolz erzählt. Im Jahre 100 klagten die Afrikaner ihren Prokonsul Marius Priscus an. Mit der Vertretung der Afrikaner wurden Plinius und Tacitus beauftragt. Sie hielten es für ihre Gewissenspflicht festzustellen, daß die Verfehlungen des Marius Priscus das im Gesetz Angenommene weit überschritten. Plinius schildert im Bewußtsein des rechten Handelns nicht ganz ohne Selbstgefälligkeit und im Stolze, hier in Verbindung mit Tacitus aufzutreten, den ganzen Hergang des Prozesses, bei dem dann die beiden unter dem persönlichen Vorsitze des Kaisers Traian, der das Konsulat innehatte, ihre Reden hielten. Plinius rühmt an Tacitus die Gewandtheit seiner Rede, einer Antwort auf die Verteidigung, vor allem aber das, was in besonderem Maße seinem Stile eigentümlich gewesen sei, den heiligen Ernst: *respondit Cornelius Tacitus eloquentissime et quod eximium orationi eius inest* σεμνῶς. Hier kündigt sich im Redner, der um die Ehre des römischen Namens rücksichtslos kämpft, der Geschichtsschreiber an. Waren doch die beiden ersten der kleinen Schriften, der historischen Versuche, schon erschienen.

Wir dürfen uns den Tacitus dieser Zeit nicht so vorstellen, als ob er nun ganz in der Stille allein seinem Geschichtswerk gelebt hätte, vielleicht gar in der immer stärker hervortretenden Erkenntnis der Hoffnungslosigkeit der Zeit verbittert sich von den Menschen überhaupt zurückgezogen hätte: die Briefe des Plinius an ihn — deren elf[21] sind an Tacitus gerichtet, in einigen anderen wird er erwähnt — zeigen ihn uns als den Mann, der zusammen mit Plinius als der höchste Repräsentant der Bildung der Zeit galt, sie zeigen ihn uns umgeben von einer Schar lerneifriger und hoffnungsvoller Jünger, sie zeigen ihn uns in den vielleicht glücklichsten ersten Jahren des neuen Saeculum im geistigen Austausch mit dem Freunde, dem er das entstehende Geschichtswerk bücherweise zur Korrektur schickt und dem er die gleichen Dienste leistet, den er ermuntert, für sein Geschichtswerk einen Bericht über das Ereignis des Vesuvausbruches zu geben, an dem er selbst teilgenommen hatte und bei dem sein Onkel, der ältere Plinius, ums Leben gekommen war.

Er ist auch noch einmal in der höchsten Verwaltung tätig gewesen. Das, was seinem Schwiegervater Agricola das Schicksal in Gestalt Domitians verweigerte, das wurde ihm zuteil: das Prokonsulat der Provinz Asia. Schon früher war er, wie wir aus dem Agricola wissen, lange Jahre fern von Rom gewesen, nämlich vier Jahre vor dem Tode des Agricola im Jahre 93, in dessen letzter Stunde weder die Tochter noch der Schwiegersohn zugegen waren. Tacitus hatte also wie üblich seine Frau mitgenommen. Man stellt sich wohl unter dieser Abwesenheit am besten eine Provinzverwaltung nach der Prätur vor. Eine reine Vermutung ist es, anzunehmen, er sei wie einst sein Vater — wenn die oben ausgesprochene Vermutung stimmt — Procurator der Gallia Belgica gewesen. Freilich mochte das im Stile der Provinzbesetzungen liegen, und es würde sich seine gute Kenntnis der Germanen erklären. Wie gesagt, reine Vermutung, aber als solche nicht schlechter als die Annahme, er habe lange vor der Abfassungszeit der Germania noch unter Domitian Stoff für die Germania gesammelt, um dann mit diesem wohlvorbereiteten Werk dem domitianischen Geschichtsbild entgegenzutreten. Um jenes Prokonsulat über Asia wissen wir aber nur durch den Zufall eines Inschriftenfundes[22], der den ἀνθύπατος Tacitus verewigt hat. Nach den Gepflogenheiten der Zeit mag er dieses Prokonsulat in den Jahren 112 bis 114 innegehabt haben.

Begreiflich, daß man der Kargheit der Zeugnisse Weiteres hat abringen wollen. So muß zum Schluß kurz noch von zwei Versuchen der letzten Jahre berichtet werden, die nach langer Zeit der Ergebnislosigkeit neue Tatsachen vorlegen. Der eine ist der von W. Theiler aus dem Jahre 1945[23]. Er glaubt in dem berühmten Kapitel der Annalen über die Frage, ob die Geschichte von der Notwendigkeit oder vom Zufall beherrscht werde, ein Referat über die Lehre des Neuplatonikers Gaius zu erkennen, der die Ansicht vertrat, daß dem Menschen zwar bei der Geburt die Möglichkeit einer intelligiblen Lebenswahl gegeben sei, daß aber in der Folge sich alles nach dem Gesetz der Kausalität abspiele. Liegt hier Gaius vor, könnte man mit Wahrscheinlichkeit sagen, daß Tacitus in Asien die Gelegenheit benutzt hat, Gaius zu hören, und in seinen späten Jahren sich der Beschäftigung mit der Philosophie zugewendet habe. Aber die Stoiker scheinen nach Ciceros Aussagen von einer ähnlichen Lebenswahl gesprochen zu haben und so scheint der Beweis nicht schlüssig zu sein, abgesehen davon, daß er zur Gestalt des Tacitus kaum zu passen scheint. Anders steht es mit einer Beobachtung K. Meisters. Seit der Tacitus-Ausgabe von J. Lipsius, die zuletzt von ihm 1619 herausgegeben wurde, bezieht man im allgemeinen in dem Satz (a. 2, 59—61), daß Germanicus auf seiner Ägyptenreise nur bis Syene gekommen sei, dem einstigen Abschluß des Reiches, während es sich jetzt bis zum *mare Rubrum* erstrecke, diesen Begriff auf den persischen Golf. Wir wissen, daß Traian in den Jahren 114 bis 116 das Reich bis zur Euphratmündung ausgedehnt hat, daß aber Hadrian 117 auf diese Eroberungen verzichtet hat. Meister zeigt nun, daß *mare Rubrum* zwar den gesamten Indischen Ozean mit seinen Buchten bezeichnen kann, daß es aber in Entgegensetzungen und im Lateinischen als Bezeichnung eines Teiles immer das heutige Rote Meer, den *sinus Arabicus* meint. Mußte man also früher annehmen, daß ein sehr früher Teil der Annalen zwischen 116 bis 117 geschrieben worden ist, so fällt der Zwang weg, wenn man *mare Rubrum* in der nachgewiesenen üblichen Bedeutung faßt und an die neuen Eroberungen unter Traian durch Palma, seine Unterwerfung des Nabatäerreiches und die Schaffung der Provinz Arabia im Jahre 105 oder 106 denkt[23a]. Damit entfällt der Zwang, die Annalen so weit in die Regierungszeit Hadrians zu rücken. Wann sind sie dann geschrieben? Und wann ist Tacitus gestorben? Auch hier sind wir auf bloße Vermutungen angewiesen. Als Tacitus die Annalen schrieb, hatte er schon ein anderes Werk im Auge. Es hätte nicht das Versprechen eingelöst, das er im Agricola gegeben und in den Historien wiederholt hatte, daß er auch das Glück der neuen Zeit darstellen wolle. Davon war längst keine Rede mehr, und die Bedeutung dieser Änderung im Plane des Lebenswerkes wird uns noch beschäftigen müssen. Er hatte vielmehr vor, die Geschichte des Augustus darzustellen, den Verlust der Freiheit, werden wir sagen dürfen, am Ursprung zu studieren, vor dem er befangen vorher noch Halt gemacht hatte[24]. Mitten im Schaffen und Planen muß ihn der Tod hinweggerafft haben. So weit plant man aber und spricht es öffentlich aus doch wohl nur zu einer Zeit, zu der man nach menschlichem Ermessen noch Möglichkeit dazu hat. Wir werden uns seinen Tod nicht zu tief in der Regierungszeit Hadrians vorzustellen haben.

Damit sind wir unvermerkt zur Betrachtung der Werke geführt worden. Ehe wir aber den Sinn ihrer Abfolge und ihre Bedeutung vergegenwärtigen, überblicken wir das Leben im Ganzen, soweit es sich in den Zeugnissen darstellt. Schon die kargen Fakten lassen ahnen, daß es erfüllt gewesen sein muß mit tiefen Spannungen. Schon der Umstand, daß er, aller Wahrscheinlichkeit nach, sich als Provinziale hochkämpfen mußte, brachte alle Spannungen mit sich, die der *homo novus* auszuhalten hatte und die wir etwa aus Cicero kennen. Es gab noch die adelsstolze Aristokratie, die einem neuen Manne, der nun den besten Geist altrömischer Nobilität sich zu verkörpern bemühte, das Leben schwer genug gemacht haben mag. Und was brachten Amt und Würden mit sich! Ein Historiker, der doch aufgeklärt genug war, die Religion sehr geistig aufzufassen, mußte als *quindecimvir* die Rolle des Priesters spielen, und es ist durchaus nicht gewiß, ob er sie als reine Form aufgefaßt hat und aufzufassen vermochte. Spannungen mußten sich daraus ergeben. Wir hatten gesehen, wie schon in der Erziehung die Spannung zwischen dem Betrieb der Rhetorik der Zeit und altrömischen Erziehungsformen festzustellen war. Ein Mann wie Tacitus mußte doch tief unter dem hohlen Pathos dieser Rhetorik leiden. Keiner hat wie er im Dialogus ihre Sinnlosigkeit angeprangert. Damit verbunden aber war die tiefere und überhaupt tiefste Spannung seines Lebens. Er ist offenbar ein loyaler Beamter gewesen, er hat um jeden Preis seinen Dienst beitragen wollen zur *res publica,* für ihn der höchste Sinn eines römischen Lebens. Wir sehen aus seinem Werke und können es daraus für die zurückliegende Zeit erschließen, wie oft ihn die Sinnlosigkeit dieses Dienstes der Verzweiflung nahegebracht haben muß. Aus ihr erklärt sich dann, als die Möglichkeit dazu gegeben ist, der Entschluß, Historiker zu werden, zu verzichten auf direktes Wirken in einer Zeit, mit 43 Jahren, wo der Römer in der vollen Blüte seiner öffentlichen Tätigkeit stand. Alle diese Spannungen mußten immer wieder auf das eine Problem führen, das der Freiheit und Verantwortung. Die Frage, was konnte man noch tun, was konnte und durfte man nicht mehr tun, muß ihn immer wieder beunruhigt haben. Diese Spannungen aber und dieser Kampf um menschlichen Wert und menschliche Freiheit, um Sinn und Größe und das Erdulden der letzten Jahre des Domitian, in denen alle männliche Selbständigkeit aufzuhören schien, haben dann zur Gestaltung im Werk geführt.

Dieses Domitian-Erlebnis und die erste Lösung der Hauptspannung seines Lebens spricht sich ergreifend und bewußt im Proömium zum Agricola aus. In ihm begründet er seinen Entschluß, Geschichte zu schreiben, in einer Form, die gültig bleibt für das ganze Werk. Von seiner Interpretation geht man darum am besten aus, wenn man verstehen will, wie in Tacitus der Entschluß, Geschichte zu schreiben, aufbricht und was sie ihm bedeutet. Eine solche Interpretation aber ist umso nötiger, weil zwar die Gedanken des Proömiums von einer unmittelbaren Überzeugungskraft sind, aber ihre Abfolge aus einem bestimmten Grunde großen Schwierigkeiten des Verständnisses begegnet. Es ist eine römische Form der Darstellung, daß der Autor aus einer bestimmten Situation heraus eine Entscheidung rechtfertigt und miterleben läßt, die Person und Werk umgreift. So hatte es Sallust in seinen Proömien gehalten, aber wir dürfen auch an die Dichter denken: Horaz im ersten Gedicht seiner Odensammlung und Tibull im ersten Gedicht der seinigen haben so ihre Entscheidung dargelegt und uns miterleben lassen. Die Ganzheit der Situation aber, aus der heraus gedacht wird und in der es nicht nur wie etwa bei Thukydides darauf ankommt, Bedeutung und Sinn des Werkes klarzumachen, führt zu einer Gedankenfolge, die nicht nur rational verstanden, sondern in ihrer ganzen Gebärde begriffen sein will.

Das Ganze — zu vergleichen ist die Übersetzung — kann genommen werden als ein Gedankengang, der mit doppelter Vorbereitung zu zwei Resultaten führt, nämlich den Plan der künftigen Geschichtsschreibung zu begründen und den gegenwärtigen Anlaß, eine Biographie des Schwiegervaters Agricola zu schreiben, zu erklären. Man findet derartiges häufiger bei Tacitus — das berühmte Christenkapitel der Annalen kann erst recht verstanden werden, wenn man diese Möglichkeiten der doppelten Vorbereitung im Auge behält[25] —, und es erklärt sich daraus, daß hinter dem Anlaß und den einsträngigen Linien, die zu ihm führen, für Tacitus die großen ermöglichenden Hinter- und Untergründe ebenso wichtig sind und als eigentliche Ursachen auch ihren Ausdruck finden müssen. Aber ist es nicht merkwürdig, daß Tacitus die Vorrede zu einer einzelnen Schrift, einem Interimswerk, benützt, um seine ganze Historiographie zu begründen? Die Bemühung um die Antwort führt zu der Erkenntnis, daß man hier überhaupt nicht von einem logischen Gedankengang in unserem Sinne, einem Beweis, der Erklärung eines sachlichen Anliegens, einer Erläuterung sprechen kann. Aus einer wohlgefügten, vielschichtigen Seinsordnung der Persönlichkeit heraus, der durch das Ereignis der neuen Zeit neue Möglichkeiten eröffnet werden, spricht Tacitus von seinen Anliegen, Urteilen, Verpflichtungen, indem er sie in zwei von Empfindungen, Urteilen, Kontraposten bestimmten Kurven durchmißt. Diese Kurven verlaufen parallel: von Konzession zu Einschränkung zu Gegensatz. Dabei bewegt sich die erste zwischen dem Gegensatz der alten Zeit und der neuen Zeit und bezieht alles, Handeln und Geschichtsschreibung, in sich ein, die zweite schwingt in einem engeren Raum, dem der *memoria* und der geistigen Tätigkeit. Die Verengerung der Weite erfolgt in dem doppelt bezogenen Zwischenstück, in dem die Gegenwart jüngste Vergangenheit wird. So kann die zweite Kurve dann zwischen dem Gegensatz der eben überstandenen Vergangenheit und dem Jetzt in derselben Weise wie die erste pendeln. An uns ist es, die so erzielte Komprimiertheit und Vielschichtigkeit der Aussagen in ihrer Ordnung sichtbar zu machen.

Der Gedankengang konnte so nur an der Grenze der Zeiten entstehen. Die neueste Zeit ermöglicht ihn. Tacitus erkennt das dankbar an. Jetzt ist es überhaupt erst möglich, Geschichte zu schreiben. Man darf zweifeln, ob es gelingt, weil aus dem Leben, dem eigentlichen vollen Leben, fünfzehn Jahre herausgeschnitten sind; man muß damit rechnen, daß die *virtus*-Feindlichkeit der Zeit bleibt. Insofern steht man noch mehr in der Vergangenheit als einer Hoffnung gebenden Gegenwart. Aber man hat die Pflicht, die Möglichkeiten zu ergreifen. Daß es in dieser Situation für Tacitus als sprachgewaltigen und bewußten Menschen nur die Aufgabe der Geschichtsschreibung geben kann aus dem Gefühl heraus, daß er einer der letzten ist, die dazu imstande sind, das wird nicht weiter entwickelt. Das steht als Entschluß noch eine Schicht tiefer als das Ausgesprochene, es kann als Persönlichstes nur vermutet werden. Sehr wohl aber ist deutlich, was Tacitus unter dieser Geschichtsschreibung versteht. Es geht ihm dabei nicht um Formen. Ob Biographie, Selbstbiographie oder Geschichtsschreibung: es kommt ihm darauf an, daß Lebensart und Taten großer Persönlichkeiten, ganz allgemein großes menschliches Handeln und rechte Zustände, in denen die Stimme des Volkes, die Freiheit des Senates und überhaupt das Bewußtsein der Menschheit sich behaupten und betätigen können, ebenso wie unnatürliche und verderbte die verdiente Würdigung finden. Am schlimmsten und eigentlich verderblich wäre es, wenn alles in sklavischem Schweigen hingenommen würde; zu Verläßlichem und Unangefochtenem aber käme man auch nicht, wenn die *memoria*, das Gedächtnis, aus dem man lebt, in die Niederungen des Tageskampfes gezogen würde, wenn der Historiker, wie es in der Vergangenheit, nicht der alten Zeit, geschah, um Gunst buhlte und sie ehrgeizigem Streben dienstbar machte. Wozu diese *memoria*, wozu das Gewissen und Bewußtsein der Menschheit? Hier wird nicht ausdrücklich gefragt oder auf ihr Ziel hingewiesen, aber die empörte Gebärde über ihre Verletzung läßt die Meinung des Tacitus leicht formulieren: ohne sie kein menschenwürdiges Leben, sie gehört zum Wesen des menschlichen Lebens und ist zugleich der Garant für die Fruchtbarkeit der Geschichte, die verdorrt, wenn großem und rechtem Handeln nicht die Anerkennung und sei es nur durch den Geschichtsschreiber winkt. Hier versteht man, warum die Betrachtung über Geschichtsschreibung zur Lebensbeschreibung des Agricola gehört und was sie in bezug auf sie bedeutet: es wäre dem Agricola wenig gedient, wenn er eine *laudatio*, eine womöglich unverbindliche Lobrede erhielte. *Honori destinatus*, das heißt bei der römischen Gleichung von *honos* und *virtus*, daß Leben und Verdienst mit Wahrhaftigkeit gewürdigt werden sollen. Der Agricola gehört zur Geschichtsschreibung, wofern Geschichte lebt von der Art und den Entscheidungen, der *virtus* großer Männer, mit den Maßen der Geschichtsschreibung will die Schrift also auch gewürdigt werden[26]. Zugleich aber erkennt man, daß hier eine Auffassung von Geschichtsschreibung ausgesprochen wird, der Tacitus bis zum letzten Werke treu geblieben ist. Im dritten Buche der Annalen (3, 65, 1) sagt er: »Ich habe beschlossen, nur die Anträge zu berichten, die sich besonders auszeichneten durch ihren Sinn für das Rechte oder durch bemerkenswerte Schändlichkeit, weil ich es für die vorzügliche Aufgabe der Annalen halte, daß rechtes Handeln nicht verschwiegen wird und daß verkehrtem Wort und verkehrter Tat Furcht droht von der Nachwelt her und aus schimpflichem Urteil«. Moderner Weisheit[27] blieb es vorbehalten, diese Bestimmung von Geschichte und Geschichtsschreibung als moralische Geschichtsschreibung zu bezeichnen, die darum zustande komme, weil der Römer keinen Begriff vom Handeln habe. Und BOISSIER[28], der feinsinnige Kritiker des 19. Jahrhunderts, spricht davon, daß Tacitus die Geschichte und die Moral verbunden und damit so große Wirkung erreicht habe. In Wirklichkeit gibt es kein wertfreies geschichtliches Handeln, und es fragt sich nur, ob Tacitus etwas vom menschlichen Handeln gewußt hat und ob er ihm ohne Verfallen an zeitgebundene, enge moralische Kategorien gerecht geworden ist.

Der Plan, der Tacitus im Agricola-Proömium vorschwebt, ist der, nach der nächsten Pflicht, eben dem Denkmal für Agricola, die *memoria prioris servitutis* und ein *testimonium praesentium bonorum* zu geben, das heißt aber Zeitgeschichte zu schreiben, *historiae*, wie der Römer sagt. Es ist anders ausgegangen, als er es sich unter dem Eindruck der Befreiung dachte. Den Agricola hat er im Jahre 98[29], also im ersten Jahre der Regierung des Traian geschrieben. Danach hat er aber nicht sogleich mit den Historien begonnen, sondern es schiebt sich die Germania, die Darstellung des bedeutendsten noch freien Volkstums der Zeit, dazwischen. Sie ist ebenfalls noch im Jahre 98 erschienen[30]. Aus dem Plane aber, mit den Nöten der jüngsten Vergangenheit das Glück der Gegenwart darzustellen, werden die Historien, ein Werk, das von dem Entscheidungsjahr 69 an die Geschichte der Flavier bis zu Domitians Ende, dem Jahre 96, darstellt. Wann sie veröffentlicht worden sind, steht nicht fest, geschrieben wurden sie im ersten Jahrzehnt des neuen Jahrhunderts. Jedenfalls hat er aber auch nach ihrem Abschluß nicht das im Agricola gegebene Versprechen eingelöst, sondern hat noch weiter zurückgegriffen: die Annalen, *ab excessu divi Augusti*, sind die Geschichte des iulisch-claudischen Hauses von Tiberius bis zum Ende Neros. Und man irrt, wenn man denkt, es wäre für diese Aufgabe noch Raum gewesen: in den Annalen hegt er, wie wir sahen, den Plan, die Geschichte des Augustus zu schreiben; und hörte man im Proömium der Historien noch, daß er sich die ungefährlichere Aufgabe für spätere Zeiten aufgespart habe, so ist in den Annalen vom *testimonium praesentium bonorum* nicht mehr die Rede.

Diese Fakten, vieldeutig wie alle Tatsachen, bedürfen der Interpretation, lassen aber sogleich eine Reihe sehr wichtiger unbestreitbarer Aussagen zu. Mit Absicht und Form seiner Werke, Historien und Annalen, reiht sich Tacitus in die imponierende Tradition der senatorischen Geschichtsschreibung ein. Seit dreihundert Jahre vorher Fabius Pictor zum ersten Male der griechischen Kulturwelt in griechischer Sprache römisches Handeln und römische Lebensweise verständlich zu machen versucht hatte, haben die römischen Staatsmänner, das heißt praktisch die Senatoren, ihre Erfahrungen im Werke ausgesprochen. Sie schreiben diese Geschichtswerke in der ursprünglichsten Form der Annalen, der 'Jahrbücher', oder der bald sich daraus entwickelnden Form der Zeitgeschichte, der *historiae,* im *otium.* Es ist Dienst an der *res publica,* also Politik, in einem sehr weiten Sinne aufgefaßt, mit anderen Mitteln. Römische Geschichte ist ihr Gegenstand, Geschichte fremder Völker interessiert sie nicht an sich. Aus einem starken Sinn für den Zusammenhang geschichtlichen Handelns beginnen sie mit dem Anfang. *Ab urbe condita* hat Livius sein Werk genannt, das repräsentativ und abschließend für diese Gattung wurde. Nicht Kulturgeschichte war begreiflicherweise das, worauf diese Männer hinauswollten, sondern die *res gestae,* geschichtliches Handeln, das sie auffaßten als Handeln der großen verantwortlichen Persönlichkeiten, zu denen sie selbst gehörten. Diese Männer von hoher *auctoritas* machten den Anspruch, anders gehört zu werden als einer, der die Dinge nur vom Hörensagen kannte, und sie wußten umgekehrt Urteil und Erfahrung der Vorgänger gebührend zu würdigen. So spielt das Prinzip der *auctoritas* in ihrer Geschichtsschreibung eine erhebliche Rolle, ja einmal dargestellte Geschichte bekam fast den Rang einer historischen Tatsache[31]. Im Laufe der Zeiten hat sich diese Geschichtsschreibung trotz ihrer konstanten Züge natürlich vor allem unter dem Einflusse der griechischen Kultur und Geschichtsschreibung – ist selbst ein Cato nicht ohne griechische Kulturgeschichten zu denken, so spielt bei der pragmatischen Geschichtsschreibung eines Fannius und Asellio der Einfluß des Polybios, bei einem Sallust der des Poseidonios und des Thukydides unverkennbar eine Rolle — in der Ausprägung der Form und der Ziele gewandelt. Aber das Grundsätzliche ist bei Tacitus da und will aus dieser Vergangenheit gewürdigt werden. Dabei macht die Geschichtsschreibung des Tacitus mit der Abwandlung des im Agricola-Proömiums ausgesprochenen Planes einen Wandel, den die senatorische Geschichtsschreibung unter den Kaisern genommen hatte, rückgängig, wenn wir den Tatbestand einmal rein formal beschreiben dürfen.

Die Geschichtsschreiber der iulisch-claudischen Zeit hatten ihre Werke der Zeitgeschichte mit den Bürgerkriegen begonnen. Diese Ereignisse waren für sie die schmerzlichen Notwendigkeiten, die ein Zeitverständnis ermöglichten. Später, in der flavischen Zeit, hat man nicht mehr unter dem Eindruck des Verlustes der Freiheit gestanden, die man gar nicht mehr kannte. So schrieb man Zeitgeschichte ohne Bezug auf den Anfang, oft den Vorgänger einfach fortsetzend. Wenn Tacitus Historien plant, die die jüngste Vergangenheit und das Glück der Gegenwart zum Thema haben, so steht er ganz in der Übung seiner Zeit. Mit der geplanten Darstellung des Augustus aber, die er zunächst aus den Annalen ausgespart hatte, weil dessen Zeit noch offene Darstellung erfahren hatte, ist er wieder bei der tiberianisch-claudischen Geschichtsschreibung und ihrer Thematik angelangt, doch nun bewußt, aus einer Erkenntnis heraus. Die Kaiserzeit als Einheit, als die Zeit ohne Freiheit, hat er wieder verstanden als Frucht der Bürgerkriegssiege. Größere Düsterkeit der Annalen und die Nichteinlösung seines Versprechens der Darstellung der guten Gegenwart zeigen, daß die Befürchtungen, die er im Agricola-Proömium ausgesprochen hatte, sich für ihn bewahrheitet hatten, und darum sucht er die Ursachen am Ursprung auf, sich immer weiter bis zu den entscheidenden Ereignissen zurücktastend.

Noch etwas anderes aber wird schon mit der Einordnung in die senatorische Geschichtsschreibung deutlich. Diese Männer haben sich nicht mit fremden Völkern um ihrer selbst willen abgegeben, sie haben keine Biographien geschrieben, um zu unterhalten — die Gattung *de vita sua* war Rechtfertigung eigenen Handelns —, und sie hätten nie künstlerisch-spielerisch, wie es sich von ihrem Standpunkte aus ansah, philosophisch-rhetorische Schriften wie etwa Cicero geschrieben. Wir dürfen vermuten, daß Tacitus, wenn er das Leben seines Schwiegervaters darstellt, wenn er das Land der Germanen beschreibt, wenn er in der Form des Dialoges den Ursachen des Aussterbens der Redekunst nachgeht, nicht etwa rein literarische Interessen in unserem Sinne gehabt hat, sondern daß alle drei Schriften, wie wir es aus dem Proömium für den Agricola deutlich erschlossen, mit seiner Geschichtsschreibung und der Wende, die sein Leben früher als üblich genommen hatte, daß er sich nämlich aus dem praktisch-politischen Leben zurückzog, im Zusammenhang stehen. Denkbar wären dabei sowohl politische als auch historische Gründe. In jüngster Zeit[32] ist der Versuch gemacht worden, das gleichzeitige Erscheinen von Agricola und Germania als Angriff auf die offizielle Propaganda und das Geschichtsbild Domitians zu verstehen: der Agricola sollte den einzig wirklichen, aber totgeschwiegenen Sieg dieser Zeit ins rechte Licht stellen, die Germania aber die großsprecherischen Behauptungen von der Besiegung Germaniens, der *Germania devicta,* Behauptungen, die Domitian nach seinem Germanienfeldzug mit allen Mitteln hatte verbreiten lassen, entlarven. Es wäre dies nach dem Wesen dieser senatorischen Geschichtsschreibung und den Möglichkeiten des Senators denkbar. Und das Erscheinen der beiden Schriften mußte bis zu einem gewissen Grade in dieser Richtung wirken. Insofern ist es lohnend und fördernd, das Erscheinen der Werke auf den Hintergrund der Zeit zu projizieren. Aber man muß sich fragen, ob man damit das Wesen der Schriften und damit auch die eigentlichen Absichten des Autors erfaßt. Tagesschriften, die so eng polemisch auf Tagesereignisse wie eine offizielle Propaganda bezogen sind, pflegen keine tiefen zeitüberlegenen Wirkungen zu entfalten. Mit unserem Titel 'Die historischen Versuche' schlagen wir implizit eine andere Deutung vor. Alle drei Schriften — und nach allem muß man natürlich den Dialogus hinzunehmen: seine Außerachtlassung schwächt die These von der politischen Absicht von Agricola und Germania — haben Themen zu ihrem

Gegenstand, die das Hauptproblem der taciteischen Geschichtsschreibung berühren, das Problem der Freiheit und der Möglichkeit fruchtbarer historischer Größe in der Gegenwart. Agricola scheint ihm ein Beispiel dafür zu sein, daß auch unter mißgünstigen Kaisern historische Größe möglich ist. Die Germanen erscheinen als ein Volk, das mit seiner Freiheit Rom gefährlicher ist als die Despotie der Perser, und der Grund des Verfalls der Beredsamkeit ist nicht an der Oberfläche, im Formalen oder selbst der Erziehung, sondern im Tiefsten, dem Wandel der Zeit und dem Verlust der Freiheit, zu suchen. Hatten wir gesehen, daß die große Geschichtsdarstellung immer tiefer mit diesem Problem ringt, es immer mehr an der Wurzel aufsucht, so kann es kein Zufall sein, daß alle drei kleinen Schriften dasselbe Problem in besonderer Sicht und Form zum Gegenstand haben. Und läßt nicht schon das Agricola-Proömium, eines der gewichtigsten und erfülltesten Stücke lateinischer Prosa überhaupt, von vornherein viel mehr erwarten? Nun, entscheidenden Aufschluß darüber muß und wird die Interpretation der kleinen Schriften bieten müssen und sie wird, so hoffen wir, den Titel des Bandes rechtfertigen.

Die Betrachtung der Kategorien seines Urteils und seiner Darstellung sowie die Frage nach seiner Weltanschauung sollen das Bild abrunden. Das erste soll noch erörtert werden, weil wir jetzt durch KLINGNERS[33] Behandlung eines Musterfalles klarer sehen, das andere, weil dieses für das Verständnis auch des Werkes zentrale Problem noch von erregender und ungelöster Vieldeutigkeit ist.

Im berühmten Dreikaiserjahr hatte der Kaiser Otho es erfahren müssen, daß sich gegen ihn die germanischen Legionen unter Vitellius so erhoben, wie er selber Galba gestürzt hatte. Es hatte zu einem Zusammenprall der beiderseitigen Truppen in der Poebene bei Bedriacum geführt. Nachdem ihn die Meldung von der verlorenen Schlacht erreicht hatte, hat Otho Selbstmord begangen. Es sind besonders ergreifende Kapitel, in denen Tacitus die letzten Stunden dieses Kaisers darstellt, in denen er den Entschluß faßt, aus dem Leben zu scheiden, um kein Hindernis für den Frieden zu bilden, und sich der gemeinsamen Sache, der *res publica*, opfert, die nicht weiter durch Bürgerkrieg zerfleischt werden soll. Hier schildert Tacitus, der oft auch wichtige Dinge summarisch abtut, liebevoll und mit Anteilnahme bis ins kleinste, wie Otho die Bitten seiner Anhänger, die ihn bestürmen, weiterzukämpfen, und auf die reichen Möglichkeiten hinweisen, ablehnt, für die Getreuen und die Angehörigen sorgt, die Nacht ruhig schläft und sich am Morgen nüchtern den Tod gibt. Zum Schluß faßt er sein Urteil über Otho so zusammen: durch zwei Taten, eine ganz schimpfliche, die andere ungewöhnlich groß, hat er sich bei der Nachwelt ebensoviel üble wie gute Nachrede verdient. Ein ähnliches Urteil hat Tacitus in der Überlieferung vorgefunden, und Plutarch im 18. Kapitel seiner Otho-Biographie gibt uns Gelegenheit, beide Urteile zu vergleichen. Es besteht kein Zweifel, daß Plutarch auf dieselbe Quelle zurückgeht und sie zugleich getreuer wiedergibt. Das hat MOMMSEN[34] in einem für das Quellenproblem entscheidenden Aufsatze nachgewiesen. Dort hat er auch sein Urteil über den Unterschied der beiden Fassungen abgegeben: Tacitus habe mehr Pointe, aber das Urteil sei im Grunde falsch. Was vor der großen Tat Othos, nämlich seinem Tod für die Gemeinschaft, stünde, sei doch keine Tat im eigentlichen Sinne, sondern eben das gemeine Leben eines Hofwüstlings aus dem Hofstaat Neros. Es ist bezeichnend für die Historiker des 19. Jahrhunderts, daß sie Tacitus überhaupt nicht mehr mit historischen Kategorien messen, sondern allein nach ästhetischen beurteilen. So erscheint nach MOMMSEN Tacitus als der Künstler und Rhetor, der um der Pointe willen die Wahrheit verstellt. F. KLINGNER hat zeigen können, daß in der vorausgehenden Darstellung des Tacitus so klar wie nur möglich zum Ausdruck gebracht worden ist: Otho ist eine catilinarische Existenz, ein Überbleibsel der Korruptheit des neronischen Hofes und darum bei allen beliebt, die sich nach jener Üppigkeit zurücksehnen, zunächst treuer Anhänger Galbas, dann nach der Adoption Pisos ihm feindlich und schließlich ihn verräterisch stürzend. Der Verrat an Galba ist die schimpfliche Tat, die Tacitus meint. Mochten andere den Griff nach der Macht entschuldbar finden und in dem Durcheinander der Ereignisse die Tat nicht erkennen, für Tacitus ist dieser Verrat ein Verbrechen, und das einzige, woran man zweifeln konnte, war, ob der Gedanke an das Verbrechen so neu war und erst aus

Haß auf Galba und Neid auf Piso sowie aus Sorge um die eigene Existenz nach Regelung der Nachfolgerfrage, für den der Zweite nach dem Throne immer eine Gefahr ist, gefaßt wurde *(sed sceleris cogitatio incertum an repens:* hist. I 23, 1). Darum hat er mehr als seine Quellen die Dämonie der Situation und des Mannes am Anfang herausgearbeitet und im Schlußurteil zur Geltung gebracht. Er ist damit der Wahrheit näher gekommen: einmal mußte die Entschlossenheit Othos aufgebrochen sein. Er stellt diese Wahrheit nicht räsonnierend, sondern im künstlerischen Aufbau dar. Wie er zu ihr gekommen ist? Der römische Historiker läßt nicht in seine Werkstatt blicken. Man muß aber bedenken, daß es nicht allein die Erwägungen aller Seiten der Situation und die Kenntnis des menschlichen Herzens gewesen zu sein brauchen, sondern daß etwa aus den Erzählungen und der genauen Kenntnis eines Mannes wie seines Schwiegervaters Agricola manches für die Bildung seines Urteils zugeflossen sein mag. Bezeichnend ist dabei, daß Tacitus sich so eng an die Darstellung anlehnt, der er die Würde der repräsentativen zuerkennt. Dort, wo sie ihr Urteil rein feststellend sprach, daß es nämlich ebenso viele gab, die sein Leben tadelten wie seinen Tod rühmten, setzt er aber sein Urteil: Otho verdiente ebensoviel Ruhm wie Verurteilung. Und zwar nicht, und hier spricht sich seine Erkenntnis aus, wie er sie in der Darstellung zur Geltung gebracht hatte, wegen seines liederlichen Lebens, sondern wegen seines Hochverrats an Galba.

Hat er es sich so angelegen sein lassen, die Untat Othos aus der Unmöglichkeit einer solchen Existenz in einem geordneten Staat verständlich zu machen, so hat er wieder mit derselben im Dienste der tieferen Wahrheit stehenden künstlerischen Gewalt die wirkliche Freiheit des Entschlusses zum Tode und damit die seltene Größe einer solchen Tat herausgearbeitet. Tacitus fand in der Quelle, wie wir aus dem 13. Kapitel der Otho-Biographie des Plutarch wissen, nach der Schilderung der Schlacht bei Bedriacum eine Darstellung der Erwägungen der Feldherren des Otho vor. Dort hieß es, der eine habe gesagt, man solle jetzt aufhören mit Kämpfen und an die *res publica* denken, das κοινόν, wie Plutarch es übersetzt. Otho werde nach solchem Blutvergießen als Ehrenmann selber nicht weiterkämpfen wollen. Tacitus hat diese Erwägungen, die so sehr an Othos eigene Gedanken erinnern, weggelassen. Erstens mißtraut er dem Urteil der Feldherren doch überhaupt. Sie waren von Otho — ein Verhängnis seiner kurzen Regierung — schlecht behandelt worden, und ihr *iudicium,* um mich taciteisch auszudrücken, dürfte ihm als nicht *integrum* erschienen sein. Mochte diese Konferenz der Feldherren historisch sein, ihre Gedanken wurden illusorisch durch die Tat Othos und können ihr den Rang nicht nehmen. Überhaupt wird man die kluge Rede nach dem Scheitern, zu der weder Mut noch Einsicht gehören, gegenüber der unwiderruflichen Tat gering schätzen dürfen[35]. Und so hat Tacitus sein profiliertes Nein in der Darstellung gegen das Urteil der Quelle gesetzt — wofern man den einfachen Bericht relativ unwichtiger Fakta als Urteil ansprechen darf —, indem er den Feldherrnrat und seine Gedanken wegließ. Sie sollten die reine Anschauung der Tat, die auf denselben Erwägungen beruhte, nicht trüben. Hier erhebt freilich MOMMSEN seine Bedenken: wenn die Feldherrn das Spiel verloren gaben, wird Otho nur zu wählen gehabt haben, ob er durch eigene Hand oder durch Henkershand sterben wollte, in Wahrheit handle es sich gar nicht um einen freien Tod. Aber abgesehen davon, daß die Feldherren Otho nicht wohlgesinnt waren und kaum zur sachlichen Würdigung der Lage vorzudringen wagten: Tacitus hat die Möglichkeiten Othos wohl erwogen. Er selbst, den er immer wieder als eine catilinarische Natur charakterisiert hatte, war, wie ja auch sein Tod zeigt, sehr wohl zu großem und erst recht verzweifeltem Handeln fähig, dann aber hatte er eine Reihe auf Tod und Leben ergebener Anhänger, besonders die Prätorianer, und vor allem waren die othotreuen Balkantruppen eben im Anrücken und versicherten ihn gerade dieser Treue. Tacitus, der die *ludibria rerum humanarum* kannte, brauchte nicht an einen Endsieg Othos zu denken, wenn er bei der Lage der Dinge jedenfalls behauptete, daß die Möglichkeit des Weiterkämpfens für Otho bestand. Daß dieser aber auf diese Möglichkeiten verzichtete, daß er sich freimachte von all den Bindungen, die diese Möglichkeiten bedeuteten, verwandtschaftlichen, freundschaftlichen, selbst pflichtgemäßen, das läßt die Tat Othos nur heller strahlen. Und das läßt sich Tacitus nicht verkümmern. Wollte hier der Historiker zwischen MOMMSEN und Tacitus entscheiden, so müßte er Tacitus aus Tacitus widerlegen und wäre ihm an Wissen — beispielshalber seien nur genannt Stärke, Kampfkraft, Treue der heranrückenden Legionen, Schnelligkeit ihres Marsches, Möglichkeiten weiterer Reserven, Stimmung bei den Feinden usw. — so weit unterlegen, daß es nicht mehr gelingen wird, Tacitus hier zu berichtigen. Es bleibt auch hier bei dem Urteil, das der Nestor der deutschen Althistoriker über den geistesverwandten Sallust gefällt hat (M. GELZER in der Einleitung zur Heidelberger Ausgabe S. 15): 'Die Nachprüfung zeigt aber zugleich, daß aufs ganze gesehen Sallusts Urteil über Personen und Ereignisse sorgfältig abgewogen ist und mit unseren Mitteln der Kritik kaum verändert werden kann.'

In dem letzten nachweisbaren Fall der Änderung der Tradition der Ereignisse unter Otho hat Tacitus nicht die Form gewandelt oder weggelassen, sondern einen chronologischen Zusammenhang zerschnitten und in einem der zahlreichen Rückblicke, die seine Geschichtsdarstellung auf die Ursprünge zurückführen, die Haltlosigkeit bestimmter Vorstellungen erwiesen. Die Überlieferung nämlich, die wir bei Plutarch fassen, gibt vor der Schlacht von Bedriacum eine Erörterung, wie es zu diesem Unglück für Otho gekommen sei. Das Heer habe sich freiwillig mit dem anderen einigen wollen; sie hatten Abscheu vor beiden Prätendenten und wollten für diese Unmenschen Otho und Vitellius kein Bürgerblut vergießen. Die Stimmung des Heeres sei seinen ihm grollenden Heerführern ebenso wie Otho selber bekannt gewesen. Darum habe er zum Kampfe gedrängt im Bunde mit seiner Garde, ohne seine Verstärkung, die Balkanlegionen, abzuwarten; die Heerführer hätten eine zögernde Haltung eingenommen, um die Verständigung der Heere zu ermöglichen. Das ist ein vernünftiger Zusammenhang, eine 'Erklärung' eines Ereignisses im Sinne pragmatischer Geschichtsschreibung, wie sie in Rom seit Polybios möglich war und offenkundig von dem Vorgänger des Tacitus geübt wurde. Tacitus hat die Erörterung dieser Erwägungen aus dem Zusammenhange mit der Schlacht von Bedriacum gelöst und sie damit in irrationaler Weise ihrer Funktion beraubt. In dem neuen Zusammenhange, in dem er sie erwähnt — mit der unverbindlichen Formel: *invenio apud quosdam auctores* —, stellt er sogleich sein Nein entgegen: unmöglich, daß Paulinus, der bedeutendste Heerführer und ein von ihm verehrter Mann, mögen auch vage Wünsche nach Ruhe bei den Heeren vorhanden gewesen sein, an derartiges gedacht hat, noch dazu etwa in der stillen Hoffnung selber Kaiser zu werden, daß die Heere aus Liebe zum Frieden den Krieg beenden wollten, den sie aus Liebe zum Kampf begonnen hatten, und daß überhaupt Heere von solcher Buntheit je zum *consensus*, zu einem vernünftigen Einverständnis fähig gewesen oder ihre Führer gewillt und in der Lage gewesen wären, sich von den Mitwissern und Förderern ihrer Begierden und Verbrechen zu lösen und einen unbescholtenen und unbestechlichen Kaiser zu wählen. Dieses Nein ist aber nur der Anlaß zu einem Rückblick: seit Sulla und Marius kämpfen die Heere um die Macht, und keines hat freiwillig die Waffen gestreckt. Kein Gedanke, daß ausgerechnet jetzt bei den unendlich verderbteren Verhältnissen die Heere hätten diesem Erbverhängnis entrinnen können. Eine rationalistische Bemerkung der Quelle oder der Quellen wird also benutzt, um ein Geschichtsbild zu entwickeln, das große Ähnlichkeit mit dem Sallusts hat: seit dem Wegfallen äußerer Feinde — gedacht ist wie bei Sallust an die Zerstörung Karthagos im Jahre 146 v. Chr.[36] — ist Rom von dieser Geißel der Machtkämpfe heimgesucht worden, und die Gegenwart muß aus ihnen begriffen werden als ein stabilisierter Bürgerkriegssieg, nämlich der des Augustus bei Actium. Eine Rückkehr zur Freiheit im Jahre 69 n. Chr. ist undenkbar. Damit hat Tacitus diese rationalisierende Betrachtung der Ereignisse von Bedriacum nicht nur aus dem ihm wohlbekannten Charakter des Paulinus, aus Art und Wesen der Heere und Führer, sondern von einem Geschichtsbild her widerlegt, das die Ereignisse in einen großen historischen Prozeß einordnet. Hätte doch selbst ein Galba, dem in seiner altrömischen Art die Zeit nicht mehr gewachsen war, ihr nur die halbe Freiheit zu schenken vermocht, wenn er seinen Prinzipat hätte sichern können. Zugleich steht aber hinter diesem großartigen Ringen mit dem Urteil der Vorgänger eine Überzeugung, daß nämlich ein solches Verhängnis wie Bedriacum, in dem eine Unzahl Fäden wie in einem Knoten zusammenlaufen, nicht erklärbar ist aus einer Terminverschiebung auf Grund vager, rationalistischer Überlegung. Daß es so kommen mußte, ist tiefer begründet. Die Ereignisse sind meist zufällig, wesentlich ist, daß man die tieferen *rationes*[37] erkennt, die Struktur und die Möglichkeiten, die vom Sittlichen nicht zu trennen sind. Otho hat dem Verhängnis bei allen Gegebenheiten nicht entrinnen können, aber er hat sich als überlegene Persönlichkeit, die wert ist in die Geschichte einzugehen, im Tode von ihm befreit. Das ist der letzte Sinn, in dem Tacitus der Geschichte Othos die endgültige Form gibt.

Hinter dem taciteischen Urteil, das, wie man sieht, die ganze römische Geschichte differenziert in sich aufhebt, stehen eine Reihe Grundüberzeugungen. Der Historiker drückt sie in der künstlerischen Darstellung aus. Denn, so hat mit Recht J. Vogt[38] jüngst gesagt, es ist mit der philosophischen Anwandlung des Historikers etwa so, wie wenn ein Fisch einen Luftsprung macht: er kehrt schnell wieder in sein Element zurück. Diese Grundüberzeugungen sind also aus den Konstanten der Urteile zu entwickeln, in denen sich die taciteische Darstellung zusammenfaßt, wenn man von den wenigen ausdrücklichen Äußerungen absieht. Die Antworten, die man auf die Frage nach der Weltanschauung des Tacitus gegeben hat, sind dabei lange in die Irre gegangen, sind aber gewinnreich auch zur Erfassung des wirklich Vorliegenden, indem sie deutlich zu machen vermögen, was Tacitus nicht ist.

Nachdem die rein ästhetische Würdigung unbefriedigend geworden war, Pöhlmann[39] aber auf der Suche nach der Weltanschauung des Tacitus vor einer Wirrnis widerstreitender Ansichten gestanden hatte, hat J. Vogt[40] in Tacitus den Imperialisten gesehen, dessen Hauptaugenmerk in nationalem Stolze auf die Eroberungen gerichtet sei und der die Erweiterung des *imperium* nicht nur preise, sondern auch dazu aufrufe. Dieses politische Ziel seiner Darstellung und eine dahinterstehende naiv-römische Weltansicht würde sich einordnen in jenen Zug der römischen Geschichtsschreibung, den wir oben charakterisierten. Aber Tacitus hat nicht mehr diese naive Selbstsicherheit, und die Darstellungen von Eroberungen sind nicht das Überwiegende in seinem Geschichtswerk. Vollends würde sich die Abfolge der

Werke damit nicht erklären. Dann hätte die Darstellung Traians ihn locken müssen. Und oft genug ist er gleichgültig gegen Erfolge, die erschlichen wurden. Die Tat rein nach dem Erfolge zu beurteilen hatte schon ein Sallust, das große Muster für Tacitus, aufgegeben, wenn er im iugurthinischen Kriege die *virtus* des Metellus höher stellt als leichtsinnig erreichten Gewinn des Marius oder die Diplomatenkunst Sullas. Freilich läßt sich nicht leugnen, daß Tacitus die ausgreifende kriegerische Tat mit besonderer Liebe anschaut. Aber nicht des materiellen Gewinnes wegen, der ihm nicht wesentlich ist, sondern weil in ihr sich große *virtus* bewährt, ja in der *saeva pax* hier die einzige Stelle ist, wo sie sich ungehindert entfalten kann. Die Eroberungen und die damit verbundenen Kriege sind *materia virtutis,* der Stoff, an dem große Tat und Persönlichkeit emporwächst. So ist die politische Seite der taciteischen Geschichtsdarstellung wie der des Sallust darin zu sehen, daß sie die Augen öffnen und den Geschmack entwickeln will für großes Handeln, ohne das weder ein *imperium* behauptet, noch überhaupt Zukunft gestaltet werden kann.

Weiter ab vom Gegenstand entfernte sich REITZENSTEIN[41], der Tacitus sich vom Monarchisten zum Republikaner entwickeln ließ. Abgesehen davon, daß schon das interpretierte Agricola-Proömium zeigt, wie fern Tacitus vom Optimismus der Zeit ist, und schon die Formulierungen seine Skepsis gegen den Prinzipat erkennen lassen, der ihm bereits in den Historien zum *imperium* geworden ist, das heißt zur Herrschgewalt, unter der keine Freiheit ist: wenn irgendein Römer, so ist Tacitus uninteressiert und gleichgültig gegenüber Formen und Verfassungen. Schon Cicero hatte die Verfassungskonstruktionen der Griechen und die sie bewegende Frage nach der besten Verfassung auf das Grundprinzip der Gerechtigkeit zurückgeführt und damit verinnerlicht[42]. Wir würden es noch deutlicher erkennen, wenn uns das Werk De re publica vollständig erhalten wäre. Er hatte freilich gemeint, daß diese Gerechtigkeit im Laufe der Zeiten nun nicht eine gemischte Verfassung, aber eine in Funktionen und Rechten ausgeglichene Verfassung als Idealtyp im Römischen entwickelt habe, den es zu bewahren gelte. Tacitus ist selbst gegen diesen Idealtyp skeptisch. Diese Form ist wohl in glücklichen Fällen ein oder das andere Mal zu erreichen, aber sie kann nie dauern (a. 4, 33, 1). Von Institutionen, die so leicht zum inhaltslosen Gerüst erstarren, verspricht er sich gar nichts.

Ihm kommt alles auf den Menschen an. KLINGNER[43] ist es gewesen, der darin die Mitte des taciteischen Denkens und Darstellens erkannt hat, daß *virtus* großer Männer erkannt und beurteilt wird, wo immer Tacitus über die Geschichte spricht. Freilich in den Zusammenhängen und Möglichkeiten dieser geschichtestiftenden Größe.

Diese *virtus* bemißt sich also nach den verschiedensten Größen und Mächten. Leben, Erziehung, Bildung, Vergangenheit, Bindungen, Unabhängigkeit des Urteils ebenso wie körperliche Leistungsfähigkeit, soziale Stellung, Zeit und günstige Umstände, alles spielt die gebührende Rolle und ist jeweils interpretatorisch aufzuzeigen. Auch der Geschichtsschreiber selbst im Gespräch mit den Vorgängern oder in der Darstellung noch nicht gewürdigter Tat gehorcht ihren Gesetzen, wenn er *sine ira et studio,* ohne persönliche Vorliebe und persönlichen Haß das zur Darstellung bringt, was die Größe einer Tat ausmacht, jenes Mehr oder Weniger von in der Zeit möglicher oder selbsterrungener Freiheit und Selbstlosigkeit, das den Lauf der Geschichte bestimmt, nicht von ihm bestimmt wird. Daß Anliegen und Sinn der Germania zu diesem taciteischen Ziel paßt, wird später gezeigt werden.

Tacitus erspürt dieses Mehr oder Weniger innerer Freiheit, jenes edle Streben nach dem Hohen, jene Fähigkeit, Menschen und Situationen gerecht zu werden, er macht es spürbar, und nicht nur die Römer, sondern alle Zeiten haben ihre Wahrheit in ihm erkannt. Das *callere,* das heißt das Sichverstehen, und die *sapientia,* eine Weisheit, die mit dem Abschmecken zusammenhängt, geben seinem Urteil eine absolute Sicherheit und Unerschütterlichkeit, einen festen Glauben in den Sinn der menschlichen Persönlichkeit. *Callidus temporum* (a. 4, 33, 2) zu sein war für ihn darum ein Sichverstehen auf die Eigenart der führenden Männer und des Volkes in der freien Zeit der Republik, ein Sichverstehen auf die Eigenart der Kaiser in der Kaiserzeit. Aber gibt es jene Freiheit des Handelns überhaupt, die Tacitus in der

Immanenz seiner Darstellung voraussetzt und über deren Vorhandensein er als Historiker so sicher sein Urteil spricht und die ihm die Richtschnur für menschliches Handeln ist? Nun, daß sich der Mensch in seinem Handeln im Tode absolut frei machen kann, zeigt die Otho-Geschichte, ebenso freilich die banale Tatsache, daß menschliches Handeln überall abhängig und verstrickt ist, daß es von seiner *materia* abhängig ist. Und an einer Stelle seines Werkes bricht die Frage ausdrücklich für ihn auf, ob das historische Geschehen rein zufällig ist oder vorausbestimmt. Und darum ist auch die Frage nach seiner Ansicht über den Sinn der Geschichte überhaupt sinnvoll, wenn sie sich nicht auf die Gottesfrage beschränkt[44] und so viel Konzentration und Einsicht in die Proportion eines Weltbildes mitbringt, daß sie nicht sogleich bei Unentschiedenheit in den letzten Fragen, die doch wohl dem sicheren Urteil gar nicht zugänglich sind, von einem Gemisch widerstreitender Meinungen spricht.

Tacitus spricht öfter von den Göttern, die dem Menschen Geschenke machen, ihm günstig oder ungünstig sind. Es darf als sicher gelten, daß er nicht an ihre Existenz geglaubt hat, sondern daß sie ihm Symbole waren für übermenschliche, rational nicht faßbare Kräfte. Das gilt ja schon für Vergil, den ein Perret zu Unrecht zum Polytheisten machen will, und ist in der Zeit nicht anders denkbar. Entscheidend dafür ist die Tatsache, daß sich die Alternative *fatum* oder *fortuna* für ihn stellt und dabei die Frage nach der Existenz der Götter nicht berührt wird. Dasselbe gilt für die Vorzeichen und Orakel, *prodigia* und *omina*, die in seinem Werke eine Rolle spielen; daß er sie berichtet, gehört zu einem römischen Geschichtswerk, gehört zum Staatskult, gehört zum Verlauf der Geschichte, insofern der Glaube an sie Geschichte machen kann. Er urteilt über sie nicht in Bausch und Bogen, weist öfter noch auf ihre Haltlosigkeit hin, schließt aber nicht etwa von ihnen auf die Existenz der Götter, wie wir es etwa in Ciceros De natura deorum finden. Auch *fortuna* ist ihm keine Göttin, deren Spiel darzustellen und ihren erschütternden Wendungen Wort zu geben ihn wie den hellenistischen Historiker reizte. Er weiß freilich um alle die Möglichkeiten ihrer sinnlosen Gaukeleien, weiß darum, wie so oft das menschliche Handeln weiter nichts ist als ein Spielball in den Händen des

Zufalls. Ja das rein Faktische ist ihm meist zufällig, die letzten Ausprägungen und Ausformungen tieferer Gegebenheiten. Daran sieht man aber auch die relative Unwichtigkeit der *fortuna* für die Frage nach dem letzten Sinn, nach menschlicher Freiheit und Verantwortlichkeit. Hier ist vielmehr ein anderer Begriff von entscheidender Wichtigkeit, der des *fatum*.

Man darf davon sprechen[45], daß bei Vergil das höchste geschichtliche Symbol das Fatum oder die Fata sind, die dem Geschehen ein festes Ziel gesetzt haben und über alle Gegenmächte göttlicher und zufälliger Art, gegen den Willen der sich sperrenden Menschen mit Hilfe der gehorsamen und gläubigen Menschen das Friedensreich des Augustus gewirkt haben. Tacitus nimmt dieses Wort nicht oft in den Mund, aber an bedeutsamen Stellen. Diese Macht ist es, der Tacitus menschliches Handeln weithin ausgeliefert weiß. Es ist eine Macht; denn sie handelt. Wenn auch nicht so eklatant agierend, zieht sie den Menschen (D. 17, 4), sie rächt sich wie ein verletztes *numen* (h. 4, 57, 2), sie fesselt (a. 1, 65, 4), sie weckt Abneigung oder Zuneigung (a. 13, 12, 2), sie befindet sich in einem differenzierten Wachstumsprozeß oder verkümmert (*maiore fato* a. 16, 5, 3; *meliore fato* h. 3, 1, 1; *urgentibus fatis* G. 33, 2: gemeint ist das Drükkende des Gegensatzes von frohem Gedeihen, dem *laetum esse*), sie kennt keine Hindernisse (h. 2, 82, 3), sie hat etwas Unerbittliches (h. 1, 18, 1), dem man verfällt und das einen mitnimmt, wenn man auf Handeln verzichtet (a. 6, 46, 3), sie bereitet vor (h. 2, 69, 1) und gibt sich dabei bisweilen durch Anzeichen, *signa*, zu erkennen (h. 1, 18, 1), es ist eine Macht, die man nicht ungestraft herausfordert (A. 42, 3). Es fehlt ihr das Spontane, Bewegliche, um so fraglicher aber ist der Ausgang, wenn man in ihre Bewegungsrichtung gerät.

Wirksam ist ihre Macht in den verschiedensten Bereichen von immer größerem Radius. Der Mensch kann nicht gegen das Fatum an, wenn es ihm die natürliche Grenze setzt (*fato fungi* a. 11, 2, 2; a. 14, 12, 4; a. 14, 14, 3). Das kann betont gesagt werden, weil es in dieser Zeit durchaus nicht selbstverständlich ist (a. 14, 62, 4), ja ein solcher durch das Naturgesetz allein sich vollziehender Tod ist in der Zeit eine Seltenheit, wofern ein Leben in die Helle der Öffentlichkeit getreten ist (a. 6, 10, 3:

Piso pontifex, rarum in tanta claritudine, fato obiit); gerade beim einzelnen ist es dabei häufig, daß diese Macht sich dem normalen Gesetz nicht fügt, ein Leben vor der Zeit erlischt, ohne daß ein Schuldiger namhaft gemacht werden kann. An Agricola wird gerühmt, daß er ein solches Schicksal standhaft und freudig auf sich genommen hat (A. 45, 3), während Germanicus bei der Annahme, er sei zu früh dem Fatum zum Opfer gefallen — in Wirklichkeit nach seiner Ansicht ja einem Verbrechen — das Recht zu haben glaubt, mit den Göttern zu hadern (a. 2, 71, 1). Man sieht, daß man das Fatum im selben Atemzuge mit der Macht der Götter gleichsetzen kann. Nicht immer ist es für den Historiker leicht, abzugrenzen, ob ein Tod *fato an sponte* erfolgt (h. 5, 10, 1 und a. 2, 42, 3). Für einen einzelnen ist es natürlich nicht schwer, wenn er gegen alle Tendenzen der Zeit auftritt, das *fatum* herauszufordern (A. 42, 3). Als eine drohende Möglichkeit muß man es, dieses frühzeitige *fatum,* immer in Rechnung setzen (h. 3, 38, 4; a. 14, 47, 1). Hat sich ein einzelner durch seine Fata in bestimmter Weise über die Menschen erhoben, dann lockt es wohl, ihre *fata* zu vergleichen. *Et erant qui formam, aetatem, genus mortis* des (Germanicus) *magni Alexandri fatis adaequarent* (a. 2, 73, 1): Schönheit, Alter, Todesart werden dabei mit *fata* aufgenommen, alles Dinge, die nicht in des Menschen Macht sind. Beim einzelnen liegt es nahe, an eine Vorausbestimmung dieser Dinge durch die Sterne zu denken. Dann wäre es diskret oder in Hinsicht auf den Kaiser ein *arcanum imperii,* diese *fata* ohne zudringliches Erforschen ihren Gang nehmen zu lassen: a. 16, 14, 2 wird es zum Vorwurf gemacht, daß zwei Ehrgeizige, nach der Macht Strebende *sua Caesarisque fata* durchstöbern *(perscrutari).* Oft hat dabei der einzelne, den das Fatum für Größeres bestimmt, gleichsam einen Bund mit ihm geschlossen, er hat seine ihn schützenden *fata.* So ist man überzeugt, daß Vespasian unter Nero seinem Verderben *maiore fato* entkommen sei (a. 16, 5, 3), der Kaiser entgeht einem Anschlag *fato,* nicht durch eigene Umsicht. Hier kommt *fatum* der *fortuna* sehr nahe (a. 13, 47, 2).

Aber nicht nur der einzelne hat seine *fata:* die *Vitelliani,* heißt es, waren gegenüber den Anhängern des Vespasian *numero fatoque dispares.* Sie sind zahlenmäßig unterlegen, aber nicht nur das. Wo mit der Zahl gearbeitet werden kann, ist offenbar das *fatum* nicht im Spiele: in ihrer Niederlage aber hat sich enthüllt, daß, alle Imponderabilien zusammengenommen, sie nicht gewachsen sind. In ähnlicher Weise wird (h. 3, 1, 1) von der flavischen Partei gesagt, daß ihre Führer mit besserem Schicksal und besserer Zuverlässigkeit die Kriegspläne faßten, wobei offenbar *fatum* und *fides* in Bezug stehen. Man darf im allgemeinen damit rechnen, daß die *fata* solche Grundwerte berücksichtigen (h. 3, 1, 1), ja *ruptores foederum*, Vertragsbrüchige dürfen auf die Rache der *fata* rechnen (h. 4, 57, 2). Dadurch sind die *fata* Garant für eine gewisse Stabilität der geschichtlichen Bewegungen, man darf mit Wiederholungen gleicher Abläufe rechnen. So schließen sie auch die Gesetze der sittlich-politischen Welt in sich, und es kann generell gesagt werden, daß durch das *fatum* selten bei den Kaisern die Macht dauernd ist (a. 3, 30, 4). Mit den Kaisern umfaßt das *fatum* das Schicksal des ganzen *imperium*, damit der ganzen Welt. Auf das *imperium*, also doch den herrschenden und entscheidenden Teil der Welt, erstreckt sich der Begriff der *fata* an der berühmten Germaniastelle (G. 33, 2), wo in der Zusammenschau des Gesamtablaufs Mühsamkeit und Beschwernis statt ausgreifender Freiheit und handelnder Tatkraft festgestellt wird.

Das Zwingende in den Abläufen zu erkennen, ist nicht leicht. Sieht sich doch geschichtliches Ereignis zu jeder Zeit anders an. Was im Frieden Zufall oder Natur, das hieß damals Verhängnis und Götterzorn, stellt Tacitus fest (h. 4, 26, 2). In dem Fall des Vespasian hat man erst nach dem Eintreten des Erfolges bestimmte Anzeichen als Enthüllungen des *fatum* erkannt (h. 1, 10, 3). Häufig schmeichelt sich der Mensch, in Vorzeichen Günstiges zu erkennen, und täuscht sich dabei wie Otho (h. 1, 22, 3). Und wo man Schuld verhüllen will, redet man von *fatum* (hist. 4, 72, 3). Wenn etwas aus Zank zwischen Soldaten und Führern oder Trug der Feinde geschehen ist, da darf das Urteil des Historikers sich nicht mit dem Begriff des Fatum beruhigen. Von den Möglichkeiten der *interpretatio* abgesehen, entsteht die Vieldeutigkeit und Schwierigkeit der Erkenntnis des *fatum* dadurch, daß Mensch und *fatum* zusammenwirken. Tat und Verhängnis schaffen so die Geschichte. Varus ist *fato et vi Arminii* in den Untergang geraten (a. 1, 55, 3), und Piso, der in Aussicht genommene Nachfolger des Galba, kann die Soldaten anreden: ich bin als Caesar adoptiert worden: zu welchem Schicksal *(fatum)* unseres Hauses und des Gemeinwesens, das liegt in eurer Hand (h. 1, 29, 2). In diesem untrennbaren Zusammenwirken tritt das *consilium,* der Entschluß, und die Tat den übermenschlichen Zusammenhängen gegenüber. Es kann ein Mensch dank seiner Energie und seines *consilium* so weit in der Gestaltung dieser fesselnden und bestimmten Gegebenheiten und Abläufe kommen, daß die *fata* in ihm zusammenlaufen und daß in seinem Handeln das Schicksalhafte der Persönlichkeit erkannt wird. So heißt es von Vespasian, daß er von den *fata* gezeigt worden sei (A. 13, 3): die *fata* identifizieren sich mit ihm dank seiner Kraft und zeigen ihn wie ein *monstrum* (die Auffassung von Peter, er sei seinem Schicksal gezeigt worden, gibt nach den taciteischen Anschauungen keinen Sinn). Man kann aber die Zügel selbst als Kaiser so aus der Hand verlieren, daß die natürliche Zusammenarbeit von Tat und *fatum* auf ein Nichts reduziert wird; das war der Fall in den letzten Jahren des Tiberius: *fesso corpore consilium, cui impar erat, fato permisit* (a. 6, 46, 3), heißt es wie von Latinus in der Aeneis. Denn zu dem *consilium* gehört Kraft.

Ist ein sicheres Anzeichen für die Macht und die Richtung des *fatum* erkannt worden, ist es darum nicht leicht, es abzuwenden. Aber so fest wie Vergil ist Tacitus vom *inevitabile fatum,* der Unabwendbarkeit, nicht überzeugt. Nur als eine Möglichkeit stellt er hin, daß auch sichtbar gewordene *fata* nicht mehr vermieden werden können (h. 1, 18, 1). Damit sind wir bei den ausdrücklichen Äußerungen über das *fatum* angelangt, die man nicht so tragisch nehmen soll. Es sind noch zwei. Bei der Betrachtung des Schicksals des Manius Lepidus, der ein großer Mann war und doch unter Tiberius in gleichmäßigem Ansehen stand, obwohl doch ein fataler Gegensatz zwischen dem Tyrannen und der großen Einzelpersönlichkeit besteht, sagt Tacitus (a. 4, 20, 1): 'Hier bin ich zu zweifeln gezwungen, ob durch das *fatum* und das Los bei der Geburt — er denkt wohl an astrologische Vorbestimmtheit — auch Neigung und Abneigung der *principes* festliegt, oder ob etwas in unseren Entschlüssen liegt.' Er will sagen, daß hier offenbar die maßvolle Art des Lepidus

Schicksal gestaltet hat, so wie die Vorstellung auch sonst war, und verknüpft das mit der Frage, die bei soviel Zwangsläufigkeit aus Schwäche ja auch zumal zu jener Zeit naheliegen mußte, inwiefern von einem *inevitabile*, einem in dem Sternenlauf festgeschriebenen Ablauf der Geschichte gesprochen werden könne. Er entscheidet die Frage nicht, aber der besondere Fall zeigt, daß sein Zweifel gegen die Astrologie geht und daß er selbst in schwierigsten Lagen dem menschlichen *consilium* noch gestaltende Kraft beimißt. Freilich ist zuzugeben nicht nur, daß solche Erwägungen erst in den Annalen auftauchen, sondern daß der Zweifel hier gewaltig absticht von der Sicherheit, mit der er in der Anfangsschrift mit Hinweis auf Agricola die Möglichkeit der *virtus*, das heißt freier Tat, auch unter schlechten Kaisern verfochten hatte, falls nur *obsequium*, Fähigkeit zur Einfügung, hinzukämen. Das zweite Mal (a. 6, 22) regt ihn das verblüffende Eintreffen astrologischer Wahrsagung zu der Betrachtung an, ob die menschlichen Dinge, das heißt die Geschichte, nach dem *fatum* und nach unveränderlicher Notwendigkeit oder zufällig ablaufen, d. h. ob der *fortuna* ein solcher Spielraum gelassen ist, daß Voraussage unmöglich wird. Das *fatum*, das bei ihm sonst nur eine annähernd gleiche Bedeutung hat, muß er dabei durch den Begriff der *necessitas immutabilis* verdeutlichen. Sein *iudicium* darüber ist *in incerto,* er kann sich nicht festlegen. Es liegt eine Erscheinung vor, an der mit seinen Mitteln nicht zu deuteln ist, aber er kann sich auch nicht zu den weitreichenden Konsequenzen der astrologischen Vorstellungen bekennen. Würde doch dann die sittliche Welt und ihr Urteil hinfällig. In solchem Fall holt sich der Historiker Rat bei den Weisesten der alten Zeit und ihren Anhängern. Gemeint sind die Stoiker und Epikureer. Ihre Ansicht darüber ist diametral verschieden. Darum darf auch Tacitus sein Urteil offen lassen. Denn daß, wie am Schluß bemerkt wird, die meisten sich den Glauben an die Astrologie nicht nehmen lassen, das kann für ihn bei seiner Verachtung der Menge kein Kriterium sein. So bleibt also diese beunruhigende Frage unentschieden. Tacitus kehrt von dieser Abschweifung so rasch wie möglich zum *inceptum* zurück, zu seiner Art Geschichte zu schreiben und zu seinem Urteil, auf das er sich versteht.[46]

Sieht man von den beiden letzten Stellen ab, so hat sein *fatum*-Begriff, der erkennen läßt, wie sehr ihm die Abhängigkeit menschlichen Handelns von überlegenen Mächten und damit die Möglichkeiten tragischen Scheiterns stets gegenwärtig sind, eine große Ähnlichkeit mit dem Vergils. Nur daß er dieser irrationalen Macht, die sich dem Urteil entzieht, nichts vorwegnimmt. Wenn er im Urteil über den Untergang der antiken Welt mit einem ROSTOVTZEFF übereinstimmt, so soll das nicht heißen, daß er die wirkliche Vernichtung vor Augen sieht und vorausnimmt; nur das spürt er, daß die gesamten *fata* eine unglückliche Wendung gegen das Wesen der menschlichen Natur genommen haben. Darum unterscheidet er sich in einem wesentlichen Punkte von der Anschauung Vergils. Ihm ist der Glaube an den einen Sinn der *fata* und an ihr sinnvolles, alles aufhebendes Ziel verloren gegangen. Was bleibt, ist Pflicht und Größe des Menschen im freien Handeln. An der Schönheit dieses großen Handelns, wo immer er es trifft, an der Schönheit und Größe des Menschenbildes hält er sich allein aufrecht.

AGRICOLA

Man sollte bei Abfassung einer Monographie jedesmal Tacitus' Agricola neben sich haben und sich sagen, je weitläufiger, desto vergänglicher.

JACOB BURCKHARDT
Weltgeschichtliche Betrachtungen

EINFÜHRUNG

Der Agricola ist das, was die Vorrede, die in der Einleitung interpretiert wurde, erwarten läßt: eine Würdigung seiner historischen Größe im Dienste der Wahrheit und als solche als verwandtschaftliche Pflicht empfunden und geleistet. Diese schlichte Charakterisierung ist freilich in verschiedenster Richtung bestritten worden. Wenn man daher die wirklich inhaltsschwere kleine Schrift verstehen und über ihre verschiedene Auslegung ein Urteil gewinnen will, muß man sich dessen, was vorliegt, sehr behutsam und genau versichern und um das Verständnis ihrer inneren Form bemühen.

Sie gliedert sich in drei Teile, die, wie sich zeigen wird, auch im Stile verschieden sind. Im ersten Teil (Kapitel 4–9) stellt Tacitus das Leben des Schwiegervaters bis zu dem Punkte dar, wo es historische Bedeutung erlangt. Der bei weitem gewichtigste Mittelteil schildert sein Wirken in Britannien und die Folgen dieses Wirkens in Rom. Die letzten vier Kapitel enthalten das Persönliche und beziehen den Kreis der Angehörigen, denen die Schrift ein Trost sein soll, mit ein.

Wichtiger aber als der große und unmittelbar einleuchtende Rahmen ist das Wie der Darstellung, das Interesse und die Kategorien des Autors. Im ersten Teil erfahren wir eine Reihe sehr konkreter und genauer Angaben. Agricola ist in Forum Julii, dem heutigen Fréjus geboren. Die Familie gehörte zum adligen Teil des Ritterstandes[1]. Der Vater wurde im Jahre seiner Geburt[2] ein Opfer des Gaius, weil er sich nicht zu einer Rechtsverletzung mißbrauchen ließ. Hier wird das Geburtsjahr nicht genannt. Es wird später nachgetragen. Die Beobachtung ist wichtig für den Stil und die Absicht der Anfangskapitel. So wurde Agricola von der Mutter erzogen, wohl bis zur Zeit des Studiums in Marseille. Mit besonderer Leidenschaft hat er dort Philosophie betrieben, etwas Außergewöhnliches in römischen Augen. Darauf hat er im Stabe des Suetonius Paulinus, wahrscheinlich in den Jahren 59–60, in Britannien gedient. Der

Tribunus militum war Stufe für die Beamtenlaufbahn, also für Quästur und Aufnahme in den Senat. So kehrt er Ende 61 nach Rom zurück, um sich darauf vorzubereiten. Die Heirat mit Domitia Decidiana, einer Angehörigen der adligen *gens* der Domitier, festigt dabei seine gesellschaftliche Stellung und ist förderlich für seinen Aufstieg. Quästur, Volkstribunat und Prätur folgen in den Jahren 64, 66 und 68 rasch aufeinander. Man hat sicher mit Recht vermutet, daß die je um ein Jahr zu frühe Bekleidung von Volkstribunat und Prätur eine Vergünstigung war, die mit der Geburt der Kinder, eines Sohnes, der bald darauf starb, und der Tochter, die während seiner Quästur in Kleinasien geboren wurde und die Frau des Tacitus werden sollte, zusammenhängt[3]. Tacitus sagt darüber nichts ausdrücklich. Das ist unter der Würde seiner Darstellung. Wie alles wurde auch der Lauf dieses so normalen Lebens durch das Katastrophen- und Entscheidungsjahr 69 in Frage gestellt. Die ziellos plündernde Flotte Othos verwüstete die Güter der Mutter in Ligurien und tötete sie selbst. Als Agricola hinreisen will, um ihr die letzten Ehren zu erweisen, hört er unterwegs davon, daß Vespasian die Kaiserwürde erstrebt — die alexandrinischen Legionen hatten ihn zuerst als Kaiser ausgerufen —, und geht sofort zu seiner Partei über. Diese folgenreiche und richtige Entscheidung ist nach der taciteischen Darstellung nicht zufällig: alles, der nüchterne Sinn Vespasians, die militärische Begabung, die große Vergangenheit in Britannien mußte die besondere Art Agricolas anziehen. Er spielte auch sogleich in den Geschehnissen eine Rolle, der Statthalter Mucianus übertrug ihm zunächst Truppenaushebungen, dann stellte er ihm die Aufgabe, die zwanzigste Legion in Britannien, die unsicher und widerspenstig war, zur Raison zu bringen, Aufgaben, deren sich Agricola mit größtem Geschick entledigte. In Britannien hat er dann teil an den Taten des Petilius Cerialis. Ende 73 oder Anfang 74 kehrt er vor oder mit Cerialis nach Rom zurück. Die Verwaltung der Provinz Aquitanien, einer gallischen Provinz, ist für ihn vorgesehen. Mit ihr war die Hoffnung aufs Konsulat verbunden, für das ihn Vespasian vorschlagen wollte. Nach nicht ganz drei Jahren einer mustergültigen Provinzverwaltung hat er diese für einen Römer höchste Auszeichnung wahrscheinlich im März-April des Jahres 77 innegehabt. Im Konsulat hat er Tacitus seine Tochter verlobt, gleich darauf zur Ehe gegeben. Ohne daß er selber davon gesprochen hätte, wußte das Gerede der Menschen, daß ihm die Provinz Britannien als Prokonsul gegeben würde. Er galt als der Mann, welcher der Aufgabe, die Julius Frontinus eben mit großem Glanz umgab, gewachsen war.

So weit wird das Faktische gegeben. Alles Technische wird dabei weggelassen, aber es läßt sich mit unseren Mitteln in Kleinigkeiten ergänzen. So hat Agricola in der Quästur nicht nur den Salvius Titianus erlebt, sondern auch dessen korrekten Nachfolger[4]. Tacitus läßt ihn als unerheblich weg, weil es ihm darauf ankommt zu zeigen, daß Agricola von einem Prokonsul wie Salvius Titianus nicht verdorben werden kann. Denn dies ist nun das Entscheidende: das Faktische, das an dem Verlauf eines typischen Lebens eines Römers, der sich dem Staate widmen will, orientiert ist, wird unter einem bestimmten Aspekt gesehen. Nicht das rein Persönliche, nicht das historisch Bedeutsame steht im Vordergrund — in Abschnitten, wo dies das Hauptanliegen ist, kommt es darum zu Wiederholungen —, sondern die Frage, was für Eigenschaften sich jeweils an Agricola enthüllen. Es ist ein liebevolles Sichversenken in die *virtus* des Agricola, ein Bemühen um die Erkenntnis seines Wesens, was Tacitus hier bewegt und der Darstellung den Stempel aufdrückt. Während im Mittelteil die Leistung, die Begegnung der *virtus* des Agricola mit den Gegebenheiten im Vordergrund steht, kommt es hier, wo von eigentlich historischer Leistung aus eigener Verantwortung noch nicht die Rede ist, auf diese *virtus* und das *ingenium* des Agricola als Voraussetzung für die späteren historischen Taten an sich an. Nur weil man diesen Unterschied nicht bemerkte, konnte man zu der Behauptung kommen, Tacitus wolle überhaupt Agricola nur als Menschen rühmen und preisen[5]. Ein solches Urteil wäre eine unerlaubte Verallgemeinerung dieses ersten vorbereitenden Teiles. Das aber, was sich nun dem liebevollen Erkennen enthüllt, ist eine besondere Fähigkeit des Maßhaltens, eine natürliche Klugheit, die allein in der Zeit einen solchen ungehinderten Aufstieg erklärt.

Dafür war günstig, daß der Sohn eines Tyrannenopfers, von Natur aus schon gut und ausschweifendem Leben abgeneigt, von der Mutter erzogen wurde, die eine Frau seltener Reinheit war. Hinzu kam, daß die Atmosphäre in Marseille eine solche Natur begünstigte: war doch hier in schöner Mischung etwas von griechisch-freiem Wesen und der Sparsamkeit der Provinz zu finden *(mixtum ac bene compositum).* Wenn der junge Mann leidenschaftlich sich der Philosophie ergab, so zeigt das seine gute Natur, die fasziniert war von der Möglichkeit eines großen Lebens und Ruhmes in der Philosophie. Die Mutter ist es wieder, die ihn mäßigt, und dann kamen *ratio* und *aetas.* Und so behielt er, was selten ist, aus der Beschäftigung mit der Philosophie das Maßhalten zurück *(ex sapientia modum).* Der ganze römische Verdacht gegen Absolutheitsansprüche zeigt sich hierin. Gleiches Maßhalten zeigt sich beim ersten Militärdienst *(nec licenter neque segniter),* es ist der Garant für eine besonders glückliche Ehe *(mira concordia),* es zeichnet die Ämterlaufbahn aus *(medio rationis atque abundantiae).* Bewahrt es ihn in den Ämtern vor Schuld und schützt es ihn vor Anstoß, so erntet dieses Maßhalten bald die ersten Erfolge. Mit diesem Sinn für Mäßigung bändigt er nämlich die zwanzigste Legion *(rarissima moderatione).* Aber ein unbeherrschtes Temperament wäre auch mit dem trägen Vettius Bolanus, unter dem Britannien zunächst stand, als er die zwanzigste Legion kommandierte, in Konflikt geraten: *temperavit Agricola vim suam ardoremque compescuit, ne increresceret, peritus obsequi eruditusque utilia honestis miscere.* Und jene Fügsamkeit, die den Oberen respektiert, schafft auch das gute Verhältnis zu Cerialis. In einem der pointierten Kapitelschlüsse wird wieder betont und darin eine Erkenntnis seines Wesens ausgesprochen, daß er durch seine Tapferkeit und Tüchtigkeit, die er im Gehorsam bewies, am Ruhm teilhatte, dadurch aber, daß er sich nicht brüstete, außerhalb des Neides stand *(ita virtute in obsequendo, verecundia in praedicando extra invidiam nec extra gloriam erat).* Auch in der Zivilverwaltung in Aquitanien ließ ihn seine natürliche Klugheit leicht und gerecht handeln. Er verstand es, das richtige Maß zwischen der strengen Miene der Amtsperson und persönlicher Auflockerung im Privaten zu halten, und so war er einer von denen, die durch ihre Umgänglichkeit nicht an wirkendem Ansehen, durch ihre Strenge nicht an Liebe verlieren. Nicht davon zu reden, daß seine beherrschte Art jede Rivalität mit den Kollegen der Nachbarprovinzen, jeden Streit mit dem kaiserlichen Finanzbeamten ausschloß. Es ist in der Tat ein Leitmotiv, das sich damit enthüllt und das jedes Kapitel beherrscht. Eine zentrale Eigenschaft zeigt sich, wo immer man hinblickt, eine Fähigkeit der Beherrschung, ja des klugen Sichfügens und Gehorchens, das sich genau seiner Stellung bewußt ist, die zunächst mit dem ausgreifenden Wesen alter römischer *virtus* nicht leicht vereinbar scheint. Sie konnte darum den Verdacht der Mittelmäßigkeit, den Zweifel an der *virtus* überhaupt erwecken. Nun, in der Schlußwürdigung der *virtus* des Agricola wird sich herausstellen, daß höchste *virtus* ihm nicht abgesprochen werden kann; zugleich aber wird die Erkenntnis gewonnen werden, die hier schon Tacitus bewegt, daß man allein mit dieser zentralen Eigenschaft, die Agricola in mancher Weise zuwächst, aber auch von ihm dauernd geübt wird, in der Kaiserzeit zu einer anerkannten *virtus* gelangen kann, die dem Staate Nutzen bringt (*e re publica* ist).

Diese Grundeigenschaft Agricolas wird auch schon in den vorbereitenden Kapiteln, die ihn so aus seiner Mitte verstehen, in Beziehung zur Zeit gesehen.

Damit kommen wir zum Dritten, das die Gestaltung dieser Kapitel bestimmt. Daß sowohl die Charakteristik von Marseille als auch das Verhalten Agricolas unter Suetonius Paulinus auf dem Hintergrund der verkommenen Zeit gesehen wird, läßt sich nicht verkennen. Ausgesprochen aber wird dieser Bezug zum ersten Male, als davon die Rede ist, daß in Agricola der Wunsch nach Kriegsruhm erwacht, etwas, was sein späteres Leben bestimmt. Dieser Ruhm ist der Zeit nicht willkommen. Denn sie beurteilt mißtrauisch und ungünstig Männer, die sich herausheben. Und aus großem Ruhm folgt die gleiche Gefahr wie aus üblem Ruf. Es ist eine verkehrte Welt, die Agricola mit seinem Wunsche, sich als Heerführer auszuzeichnen, herausfordert, ist der Gedanke des Tacitus. Daß von seinen Ämtern nichts außer der Integrität zu berichten ist, daß die Zeit vor dem Volkstribunat, das Volkstribunat selber und die Prätur »in Stille« verlaufen, erklärt sich hieraus: in der Zeit Neros galt

Nichtstun für Klugheit, ja mehr noch, war an die Stelle von Weisheit getreten. Jenes Rühmen seines Maßhaltens als Befehlshaber der zwanzigsten Legion und das Sichfügen unter Petilius Cerialis lassen ebenfalls den geheimen Vergleich mit der alten Zeit der Freiheit erkennen, in der Disziplin herrschte, aufsässige Legionen anders behandelt wurden und die *virtus* sich noch freier betätigen konnte. So ist die Haupteigenschaft des Agricola von der Zeit mitgeformt, von einer Zeit, die nicht mehr die unverdächtige und reine Freude an der Entfaltung menschlicher Größe hatte, und ist zugleich der Schlüssel dafür, daß Agricola, der Sohn des Tyrannenopfers, ohne ernste Schäden die Klippen der Zeit umschifft. So hatte Atticus mit seiner Menschlichkeit das Auf und Ab der Machtverschiebungen in der Revolutionszeit wunderbarerweise überstanden, wie es uns Cornelius Nepos schildert.[6]

Der Mittelteil tritt in seiner Eigentümlichkeit schon hervor, wenn man sich seine Gliederung vergegenwärtigt:

10—17		Exkurs über Britannien,	
	10—13	Land und Leute,	
	14—17	Geschichte seit der Berührung mit den Römern,	
18—38		Agricolas Wirken,	
	18—19	Agricolas 1. Jahr	Teubnerzeilen 52
	20—21	2. Jahr	24
	22	3. Jahr	18
	23	4. Jahr	7
	24	5. Jahr	16
	25—27	6. Jahr	46
	28	Exkurs: *facinus memorabile* der Usiper,	
	29—38	Schlacht am *mons Graupius* (7. Jahr)	
	29	Einleitung,	
	30—32	Calgacusrede,	
	33—34	Agricolarede,	
	35—37	die Schlacht selber,	
	38	Abschlußbild,	
39—40		Aufnahme des Sieges durch Domitian und in Rom,	
41—42		die weiteren Auswirkungen.	

Der Kenner der römischen Historiker sieht auf den ersten Blick, daß hier nicht mehr dasselbe Bauprinzip herrscht, wie im ersten Teil, wo allgemeine Bedingungen des Aufwachsens, der Normalverlauf eines römischen Lebens und geschichtliche Ereignisse in der Anordnung führten, sondern daß hier künstlerisch nach Art der großen Geschichtsschreibung gebaut wird. Die Mittel, die hier angewendet werden, sind dieselben, wie sie etwa Sallust, vor allem in seinem Bellum Jugurthinum, angewandt hatte. Am deutlichsten zeigt sich das am Schluß des Mittelteiles dort, wo die Schlacht am *mons Graupius* — wir wissen übrigens nicht, wo der Berg genau lag – von den ausführlichen Reden der beiden Feldherrn eingeleitet wird. Ein fast zu schweres Gewicht will es scheinen, wenn Agricola mit seiner Leistung und Rede hier einen der grundsätzlichsten Angriffe gegen den Sinn der römischen Weltherrschaft überhaupt aufzuwiegen hat. Aber auch die Schilderung der Zeit in Britannien nach den einzelnen Jahren, Sommer und Winter, wäre für eine Biographie nicht selbstverständlich und schließt sich an Formen der Geschichtsschreibung an, wie sich gleich deutlicher noch zeigen wird. Der Exkurs über Britannien am Anfang der historischen Erzählung hat seine nächste Parallele im Afrikaexkurs des Bellum Jugurthinum. Die Schlußwendung aber, die den Blick auf Rom und die Wirkung der Erfolge beim Kaiser lenkt, darf parallelisiert werden mit jenem Blick nach Rom, der für den Mittelteil des Jugurtha konstitutiv ist[7]; sie läßt damit die Zugehörigkeit der Kapitel 39 bis 42 zu der Schilderung der britannischen Wirksamkeit erkennen. Bleibt der Exkurs Kapitel 28. Daß er einen Einschnitt schafft vor dem Hauptereignis, der endgültigen Besiegung der letzten freien Britannier, erinnert an die gliedernde Funktion der sallustischen Exkurse. Damit wäre auch für ihn die künstlerische Funktion erwiesen und damit die Freiheit des künstlerischen Aufbaues des ganzen Stückes im Sinne der großen römischen historischen Gestaltung überhaupt. Ihn gälte es dann in dem, was er zum Ausdruck bringen will, zu interpretieren. Hier aber regt sich der Zweifel.

Mommsen[8] und andere in seinem Gefolge haben die Behauptung aufgestellt, daß die Kohorte Usiper, die desertiert, Britannien umfährt und dann so in Not gerät, daß die Schwächsten der eigenen Leute verzehrt werden, aus dem Germanenfeldzug Domitians stamme. Domitian habe sie Agricola als Ersatz für abgezogene Kontingente geschickt. Tacitus, der den Triumph des Domitian verlache, weil man dort gekaufte Sklaven als Gefangene vorgeführt habe, habe diesen Zusammenhang mit keinem Worte angedeutet, aber sich offenbar doch genötigt gesehen, das Ereignis zu berichten. Für unseren Zusammenhang ist die letzte Bemerkung wichtig. Wäre es so, dann könnte man wohl nicht von einer künstlerischen freien Gestaltung sprechen, sondern dann fühlte sich Tacitus so an den pragmatischen Ablauf gebunden, daß er sogar Nebensächliches sich wegzulassen nicht getraute, wenn er es auch in bestimmter Weise verschleierte. An diesem Exkurs also muß sich die Behauptung, daß es Tacitus auf die reine Wahrheit ankomme, daß dabei aber das Pragmatische und Technische zugleich zurücktrete, bewähren. Der Staatsrechtler MOMMSEN argumentierte vor allem damit, daß Truppen nur in der Provinz ausgehoben werden, die Usiper aber vor Domitians Germanenkriegen nicht in die Provinz eingegliedert waren. Deshalb müsse auch das sechste Jahr des Agricola ins Jahr 83, seine Ankunft in Britannien ins Jahr 78 fallen. Hier schießt aber der Systematiker über das Ziel hinaus: die *per Germanias* ausgehobenen Usiper bilden offenbar ein Hilfskontingent, sind nicht in die Legionen eingegliedert, sondern nur mit einem Rahmenpersonal römischer Legionäre ausgestattet. In einem solchen Sonderfall mag das Kontingent wohl aus den militärischen Distrikten der beiden *Germaniae* und ihrer Einflußsphäre stammen. Dem würde entsprechen, daß Calgacus die Usiper mit den anderen Germanen in Agricolas Heere, den Batavern und Tungrern, auf dieselbe Stufe stellt[9]. Das Argument MOMMSENS hätte keine Wirkung, wenn es sich um eben unterworfene unzuverlässige Elemente handelte. Der Zusammenhang mit dem Germanenkriege Domitians ist aber überhaupt abzulehnen. Erstens, weil Agricola schon 77 nach Britannien kam, mithin sein sechstes Jahr das Jahr 82, also das Jahr vor dem Germanenkrieg Domitians, ist. Wollte man aber selbst das Jahr 83 gelten lassen, so ist es ganz unmöglich, daß Domitian im selben Sommer nach den Anfangserfolgen diese Truppe ausgehoben hätte, diese dann den Marsch nach Britannien angetreten, die Überfahrt bewerkstelligt, den langen Marsch durch schwieriges Gelände bis zum Norden, wo sich Agricola befand, vollendet und schließlich noch die Zeit gefunden hätte, sich zu verständigen und des Rahmenpersonals zu entledigen. Das alles ist zeitlich unmöglich. Schließlich aber weisen unsere spärlichen Quellen nur darauf hin, daß Domitian die Chatten besiegt habe. Schmeichler wie Martial hätten es nicht unterlassen, die Usiper zu nennen, wenn sie unterworfen worden wären. Und zu guter Letzt ist zu sagen, daß wir nicht einmal genau wissen, wo die Usiper wohnten. In der Germania folgen sie an der Rheinlinie nördlich auf die Chatten, zusammen mit den Tenkterern. Es wird von ihnen aber dann überhaupt nichts erwähnt, und so ist vielleicht die Vermutung nicht abzuweisen, daß sie dort, wo die beiden Militärbezirke Germanien zusammenstießen, teilweise mit auf der linken Rheinseite saßen, womit ihre Aushebung überhaupt ganz normal wäre. Zusammenfassend darf jedenfalls gesagt werden, daß alles dagegen spricht, diese Usiperkohorte mit dem Germanenkriege des Domitian im Jahre 83 zu verknüpfen, so erwünscht es auch wäre, hier etwas über Richtung und Ausdehnung seines Unternehmens bis ins Neuwieder Becken hinzuzugewinnen.

Mit dieser Erkenntnis fügt sich auch der Usiperexkurs in das über den Aufbau Gesagte ein, ja wir haben in ihm das einzige rein episodische Stück. Der Zufall der Gleichzeitigkeit – *eadem aestate* – läßt hier ein Stück als Gliederungsstütze des Hauptgeschehens einfügen, das mit diesem Geschehen als Handlung so gut wie nichts zu tun hat, so wie Sallust am Schluß der Darstellung von Metellus' Wirken als Exkurs die Geschichte von den Brüdern *Philaeni* einfügt, weil ‚der gleiche Ort ihn daran erinnere'[10]. Mit dieser nächsten Parallele teilt aber der Usiperexkurs noch eine andere Eigenschaft. So episodenhaft das Geschehen an sich ist – selbst wenn man bedenkt, daß die Usiper Britannien umsegeln, eine Tat, die dann der römischen Flotte nachgerühmt wird – wird man nicht verkennen, daß er in einem anderen Sinne am Platze ist; vor der Hauptschlacht ist es passend, daß von einer Tat erzählt wird, die auch Zeugnis einer *ferox virtus* ist und die zugleich erkennen läßt, mit was für Leuten es Agricola zu tun hatte, welch barbarische Kraft in seinem Heere versammelt war. Und schließlich ist diese Tat an sich für einen Historiker, dem es auf die Erkenntnis menschlicher *virtus* ankommt, wichtig, weil sie zeigt, bis zu welchen äußersten Grenzen menschliches, hier barbarisches Heldentum in der Not zu gehen fähig ist. An solchen Stellen steht der Römer erschauernd und stolz vor der Kraft und dem Abgrund der menschlichen Natur. Selbst ein Cäsar hat da bei der Gelegenheit der Belagerung von Alesia mit angehaltenem Atem eine solche barbarische *virtus* geschildert und zu Worte kommen lassen[11].

Die anderen organisch zu einem Handlungsablauf gefügten Teile stehen dagegen in einem inneren Zusammenhang, und zwar nicht nur unter sich, sondern auch — und hier unterscheidet sich die rein historische Darstellung von der mit denselben Mitteln im Agricola gegebenen — in bezug zu dem Hauptthelden und seiner Leistung. Das sollte man sich eindriglich klar machen, weil nur so die Fragen nach der Gattung der Schrift, ihrem Stil, ihrer Glaubwürdigkeit Antwort finden können.

Der ganze Britannien-Exkurs soll, heißt es gleich zu Anfang, nicht in Wettbewerb mit anderen rhetorisch glänzenden Schilderungen Britanniens treten, sondern wird darum gegeben, weil Britannien damals zum ersten Male ganz bezwungen wurde, so daß *rerum fide*, mit der Zuverlässigkeit von Tatsachen, berichtet werden kann. Dies gilt natürlich sinngemäß mehr oder weniger: von Thule kann Tacitus ebensowenig wie die anderen aus eigener bzw. Agricolas Kenntnis berichten, und der Erstheitsanspruch kann natürlich ebenso in erster Linie nur bezüglich des neu Eroberten, also über den Norden, behauptet werden. Und so wird bei den traditionellen Topoi über die Gestalt eines Landes aus der neuen Kenntnis des Nordens der bisher geltende Vergleich mit dem Rhombus oder der Doppelaxt zurückgewiesen (wie ein Keil springt Schottland vor) und die Bestätigung des Inselcharakters hervorgehoben (die Umsegelung durch Agricolas Flotte hat das erhärtet, die Orkneyinseln gefunden und bezwungen und schließlich Thule erblickt). Der Bezug zu Agricola und seiner Eroberung des Nordens wird durch diese Vorausnahme — die Umsegelung erfolgte im letzten Jahre — besonders deutlich. Auf den Norden bezieht sich auch die einzige Bemerkung, die Tacitus über das Wesen des Ozeans und der vielbehandelten Frage nach Ebbe und Flut macht: nirgend sonst dringt sie so tief ins Land ein, so daß sich das Meer zwischen Bergen und Länderstücken wie im eigenen Element bewegt und alles durchdringt. Hier spürt man die Autopsie. Auch in der nächsten Frage nach dem Ursprung der Einwohner, die auch in der Germania an derselben Stelle folgt und dort mit besonderer Ausführlichkeit und Leidenschaft behandelt wird, kann Tacitus die Schotten, die den Germanen so ähnlich sehen, mit zur Argumentation heranziehen. Wenn auch die Insel sich weit nach den verschiedenen Richtungen erstreckt, so daß der Himmelsstrich die Körperformen geprägt haben kann, ist es im ganzen glaublich, daß die Britannier aus Gallien eingewandert sind. Nicht nur Religion und Sprache, sondern vor allem die Charakterart beweisen dies. Sind die Britannier doch ebenso leichtfertig wie die Gallier im Herausfordern der Gefahr und ebensowenig standhaft, wenn sie da ist. Freilich sind die Britannier noch nicht durch den Frieden verweichlicht. Die Gallier haben mit der Freiheit auch die Tapferkeit, die *virtus*, verloren. Dieses Schicksal haben von den Britanniern nur die Unterworfenen geteilt. Die übrigen — es sind aber vor allem die Caledonier, überhaupt die Bevölkerung des Nordens — bleiben und sind so, wie es die Gallier früher waren. Der Gedankenzug ist bezeichnend für Tacitus: die Ursprungsfrage interessiert ihn wenig, sehr aber das, was Agricola und überhaupt den römischen Feldherrn anging, Art und Kampfkraft. Im Norden findet sich mit der Freiheit — und das ist ein Problem, das Tacitus im Innersten beschäftigt — noch Tapferkeit. Diese Völker des Nordens aber hat Agricola bezwungen. So wird man seine Leistung recht zu würdigen wissen. Auch hier ist der Bezug auf Agricola deutlich.

Auch das nächste Kapitel, das von Kriegswesen, klimatischen Besonderheiten, Bodenbeschaffenheit und Bodenschätzen handelt, bringt nicht Tatsachen um ihrer selbst willen oder um das Wesen der Britannier an sich verständlich zu machen, sondern Dinge, die Bezug zur Eroberung Agricolas haben. Besonders deutlich wird das, wenn man die Germania vergleicht. Dort wurden die entsprechenden, zu jeder Völkerbeschreibung gehörigen Topoi behandelt, um das Wesen der Germanen in dem Verhältnis zu ihrem Lande zu verdeutlichen, ihre Gleichgültigkeit gegen Schönheit bei ihren unansehnlichen, aber reichen Herden, ihre Geringschätzung von Gold und Silber, ihr leidenschaftliches Streben nach Ehre, dem *honestum*, bei Eisen und Waffen. Nichts davon hier. Beim Fußvolk liegt die Kampfkraft, heißt es, manche verwenden auch Schlachtwagen. Agricola wird sie in der Schlacht am *mons Graupius* kennenlernen. Die Tatsache, daß sie nicht mehr von Königen beherrscht werden, sondern in Adelsklientelen gespalten waren, und daß sie darum schwer zu gemeinsamem Handeln kommen — einzeln kämpfen sie so, heißt es in epigrammatischer Zuspitzung, insgesamt werden sie besiegt —, erleichtert eroberndes Vordringen. Die Leistung des Feldherrn aber wird deutlich, wenn wie während der Zeit des Paulinus oder auch im Endkampf, den Agricola besteht, die Britannier ihre Streitmacht einmal vereinigen. Bei den Nachrichten über das feucht-neblige Klima, das Fehlen strenger Kälte, die Kürze der Nächte, spürt man wieder deutlich die Autopsie bzw. die Erzählungen Agricolas. Die ausgezeichnete Charakterisierung mag zur damaligen Zeit, als Wälder und Sümpfe das Land bedeckten, noch gültiger gewesen sein als heute. Bedacht davon abgesetzt werden Erzählungen über die Polarnacht. Sie zeigen aber deutlich die Richtung des Interesses. Im Vordergrund der Teilnahme steht der Norden, den Agricola zum ersten Male betreten hat. Freilich nicht so sehr, daß Tacitus sich um eine wissenschaftlich haltbare Erklärung bemüht hätte. Die, welche er gibt, verrät, daß er an den Fortschritten des wissenschaftlichen Weltbildes, dem die Kugelgestalt der Erde längst geläufig war, nicht teilgenommen hat, mit jener Gleichgültigkeit des Römers oder seiner Angst vor der Hybris des menschlichen Verstandes, wie wir sie etwa auch in Ciceros 'Staat' kennenlernen. — Daß das Land fruchtbar ist, wenn auch das Getreide spät reift, ist für den Staat, der die Eroberung finanziert, ebenso wichtig wie für den Feldherrn, der seine Truppe aus dem Lande ernährt. Daß aber, wie weiter berichtet wird, Gold, Silber und andere Metalle vorkommen, das lohnt den Sieg, ist *pretium victoriae*[12], wie wohl zugleich auch für die gesagt ist, die den Nutzen einer Eroberung Britanniens bezweifeln mochten. Hier tut sich in und für Tacitus ein auch sonst bemerkenswerter Zwiespalt auf: diese Eroberungen, die mit soviel römischer Größe verbunden sind, sie lohnen sich nicht nur und haben sich zu lohnen, sondern sie nähren auch die Hauptlaster des römischen

Lebens, hier die *avaritia*. So kommt es zu der bitteren Bemerkung anläßlich der britischen Perlen, bei denen manche vermuteten, sie wären schlechter als die aus dem Roten Meer, weil man sie nicht lebend von den Felsen risse, sondern aufsammle, wenn das Meer die Muscheln auswürfe: er glaube eher, sie seien von Natur schlechter, als daß den Römern die Habsucht fehle, die sie zu ernten verstehe.

Nach einem doppelt orientierten Zwischenstück — dem Kapitel 13 —, worin dem Anschein nach zunächst nur von den Britanniern selbst gesprochen werden soll, wird der Übergang zu dem geschichtlichen Teil gewonnen. Die karge Bemerkung nämlich, daß die Britannier zwar eifrig ihren Pflichten gegen Rom nachkommen, aber noch nicht so weit gezähmt sind, daß sie auch Unrecht stillschweigend ertrügen — um so wichtiger, daß ein Mann wie Agricola in Britannien wirkt, dessen Gerechtigkeit mehrfach schon zutage trat —, leitet hin zu den ersten Versuchen Caesars, Britannien zu erobern; mit Bitterkeit wird darauf die lange Zeit der Gleichgültigkeit gegenüber Britannien unter Augustus und Tiberius erwähnt und schließlich — nach den Versuchen des Gaius — auf die Wiedereroberung unter Claudius hingelenkt.

Zehn konsularische Statthalter gab es zwischen dieser Eroberung des Claudius, bei der Vespasian vom Schicksal zum ersten Male gezeigt wurde, und Agricola. Eine beachtliche Kette von mancherlei brauchbarer Leistung, großer Tat, kläglichem Versagen, ungerechter Beurteilung von Rom aus — zugleich unerläßlich für das Verstehen der Leistung des Agricola und der Abfolge der Ereignisse unter ihm. Es ist Tacitus' Bestreben gewesen, die Kontinuität der Ereignisse darzustellen, so wie Sallust in seinem Afrikaexkurs den Anschluß an die eigentlichen zum Kriege führenden Geschehnisse herstellte. Auch von hier aus wird die ganz andere Art der Germania deutlich: in der Germania wird nichts erwähnt, woran eine historische Darstellung hätte anknüpfen können, und darum wird sie einem solchen Zwecke nicht gedient haben. Es wäre zu ermüdend, hier einen jeden der Vorgänger Agricolas zu würdigen. Bei der Frage der Glaubwürdigkeit wird sowieso das eine oder andere zur Sprache kommen müssen. Zwei Fragen aber drängen sich bei der Lektüre dieser drei Kapitel auf: wie hat Tacitus künstlerisch das Problem einer so ermüdenden Aufzählung bemeistert, und wie ist er der Leistung der Vorgänger, von der auch die Beurteilung der Leistung des Agricola abhängt, gerecht geworden? Tacitus stellt in die Mitte die dramatischen Ereignisse unter Suetonius Paulinus, dem fünften der konsularischen Statthalter. Das war ein besonders glücklicher Griff. Denn nicht nur, daß Agricola an diesen Ereignissen in seiner Jugend teilgenommen hatte, er knüpft auch in der eigenen Tätigkeit an sie an. Was die andere Frage anlangt, so muß betont werden, daß die Leistung des Cerialis wie nirgends sonst, auch bei Agricola nicht, dadurch herausgehoben wird, daß die Briganten, die er unterwirft, als der volkreichste Stamm der ganzen Provinz charakterisiert werden, daß aber Julius Frontinus, der ihm gleichkommt und die Niederwerfung der Siluren erreicht, sogar das Prädikat eines *vir magnus* erhält, natürlich *quantum licebat,* soweit es in der Zeit möglich war. Aber das liegt ja nicht an ihm. Man hat nicht den Eindruck, daß die Leistung der Vorgänger in den Schatten gerückt werden soll, im Gegenteil. Agricola wird sich mit zwei der hervorragendsten Männer der Zeit zu messen haben. Freilich wird seine Leistung nicht nur nach den Quadratkilometern gemessen werden.

Der 'Britannierexkurs' im ganzen zeigt die engste Verflochtenheit mit der Leistung des Agricola, der Bezwingung des Ganzen. Nicht nur die Schilderung von Land und Leuten lebt von seinen Berichten oder ist an seinen Erlebnissen orientiert, auch der historische Überblick darf als eine Vorbereitung und zugleich als Maßstab seiner Taten angesehen werden, an dem man das Streben nach einer umfassenden Erkenntnis und Würdigung im voraus spürt.

Die erwartete Bezugnahme wird dann auch ausdrücklich und mehrfach bei der Darstellung von Agricolas Taten geknüpft. Gleich der erste Satz: 'diesen Zustand Britanniens fand Agricola vor, als er, schon mitten im Sommer, übersetzte', spricht das deutlich aus.

Das Besondere der Darstellung von Agricolas Taten läßt sich wohl am klarsten am Umfang der Kapitel, die den einzelnen Jahren gewidmet sind, ablesen. Darum vor allem wurde die

Tabelle vorausgeschickt. Der Umfang nimmt nämlich bis zum fünften Jahre jeweils bedeutend ab. Deutlicher noch wird das, wenn man berücksichtigt, daß die Ereignisse des fünften Jahres selber in einem Satze abgetan werden, das übrige aber Irland beschreibt und den Nutzen einer Eroberung erörtert. An mangelnder Orientierung kann das ebensowenig liegen wie an dem Verdacht vager Schönrednerei und Übertreibung, die hinter allgemeinen Bemerkungen über viele neu unterworfene Stämme und zahlreiche Gefechte etwa geringe Erfolge verstecken wollte. Haben wir doch zur Genüge bemerkt, daß es Tacitus auf die rein gebietsmäßige Erweiterung des *imperium* nicht in erster Linie ankommt. Die Tatsache, daß Tacitus, ganz abgesehen vom siebenten Jahr und der Entscheidungsschlacht, beim sechsten Jahre sofort breiter und ausführlicher wird, kann auf die richtige Deutung des Tatbestandes führen. Dort war nämlich nicht nur von neuen Maßnahmen militärischer Art zu berichten, einem amphibischen Unternehmen zusammen mit der Flotte, sondern auch von einer besonderen Bewährung des Agricola. Als ganz Schottland sich erhob und sogar die Initiative des Kampfes ergriff, gelang es Agricola durch Dreiteilung des Heeres, eine Umgehung durch die in mehreren Heersäulen angreifenden Caledonier zu verhindern. Es kam zu einer Überfallschlacht, die sich durch rechtzeitiges Eingreifen Agricolas zu einem entscheidenden Sieg wendet. Das ganze Heer ist jetzt von dem Gefühl durchdrungen, daß seiner Tapferkeit nichts standzuhalten vermag, und voller Begier, endlich die Grenzen Britanniens zu finden. Hier war in der Tat die ganze Fragwürdigkeit und Unabsehbarkeit des Handelns, das in der Verantwortung und Kraft und Umsicht eines Mannes ruht, sichtbar geworden, seine Amphibolie, die erst der Erfolg entscheidet, der doch wiederum nicht der Maßstab dieses Handelns sein darf, wenn es nicht ganz an die *fortuna* ausgeliefert werden soll. Unter dieser Amphibolie und der entsprechenden Unsicherheit der Begriffe hat Tacitus im Ringen um das Urteil schwer gelitten, und hier, in der Krise und ihrer Überwindung, spricht er das auch aus, so wie er am Anfang die Erfolge Agricolas mit seinen eigenen Worten auf das richtige Maß festlegt — *(non) victoriam vocabat victos continuisse* —: *iniquissima haec bellorum condicio est: prospera omnes sibi vindicant, adversa uni imputantur.* Weil aber hier so deutlich hervortritt, daß der schließliche Erfolg eben alleiniges Werk der *virtus* des Agricola ist, darum wird das sechste Jahr wieder so ausführlich behandelt. Das entspricht ganz der Vorliebe, die Sallust in seinem *bellum Iugurthinum* für die Überfallschlachten zeigt, in denen sich enthüllt, was an der Kraft eines Führers ist.

Entsprechend ist der Blick auch bei der Darstellung der vorhergehenden Jahre auf die *virtus* des Agricola gerichtet, und zwar nicht an sich, sondern in Verbindung mit der in bestimmter Situation gezeitigten Tat. Das Heer hat sich, weil Agricola erst mitten im Sommer übersetzen kann, schon auf die Winterruhe eingerichtet. Ohne Führer erträgt es gelassen die Schande, daß die Ordoviken in Wales eine römische Schwadron aufgerieben haben. Trotz aller Schwierigkeiten nimmt Agricola, ohne sich mit Empfangsformalitäten abzugeben oder auf die getroffenen Maßnahmen für die Winterruhe Rücksicht zu nehmen, nur aufs Wesentliche sehend — die Ehre des römischen Namens und die Folgen, die eine solche ungerächte Tat für die Ruhe der Provinz haben muß —, an dem Stamme furchtbare Rache. Wie jeder Römer, der vor allem den Anfang bedenkt, weiß Agricola, daß man dem entstehenden Ruhme nachdrängen muß, und so erobert er im selben Zuge die Insel Anglesey, die Paulinus vergeblich zu nehmen versucht hatte. Die gleichen Gründe gelten natürlich wie für Paulinus so für Agricola[13]. Nur daß nicht die augenblickliche Unterstützung der Rebellen von England her akut ist; die waren niedergeworfen. Bei dem Unternehmen, einem plötzlichen Entschluß, überwinden *ratio* und *constantia,* planende Vernunft und Hartnäckigkeit des Führers die Hindernisse. Im übrigen steigert seinen Ruhm die Tatsache, daß er von diesen Maßnahmen kein Aufhebens macht. Es ist der Anfang[14], der Tacitus so ausführlich sein läßt. Darum wird ebenso ausgedehnt von den Maßnahmen des ersten Winters berichtet. Hier wirkt sich die Beurteilung Britanniens und seiner Bevölkerung aus. Agricola weiß ebenso um die Sinnesart der Provinz. Sie ist noch nicht so weit gezähmt, daß sie Unrecht erträgt — wie er aus der Erfahrung der Vorgänger gelernt hat. Und er weiß auch, daß wenig mit Waffengewalt zu erreichen war, wenn Unrecht folgte. Darum beschneidet er die Gründe für den Krieg. In dem sallustischen historischen Infinitiv, der ein halbes Jahrhundert geruht hatte, werden eine Reihe der heilsamsten Maßnahmen — Ordnung seines Hofes, Behandlung von Freigelassenen und Sklaven, Beförderungs- und Aushebungswesen, Strafvollzug, Beamtenauswahl, Lastenverteilung — berichtet, die Agricola trifft. Sie werden nicht auf eine allgemeine Liebe zur Gerechtigkeit zurückgeführt, sondern nur auf ihre politische Zweckmäßigkeit angeschaut. Der Frieden, das Ziel, der früher mehr noch gefürchtet war als der Krieg, erhält so wieder das Anziehende, das ihm zukommt. Aber es ist trotz dieser Zurückhaltung, die sich vor großen Worten, die häufig nur schöner Schein sind, scheut, deutlich, daß diese Maßnahmen nur von dem Manne getroffen werden konnten, der in den Anfangskapiteln geschildert war, der den rechten Sinn für Gleichmäßigkeit und Proportion, den Geschmack für die Gerechtigkeit hatte.

Auch das zweite Jahr wird noch recht ausführlich beschrieben, wenn man auch die stärkere Beschränkung auf neu sich Enthüllendes bemerkt. Im Sommer wird durch Feldzüge die Disziplin des Heeres gestärkt, der Feind beunruhigt oder es werden ihm die Reize des Friedens gezeigt. Die Folge ist, daß viele Stämme ihre Selbständigkeit aufgeben und Geiseln stellen. Durch Anlage von Kastellen wird gesichert, daß ihr Übergehen zu den Römern nicht dazu führt, daß sie von den Britanniern angegriffen werden. So kommt der neue Teil so unangefochten wie keiner bisher zur Provinz. Diese heilsame Maßnahme, aus der Situation wirksam getroffen, ist Tacitus wichtiger als Name und Gebiet der Stämme, wovon überhaupt kein Wort gesagt wird. Von der Wintertätigkeit wird die Ausbreitung römischer Gesittung hervorgehoben. Agricola gelingt es, den Ehrgeiz der Britannier für römische Kultur und Sprache zu wecken. Für ihn ist das ein Mittel zur Befriedung, wie ausdrücklich gesagt wird, und gehört so zu seinen heilsamsten Maßnahmen. Für Tacitus stellt sich hier die Sinnfrage stärker: im Blick auf die — sicher spätere — Verfeinerung kommt ihm die Fragwürdigkeit des Sinnes dieser Maßnahmen zum Bewußtsein. »Das hieß bei den Unerfahrenen Zivilisation, während es ein Teil der Knechtschaft war.« Von einem letzten Standpunkt aus spürt Tacitus das Verwerfliche und Sinnlose der römischen Eroberung und kann vom römischen Gegner her denken, antinomisch, ohne an den letzten Sinn des Reiches zu glauben. Die hier hervortretende Linie gipfelt in den beiden Reden vor der Schlacht am *mons Graupius.*

Das dritte Jahr bringt einen erfolgreichen Vorstoß gegen Norden bis zu dem Tanaus-Fjord. Wir wissen nicht, was mit dem Namen gemeint ist. Aber da vom vierten Jahre berichtet wird, daß es mit der Sicherung des im dritten Durchstreiften hingeht und die Befestigung der Forth-Clyde-Linie diese Sicherung abschließt, wird der Tanaus nicht weit davon entfernt sein. Durch den plötzlichen und weiten Vorstoß — so muß man wohl *qua formidine* verstehen — sind die Stämme so erschreckt, daß sie das Heer nicht angreifen, obwohl es von Unwettern heimgesucht ist, und noch Zeit zum Anlegen von Kastellen bleibt. Daß die Truppen von den Kastellen aus im Winter ihre Ausfälle machen, nimmt den Britanniern ganz den Mut, da sie ihre Sommermißerfolge nicht mehr durch Wintererfolge wettmachen konnten. Zwei Dinge sind es, die diese wirksamen Maßnahmen und Eroberungen ermöglichen. Einmal das von Sachverständigen bestätigte Geschick Agricolas, günstige Plätze für die Anlagen von Kastellen zu erkennen — keines seiner Kastelle, die für ein Jahr verproviantiert waren, ist genommen worden —, zum anderen seine unbestechliche Würdigung fremder Leistung, die, wie aus dem Zusammenhang zu verstehen ist, die Initiative auch eines verstreuten Heeres anfacht. Hier wird fühlbar, daß es immer Agricola ist, der im Mittelpunkt der Betrachtung steht, sein besonderer Stil. So ist es ganz natürlich, daß der letzten Eigenschaft, der bereitwilligen Anerkennung fremder Leistung, eine andere, weniger positive entgegengestellt und verstanden wird. Er war bei Streitigkeiten oft rauh. Das wurde ihm vorgeworfen, und zuzugeben war, daß er gegen die *mali* nicht sehr angenehm war. Aber er hatte nichts Verstecktes, das Gewitter verrauschte so schnell, wie es gekommen war. So trägt auch dieser Zug etwas zu derber Freimütigkeit zur Erkenntnis seiner geraden Art bei.

Vom vierten Jahr wird nur die erwähnte Sicherung der Forth-Clyde-Linie berichtet. Wenn es die Tapferkeit der römischen

Heere und der Glanz des römischen Namens zugelassen hätten, hätte hier die Grenze in Britannien selbst gefunden werden können. Denn durch die schmale Landenge ist Schottland wie eine andere Insel vom übrigen abgetrennt, heißt es. Ruhm der Heere und Glanz des römischen Namens, das sind die irrationalen Gründe, die die Eroberung weiter vorantreiben.

Das fünfte Jahr bringt die Bezwingung unbekannter Stämme in vielen günstigen Gefechten. Gleichzeitig eine Besetzung der Irland gegenüberliegenden Küste weniger zum Schutze, wie es heißt, sondern als Ausgangsbasis für eine Eroberung. Das Ziel dieser Eroberung ist vom römischen Standpunkte aus, wie ihn Agricola vertritt, klar zu umreißen: auch Britannien würde sicherer sein, wenn mit der Besetzung Irlands die Freiheit sozusagen aus dem Gesichtskreis geschwunden wäre. Sie wäre nach Agricolas Ansicht, die er Tacitus gegenüber öfter geäußert hat, mit einer Legion durchzuführen.

Nachdem der anfangs interpretierte Feldzug in Caledonien geschildert und durch die Usiperepisode vom folgenden deutlich abgesetzt worden ist, bringt der siebente Sommer die mehrfach erwähnte Entscheidungsschlacht am *mons Graupius*. Für die Caledonier bedeutet sie den letzten Kampf um die Freiheit, ein Aufgebot aller Kräfte nach der Niederlage des Vorjahres. Für Agricola bedeutet die Tat Vollendung des Werkes, erwächst aber zugleich mit aus dem Allerpersönlichsten. Der Tod seines ein Jahr vorher geborenen Sohnes – man sieht, wie das Persönliche nie außer acht gelassen wird – findet ihn beherrscht und maßvoll in der Trauer wie immer, zugleich aber bedeutet der Krieg und der Zwang zur Entscheidung für ihn Trost, der das Leid vergessen läßt. So kommt er mit dem schlagkräftigen Heer zum *mons Graupius*, wo die Feinde immer noch weiter zusammenströmen.

Diese wenigen Bemerkungen leiten zugleich zu den beiden Reden der Feldherren vor ihren Heeren über. In der Rede des Führers der Caledonier, Calgacus, leiht Tacitus der Freiheit Stimme, die hier in ihrem letzten Versteck aufgesucht ist und doch das Ganze bedeuten kann, wenn sie hier nicht überwunden wird. In wuchtigen Worten schleudert Calgacus seine Anklagen gegen die Anmaßung der Römer *(superbia)*, der man durch keinen Gehorsam und kein Maßhalten entfliehen kann *(per obsequium ac modestiam)*. Ihre Gier, die keine Grenzen kennt, wird ebenso angeprangert wie ihre Verlogenheit, die Frieden mit falschem Begriff nennt, wo sie eine Wüste schafft. Der zweite Teil malt folgerichtig das Los, das die jüngsten Sklaven in der Dienerschaft des Reiches erwartet, in den schwärzesten Farben. Im dritten Teil schildert Calgacus die prekäre Lage, in der sich das römische Heer befindet. Ist dieses zusammengewürfelte Heer in der ihnen unbekannten Einöde des Nordens überwunden, ist die Provinz in der Hand der Britannier.

Diese Rede, die zu einer langen Kette von Äußerungen des geistigen Widerstandes gegen Rom[15] gehört, in der sich der römische Historiker der steten Angefochtenheit und der Berechtigung des Reiches bewußt wird, ist ganz aus der Seele des Calgacus, des letzten Vertreters der Freiheit in Britannien, gesprochen. Sie will wachsam von dem Leser gelesen werden, der das Drama bis hierher verfolgt hat. Er wird dabei als Römer bitter bei der Grenzenlosigkeit des Reiches daran denken, daß in Germanien und im Reich der Arsakiden eine Grenze geboten ist. Und gewiß, im Wort Frieden leuchtet hinter den Anklagen des Calgacus etwas wie eine Rechtfertigung des Reiches auf[16]. Nur darf man nicht glauben, daß Tacitus diesen Frieden höher stellt als den Verlust der Freiheit. Das ist nach den Äußerungen der Schrift, die wir hervorhoben, nicht möglich. Tacitus hat dem Anspruch auf Freiheit innerlich nichts entgegenzustellen. Darum kann er Calgacus verstehen, darum wächst dieser zu heroischer Größe empor. Wohl aber ist in den beiden anderen Teilen deutlich, daß sich Calgacus über die Wirklichkeit in seiner Situation täuscht: die Ausmalung der Schrecknisse der römischen Herrschaft ist durch eine Statthalterschaft wie die des Agricola widerlegt, die die Konsequenzen der *pax* gezeigt hatte. Bestes Beispiel ist, daß die Briganten, die zitiert werden, nicht mehr daran denken, ihr Joch abzuschütteln. Die Herabwürdigung des Heeres aber, geschehen, um den eigenen Leuten Mut zu machen, wird durch Agricolas Sieg widerlegt. Calgacus scheitert, weil er Unabhängigkeit begehrt, wo er der Macht des Faktischen nicht gewachsen ist.

Mit Agricolas Rede wird nicht etwa eine Sinngebung des

Reiches gegenübergestellt. Agricola beschränkt sich darauf klarzumachen, daß die Schlacht über seine siebenjährige Statthalterschaft und fünfzig Jahre der Eroberung Britanniens entscheiden wird: *inventa Britannia et subacta,* die Freiheit ist in ihrem letzten Versteck aufgespürt. Im übrigen macht das auch Mut: man hat ihre letzten Vertreter endlich ergriffen, die streitbarsten Britannier sind längst zuvor gefallen.

Beide Reden machen die Leistung des Sieges am *mons Graupius* direkt oder indirekt deutlich. Agricola als Eroberer Britanniens? Jedenfalls der — und das ist wichtiger —, der die letzte Regung der Freiheit niederwirft. Die Schlacht selbst zeigt die Überlegenheit des römischen Systems und der Feldherrnschaft Agricolas. Was sie in den Augen des Römers besonders auszeichnet, ist dies, daß der Sieg ohne römisches Blut, allein mit den Germanen, erfochten wird. Hier allein werden Zahlen gegeben. Den feindlichen Verlusten von etwa 10000 Toten stehen die römischen von 360 Mann gegenüber.

Ein Abschluß ist erreicht. Die Eroberung von Britannien ist vollendet. Der Eroberer hat Anspruch auf den Dank der *res publica.* Darum gehört die Schilderung der Ereignisse in Rom, wie anfangs gesagt, noch zur Darstellung der historischen Leistung Agricolas. Doch wird das Verständnis des Mittelteiles bis hierher in der Hauptsache darüber entscheiden müssen, als was die Schrift anzusprechen ist. Man wird festhalten dürfen und es vielleicht auf eine knappe Formel bringen können, daß es sich nicht um eine Darstellung von Erfolgen und Ergebnissen, aber auch nicht etwa eines Charakters an sich handelt, sondern um die Würdigung einer Leistung in vollem Sinne des Wortes. Diese Leistung ist unendlich vielfältig bedingt, wie die einleitenden Kapitel und der Britannienexkurs zeigt; sie erreicht größte historische Bedeutung, aber sie ist von der Person nicht zu trennen. Charakter und Lebensgang bestimmen und durchdringen sie, ja sind sie. Im Ringen mit den Dingen bewährt sich, was selbst im höchsten Amt noch Hoffnung war, und kann sich erst da bewähren, weil erst da in freier Verantwortlichkeit gehandelt werden kann. Dabei wird nicht der Erfolg verherrlicht oder der Charakter nach anerkannten Werten gerühmt. Der plötzliche Entschluß, Anglesey zu erobern, könnte bei einem anderen als

Leichtsinn gelten, wenn Agricola mit Hartnäckigkeit und Findigkeit die Sache nicht zum guten Ende gebracht hätte. Der Feldzug des sechsten Jahres in Schottland wurde von den Klugen verurteilt, und die Maßnahme, das Heer zu teilen, hätte auf Grund des Überfalls auf die eine Legion als Unfähigkeit ausgelegt werden können, wenn eben Agricola nicht der Lage gewachsen gewesen wäre. Seine rauhe Schärfe in Auseinandersetzungen kann nicht als Vorzug gelten, wurde aber durch seine Unverstelltheit aufgehoben. Die Anerkennung fremder Leistung ist nicht als Tugend schlechthin behandelt, sie erlaubt ihm einen fast caesarischen Stil der Kriegsführung. Man sieht, nicht Enkomion, Preis nach bestimmten anerkannten Werten, liegt hier vor, sondern Urteil über Leistung aus den Bedingungen dieser Leistung selbst heraus; es wird nicht gerühmt, sondern erkannt. Freilich ist es liebevolle Erkenntnis eines Menschen, der sich mit seiner Leistung ins Reich des Dauernden und Gültigen erhebt, echtes Verstehen. Die Leistung ist im römischen Sinne vollkommen: Agricola übergibt dem Nachfolger die Provinz Britannien ruhig und sicher. Für Tacitus, der über den Sinn dieses Lebens nachdenkt, läßt sich die Frage nach dem letzten Sinn dieser sich im großen Handeln dokumentierenden Persönlichkeit nicht umgehen. Darum die Infragestellung der *saluberrima consilia* von einem letzten Sinn her. Er wird mit Neid auf die Ungebrochenheit dieser im Römischen beschränkten Kraft geblickt haben.

Eine so unbezweifelbare *virtus* hat Anspruch auf die Anerkennung und den Dank der *res publica,* als die sich auch der Prinzipat noch verstand. Darum folgt notwendig zugleich im sallustischen Stile der Blick nach Rom. Ist die Hinwendung nach Rom so als notwendig erkannt, wird das Folgende erst verständlich, wenn man sich bewußt wird, daß Tacitus in je zwei Kapiteln von der unmittelbaren Anerkennung nach der Abberufung, die er wie alles Technische als selbstverständlich nach Erfüllung der Aufgabe wegläßt, und von der weiteren Schätzung und Möglichkeit späterer Auszeichnung spricht. Im zweiten Teil hat er dabei mit verschwommenen Zeitangaben, wie wir sie aus Sallust kennen, den ganzen Zeitraum nach dem Empfang in Rom zu einer Einheit bis zum Jahre 92 zusammengezogen. Das Vernichtende für römischen Begriff ist dies, daß Agricola weder die gebührende Anerkennung beim Empfang in Rom, noch im Jahre 92, als die beiden größten Provinzen unter die zwei ältesten Konsulare verlost wurden, erhält. Tacitus' Urteil über beide Ereignisse ist ebenso bestimmt wie vorsichtig abgewogen, offenbar in Auseinandersetzung mit einer Flut von Gerüchten. Erzählte man sich doch nichts Geringeres, als daß Domitian einen Freigelassenen nach Britannien geschickt habe, der ein kaiserliches Handschreiben mit der Übertragung der Provinz Syrien bei sich führte, es aber nur übergeben sollte, wenn Agricola noch in der Provinz wäre, und es richtig auch unterließ, als er Agricola auf dem Meere begegnete, ja ihn nicht einmal begrüßte. Und ebenso hielt sich hartnäckig das Gerücht, daß Agricola von Domitian vergiftet worden sei. Man kann sich vorstellen, was für Kommentare in der redefreudigen Hauptstadt über die Abkühlung des Verhältnisses Domitian—Agricola im Umlauf waren.

Domitian hat sich auf die Erfolgsmeldung Agricolas offensichtlich korrekt verhalten. Er hat ihm die Triumphabzeichen — mehr war nicht möglich, da der Triumph dem Kaiser vorbehalten war — im Senat beschließen, hat ihm die Ehre einer Statue zusprechen lassen, hat selber rühmende Worte für Agricola gefunden und schließlich auch eine Andeutung gemacht, daß die Provinz Syrien für Agricola bestimmt sei. Nun aber das Unheimliche: für Tacitus ist das alles Verstellung. Bevor er das korrekte Verhalten berichtet, leuchtete er in die Abgründe dieser Seele hinein: nach außen erfreut, ist Domitian im Innern beklommen. Das Bewußtsein, daß man seinen Triumph über die Germanen verlacht hatte, weil er Sklaven als Gefangene im Zuge ausstaffiert hätte, während hier ein großer Sieg gefeiert wurde, die Erwägung, daß Feldherrntugend überhaupt Sache des Kaisers sei, damit der Name eines Privatmannes nicht höher steige als der des Kaisers, lassen ihn nicht ruhen. So zieht er sich in die Stille zurück, in der er gewöhnlich seine abgefeimten Pläne auszuhecken pflegte, kommt aber zu dem Schluß, es sei fürs erste besser, zu warten, bis der Siegesrausch abflaue und der Schwung und die Begeisterung des Heeres sich legten. Denn damals hatte Agricola die Provinz noch nicht verlassen. Und so kommt es zu den Ehrenbeschlüssen, die jetzt in der Vorstellung des Lesers unheimlich hintergründig, als Ausdruck hinterlistiger und böswilliger Verstellung und Verleumdung erscheinen. Wie kann Tacitus so in die Seele des Kaisers schauen? Verleumdet er selber nicht schlimmer als jeder Klatsch? Und so hat man denn geurteilt: die Abberufung des Agricola und die Preisgabe seiner Eroberungen ist ihm ohne weiteres ein Beweis, daß Domitian den *virtutes* feindlich war und daß er seinen ruhmvollen Feldherrn mit Mißtrauen, Eifersucht und Angst betrachtete[17]. Das scheint mir nun aber aus der Sicht des Tacitus heraus ganz falsch zu sein und ein viel zu schlechtes Licht auf Tacitus zu werfen. Von der Abberufung erwähnt er überhaupt nichts: sie verstand sich nach sieben Jahren und dem Enderfolg. Auch von der Preisgabe der Eroberungen Agricolas, die er in den Historien erwähnt[18], spricht Tacitus hier nicht: sie hatte mit Agricolas *virtus* und dem Verhalten des Kaisers gegenüber dieser *virtus* nichts zu tun. Und 'ohne weiteres'? Hier muß man taciteisch denken. Es lag etwas v o r, und zwar etwas, was sich nicht abstreiten ließ und für seine eifersüchtig über Ehre und Anerkennung wachenden Begriffe nicht nur unmöglich, sondern für die *res publica* und die Möglichkeit der *virtus* im tiefsten verderblich war: über die konventionellen Ehrungen sieht man hinweg — *inania tramittuntur*[19] —, aber daß Agricola nachts in die Stadt kommen muß, daß er auf Befehl nachts in den Palast gerufen wird, daß er ohne Gespräch mit einem kurzen Kuß in die übrige Schar der 'Dienstbaren' eingereiht wird, wie es Tacitus schildert und wie jeder wußte, das war eine unauslöschliche Schande und war wohl auch nicht freundlich gemeint. Von diesem Faktum, unbestreitbaren Faktum, aus sehen sich aber auch die Ehrungen anders an. Der Schluß auf Verstellung ist gegeben. Mit unheimlicher Kunst aber führt Tacitus von diesem Schluß und der Überzeugung von der Konstanz der menschlichen Seele sogleich in die Abgründe dieser Seele, so wie sie sich aus der Lage darstellen mußten, und zwingt uns von vornherein sein Urteil über die Geschehnisse auf, ein Urteil, dem, stellt man einen hohen Anspruch an den Menschen und die Anerkennung fremder *virtus*, auch heute nicht widersprochen werden kann. Es ist dieselbe Kunst, mit der Sallust den Bestia im Iugurthinum von vornherein als bestochen hinstellt und seine Gründe für eine Beteiligung am Feldzug verdächtigt, weil sich später seine Bestechlichkeit herausgestellt hat[20]. Und so muß Agricola den Privatmann auch äußerlich spielen in einer Weise, daß die Leute verwundert das Mißverhältnis von Ruhm und Auftreten festhalten, wenige nur das Ganze durchschauen.

In diesen Tagen, heißt es dann, wurde Agricola beim Kaiser häufig verdächtigt, ebenso häufig entlastet. Die Mißerfolge anderer Feldherren in den Kriegsnöten wiesen immer wieder auf Agricola hin. Domitian wurde dadurch verletzt. Gutmeinende und Böswillige, die den Kaiser kannten, wirkten durch Rühmen des Agricola zu seiner Gefährdung und Ungnade. Das zeigte sich bei der Provinzverlosung des Jahres 92, wo ihm Afrika oder Asien hätte zufallen sollen. Leute, die sich auf den Kaiser verstanden, rieten Agricola, zuletzt mit Drohungen, auf diese Ehre freiwillig zu verzichten. Agricola wußte auch in diesem Falle, was er tun mußte. Domitian ließ sich von ihm erweichen, ihm Dispens von der Übernahme der Provinz zu gewähren. Nicht einmal das *salarium*, die übliche Geldentschädigung, gewährte er ihm, sei es, weil er zornig war, daß Agricola nicht darum bat, sei es, damit es nicht so schiene, als ob der Verzicht auf die Ehre erkauft worden wäre. Damit hat die Laufbahn des Agricola infolge der Verletzung durch Domitian nicht ihre Krönung erfahren, ist das Urteil des Tacitus. Und nun kommt eine sehr aufschlußreiche Erwägung: es ist ein menschlich-psychologisches Gesetz, daß man den haßt, den man verletzt hat. Domitian hatte Agricola zweimal verletzt, und Domitian war besonders leicht zum Zorn gereizt. Durch das Maßhalten und die Klugheit des Agricola wurde er aber besänftigt. Agricola hat es also erreicht, trotz großer *virtus* und großen Ruhmes unversehrt neben dem Kaiser zu leben[20a]. *Sciant quibus moris est inlicita mirari, posse etiam sub malis principibus magnos viros esse, obsequiumque ac modestiam, si industria ac vigor adsint, eo laudis excedere, quo plerique per abrupta, sed in nullum rei publicae usum ambitiosa morte inclaruerunt.* Dieser Satz mit seinem ganzen Gewichte und der fast beschwörenden Heftigkeit kann von uns jetzt als das Schlußurteil über das öffentliche Leben des Agricola gewürdigt werden. Denn was folgt: Tod, Aussehen, Trost, gehört ins

Private und ist für sich zu betrachten. Man hat gemeint, Tacitus wolle Agricola und damit sich selbst mit diesem Satze entschuldigen, daß er unter Domitian keinen Widerstand geleistet habe. Aber andere haben es nicht getan, Plinius, Traian selbst, und es ist keinem je zum Vorwurf gemacht worden. Vor allem steht es nicht da. Was behauptet wird, ist dies, daß große *virtus* entstehen kann unter einem schlechten Kaiser — *posse* —, es geht um die Bedingungen menschlicher Größe. Groß ist der Tod derer, die das Fehlen der Freiheit nicht ertragen konnten, den Tod trotzig herausforderten und ruhmvoll starben, wohl auch mit der Absicht auf den Ruhm eines solchen Todes *(ambitiosa morte).* Ein solcher Tod aber nützt dem Staate nichts. Bleibt man in der römischen Wertung, so ist er nicht *e re publica,* also zu verurteilen. Agricola hat dagegen bewiesen, daß man trotz Gehorsam und Sichfügen höchste *virtus* haben kann. Er hat gelehrt — und darum ist dieses Leben exemplarisch —, daß die *virtus* keinen Schaden leidet, wenn sie persönlich verzichtet. *Obsequium* und *virtus* können zusammengehen. Und gesagt ist es vor allen denen, die *inlicita* bewundern, das unter den Kaisern Unerlaubte, nämlich das Pochen auf absolute Freiheit. Ein ernstes Anliegen bewegt Tacitus, die Grundfrage seiner Geschichtsschreibung, die Frage nach den Bedingungen historischer Größe, nach ihrer Möglichkeit. Agricola ist ihm ein tröstliches Beispiel. Es ist also ein historisches Problem, sehen wir nun, das letztlich die ganze Würdigung des Agricola bewegt hat, ein historisches Problem von solcher Tiefe, daß darüber Fragen der Form notwendig zurücktreten. Der Agricola ist, wie in der Einleitung umrissen wurde, letztlich eine historische Schrift.

Werfen wir, ehe wir die Fragen nach Stil, Gattung und Glaubwürdigkeit anrühren, noch einen Blick auf den Schluß.

Daß hier etwas ganz Neues einsetzt, was mit dem Allgemeinen dieses Lebens nicht mehr direkte Berührung hat, zeigt schon der ganz andere Ton, der beginnt. Es sind Töne, die jene Schilderung über den Tod des Crassus in de oratore in Erinnerung rufen[21]. Das Ende seines Lebens erfüllte alle mit Traurigkeit, keiner vergaß ihn sofort. Der Verdacht, er könne durch Domitian vergiftet worden sein, mehrte Bedauern und Beklagen. Hat Tacitus dem Leser suggerieren wollen, daß an diesem

Gerücht etwas ist? Davon kann keine Rede sein. Nicht nur, daß er ausdrücklich sagt, er habe nichts in Erfahrung gebracht, so daß er es behaupten könnte: ein solcher Verdacht würde gerade die Schlußerkenntnis des Hauptteiles, die eben interpretiert wurde, aufheben. Doch muß er seiner ganzen Erkenntnis nach überzeugt sein, daß der Tod Agricolas Domitian nicht ungelegen kam. Die häufigen Besuche durch die Ersten der Freigelassenen und vertrauten Ärzte mögen der Sorge, dem Wunsch nach Orientierung entsprungen sein, Tacitus läßt es offen: daß aber am letzten Tage durch einen Eilbotendienst sozusagen die einzelnen Atemzüge des Sterbenden gemeldet wurden, das konnte, so glaubte jeder, nur aus der Freude über eine frohe Botschaft, nicht über ein trauriges Ereignis geschehen sein. Jedenfalls wußte Domitian sich, von Ängsten befreit, gut zu verstellen und Trauer zur Schau zu tragen. Dabei muß man sich vor allem über seine naive Unverschämtheit wundern, daß er seine Einsetzung zum Teilerben als eine Ehre ansah, ohne zu bedenken, wie es mit echt taciteischem Sarkasmus heißt, daß: *a bono patre non scribi heredem nisi malum principem.* Es ist das fast satyrhafte Nachspiel, in dem die schlichte Größe Agricolas in der echten Teilnahme des Volkes und der abgenötigten und verstellten des Kaisers im Abgang von der Bühne des Lebens noch einmal aufscheint.

Der Tod zeigte die allgemeine Teilnahme an Agricola, der Leser der Schrift wird sie teilen. So darf auf Interesse für die Dinge gerechnet werden, die, zufällig und unerheblich, in den beiden vorhergehenden Teilen, der Vorbereitung und der Würdigung, übergangen worden waren. Die genauen Daten der Geburt, des Todes, der Lebenszeit, sein Aussehen.

Aufs Ganze gesehen, wird man Agricola glücklich preisen dürfen. Die *vera bona* waren ihm im reichen Maße zuteil geworden, er hatte das Höchste eines römischen Lebens erreicht, Konsulat und Triumph. Was hätte ihm *fortuna* noch mehr gewähren können? Ansehnliches Vermögen besaß er, allzu großes war gar nicht sein Begehren. Und vor allem war er durch seinen frühen Tod der Zukunft entronnen, im Bewußtsein sterbend, daß alle seine Angehörigen heil waren. Was aber das große Leben angeht, so hat er zwar nicht mehr den *princeps* Traianus erleben können, auf den er selber immer wieder als den kommenden Mann, der eine glücklichere Epoche heraufführen würde, hinwies, es blieben ihm aber auch die letzten Jahre Domitians erspart. Und nun bricht die Erinnerung hervor an alles das, was die *res publica* zu überstehen hatte und Agricola nicht mehr zu sehen brauchte. Es sind die Gedanken des Proömiums, die hier nun bei der Frage nach dem Glück dieses Lebens in persönlicher Weise und anderer Ordnung hervortreten.

Mit einem an das Proömium erinnernden abrupten Gegensatz ruft sich Tacitus schließlich zurück und preist nun in direkter Anrede an den Toten den rechten Zeitpunkt des Hinscheidens, wobei der Gedanke an den *princeps* nur noch anklingt, dagegen das ganz Persönliche hervorgehoben wird, vor allem der Schmerz, daß die Tochter und er nicht selber bei diesem gefaßten Sterben mit dabei sein konnten. Ausklingt aber die Schrift nach dem Allerpersönlichsten mit einer Hoffnung auf ewiges Leben und der Sicherheit, daß die ewige Form des Geistes in der Darstellung überleben und von aller Trauer weg zur Nachahmung im eigenen Leben rufen wird.

Hier spürt man nicht mehr das knappe und beherrschte Urteil des Historikers, sondern die durchseelte Bewegung des großen Redners, der mit jenem aus Cicero bekannten Aufschwung zum Dauernden und Ewigen auch dessen Gebärde und Rhythmus anklingen läßt.

Wenn man darum nach dem Stil der Schrift fragt, muß es die erste Erkenntnis sein, daß man dem Werk nicht einen Gattungsstil aufzwingen kann: es sind viele Stile und viele Formen in ihm vertreten. Diese Erkenntnis ist von großer Bedeutung. Wenn sogleich im ersten Werk des Tacitus die Vielfalt des Stiles charakteristisch ist, verliert der andere Stil der Germania, vor allem aber des Dialogus alles Anstößige. Um nur die hauptsächlichsten Wendungen zu bezeichnen: nach dem Proömium setzt ein schlicht erzählender Stil etwa nach dem Vorbild des Cornelius Nepos ein, der Mittelteil hält die Höhe straff urteilender Darstellung und läßt oft bis in Wort und Konstruktion — man besinne sich auf die historischen Infinitive — an Sallust denken, und der persönliche Schluß ruft wenigstens in den charakteristischen Einsätzen Cicero in Erinnerung. Diese Stilcharakteristik des Agricola würde freilich mißverstanden, wenn man darin mangelnde Einheitlichkeit sehen wollte. Ein Satz wie: *consilium id divus Augustus vocabat, Tiberius praeceptum*[22] oder: *tam diu Germania vincitur*[23] oder: *sed nec tanti rei publicae Gracchorum eloquentia fuit, ut pateretur et leges*[24] könnte in jedem, auch den späten taciteischen Werken stehen und zeigt die unnachahmliche Spannung und Hintergründigkeit des taciteischen Urteils und Ausdruckes. In Wahrheit stammen die Sätze je aus Agricola, Germania und Dialogus. Das deutet darauf hin, daß Tacitus, auch wo Stilelemente einer bestimmten Gattung aufgenommen werden, einen bis ins Letzte stets persönlichen Stil schreibt. *Qualis vita talis oratio* hatte schon Seneca mit der hellen Bewußtheit seiner Zeit über das Problem des Stiles gesagt. Von Tacitus gilt es in besonderem Maße: jedes Wort, jeder Satz kann an der für ihn so bezeichnenden inneren Gespanntheit und Hoheit als Ausdruck seiner Art erkannt werden, seiner σεμνότης, die schon ein Plinius als typisch erkannte.

Dieser so persönliche Stil wäre nicht Stil in unserem Sinne, sondern Manier, wenn er sich die Form nicht jeweils im Ringen mit den großen objektiven Gegebenheiten schüfe. Und so schließt seine Persönlichkeit es nicht aus, sondern fordert es geradezu, daß der Stil nach Lage verschieden ist. Es kann dabei sein, daß er wie in der Germania oder dem Dialogus, den Historien oder den Annalen als Dokument der letzten Reife von Anfang bis zu Ende sich in einem bestimmten Raume bewegt. So geht der erste Teil kaum über den Rahmen der biographischen Schilderung mit den dort ausgeprägten Eigentümlichkeiten — etwa Anfangsstichwort, vorausgeschicktes Verb, Häufigkeit der Zeitpronomina usw. — hinaus. Der Mittelteil bedient sich der Formen historischer Darstellung mit ihren Besonderheiten. Der letzte Teil bewegt sich im intimeren Raum ciceronischer, philosophischer Rede, zumal wo sie an römische *laudatio* anschließt. Man könnte von solcher Erkenntnis aus von einem Formensynkretismus sprechen, so wie man etwa für die römische Klassik den Formensynkretismus als etwas Spezifisches, und zum Teil mit Recht, hat erkennen wollen. Das ist aber nur die eine Seite der Sache. Aufmerksam muß etwa schon machen, daß im letzten Teil mit der Schilderung des Äußeren biographische Formen wieder eingesprengt werden können.

Gattungseigentümlichkeiten und Rücksicht auf sie sind eben nur die eine Seite objektiver Gegebenheiten, die andere ist die Sache selber. Gattungsformen, Sache, persönliche Stilhaltung schmelzen hier zu einer Einheit zusammen, die an jeder Stelle den adäquaten Ausdruck zu erreichen sucht, im Worte der Sache gleichkommt, wie der Römer gern sagt. Dieser Stil ist selber jeweils persönliche Leistung. Als solche hier aber die Leistung eines, der, von der Redekunst sich wegwendend, mit 'ungeübter Stimme' langes Schweigen, nämlich der historisch relevanten Wahrheit, bricht. Und so wäre hier über die Frage nach der Entwicklung des taciteischen Stiles zu sprechen. Der Agricola erweist sich auch im Stil im Gegensatz zum Dialogus als frühes Werk. Einer gewissen Überforderung der Form — man denke an die Feldherrnreden — entspricht ein so heftiges Ringen um die Nuance, daß bisweilen das Gemeinte verfließt — zu denken wäre etwa an die kühne Personifizierung der *securitas publica* im dritten Kapitel —, bestimmte Mittel sich häufen — wie etwa die doppelgliedrigen Ausdrücke, die nicht reine Stilmittel sind, sondern meist der Nuancierung dienen —, die Kürze und sentenzhafte Zuspitzung vor allem an den Kapitelenden — ein Satz wie *viso aspectoque Agricola quaererent famam, pauci interpretarentur* ließe sich darum von vornherein mit Wahrscheinlichkeit dem Agricola zuweisen. — Doch liegt darin ein besonderer Reiz der Frische.

Sinn, Aufbau, Stil — von diesen Gegebenheiten aus müßte sich die so heftig verhandelte Frage nach der Gattung der Schrift entscheiden lassen. Die Frage hat eine lange und, man darf sagen, mühselige Geschichte, und die gleich zu Anfang gegebenen Antworten sind je nach der Art ihrer Vertreter auch in neuer Zeit immer wieder vorgetragen worden. HÜBNER behauptet im ersten Bande des 'Hermes' vor nun fast neunzig Jahren, der Agricola sei eine *laudatio funebris*[25]. Wir wissen wenig von diesen Leichenreden, die der Verwandte, der dem Verstorbenen am nächsten stand, auf dem Forum im stummen Beisein der Ahnen hielt. Aber daß z. B. ein historischer Bericht wie im Mittelteil ihnen fremd gewesen sein muß, läßt sich mit Sicherheit sagen. Und so formuliert jetzt die letzte Behandlung der antiken Biographie, nachdem VOLLMER[26] sich HÜBNER angeschlossen hatte, sehr vorsichtig, daß sich der Agricola der Idee nach, wenn auch nicht dem Aufbau nach, an die *laudatio* anschlösse[27]. Dabei beruft sie sich auf das zweite Kapitel. Geblieben ist also nichts als die Idee der *laudatio funebris*. Wenn dafür aber das zweite Kapitel des Proömiums sprechen soll, so ist dem Folgendes entgegenzuhalten (vgl. die Einleitung S. 23 ff.): die *laudationes* auf Paetus Thrasea und Helvidius Priscus, wollen wir sie einfach einmal mit der *laudatio funebris* gleichsetzen, sind lediglich als Beweis herangezogen, bis wie weit die *virtus*-Feindlichkeit der Zeit geht. Wenn Tacitus aber betont, daß er das Leben eines Toten darzustellen im Begriff ist und doch um Verzeihung bitten muß, so will er nicht die Idee der Gattung andeuten, sondern stellt einen Spezialfall der Bewahrung der *memoria* einem Spezialfall der alten Zeit gegenüber, ohne an die Form oder die Idee zu denken (abgesehen dabei noch von dem Verb: *narraturo*). Von ANDRESENS Versuch, in der Schrift eine historische Vorarbeit über Britannien zu sehen, die Tacitus später unter Verwendung des historischen Mittelteiles zur Biographie umgestaltet habe, braucht wohl überhaupt nicht mehr die Rede zu sein[28]: sie wird schon dadurch widerlegt, daß bei der Anlage der Historien und Annalen die britannischen Ereignisse nicht wie jetzt geschlossen im Britannienexkurs und in intimster Verknüpfung mit der Statthalterschaft des Agricola, sondern getrennt nach Jahren in die Erzählung zum mindesten der Kaiser verflochten worden wären, abgesehen von der inneren Unmöglichkeit der These.

Ein Versuch von GUDEMAN[29], den Agricola von der rhetorischen Form her als Enkomion zu erweisen, wurde von LEO[30], der im Agricola eine Biographie mit historischem Einschlag sah, rasch zurückgewiesen. Hier müssen wir einsetzen. Vorher aber ist noch des Versuches von HOFFMANN[31] zu gedenken, der im Agricola eine politische Parteischrift sah. Dieser Versuch, den Agricola von der Feindschaft gegen Domitian aus als politische Manifestation zu sehen, hat eben eine fruchtbare Wendung erfahren[32]: der Agricola tritt mit der Darstellung der Eroberung Britanniens im Jahre 98 ebenso wie die Germania des gleichen Jahres dem domitianischen Geschichtsbild, das propagandistisch mit allen Mitteln eingehämmert wurde, entgegen, indem es eine totgeschwiegene Leistung — die Eroberung Britanniens — der Öffentlichkeit darstellt und den Germanensieg Domitians als Lüge entlarvt. Hier wird jeder soweit zustimmen, daß er anerkennt, daß die Wirkung der beiden Schriften irgendwie das offizielle zeitgenössische Bild der Ereignisse korrigieren mußte. Nicht daß die Öffentlichkeit zum ersten Male von der Eroberung Britanniens erfahren hätte — Domitian hatte sie selbst gerühmt; oder daß eine Darstellung der rechtsrheinischen Germanen die Siege Domitians als Lüge hätte entlarven können — man wußte natürlich, daß freie Germanen sich weit rechtsrheinisch erstreckten; aber doch so, daß man das Mißverhältnis zwischen der Leistung der beiden Taten, wie es ja auch im Agricola gesagt wird, stark spürte. Wenn so die Wirkung der beiden Schriften auch politisch sein mußte, so muß man doch fragen, ob ihre Absicht politisch ist, und zwar ihre einzige Absicht, die dann auch die Form hervorbringt. Und hier hat man natürlich immer gesagt, daß ein Pamphlet gegen Domitian ganz anders hätte aussehen müssen. Alles, was von Agricola gesagt wird, schadet ja nur dem direkten Angriff auf Domitian. Und aus der Wirkung läßt sich nie die Absicht erschließen, wohl aber kann bestimmte Absicht notwendige Nebenwirkung haben, zumal wenn letztlich die Absicht auf Darstellung der Wahrheit gehen sollte. So bleibt die Einordnung der Schrift in die Gattung, die sie ihrem Wesen nach ist, in die Biographie. Leo sagte, eine Biographie mit historischem Einschlag. Die Literaturgeschichte von Schanz-Hosius[33] weist auf das Muster der sallustischen Monographie hin. Aber die sallustischen Monographien sind nicht im ganzen Darstellung einer Leistung, sondern Geschichte, und zwar Teile eines großen geschichtlichen Zusammenhanges. Die *virtus* der Feldherren im Jugurtha interessiert als geschichtliche Kraft, die Ereignisse bestimmt, der Agricola schildert eine Persönlichkeit und seine mit ihr verbundene Leistung. Wie steht es aber mit der Charakteristik als Biographie mit geschichtlichem Einschlag, als wenn es Biographien ohne geschichtlichen Einschlag gäbe?[34]

Hier werden die Antworten immer unzulänglich bleiben, wenn Form nicht als Ausdruck von Sinn und Inhalt genommen wird. Für Tacitus ist die Biographie wie die Geschichte eine wesentliche Art der *memoria*. Denkwürdig aber ist vor allem die große Leistung. Und so versteht er diese Leistung von ihren Voraussetzungen her, schildert sie in ihrem Wirken, ordnet sie vor allem aber in die Zeit ein, ja verbindet damit sein eigenes geschichtliches Problem. Diese Biographie wird so eine taciteische Begegnung mit dem Menschen Agricola in all seinen konkreten Besonderheiten, vor allem aber mit dem, was ins Feste und Dauernde reicht. Der Agricola ist somit die notwendige römische Form der geschichtlichen Biographie, vielen Formen verpflichtet, keiner hörig, dem Besonderen in besonderer Form Rechnung tragend, ein Werk damit notwendig, um ein Wort zu gebrauchen, das auch für die anderen Schriften anzuwenden sein wird, *tantum sui similis*. Eben dadurch aber, wie es scheint, im Urteil das Wesen der Biographie überhaupt erfüllend.

Damit ist die letzte Frage erreicht, die Frage nach der Glaubwürdigkeit. Wenn es Tacitus um Erkenntnis und Darstellung eines großen Lebens geht, dies aber mit dem Zentrum seines Denkens und Lebens zusammenhängt, wenn er als Aufgabe der Bewahrung der *memoria* das *sine gratia aut ambitione* als wesentlich ansieht, muß man den ganzen Tacitus ablehnen und als Heuchler bezeichnen, wenn er bewußt Fakten gefälscht hätte, um bestimmte Absichten zu erreichen. Weder historische Schlüsse noch Ausgrabungen haben darum auch, wie es mir scheint, zeigen können, daß Tacitus den Tatsachen Gewalt angetan hat. Die Erforscher des römischen Britannien sind begreiflicherweise betrübt, daß Tacitus so wenig Konkretes über Volksstämme, Örtlichkeiten, Märsche, Zahlen usw. gibt, und es muß zugegeben werden, daß die Details im Agricola besonders spärlich, das Technische mehr als in den historischen Werken vermieden ist. Aber wir werden nicht fehlgehen, wenn wir es aus dem Interesse für die Leistung, um mich nun prägnant auszudrücken, und nicht für den Erfolg erklären. Jedenfalls kann nicht gesagt werden, daß er verschwiegen hätte, daß das römische *imperium* schon vor ihm bis zur Solway-Tyne-Linie reichte. Hat er doch die Unterwerfung der Briganten als das Verdienst des Cerialis gerühmt. Und wenn Frontin sich mit den Siluren — siehe Karte — herumzuschlagen hatte, wird man nicht sagen können — darauf deutet auch der Aufstand unter Boudicca hin —, daß die römische Provinz bis zum Hadrianswall etwa fest gegründet war. Die Erreichung der Forth-Linie ist durch Ausgrabungen gesichert, die Niederwerfung des Widerstandes im dünn besiedelten schottischen Bergland unbezweifelbar. Wie man mit unseren Mitteln die Zahlen der Schlacht am *mons Graupius* anfechten will, ist schwer zu sehen. Daß Tacitus die Brechung des letzten Widerstandes als das Entscheidende ansieht, daß er im Kampfe 'am Ende der Welt' etwas Besonderes sieht, daß er vielleicht im stillen den göttlichen Julius als Vergleich heranzieht, das will nicht nur aus seiner römischen Art, sondern auch aus den Schwierigkeiten der Zeit mit ihren technischen Mitteln, dem Kampf auch gegen die Natur begriffen werden. Im allgemeinen wird man sagen dürfen, daß Tacitus nicht etwa im Bestreben, die Leistung Domitians zu mindern, nun in den gegenteiligen Fehler verfallen wäre, die Tat Agricolas zu übertreiben, mit anderen Worten, ein ebenso falsches Geschichtsbild an Stelle des Propagandabildes zu setzen. Die Frage der Glaubwürdigkeit wird darum nur sinnvoll, wenn man fragt, ob Tacitus seine Darstellung nicht aus Liebe zur *virtus* und aus pietätvoller Anhänglichkeit gegenüber Agricola verklärt hat. Hier aber abzugrenzen ist ganz unmöglich. Man wird auch dann noch Richtigkeit, vor allem aber gerechtes Urteil und Bemühen darum zugeben und etwas sehr Positives sehen müssen, zu dem sich ein Tacitus, der Skeptiker des *obsequium*, durchgerungen hat: Tacitus hat *sympathisch* dargestellt. Nur so konnte ein Werk die Sympathie finden, die dem Agricola in den Jahrhunderten und in der neuen Zeit immer mehr so reich zuteil geworden ist.

AGRICOLA[35]

1. Erlauchter Männer Taten und Lebensführung den Nachkommenden zu überliefern, seit alters gebräuchlich, hat auch zu unserer Zeit eine wenngleich die Ihrigen vernachlässigende Gegenwart nicht unterlassen, sooft eine große und anerkannte Persönlichkeit die Verderbnis besiegt und hinter sich gelassen hat, die kleinen und großen Staaten gemeinsam ist, die Unkenntnis des Rechten und die Gleichmacherei. Aber bei den Früheren war des Erwähnens Wertes zu tun mehr im Zuge der Zeit und mehr am Tage liegend, und so wurden gerade die am meisten gefeierten Geister bewogen, das Gedächtnis an menschliche Größe weiterzugeben – ohne Gedanken an Neigung oder Vorwärtskommen – nur um den Lohn des rechten Bewußtseins, und das eigene Leben selber darzustellen, hielten die meisten mehr für einen Beweis des Vertrauens in ihre Lebensführung als für Anmaßung, und einem Rutilius und Scaurus minderte das nicht das Vertrauen noch wurde es ihnen vorgeworfen: so sehr werden Vorzüge zu denselben Zeiten am besten gewürdigt, in denen sie am leichtesten entstehen. Ich aber, im Begriff, jetzt das Leben eines Verstorbenen darzustellen, muß um Entschuldigung bitten, um die ich nicht gebeten hätte, wenn ich hätte anklagen wollen. So grausam und feindlich ist die Zeit gegen menschliche Größe.

2. Lasen wir doch, es sei, als von Arulenus Rusticus Paetus Thrasea, von Herennius Senecio Helvidius Priscus gerühmt wurde, dies als todeswürdiges Verbrechen angesehen worden, und nicht nur gegen die Verfasser, sondern auch gegen ihre Bücher habe man gewütet, indem man den Dreimännern[36] den Dienst übertrug, die Denk-

mäler der erlauchtesten Geister auf dem Comitium und dem Forum zu verbrennen. Offenbar glaubte man, durch dieses Feuer würden die Stimme des römischen Volkes, die Freiheit des Senates und das Bewußtsein des Menschengeschlechtes ausgetilgt, wobei man obendrein noch die Lehrer der Weisheit vertrieb und jede edle Fertigkeit in die Verbannung jagte, damit nur nirgend mehr etwas Reines begegne. Wir gaben in der Tat einen schönen Beweis von Unterwürfigkeit; und wie die alte Zeit sah, was das Äußerste in der Freiheit ist, so wir, was in der Knechtschaft, wobei durch geheime Überwachung auch der Austausch im Sprechen und Hören genommen war. Auch das Gedächtnis hätten wir noch mit der Stimme verloren, wenn es so in unserer Macht stünde, zu vergessen wie zu schweigen.

3. Jetzt endlich kehrt der Mut zurück; aber obwohl sogleich beim ersten Anbruch der so glücklichen neuen Epoche Nerva Caesar die ehemals unverträglichen Dinge vermählt hat, Führertum und Freiheit, und täglich das Glück der Zeiten Nerva Traianus vermehrt, und die Sicherheit in der Öffentlichkeit nicht nur Hoffnung und Wunsch, sondern Vertrauen in eben den Wunsch und Kraft gewonnen hat, sind doch bei der Natur der menschlichen Schwachheit die Heilmittel langsamer als die Leiden; und wie unsere Körper kaum merklich aufwachsen, schnell erlöschen, so kann man auch wohl große Geister und Studien leichter unterdrücken als zurückrufen; ja es kommt auch eine gewisse Süße des Nichtstuns selbst auf, und die zunächst verhaßte Untätigkeit wird schließlich geliebt. Kein Wunder, wenn fünfzehn Jahre hindurch – eine große Spanne im menschlichen Leben – viele durch schicksalhafte Unglücksfälle, gerade die Energischsten durch das Wüten des Kaisers zugrunde gegangen sind und wir nur in geringer Zahl[37] sozusagen nicht nur andere, sondern uns selbst überlebt haben, wobei

mitten aus unserem Leben so viele Jahre herausgenommen worden sind, in denen wir als Männer zum Greisenalter, als Greise fast bis hin zu den Grenzen des abgeschlossenen Lebens in Schweigen gekommen sind. Dennoch soll es nicht verdrießen, auch mit unsicherer und unerprobter Stimme das Gedächtnis an die vergangene Knechtschaft und das Zeugnis für das gegenwärtige Gute aufzusetzen. Dies Buch hier inzwischen, der Ehre meines Schwiegervaters Agricola geweiht, wird durch das Bekenntnis der Verwandtenliebe entweder Lob oder Entschuldigung finden.

4. Gnaeus Iulius Agricola, aus der alten und hochberühmten Kolonie Forum Iulii stammend, hatte zum Großvater beider Seiten einen Prokurator der Kaiser. Das ist ritterlicher Adel. Sein Vater war Iulius Graecinus aus dem Senatorenstand, er war bekannt durch seine Studien in Beredsamkeit und Philosophie, und durch eben diese Vorzüge hatte er sich den Zorn des Gaius Caesar verdient: denn er erhielt den Befehl, den Marcus Silanus anzuklagen; weil er sich geweigert hatte, wurde er getötet. Seine Mutter ist Julia Procilla gewesen, von seltener Reinheit. In ihrem Schoß und ihrer Nachsicht aufgezogen, hat er in jeglicher Pflege der edlen Fertigkeiten seine Kindheit und frühe Jugend verbracht. Fern hielt ihn von den Verlockungen der aus der Bahn Geratenen außer der eigenen guten und unverdorbenen Natur der Umstand, daß er sogleich als kleiner Knabe als Sitz und Meisterin seiner Studien Massilia[38] hatte, einen Ort aus griechischer Umgänglichkeit und der Sparsamkeit der Provinz gemischt und wohl gefügt. Ich halte im Gedächtnis fest, daß er zu erzählen pflegte, er hätte in der ersten Jugend das Studium der Philosophie leidenschaftlicher, als es einem Römer und Senator verstattet ist, in sich eingesogen, hätte nicht die Weisheit der Mutter den entflammten und glühenden Sinn gezähmt. Natürlich suchte ein aufs Erhabene gerichteter und stolzer Geist die Schönheit und das Bild

großen und hohen Ruhmes mehr stürmisch als vorsichtig zu erlangen. Bald milderten Vernunft und Alter, und er behielt, was am schwierigsten ist, aus der Philosophie das Maß zurück.

5. Den ersten Dienst im Lager leistete er in Britannien unter Suetonius Paulinus, einem sorgfältigen und maßvollen Heerführer, zu dessen Zufriedenheit ab, von ihm auserwählt, daß er ihn der Zeltgemeinschaft für würdig hielt. Und Agricola hat nicht zügellos, nach Art junger Leute, die ihre Militärzeit in Ausschweifung verwandeln, und nicht träge den Titel des Tribunates und seine Unwissenheit zum Grund für Vergnügen und Urlaub genommen, sondern er lernte die Provinz kennen, machte sich dem Heer bekannt, lernte von den Erfahrenen, folgte den Besten, erstrebte nichts, um damit zu prunken, verweigerte nichts aus Furcht und war zugleich bedacht und energisch gespannt. War doch freilich zu keiner anderen Zeit Britannien mehr geplagt und mehr in Gefahr: niedergemetzelt waren die Veteranen, angezündet die Kolonien, weggefangen die Heere; damals kämpfte man um das Leben, darauf um den Sieg. Wenn das alles auch auf Grund der Entschlüsse und der Führung eines anderen geleistet wurde und die höchste Entscheidung und der Ruhm, die Provinz wieder errungen zu haben, dem Führer zufiel, so erhöhte es doch des Jünglings Können, Erfahrung und Begeisterung, und es erwachte das Begehren nach Kriegsruhm, der einer Zeit unwillkommen war, in der Mißgunst gegen Hervorragende herrschend ist und aus einem großen Ruf nicht weniger Gefahr erwächst als aus schlechtem.

6. Darauf ging er von dort weg nach Rom, um die Ämter zu übernehmen, und verband sich mit Domitia Decidiana, die aus einer glänzenden Familie stammte; und diese Ehe gab dem nach Größerem Strebenden Ansehen und Festigkeit. Und sie lebten in wunderbarer Ein-

tracht, in gegenseitiger Liebe und einander den Vorzug gebend, nur daß bei einer guten Ehefrau das Lob um so größer ist, je schwerer die Schuld bei einer schlechten[39]. Das Los brachte der Quästur als Provinz Asia, als Prokonsul Salvius Titianus. Von keinem von beiden wurde er verdorben, obwohl die Provinz reich und Leuten, die sich vergehen, zugänglich ist und der Prokonsul – zu jeder habsüchtigen Handlung geneigt – mit jeder beliebigen Großzügigkeit wechselweise Verheimlichung des Bösen erkauft hätte. Dort wurde ihm eine Tochter geschenkt, zum Rückhalt zugleich und zum Trost[40]; denn einen Sohn, den er vorher anerkennen durfte, verlor er nach kurzer Zeit. Darauf verbrachte er die Zeit zwischen Quästur und Volkstribunat und das Jahr des Tribunates selber in Ruhe und Muße, der Zeiten unter Nero kundig, in denen Untätigkeit Weisheit war. Derselbe Verlauf der Prätur und dasselbe Schweigen; denn es war ihm nicht die Rechtsprechung zugefallen. Bei Spielen und äußerlichen Nichtigkeiten der Stellung hielt er die Mitte zwischen genauer Berechnung und Überfluß, weit von Verschwendung entfernt, und darum um so näher dem Ruhm. Darauf von Galba auserwählt, die Tempelgaben zu überprüfen, bewirkte er durch eine sehr genaue Untersuchung, daß das Gemeinwesen keines anderen Tempelraub als den des Nero spürte[41].

7. Das folgende Jahr traf sein Herz und sein Haus mit einer schweren Wunde. Während nämlich die Flotte Othos, die mit Willkürakten umherfuhr, Intimilium (das ist ein Teil Liguriens) wie ein Landesfeind verwüstete, hat sie die Mutter Agricolas auf ihren Gütern getötet und die Güter selber und einen großen Teil des Erbgutes geplündert, was der Grund des Mordes gewesen war. Als nun Agricola zu den Feierlichkeiten der Sohnesliebe aufgebrochen war, wurde er durch die Kunde, daß Vespasian die Herrschaft erstrebe[42], überrascht und ging sogleich

zu seiner Partei über. Die Anfänge des Prinzipates und die Lage der Stadt bestimmte Mucianus, da Domitian noch sehr jung war und aus des Vaters hoher, durch das Schicksal zugefallener Stellung nur die Ausschweifung mit Beschlag belegt hatte. Dieser schickte Agricola, Aushebungen durchzuführen[43], und als er dabei untadelig und tüchtig tätig gewesen war, stellte er ihn an die Spitze der zwanzigsten Legion, die zögernd zum Fahneneid übergegangen war und bei der, wie erzählt wurde, der Vorgänger auf den Abfall hinarbeitete: jedenfalls war sie auch Legaten im Konsulrange zu stark und furchtbar und der Legat im Prätorenrang nicht imstande, sie in Schranken zu halten, ungewiß, ob infolge seiner Art oder der der Soldaten. So zum Nachfolger und zum Sühner erwählt, wollte er mit ganz seltener Beherrschung sie lieber, dem Scheine nach, gut gesinnt vorgefunden als gemacht haben.

8. Damals stand an der Spitze von Britannien Vettius Bolanus, in milderer Weise, als es einer ungezähmten Provinz angemessen ist. Es mäßigte darum Agricola seine Kraft und bändigte seine Glut, damit er nicht zu hoch wüchse, sich darauf verstehend, sich zu fügen, und dazu erzogen, das Nützliche mit dem Sittlich-Schönen zu verbinden. Kurz darauf erhielt Britannien dann den ehemaligen Konsul Petilius Cerialis: da hatten große Eigenschaften Raum für Beweise. Allein, zuerst ließ ihn Cerialis nur an Strapazen und Gefahren, darauf auch am Ruhm teilnehmen: oft stellte er ihn über einen Teil des Heeres zur Erprobung, bisweilen dann über größere Truppen auf Grund des Gelingens. Und Agricola gebärdete sich niemals aufgrund seiner Taten übermütig zu seinem Ruhm: auf den Initiator und den Führer bezog er wie ein Gehilfe den glücklichen Ausgang. So war er durch seine Tapferkeit beim Gehorchen, durch seine Zurückhaltung im Rühmen außerhalb des Neides und doch nicht außerhalb des Ruhmes.

9. Als er von der Führung der Legion zurückkehrte, nahm ihn der vergöttlichte Vespasian unter die Patrizier[44] auf und stellte ihn dann an die Spitze von Aquitanien, vor anderen von glänzender Würde in Hinsicht auf Verwaltung und Hoffnung auf das Konsulat, für das er ihn vorgesehen hatte. Die meisten glauben, daß den militärischen Begabungen die Feinheit fehle, weil die Rechtsprechung im Lager ohne Gefahr und stumpfer sei und weil sie, das meiste mit kräftiger Hand entscheidend, die Geriebenheit des Forums nicht übe: Agricola, von angeborener Klugheit, handelte, obwohl unter Zivilisten, leicht und gerecht. Was aber die Zeit anlangt, so war sie geteilt zwischen Geschäften und Entspannung: sobald es Sitzungen und Rechtsprechung verlangten, war er ernst und angespannt energisch, streng und öfter begnadigend noch; sobald dem Amt Genüge geschehen, war er nicht weiter Person in Machtstellung: dann hatte er die ernste Miene [und die Anmaßung und die Habsucht][45] abgelegt. Und, was am seltensten ist, die Umgänglichkeit minderte nicht seinen gewichtigen Einfluß, die Strenge nicht die Liebe zu ihm. Lauterkeit und Enthaltsamkeit bei einem so großen Manne zu erwähnen, wäre ein Unrecht an seinen Vorzügen. Auch den großen Ruf, dem gegenüber doch oft auch gute Männer weich sind, suchte er nicht durch Prahlen mit seiner Tüchtigkeit oder mit Berechnung zu erwerben: fern vom Wetteifern mit seinen Kollegen, fern von Streit mit den Prokuratoren[46], hielt er es für unrühmlich zu siegen und an Würde zu verlieren für schmählich. Nicht ganz drei Jahre war er in dieser Provinzverwaltung festgehalten und wurde darauf sogleich zur Erwartung des Konsulates zurückgerufen, wobei ihn die Meinung begleitete, daß ihm Britannien als Provinz gegeben werden würde, ohne daß er selbst darüber gesprochen hätte, sondern weil er der Aufgabe gewachsen schien. Nicht immer irrt die Rede des Volkes: manch-

mal wählt sie auch aus. Als Konsul[47], damals von außerordentlichen Erwartungen, hat er mir, der ich noch recht jung war, seine Tochter verlobt und nach dem Konsulat zur Ehe gegeben, und gleich danach wurde er an die Spitze von Britannien gestellt, wobei noch das Priestertum des Pontifikates hinzugefügt wurde.

10. Britanniens Lage und Völker, von vielen Schriftstellern beschrieben, möchte ich nicht zum Vergleich meiner Bemühungen darum oder meiner schriftstellerischen Begabung schildern, sondern weil es damals zum ersten Male vollends bezwungen wurde. So wird, was die Früheren als noch nicht erfahren mit bloßer Beredsamkeit ausgeführt haben, mit der Verläßlichkeit von Tatsachen weitergegeben werden. Britannien, die größte von den Inseln, die römische Kenntnis umfaßt, ist nach Ausdehnung und Lage nach Osten Germanien, nach Westen Spanien vorgespannt, von den Galliern wird sie nach Süden sogar eingesehen; ihr nördlicher Teil wird, ohne daß Länder gegenüber wären, vom weiten und offenen Meer gepeitscht. Die Gestalt von ganz Britannien haben als die sprachgewaltigsten Darsteller von den alten Schriftstellern Livius, von den neueren Fabius Rusticus einem Rhombus oder einer Doppelaxt angeglichen[48]. Und das ist das Aussehen diesseits von Caledonien, woher dann auch die Rede über das Ganze kam. Ist man aber hinübergegangen, so dehnt sich ein unermeßlicher und ungeheurer Raum einer schon am Erdrand[49] vorspringenden Landmasse aus und spitzt sich wie zu einem Keil zu. Diese Küste des äußersten Meeres hat damals zuerst die römische Flotte umfahren und gesichert, daß Britannien eine Insel ist, und zugleich hat sie bis dahin unbekannte Inseln, die man Orcades heißt, gefunden und bezwungen. Erblickt wurde auch Thule, nur erblickt, weil bis hierher befohlen war und der Winter heran-

nahte. Das Meer aber, träge[50] und schwer für Ruderer, wird, wie man erzählt, auch von den Stürmen nicht in gleicher Weise hochgepeitscht, ich glaube, weil die Länder und Berge, Ursache und Stoff der Stürme, spärlicher sind und die tiefe Masse eines ununterbrochenen Meeres weniger schnell angestoßen wird. Das Wesen des Ozeans und der Flut zu untersuchen, ist nicht Aufgabe dieses Werkes, und viele haben es beschrieben. Nur eines möchte ich hinzufügen, daß nirgendwo das Meer weiter herrscht, daß es viele Meeresarme hierhin und dorthin führt und nicht nur bis zur Küste anwächst oder zurückfließt, sondern tief ins Land einströmt, es umschließt und sich auch den Höhenzügen und Bergen einfügt wie im eigenen Bereich.

11. Welche Sterblichen am Anfang Britannien bewohnt haben, ob Ureinwohner oder Zugezogene, ist im übrigen, wie eben unter Barbaren, nicht genügend in Erfahrung gebracht worden. Das Aussehen der Körper ist verschieden, und daraus kann man Beweise schöpfen. Denn die rötlichen Haare der Einwohner Caledoniens, ihre großen Glieder erhärten germanische Abstammung; der Siluren dunkles Gesicht, meist lockiges Haar und das gegenüberliegende Spanien lassen es glaubwürdig erscheinen, daß Iberer in alter Zeit übergesetzt sind und diese Wohnsitze eingenommen haben; die den Galliern Nächsten sind ihnen auch ähnlich, sei es, daß noch die Kraft des Ursprungs dauert, sei es, daß, da die Länder in entgegengesetzte Richtungen[51] vorspringen, der Himmelsstrich den Körpern ihr Aussehen verliehen hat. Schaut man freilich aufs Ganze, ist glaublich, daß Gallier die Nachbarinsel mit Beschlag belegt haben. Ihre Riten kann man treffen, die Überzeugungen[51a] ihres Glaubens; die Sprache ist nicht sehr verschieden, in der Herausforderung der Gefahren zeigen sie dieselbe Verwegenheit und, treten sie dann ein, im Ausweichen dieselbe

Angst. Mehr Wildheit freilich zeigen die Britannier, da sie noch nicht ein langer Frieden verweichlicht hat. Denn auch die Gallier haben sich in Kriegen hervorgetan, wie wir vernommen haben; darauf trat mit der Muße Schlaffheit ein, indem zugleich mit der Freiheit auch die Tüchtigkeit verloren ging. Das trat auch ein für die Britannier, die seit langem besiegt worden sind; die übrigen sind noch so, wie die Gallier gewesen sind.

12. Beim Fußvolk liegt die Stärke; manche Stämme kämpfen auch mit dem Wagen. Mehr Ansehen hat der Wagenlenker, die Hörigen kämpfen zu seinem Schutze[52]. In alter Zeit gehorchten sie Königen, jetzt werden sie durch führende Herren in Parteiungen und Leidenschaften zerrissen. Und nichts anderes ist gegen die überaus starken Völkerschaften zu unserem Schutze von mehr Nutzen, als daß sie keine Beschlüsse im gemeinsamen Interesse fassen. Selten gibt es für zwei oder drei Stämme einmal eine Versammlung, um eine gemeinsame Gefahr zurückzuschlagen: so kämpfen sie einzeln und werden insgesamt besiegt. Der Himmel ist durch häufigen Regen und Nebel häßlich; rauhe Kälte fehlt. Die Länge der Tage geht über das Maß unserer Breiten hinaus; die Nacht ist hell und im äußersten Teile Britanniens kurz, so daß man Ende und Anfang des Tageslichts nur durch einen geringen Zwischenraum unterscheiden kann. Wenn aber keine Wolken hindern, so versichert man, werde der Glanz der Sonne die Nacht hindurch gesehen, und sie gehe nicht unter und erhebe sich, sondern gehe vorüber. Natürlich führt der flache Rand der Erde mit niedrigem Schatten keine Finsternis herauf, und die Nacht sinkt zurück, ohne an Himmel und Sterne zu reichen[53]. Der Boden ist, sieht man von dem Ölbaum, dem Weinstock und dem übrigen ab, was in heißeren Ländern zu wachsen pflegt, für Feldfrucht geeignet und ergiebig: langsam wird sie reif, schnell kommt sie hervor; gleich ist für beides der Grund, die

viele Feuchte des Bodens und des Himmels. Britannien bringt Gold, Silber und andere Metalle hervor, Preis für den Sieg. Es erzeugt auch der Ozean Perlen, aber dunkle und grünliche. Manche meinen, es fehle den Sammlern an Geschick; denn im persischen Golf würden sie lebend und atmend von den Steinen gerissen, in Britannien so, wie sie vom Meere ausgeworfen würden, gesammelt: ich möchte eher glauben, daß den Perlen die natürliche Schönheit fehle als uns die Habsucht.

13. Die Britannier selber unterziehen sich der Aushebung, der Besteuerung und den auferlegten Lasten des Reiches ohne Säumen, wenn Unrecht fern ist: das ertragen sie nur mit Widerstreben, schon so weit gezähmt, daß sie gehorchen, noch nicht so, daß sie sklavisch folgen. So hat der erste aller Römer, der mit dem Heer Britannien betrat, der vergöttlichte Iulius, obwohl er in einem glücklichen Gefechte den Einwohnern Schrecken einjagte und sich der Küste bemächtigte, es den Späteren, so mag es scheinen, gezeigt, nicht übergeben. Darauf kamen die Bürgerkriege und die Wendung der Waffen der führenden Männer gegen das Gemeinwesen und langes Vergessen Britanniens auch im Frieden: Herrscherweisheit nannte das der vergöttlichte Augustus, Tiberius Vorschrift. Daß Gaius Caesar an einen Einmarsch in Britannien gedacht hat, steht zur Genüge fest, wenn es ihn in seinem beweglichen Sinn nicht immer schnell gereut hätte und die ungeheuren Anstrengungen gegen Germanien vergeblich gewesen wären. Der vergöttlichte Claudius ist verantwortlich für die Wiederholung des Werkes, wobei Legionen und Hilfstruppen übergesetzt wurden und zu einem Teil der Unternehmung Vespasian hinzugenommen wurde, was der Anfang seines bald kommenden Glückes gewesen ist: bezwungen wurden Stämme, gefangen Könige und durchs Schicksal gezeigt Vespasian[54].

14. Von ehemaligen Konsuln wurde als erster Aulus Plautius an seine Spitze gestellt und darauf Ostorius Scapula, beide im Kriege hervorragend: und allmählich wurde der nächste Teil Britanniens in die Form der Provinz übergeführt; hinzugefügt wurde obendrein eine Veteranenkolonie[55]. Einige Stämme wurden dem Könige Cogidumnus[56] zum Geschenk gegeben – er blieb bis zu unserer Zeit der treueste – nach der alten und schon längst aufgenommenen Gewohnheit des römischen Volkes, als Mittel der Versklavung auch die Könige zu verwenden. Darauf hielt Didius Gallus das von den Früheren Gewonnene zusammen, wobei ganz wenige Kastelle weiter hinausgeschoben wurden, um durch sie den Ruhm zu suchen, den Amtsbereich gemehrt zu haben. Auf Didius folgte Veranius. Er starb im Zeitraum eines Jahres. Drauf hatte Suetonius Paulinus zwei Jahre lang Erfolge, indem er Stämme unterwarf und Stützpunkte befestigte; im Vertrauen darauf griff er die Insel Mona an, weil sie den Aufständischen Kräfte zuführe, und legte so seinen Rücken für eine günstige Gelegenheit bloß.

15. Denn als durch die Abwesenheit des Statthalters die Furcht beseitigt war, erörterten die Britannier erregt unter sich die Übel der Dienstbarkeit, sammelten Rechtsverletzungen und schürten sie durch ihre Deutung: nichts werde durch Gefügigkeit erreicht, als daß Schwereres, da sie es ja leicht trügen, befohlen würde. Vor alters hätten sie je einen König gehabt, jetzt würden jeweils zwei auferlegt, von denen der Statthalter gegen das Blut, der Prokurator gegen das Eigentum brutal verfahre. Zwietracht und Eintracht zwischen den Vorgesetzten sei in gleicher Weise für die Unterworfenen verderblich. Die Zenturionen[57], Werkzeuge des einen, des anderen Sklaven, übten Gewalt und Kränkung ohne Unterschied. Schon sei nichts mehr vor ihrer Begehrlichkeit, nichts vor ihrer Willkür sicher. Im Gefecht sei es der

Stärkere, der beraube: jetzt würden meist von Feiglingen und Kriegsuntüchtigen die Häuser geleert, die Kinder weggeschleppt, Aushebungen auferlegt, wie wenn sie nur fürs Vaterland nicht zu sterben wüßten. Wie wenig seien doch an Soldaten herübergekommen, wenn die Britannier ihre eigene Zahl anblickten! So habe Germanien das Joch abgeschüttelt und würde durch einen Fluß, nicht durch den Ozean verteidigt! Für sie seien Vaterland, Frauen, Eltern, für jene Habsucht und Ausschweifung Gründe für den Krieg. Sie würden zurückweichen, wie der vergöttlichte Iulius sich zurückgezogen hätte, wenn sie nur der Tapferkeit ihrer Vorfahren nacheiferten. Und sie möchten nicht über den Ausgang ein oder des anderen Gefechtes in Schrecken geraten: mehr Angriffsschwung sei bei den Erfolgreichen, aber größere Ausdauer bei den Elenden[58]. Jetzt hätten auch die Götter Mitleid mit den Britanniern, da sie den römischen Feldherrn abwesend, da sie das Heer entfernt auf einer anderen Insel festhielten; schon beratschlagten sie selber gemeinsam – was am schwierigsten gewesen sei. Zudem sei es bei Plänen solcher Art gefährlicher, ertappt zu werden als zu wagen.

16. Durch solches und ähnliches untereinander angespornt, nahmen sie unter Führung der Boudicca[59], einer Frau königlichen Geblütes – sie machen nämlich in der herrschenden Stellung zwischen den Geschlechtern keinen Unterschied –, insgesamt den Krieg auf; und nachdem sie Jagd auf die in den Kastellen verstreuten Soldaten gemacht hatten, fielen sie nach Eroberung der Stützpunkte in die Kolonie als den Sitz der Sklaverei selber ein, und Zorn und Sieg ließen keine der unter Barbaren üblichen Arten der Grausamkeit vorübergehen. Wenn aber Paulinus nicht die Bewegung der Provinz erfahren hätte und eilends zu Hilfe gekommen wäre, wäre Britannien verloren gewesen; das Glück einer einzigen

Schlacht stellte es in seiner alten Fügsamkeit wieder her, wobei freilich die meisten die Waffen behielten, die das Bewußtsein des Abfalls und die eigene Furcht vor dem Statthalter beunruhigten, er könne, wenn auch vortrefflich im übrigen, anmaßend gegen Unterworfene und als Sühner des Unrechts, das ein jeder getan, zu hart verfahren[60]. Geschickt wurde also Petronius Turpilianus als leichter zu erweichen und unberührt von den Vergehen der Feinde und darum milder gegenüber der Reue. Nachdem er das Vergangene beigelegt hatte, wagte er nichts weiter und übergab die Provinz dem Trebellius Maximus. Trebellius, weniger tatkräftig noch und ohne Lagererfahrung, hielt durch eine gewisse Freundlichkeit in der Verwaltung die Provinz in der Hand. Es lernten die Barbaren auch schon, den verführerischen Lastern gegenüber Nachsicht zu üben, und die Dazwischenkunft des Bürgerkrieges gewährte auch eine gerechte Entschuldigung für Tatenlosigkeit; aber man litt an Uneinigkeit, da der an Feldzüge gewohnte Soldat in der müßigen Zeit sich gehen ließ. Trebellius, der durch Flucht und Versteck dem Zorn des Heeres ausgewichen und darum ohne Ansehen und demütig war, stand darauf nur gnädig geduldet an seiner Spitze; und wie wenn sie es sich ausbedungen hätten, das Heer Zügellosigkeit, der Feldherr das Leben, stand die Meuterei ohne Blutvergießen still[61]. Und auch Vettius Bolanus brachte, während noch die Bürgerkriege dauerten, Britannien nicht durch Zucht in Unruhe: dieselbe Trägheit gegen die Feinde, eine ähnliche Zuchtlosigkeit des Lagers, nur daß Bolanus, unantastbar und durch keine Vergehen verhaßt, Liebe an Stelle von Respekt erworben hatte.

17. Aber als mit dem übrigen Erdkreis Vespasianus auch Britannien zurückgewann, kamen große Heerführer, hervorragende Heere; die Hoffnung der Feinde wurde gemindert. Und sogleich brachte Schrecken Petilius

Cerialis, indem er den Stamm der Briganten angriff, der als der zahlreichste der ganzen Provinz gilt. Viele Gefechte und bisweilen nicht unblutige; und einen großen Teil der Briganten umfaßte er mit Sieg oder Krieg. Und Cerialis hätte Bemühen und Ruhm jedes anderen Nachfolgers verdunkelt: es übernahm[62] und hielt aus die Last Iulius Frontinus, ein großer Mann, soweit das möglich war. Er unterwarf mit Waffengewalt den starken und kriegerischen Stamm der Siluren, nachdem er über die Tapferkeit der Feinde hinaus auch noch die Schwierigkeiten des Geländes bezwungen hatte.

18. Diesen Stand Britanniens, diese Wechselfälle in den Kriegen fand Agricola vor, als er, schon mitten im Sommer, übersetzte, in einem Moment, wo die Soldaten, wie wenn der Feldzug unterblieben wäre, sich sorgloser Ruhe und die Feinde einer günstigen Gelegenheit zuwandten. Der Stamm der Ordoviken hatte nicht viel vor seiner Ankunft eine Schwadron, die in ihrem Gebiet stationiert war, fast ganz aufgerieben, und ob dieses Anfangs hatte sich die Provinz aufgerichtet. Und diejenigen, denen der Krieg nach Wunsch war, schenkten dem Beispiel Beifall und warteten die Sinnesart des neuen Statthalters ab. Da beschloß Agricola, obwohl der Sommer schon vorbei, die Abteilungen über die Provinz verstreut, die Ruhezeit jenes Jahres von den Soldaten vorweggenommen war, hinderliche und widrige Dinge für einen, der Krieg beginnen will, und es den meisten richtig schien, die verdächtigen Bereiche nur zu überwachen, der gefährlichen Lage entgegenzutreten. Er zog die Abteilungen der Legionen und eine mäßige Schar Hilfsvolk zusammen, und weil die Ordoviken es nicht wagten, in die Ebene herabzusteigen, führte er, selber vor dem Zug, das Heer gegen sie empor, damit dadurch die übrigen gleichen Mut bei gleicher Gefahr hätten. Und nachdem er fast den ganzen Stamm

getötet hatte, richtete er im Bewußtsein, daß man dem Ruhme nachstoßen müsse und für die übrigen[63] Stämme der Schrecken so ist, wie das erste Unternehmen ausgegangen ist, seinen Sinn darauf, die Insel Mona, von deren Besetzung Paulinus durch den Aufstand ganz Britanniens zurückgerufen worden war, wie ich oben erwähnte, in seine Gewalt zu bringen. Aber wie bei plötzlichen Entschlüssen fehlten die Schiffe: Klugheit und Beharrlichkeit des Führers brachten das Heer hinüber. Nachdem alles Gepäck abgelegt worden war, schickte er die Auserwähltesten der Hilfstruppen, denen das Watt bekannt war und ererbte Übung im Schwimmen zu eigen, mit der sie zugleich sich, die Waffen und die Rosse lenken, so plötzlich in die Reihen der Feinde, daß sie, die eine Flotte, die Schiffe, die das Meer erwarteten, erstaunt nichts schwierig oder unbesieglich glaubten für Männer, die so zum Kriege kamen. So wurde, nachdem man um Frieden nachgesucht hatte und die Insel übergeben worden war, Agricola für berühmt und groß gehalten, weil er, der eben die Provinz betrat, in einer Zeit, die andere mit Sichzurschaustellen und werbenden Antrittsbesuchen verbringen, Strapazen und Gefahr vorgezogen hatte. Agricola aber nützte den günstigen Gang der Dinge nicht zu eitler Prahlerei und nannte es nicht Feldzug oder Sieg, Besiegte in Ordnung gehalten zu haben; nicht einmal mit einer lorbeerumwundenen Siegesbotschaft[64] begleitete er seine Taten. Er vermehrte vielmehr seinen Ruhm durch eben das Verschweigen des Ruhmes, indem man abschätzte, mit welcher Hoffnung auf die Zukunft er wohl so Gewaltiges mit Schweigen übergangen hätte.

19. Im übrigen beschloß er, sich verstehend auf die Sinnesart der Provinz und zugleich durch fremde Erfahrungen belehrt, daß man zu wenig mit Waffen erreiche, wofern Rechtsverletzungen darauf folgten, die Ursachen

der Kriege auszumerzen. Bei sich und den Seinen beginnend, hielt er zunächst seinen Palast in Schranken, was für die meisten ebenso schwer ist, wie eine Provinz zu regieren. Er ließ keine öffentlichen Maßnahmen durch Freigelassene und Sklaven treffen und nahm sich weder auf Grund persönlicher Vorliebe noch auf Empfehlung oder Bitten der Zenturionen oder Soldaten an, sondern hielt die Besten auch für die Treuesten. Er wußte alles, ging nicht allem nach. Gegen kleine Vergehen übte er passende Nachsicht, gegen große Strenge; nicht immer drang er auf Strafe, öfter noch war er mit der Reue zufrieden; Aufgaben und Verwaltungsgeschäften stellte er lieber Leute an die Spitze, die sich nicht vergehen würden, als daß er sie bestrafte, wenn sie sich vergangen hätten. Eintreibung von Getreide und Steuern machte er durch die Gleichheit der Lasten weniger spürbar, indem er unterband, was, zur Bereicherung ersonnen, noch drückender als die Steuer selber empfunden wurde. Wurden sie doch zum Hohn gezwungen, vor verschlossenen Scheuern zu sitzen und selber Getreide zu kaufen und mit Geld noch zu sühnen[65]. Abgelegene Wege und ferne Gegenden wurden ihnen angegeben, daß die Stämme, obwohl Winterlager in der Nähe waren, es in entferntes und abgelegenes Gebiet bringen sollten, bis das, was allen leicht zur Verfügung gewesen wäre, für wenige gewinnbringend wurde.

20. Dadurch, daß er das sogleich im ersten Jahre unterdrückte, umgab er den Frieden, der durch die Nachlässigkeit oder Unerträglichkeit der Früheren ebensosehr wie der Krieg gefürchtet wurde, mit hervorragendem Ruf. Aber kaum war der Sommer gekommen, zog er das Heer zusammen und war viel auf dem Marsche, lobte Disziplin und brachte Vagabundierende zur Ordnung zurück; er selber suchte die Stelle für das Lager aus, er selber erforschte vorher die Buchten mit seichtem Wasser

und die Wälder; und nichts ließ er inzwischen bei den Feinden in Ruhe, ohne es nicht durch plötzliche Streifzüge zu verwüsten; und wenn er zur Genüge Schrecken verbreitet hatte, stellte er wieder durch Schonung das Verlockende des Friedens vor Augen. Dadurch legten viele Stämme, die sich bis dahin unabhängig gebärdet hatten, unter Stellung von Geiseln ihren Zorn ab, und sie wurden mit Stützpunkten und Kastellen umgeben, und zwar mit solchem Bedacht und solcher Sorgfalt, daß kein neuer Teil Britanniens vorher in gleicher Weise unangefochten zu den Römern übergegangen ist.

21. Der folgende Winter wurde mit überaus heilsamen Maßnahmen verbracht. Denn um die verstreuten und rohen und darum leicht zum Krieg geneigten Menschen an Ruhe und Muße durch Genüsse zu gewöhnen, ermunterte er sie persönlich, unterstützte sie öffentlich, daß sie Tempel, Märkte, Häuser errichten sollten, wobei er die Raschen lobte und die Trägen schalt: so war Wetteifer um die Ehre an Stelle des Zwanges getreten. Dann ließ er die Söhne der Fürsten in den freien Künsten bilden und stellte die Begabung der Britannier über die Bemühungen der Gallier, so daß die, welche eben noch die römische Sprache abwiesen, jetzt Beredsamkeit begehrten. In der Folge kam sogar unser Aussehen zu Ehren, und die Toga wurde häufig. Und allmählich ging man zu Annehmlichkeiten und Ausartungen über, zu Säulenhallen, Bädern und erlesenen Festgelagen. Und das hieß bei den Unerfahrenen Kultur, während es ein Teil der Knechtschaft war.

22. Das dritte Jahr der Feldzüge öffnete den Zugang zu neuen Stämmen, wobei die Völkerschaften bis zum Tanaus[66] – so heißt der Fjord – heimgesucht wurden. Durch diesen Schrecken entsetzt, wagten die Feinde das Heer, obwohl es durch wilde Unwetter mitgenommen war, nicht zu reizen; und es blieb obendrein noch Zeit,

Kastelle anzulegen. Kundige machten die Bemerkung, daß kein anderer Heerführer mit mehr Spürsinn günstige Stellen ausgewählt habe: kein von Agricola errichtetes Kastell ist durch die Gewalt der Feinde erobert oder durch Übergabe und Flucht verlassen worden; denn gegen lange Zeiten von Belagerung wurden sie mit Vorräten für ein Jahr gesichert. So war dort der Winter ohne Besorgnisse, häufige Ausfälle fanden statt, und jeder war sein eigener Schutz, wobei die Feinde erfolglos waren und darum verzweifelten, weil sie, gewohnt, meist die Schäden des Sommers mit winterlichen Erfolgen aufzuwiegen, nun im Sommer und Winter in gleicher Weise in die Flucht geschlagen wurden. Doch Agricola nahm nie das durch andere Geleistete gierig für sich in Anspruch: ob es Centurio oder Präfekt war, er hatte ihn als unbestechlichen Zeugen seiner Tat. Bei manchen galt er als etwas scharf in Scheltreden, und er war in der Tat zwar freundlich zu Guten, gegen Schlechte aber wenig angenehm. Aber vom jähen Zorn blieb nichts Verstecktes übrig, so daß man sein Schweigen nicht zu fürchten brauchte; für anständiger hielt er es, Anstoß zu erregen als zu hassen.

23. Der vierte Sommer wurde damit verbracht, das zu besetzen, was er durchzogen hatte; und wenn es die Tapferkeit der Heere und der Ruhm des römischen Namens duldeten, so wäre in Britannien selber die Grenze gefunden worden. Denn die Fjorde Clota und Bodotria[67], durch die Flut des Meeres auf beiden Seiten unermeßlich weit landeinwärts getrieben, werden nur durch einen engen Strich Land voneinander getrennt; der wurde damals durch Stützpunkte gesichert und der ganze näher gelegene Landstrich beherrscht, indem die Feinde wie auf eine andere Insel zurückgeschoben waren.

24. Im fünften Jahre der Feldzüge ging er bei der ersten Möglichkeit, zu Schiff zu fahren, hinüber und bezwang bis dahin unbekannte Stämme in zahlreichen glücklichen

Gefechten; und den Teil Britanniens, der nach Irland zu liegt, belegte er mit Truppen, mehr im Gedanken an Aussichten als aus Besorgnis, insofern als Irland, mitten zwischen Britannien und Spanien gelegen und auch vom gallischen Meere aus leicht zu erreichen, den stärksten Teil des Reiches mit großem gegenseitigem Nutzen verbinden würde. Sein Raum, vergleicht man es mit Britannien, ist enger, die Inseln unseres Meeres übertrifft es. Boden und Himmel und die Art und die Lebensweise der Menschen unterscheiden sich nicht sehr von Britannien; besser[68] sind die Zugänge und Häfen durch Handel und Kaufleute bekannt. Agricola hatte einen von den kleinen Königen des Volkes, der durch heimische Zwistigkeiten vertrieben worden war, aufgenommen und bewahrte ihn unter dem Schein der Freundschaft für eine günstige Gelegenheit auf. Oft habe ich von ihm gehört, Irland könne mit nur einer Legion und mäßigem Hilfsvolk durch Krieg niedergeworfen und behauptet werden; und das werde auch gegen Britannien von Nutzen sein, wenn römische Waffen überall wären und die Freiheit sozusagen aus dem Gesichtskreis genommen würde.

25. Im übrigen erkundete er in dem Sommer, in dem er das sechste Jahr seines Amtes begann, die Stämme jenseits der Bodotria ins Auge fassend, weil Unruhen aller Stämme jenseits und durch ein feindliches Heer[69] bedrohliche Wege befürchtet wurden, mit der Flotte die Häfen. Sie wurde von Agricola zum ersten Male als ein Teil der Streitmacht hinzugenommen und folgte mit prächtigem Anblick, indem der Krieg zugleich zu Lande, zugleich zu Meer vorwärts getrieben wurde und oft im selben Lager die Fußtruppen, die Reiter und die Angehörigen der Flotte ihre Vorräte und ihre Freude teilten und jeder seine Taten, seine Erlebnisse aufbauschte, bald die Tiefe der Wälder und Berge, bald der Widerstand von Sturm und Flut, hier Land und Feind, dort der be-

siegte Ozean mit Übertreibung nach Soldatenart miteinander verglichen wurden. Auch die Britannier setzte, wie man von Gefangenen hörte, der Anblick der Flotte in regloses Erstaunen, im Gefühl, daß Besiegten die letzte Zuflucht abgeschnitten würde, nachdem nun auch die Abgeschiedenheit ihres Meeres zugänglich gemacht worden wäre. Sich zu Gewalt und Waffen wendend, hatten die Caledonien bewohnenden Völkerschaften, weil sie mit großem Aufwand, noch übertriebeneren Gerüchten, wie gewöhnlich über Unbekanntes, von selber die Kastelle zu bestürmen in Angriff genommen hatten, die Furcht als Herausforderer noch verdoppelt, und man müsse sich hinter die Bodotria zurückziehen und lieber herausgehen, als daß man vertrieben würde, mahnten die Feigen unter dem Anschein von Klugen, als er inzwischen in Erfahrung bringt, daß die Feinde in mehreren Heersäulen einbrechen würden. Und damit er nicht durch überlegene Zahl und die Kenntnis des Geländes umgangen werden könnte, marschierte er auch selber, indem er sein Heer in drei Teile schied.

26. Als das der Feind erfuhr, änderte er plötzlich seinen Plan und griff mit der ganzen Masse die neunte Legion als die schwächste des Nachts an und brach ein, nachdem im Schlaf und der Verwirrung des Schreckens die Wachen getötet worden waren. Und schon wurde im Lager selbst gekämpft, als Agricola, über den Marsch der Feinde von Aufklärern unterrichtet und ihm auf den Spuren folgend, die schnellsten der Reiter und Fußsoldaten den Rücken der Kämpfenden anzugreifen heißt, dann alle ein Geschrei zu erheben; und vom nahen Tageslicht glänzten die Feldzeichen auf. So gerieten die Britannier ob des zweifachen Unheils in Schrecken; und den Römern kehrte der Mut zurück, und der Sorge ums Leben enthoben, wetteiferten sie um den Ruhm. Ja selber machten sie sogar einen Ausfall, und es kam zu einem blutigen

Kampfe eben in der Enge der Tore, bis die Feinde vertrieben waren, wobei beide Heere wetteiferten, die einen, daß sie Hilfe gebracht, jene, daß sie der Unterstützung nicht bedurft zu haben schienen. Wenn aber die Sümpfe und Wälder die Flüchtenden nicht gedeckt hätten, wäre mit diesem Siege der Krieg beendet gewesen.

27. Im Bewußtsein und Ruhm dieses Sieges lärmte das Heer trotzig-wild, nichts sei für seine Tapferkeit unzugänglich, man müsse eindringen in Caledonien und endlich den Grenzstein Britanniens finden in einem ununterbrochenen Lauf von Gefechten. Und jene eben noch Vorsichtigen und Klugen waren nach dem Erfolge voller Initiative und großsprecherisch. Überaus ungerecht ist diese Bedingung der Kriege: Günstiges nehmen alle für sich in Anspruch, Unglück wird einem einzigen zur Last gelegt. Aber die Britannier, im Glauben, sie seien nicht durch die Tapferkeit, sondern durch Umstände und Kunst des Heerführers besiegt worden, ließen in ihrer Anmaßung nicht nach, die Männer zu bewaffnen, Frauen und Kinder an sichere Plätze zu überführen, in Versammlungen und mit Opfern die Verschwörung der Stämme festzulegen. Und so schied man auf beiden Seiten mit gereizter Wut.[70]

28. Im selben Sommer hat eine Kohorte Usiper, die in Germanien ausgehoben und nach Britannien hinübergeschickt worden war, eine gewaltige und erwähnenswerte Tat gewagt. Sie töteten den Centurio und die Soldaten, die zur Weitergabe der militärischen Disziplin unter die Manipeln gemischt als Vorbild und Lenker angegliedert waren, und bestiegen drei leichte Kriegsschiffe, nachdem sie die Steuerleute gewaltsam dazu gezwungen hatten; und während einer zurückkehrte[71], die beiden anderen verdächtig waren und darum getötet wurden, fuhren sie, als das Gerücht sich davon noch nicht verbreitet hatte, wie ein Wunder an der Küste vorbei. Darauf,

um Wasser einzunehmen und Lebensnotwendiges zu rauben, landend und mit den meisten der Britannier, die ihren Besitz verteidigten, in Kampf geratend und oft Sieger, manchmal geschlagen, kamen sie zum Schluß in solche Not, daß sie die Schwächsten unter ihnen, darauf durchs Los Gezogene verzehrten. Und so umfuhren sie Britannien, verloren die Schiffe, weil sie nicht verstanden, sie zu lenken, wurden für Seeräuber gehalten und zuerst von den Sueben, darauf von den Friesen weggefangen. Und es gab welche, die, im Handel verkauft und bis zu unserem Ufer durch Wechsel der Käufer geführt, der Bericht eines so ungeheuren Erlebnisses bekanntmachte.

29. Am Anfang des Sommers wurde Agricola von einer persönlichen Wunde getroffen und verlor seinen das Jahr vorher geborenen Sohn. Diesen Schicksalsschlag trug er weder wie die meisten der starken Geister herausfordernd noch mit Jammern und Trauer nach Weiberart: und in seiner Betrübnis gehörte der Krieg zu den Heilmitteln. Also schickte er die Flotte voraus, daß sie an mehreren Stellen Beute machen und so einen bedeutenden und ungewissen Schrecken verbreiten solle, und gelangte mit dem kampfbereiten Heer, an das er die Tapfersten und in langem Frieden Erprobten der Britannier angegliedert hatte, zum Berge Graupius[72], den der Feind schon besetzt hatte. Denn die Britannier, durchaus nicht durch den Ausgang des vorhergehenden Gefechtes gebrochen, hatten in der Erwartung von Rache oder Knechtschaft und endlich belehrt, daß man eine gemeinsame Gefahr mit Eintracht abwehren müsse, durch Gesandtschaften und Bündnisse die Kräfte aller Stämme aufgerufen. Schon konnte man über dreißigtausend Bewaffnete erblicken, und noch immer strömte herbei die ganze Jugend und diejenigen, deren Alter noch frisch und rüstig, kriegsberühmt und jeder mit Stolz seine Auszeichnungen tragend; da soll einer mit Namen Calgacus, unter meh-

reren Führern durch Tapferkeit und Adel hervorragend, vor der versammelten Menge, die den Kampf forderte, etwa folgendermaßen gesprochen haben.

30. »Sooft ich die Gründe für den Krieg und unsere Zwangslage anschaue, habe ich großen Mut, daß der heutige Tag und eure Einmütigkeit der Anfang der Freiheit für ganz Britannien sein wird; denn insgesamt habt ihr euch vereinigt, die ihr noch frei seid von Knechtschaft, und es gibt kein Land weiter hinaus, und auch das Meer ist nicht sicher, da uns die römische Flotte bedroht. So sind Kampf und Waffen, die den Tapferen eine Sache der Ehre sind, zugleich auch für die Feiglinge am sichersten. Die vergangenen Kämpfe, in denen man gegen die Römer mit wechselndem Glück kämpfte, hatten Hoffnung und Rückhalt in unseren Armen, weil wir, die Edelsten von ganz Britannien und damit in seinem Innersten gelegen und ohne Blick auf die Küsten der Dienstbaren, auch die Augen unbefleckt von der Berührung mit der Gewaltherrschaft hatten. Uns, die äußersten auf dem Erdkreis und die letzten der Freiheit, hat bis zum heutigen Tage die bloße Zurückgezogenheit und das Bergende des Ruhms[73] verteidigt: jetzt liegt der Grenzstein Britanniens offen da, und alles Unbekannte gilt für großartig. Aber kein Stamm wohnt mehr darüber hinaus, nur Fluten gibt es und Felsen, und noch bedrohlicher sind die Römer, deren Überhebung man vergeblich durch Fügsamkeit und Maßhalten zu entgehen versuchen dürfte[74]. Plünderer des Erdballs, durchstöbern sie, nachdem den alles Verwüstenden die Länder fehlten, jetzt auch noch das Meer: ist der Feind begütert, sind sie habgierig, ist er arm, ehrsüchtig; sie, die nicht der Orient, nicht der Okzident gesättigt hat. Als einzige von allen begehren sie Schätze und Mangel mit der gleichen Leidenschaft. Stehlen, Morden, Rauben nennen sie mit falschem Namen Herrschaft, und Frieden, wo sie eine Wüste schaffen.

31. Kinder und Verwandte, so hat es die Natur gewollt, sind für jeden das Liebste: die werden durch die Aushebungen davongeschleppt, um anderswo zu dienen. Frauen und Schwestern werden, auch wenn sie der Willkür des Feindes entgehen, unter dem Namen von Freunden und Gästen befleckt. Güter und Vermögen werden für den Tribut, Acker und Ernte für die Getreideabgabe, die Körper selber und Hände, um Wälder und Sümpfe gangbar zu machen, unter Schlägen und Kränkungen aufgerieben. Für die Knechtschaft geborene Sklaven werden einmal verkauft und obendrein noch von den Herren selber unterhalten: Britannien kauft seine Dienstbarkeit täglich neu, nährt sie jeden Tag neu. Und wie in der Dienerschaft jeweils die neuesten der Diener sogar von ihren Mitsklaven verhöhnt werden, so werden wir, neu in dieser alten Dienerschaft des Erdkreises und wertlos, zur Ausrottung angegriffen; denn wir haben keine Felder, Bergwerke oder Häfen, für deren Besorgung wir aufgespart werden könnten. Tapferkeit weiter und Trotz der Unterworfenen sind den Herrschenden nicht lieb; und Entfernung und Abgeschiedenheit sind um so verdächtiger, je sicherer sie sind. Da so die Hoffnung auf Nachsicht aufgehoben ist, faßt endlich einmal Mut, ihr, denen das Leben, wie ihr, denen der Ruhm das Teuerste ist. Die Briganten vermochten unter Führung einer Frau die Kolonie zu verbrennen, das Lager zu erobern, und wenn ihr Glück nicht in Sorglosigkeit umgeschlagen wäre, hätten sie das Joch abschütteln können: wir, unberührt und unbezwungen und entschlossen, uns in die Freiheit, nicht in die Reue zu stürzen[75], wollen sogleich beim ersten Zusammenstoß zeigen, was für Männer Caledonien sich aufgespart hat.

32. Oder glaubt ihr etwa, die Römer besitzen im Kriege gleiche Tapferkeit wie im Frieden Ausschweifung? Durch unsere Streitigkeiten und Zwistigkeiten sind jene

berühmt geworden und verwandeln die Laster der Feinde in Ruhm ihres Heeres; zusammengezogen aus den gegensätzlichsten Völkerschaften, wird es, so wie Glück es zusammenhält, Unglück auflösen: es müßte denn sein, ihr glaubt, Gallier, Germanen und – ich schäme mich, es zu sagen – die meisten Britannier, mögen sie fremder Unterdrückung ihr Blut zur Verfügung stellen, aber doch länger Feinde als Sklaven, würden durch Treue und Liebe gehalten. Furcht und Schrecken sind schwache Bande der Liebe: entfernst du sie, werden die, welche zu fürchten aufgehört haben, zu hassen beginnen. Jeder Ansporn zum Sieg ist für uns: die Römer feuern nicht ihre Frauen an, keine Eltern werden ihnen die Flucht vorhalten; die meisten haben kein Vaterland oder ein anderes. Gering an Zahl, ängstlich in ihrer Unkenntnis, den Himmel selber, das Meer und die Wälder, unbekannt alles, mißtrauisch beargwöhnend, haben die Götter sie in gewisser Weise eingeschlossen und gefesselt uns in die Hände gegeben. Es schrecke nicht der leere Anblick und der Glanz des Goldes und Silbers, das weder schützt noch verwundet. In den Reihen der Feinde selber werden wir unsere Scharen finden. Erkennen werden die Britannier ihre Sache, erinnern werden sich die Gallier ihrer früheren Freiheit, verlassen werden sie die übrigen Germanen, so wie neulich die Usiper sie verlassen haben. Und darüber hinaus ist nichts zu fürchten: leere Kastelle, Kolonien von Greisen, unter schlecht Gehorchenden und ungerecht Herrschenden hinsiechende und zwieträchtige Städte. Hier ist der Heerführer, hier das Heer: dort sind die Tribute, die Bergwerke, die übrigen Strafen der Dienstbaren. Sie für ewig zu ertragen oder auf der Stelle Rache zu nehmen, darüber wird hier auf dem Schlachtfeld entschieden. Drum, wenn ihr jetzt in die Schlacht zieht, denkt an eure Vorfahren und an eure Nachkommen!«

33. Sie nahmen die Rede begeistert auf, wie es bei den

Barbaren Sitte ist, mit Gesang und Gelärm und mißtönendem Geschrei. Schon sah man vorrückende Züge und Glanz von Waffen beim Vorstürmen der Kühnsten; zugleich wurde die Schlachtreihe aufgestellt. Da hielt es Agricola doch für richtig, die wohlgemuten und nur mit Mühe in den Befestigungen gehaltenen Soldaten noch weiter anzuspornen, und sprach so: »Es ist das siebente Jahr, Kommilitonen, seitdem ihr mit eurer Tapferkeit, unter dem Stern des römischen Reiches, unter meiner Verantwortlichkeit und Tätigkeit[76] Britannien besiegt habt. In so vielen Feldzügen, so vielen Gefechten, ob nun Mannhaftigkeit gegen die Feinde oder Härte und Anstrengung fast gegen die Natur selbst nötig waren, hat es mich nicht meiner Soldaten und euch nicht eures Führers gereut. Also haben wir, ich der alten Statthalter, ihr der früheren Heere Grenzen überschritten und halten das Ende Britanniens nicht vom Hörensagen und nach Gerede, sondern mit Lager und Waffen in den Händen: gefunden ist Britannien und unterworfen. Ich habe oft auf dem Marsche, wenn euch Sümpfe, Berge und Flüsse ermatteten, die Stimmen gerade der Tapfersten gehört: ‚Wann wird der Feind, wann die Schlacht geboten?' Sie kommen, aus ihren Verstecken aufgestöbert, und Wunsch und Tapferkeit haben freie Bahn. Und alles ist für die Sieger günstig und zugleich für die Besiegten widrig. Denn eine solche Marschstrecke überwunden zu haben, den Wäldern entkommen zu sein, die Watts gequert zu haben ist schön und rühmlich, wenn es vorwärtsgeht: für Fliehende aber ist überaus gefährlich, was heute so sehr von Vorteil ist. Denn wir haben nicht dieselbe Kenntnis der Gegend und denselben Überfluß an Verpflegung, sondern nur Arme und Waffen und darin alles. Was mich anlangt, so steht es bei mir schon lange fest, daß weder des Heeres noch des Führers Rücken sicher ist. Also ist ein ehrenvoller Tod einem schimpflichen Leben vorzuziehen, und Heilsein und Ehre liegen auf der gleichen Stelle; und es dürfte nicht unrühmlich sein, dicht am Ende der Erde und der Natur zu fallen.

34. Wenn neue Stämme und eine unbekannte Schlachtreihe sich aufgestellt hätten, würde ich euch mit den Vorbildern anderer Heere ermutigen: jetzt mustert eure glanzvollen Taten, fragt die eigenen Augen. Die sind es, die ihr letztes Jahr, als sie eine Legion in der Heimlichkeit der Nacht angriffen, mit bloßem Geschrei besiegt habt; das sind die flüchtigsten der übrigen Britannier und darum so lange überlebend. Wie einem beim Eindringen in Wälder und Schluchten gerade die tapfersten Tiere entgegenstürzen, die ängstlichen und schwachen schon durch den Klang des Heereszuges vertrieben wurden, so sind die mutigsten der Britannier schon längst gefallen, übrig ist die Zahl der Feigen und solcher, die Furcht haben. Wenn ihr sie jetzt endlich aufgefunden habt, so haben sie nicht Widerstand geleistet, sondern sind gestellt worden; letzte Not und Erstarrung in äußerster Furcht haben die Reihe an diesen Ort hier gebannt, auf daß ihr hier einen schönen und ansehnlichen Sieg erränget. Macht ein Ende mit den Feldzügen, bekrönt die fünfzig Jahre mit einem großen Tag, beweist dem Gemeinwesen, daß dem Heere weder das Hinziehen des Krieges noch die Ursachen der Empörungen jemals zur Last gelegt werden konnten[77].«

35. Und während Agricola noch seine Ansprache hielt, flammte das Feuer der Soldaten schon empor, dem Ende der Rede folgte eine ungeheure Begeisterung, und sogleich lief man zu den Waffen auseinander. Die Befeuerten und Losstürzenden ordnete er so, daß die Hilfstruppen des Fußvolkes, achttausend an der Zahl, als fester Kern die Mitte der Schlachtreihe bildeten, dreitausend Reiter an die Flügel verteilt wurden. Die Legionen standen vor dem Lagerwall, ein ungeheurer Glanz für den Sieg, ohne römisches Blut Krieg zu führen, und eine Hilfe für den

Fall, daß sie in die Flucht geschlagen würden. Die Schlachtreihe der Britannier hatte sich zum prachtvollen Anblick zugleich und zum Schrecken auf erhöhtem Gelände aufgestellt, so, daß die erste Reihe in der Ebene, die übrigen über den sanft ansteigenden Hügel, untereinander eng anschließend, gleichsam aufschwollen; die Mitte des Schlachtfeldes füllten die Sichelwagenkämpfer mit Lärm und Durcheinanderfahren. Da zog Agricola, weil er bei der überlegenen Menge der Feinde fürchtete, daß zugleich gegen die Front und die Flanke der Seinen gekämpft würde, die Ordnungen auseinander, obwohl so die Reihe zu dünn werden mochte und die meisten die Legionen zu holen rieten, rascher aus auf Hoffnung und unerschütterlich gegenüber Widerständen, ließ sein Pferd hinwegführen und stellte sich als Fußkämpfer vor die Feldzeichen.

36. Und beim ersten Zusammenstoß wurde aus der Ferne gekämpft; die Britannier, mit Standfestigkeit zugleich und Geschick, hielten auf oder schleuderten weg mit ihren ungeheuren Schwertern und den kurzen Schilden die Geschosse der Unsern und überschütteten sie selber mit einer großen Masse von Wurfgeschossen, bis Agricola die vier Kohorten Bataver und die zwei der Tungrer anfeuerte, sie sollten zum Stechen und Handgemenge übergehen; darin waren sie selbst in langem Kriegsdienst geübt, und den Feinden war es ungeschickt [weil sie kleine Schilde und übergroße Schwerter führten[78]]; denn die Schwerter der Britannier ohne Spitze ließen die Vermählung der Waffen und Kampf im Engen nicht zu. Sowie also die Bataver Hiebe zu tauschen, mit den Schildspitzen zu schlagen, sich in die Gesichter zu graben und, nachdem sie die, welche in der Ebene standen, niedergeworfen hatten, die Front auf die Hügel emporzuführen begannen, drängten auch die übrigen Kohorten in Wetteifer und Ansturm nach und hieben auf die Nächststehen-

den ein; und die meisten wurden halbtot oder lebend in der Eile des Sieges liegengelassen. Unterdes, nachdem die Wagenkämpfer geflohen waren, mischten sich die Reiterschwadronen in den Kampf der Fußtruppen ein. Und obwohl sie frischen Schrecken eingejagt hatten, stockten sie doch an den dichten Reihen der Feinde und auf dem unebenen Gelände; und schon war für die Unsern das Bild des Kampfes keineswegs günstig[78a], da sie, mit Mühe gegen den Hügel dringend, zugleich von den Pferdeleibern angestoßen wurden; und oft fuhren versprengte Schlachtwagen, erschreckte Rosse ohne Lenker, wie einen jeden die Angst dahingerissen hatte, von der Seite oder von vorn in sie hinein.

37. Und die Britannier, die noch ohne Teilnahme am Kampf die Spitzen der Hügel besetzt hatten und die geringe Zahl der Unsern unbetroffen verachteten, begannen allmählich herabzusteigen und hätten den Rücken der Siegenden umgangen, wenn nicht Agricola, der eben das fürchtete, vier Schwadronen Reiter, die für die Plötzlichkeiten des Krieges aufgespart worden waren, den Kommenden entgegengestellt und, je trotziger sie herangestürmt waren, sie um so energischer in die Flucht geschlagen und zerstreut hätte. So kehrte sich der Plan der Britannier gegen sie selber, und die Schwadronen, die auf Befehl des Führers von der Front der Kämpfenden hinübergeführt wurden, drangen ein auf die in die Flucht gewendete Reihe der Feinde. Da war denn im offenen Gelände ein großartiges und blutiges Schauspiel zu sehen: man verfolgte, verwundete, nahm gefangen und schlachtete sie zugleich noch hin, wenn sich andere boten. Von den Feinden wendeten schon, so wie jeder veranlagt war, Scharen von Bewaffneten vor zahlenmäßig schwächeren den Rücken, manche stürzten ohne Waffen von selbst vor und boten sich dem Tode. Überall Waffen, Leichen, zerfetzte Glieder, blutiger Boden; und endlich

einmal auch bei den Besiegten Wut und Tapferkeit. Denn nachdem sie sich den Wäldern genähert hatten, suchten sie, sich sammelnd und des Geländes kundig, die ersten Unvorsichtigen der Verfolger zu umzingeln. Wenn dabei nicht Agricola, überall gegenwärtig, starke und kampfbereite Kohorten nach Art einer Treibjagd und, wo es zu eng war, einen Teil der Reiter unter Fortschicken der Pferde, lichtere Wälder indes zugleich die Reiter durchzukämmen geheißen hätte, wären beträchtliche Verluste durch allzu große Zuversicht erlitten worden. Als sie im übrigen sie wohlgeordnet in festen Ordnungen wieder folgen sahen, wandten sie sich zur Flucht, nicht in Zügen, wie vorher, und ohne daß der eine auf den anderen Rücksicht nahm: vereinzelt und einander aus dem Wege gehend, suchten sie Entferntes und Wegloses auf. Ende der Verfolgung war die Nacht und Sattheit. Getötet von den Feinden wurden gegen zehntausend; von den Unsern fielen dreihundertsechzig, darunter Aulus Atticus, Präfekt einer Kohorte, durch jugendlichen Eifer und die Wildheit des Rosses in die Feinde gerissen.

38. Und die Nacht war an Freude und Beute reich für die Sieger: die Britannier, umherstreifend, schleppten unter dem vermischten Wehklagen von Männern und Frauen die Verwundeten weg, riefen Heilgebliebene, verließen ihre Häuser und zündeten sie in ihrer Wut selbst an, suchten sich Verstecke aus und ließen sie gleich wieder im Stich, schmiedeten miteinander Pläne irgendwelcher Art, darauf trennten sie sich wieder; bisweilen brachen sie beim Anblick der Anvertrauten zusammen, öfter noch wurden sie dadurch aufgepeitscht. Und es steht zur Genüge fest, daß manche gegen Frauen und Kinder gewütet haben, als ob sie sich ihrer erbarmten. Der nächste Tag legte den Anblick des Sieges breiter offen: Stille und Wüste überall, verlassene Hügel, in der Ferne rauchende Häuser, niemand, der den Aufklärern begegnete. Nachdem man sie

in alle Richtungen ausgeschickt hatte und sobald man in Erfahrung gebracht hatte, daß die Spuren der Flucht unbestimmt waren und nirgendwo sich der Feind zusammenballe und, weil der Sommer schon vorbei war, der Krieg über weitere Bereiche nicht ausgedehnt werden konnte, führte er das Heer in das Gebiet der Boresten. Dort nahm er Geiseln entgegen und gab dann dem Kommandeur der Flotte die Weisung, Britannien zu umsegeln. Dazu wurden Streitkräfte zur Verfügung gestellt, und der Schrecken war ihr ja vorhergegangen. Er selber brachte das Fußvolk und die Reiter in einem gedehnten Marsch, damit die Gemüter der neuen Stämme allein schon durch die Langsamkeit des Durchmarsches in Schrecken gesetzt würden, in die Winterlager. Und zugleich machte die Flotte bei günstigem Wetter und unter dem Geleit des Ruhmes im Trucculensischen Hafen[79] Station, von wo aus sie die anschließende Seite Britanniens ganz entlanggefahren und dann dorthin zurückgekehrt war.

39. Diesen Stand der Dinge, obwohl durch kein Prunken mit Worten in den Berichten Agricolas übertrieben, nahm Domitian, wie es seine Gewohnheit war, mit heiterer Stirn, doch beklommenem Herzen entgegen. Es saß in ihm das Bewußtsein, daß vor kurzem der falsche Triumph über Germanien verlacht worden war, weil man im Handel Leute gekauft hätte, deren Aussehen und Haar nach dem Bild von Gefangenen geformt worden wären: jetzt aber werde ein richtiger großer Sieg mit so viel Tausenden getöteter Feinde ungeheuer gefeiert. Das sei für ihn am meisten angsterregend, daß der Name eines Privatmannes über den des Kaisers erhoben werde: umsonst seien das Streben des Forum und der Glanz der bürgerlichen Fertigkeiten zum Schweigen gebracht worden, wenn ein anderer den Kriegsruhm einnehme; das andere könne leichter irgendwie verhehlt werden, die Tugend

eines guten Feldherrn sei eine kaiserliche. Von solchen Sorgen gequält und – was ein Anzeichen seiner grausamen Gedanken war – sich an seiner Zurückgezogenheit sättigend, hielt er es schließlich im Augenblick für das beste, seinen Haß zurückzustellen, bis der Rausch des Ruhmes und die Gunst des Heeres abflauten: denn Agricola hatte Britannien noch inne.

40. Also läßt er ihm die Triumphalinsignien, die Ehre einer Triumphstatue und was sonst an Stelle des Triumphes verliehen wird, mit viel ehrenvollen Worten überhäuft, im Senat beschließen und obendrein noch die Meinung hinzukommen, daß die Provinz Syrien für Agricola bestimmt werde, die damals durch den Tod des Atilius Rufus, des ehemaligen Konsuls, frei und für bedeutendere Männer[80] aufgehoben war. Sehr viele haben geglaubt, ein Freigelassener aus den geheimeren Diensten sei zu Agricola geschickt worden und habe bei sich ein Handschreiben des Kaisers gehabt, in dem ihm Syrien gegeben werden sollte, mit der Weisung, es zu übergeben für den Fall, daß er in Britannien wäre: und dieser Freigelassene, Agricola schon in der Meerenge des Ozeans begegnend, sei, ohne ihn auch nur zu sprechen, zu Domitian zurückgekehrt, mag das nun wahr sein oder aus der Anlage des Kaisers erdichtet und ausgestaltet. Agricola hatte inzwischen seinem Nachfolger die Provinz ruhig und sicher übergeben. Und damit sein Einzug nicht durch Festlichkeit und große Zahl von ihm Entgegengehenden auffallend wäre, mied er den Liebesdienst der Freunde und kam nachts in die Stadt, nachts in den Palast, so wie es vorgeschrieben worden war; und empfangen mit einem kurzen Kuß und ohne Gespräch wurde er dem Gewimmel der Knechte beigemischt. Um im übrigen den Namen, den er sich im Felde gemacht hatte, bedrückend unter Müßigen, mit anderen Vorzügen auszugleichen, genoß er tief die Ruhe und die Muße,

bescheiden in seiner Lebensführung, umgänglich im Gespräch, von einem oder dem anderen Freunde begleitet, so sehr, daß die meisten, die gewöhnlich große Männer nach dem großen Auftreten beurteilen, wenn sie Agricola sahen und anschauten, seinen Ruhm in Frage stellten, wenige nur ihn richtig verstanden.

41. Häufig wurde er in diesen Tagen bei Domitian in seiner Abwesenheit angeschuldigt, in seiner Abwesenheit freigesprochen. Grund der Gefährdung war kein Vergehen oder die Klage irgendeines Angegriffenen, sondern der Kaiser, der Vorzüge haßte, der Ruhm des Mannes und die schlimmste Art der Feinde: die Lobenden. Und es folgten solche Zeiten für den Staat, daß sie nicht duldeten, daß man über Agricola schwieg: so viele Heere wurden in Moesien und Dakien[81], in Germanien und Pannonien durch den Leichtsinn oder die Untüchtigkeit der Heerführer verloren, so viele Militärs mit so vielen Kohorten erobert und gefangen; und man hatte Bedenken schon nicht mehr um die Grenze des Reiches und das Ufer, sondern um die Winterlager der Legionen und den Besitz. Als sich so Verluste an Verluste reihten und jedes Jahr durch Leichenbegängnisse und Niederlagen traurig berühmt wurde, wurde durch die Stimme des Volkes Agricola als Heerführer gefordert, da alle die Kraft, die Ausdauer und den kriegserfahrenen Sinn mit der Trägheit und der Angst der anderen verglichen. Es steht zur Genüge fest, daß durch diese Reden auch die Ohren Domitians getroffen wurden, während die Besten der Freigelassenen aus Liebe und Treue, die Schlechtesten aus Verkleinerungssucht und Neid den Kaiser, der dem Schlechteren leicht zugänglich war, aufbrachten. So wurde Agricola zugleich durch seine Vorzüge, zugleich durch die Laster anderer in eben den Ruhm jählings gestürzt.

42. Es war schon das Jahr gekommen, in dem er das Prokonsulat über Afrika und Asien hätte erlosen müssen,

und nach der Tötung des Civica[82] fehlte Agricola nicht der richtige Entschluß und Domitian nicht das Vorbild. Es kamen hinzu gewisse Leute, die sich auf die Gedanken des Kaisers verstanden und Agricola von sich aus fragten, ob er in die Provinz gehen wolle. Und zuerst lobten sie versteckter seine Ruhe und Muße, dann boten sie ihre Unterstützung an bei der Glaubhaftmachung der Entschuldigung, schließlich, schon nicht mehr hinter dem Berg haltend, schleppten sie ihn, zugleich ratend und einschüchternd, vor Domitian. Dieser, gerüstet mit Verstellung, eine herablassende Miene aufsetzend, hörte die Bitten des sich Entschuldigenden an, ließ nach Gewährung sich Dank sagen und schämte sich nicht des Gehässigen einer solchen Vergünstigung. Die Diäten eines Prokonsuls, die gewöhnlich gewährt[83] und manchen von ihm selbst aus zugestanden wurden, gab er Agricola nicht, mag er beleidigt gewesen sein, daß man nicht darum gebeten hatte, oder aus schlechtem Gewissen, damit es nicht schiene, als ob er gekauft hätte, was er verboten hatte. Es ist der menschlichen Anlage eigentümlich, zu hassen, wen man verletzt: Domitians Natur aber geriet jäh in Zorn und war je versteckter, umso schwerer zurückzulenken, und doch wurde sie durch die Mäßigung und Klugheit Agricolas besänftigt, weil er nicht, in Trotz und eitlem Brüsten mit der Freiheit, Ruhm und Schicksal herausforderte. Denen, die gewöhnlich das Verbotene bewundern, möge es gesagt sein, daß auch unter schlechten Kaisern große Männer leben können und daß Fügsamkeit und Bescheidenheit, wenn Energie und Kraft zur Seite stehen, bis zu eben der Höhe des Ruhmes emporsteigen, bis zu der die meisten durch Schroffheit, aber zu keinem Nutzen für das Gemeinwesen, mit einem effektvollen Tode berühmt geworden sind![84]

43. Das Ende seines Lebens war für uns trauervoll, für die Freunde betrübend, sogar für Auswärtige und Unbekannte nicht ohne Teilnahme. Auch die kleinen Leute und dieses Volk, das sich um anderes kümmert, kamen oft zu seinem Haus, sprachen auf den Fora und in ihren Zirkeln darüber; und keiner freute sich, als man vom Tode Agricolas hörte, oder vergaß ihn sofort. Es vermehrte die Teilnahme das hartnäckige Gerücht, er sei durch Gift beseitigt worden; ich habe nichts in Erfahrung gebracht[85], daß ich das zu versichern wagen möchte. Aber seine ganze Krankheit hindurch kamen häufiger, als es Sitte des Prinzipates ist, das durch Kuriere seine Besuche abstattet, die Ersten der Freigelassenen und die Vertrautesten der Ärzte, mochte das nun Besorgtheit oder Nachspüren sein. Am letzten Tage jedenfalls, das stand fest, wurden sogar die einzelnen Phasen des Verlöschenden durch einen eingerichteten Läuferdienst gemeldet, ohne daß einer glaubte, daß Dinge so beschleunigt würden, die er in Betrübnis hören würde. Doch trug er den Schein des Schmerzes in Kleidung und Miene[86] zur Schau, vom Haß nicht mehr beunruhigt und als ein Mann, der leichter Freude als Angst verleugnen konnte. Es stand zur Genüge fest, daß er, als er das Testament Agricolas gelesen hatte, in dem er zum Miterben der besten Gattin und der liebevollsten Tochter Domitian eingesetzt hat, sich freute wie über eine Ehre und ein Urteil. So blind und verdorben war sein Sinn durch die ständigen Schmeicheleien, daß er nicht wußte, daß von einem guten Vater zum Miterben eingesetzt wird nur ein schlechter Kaiser.

44. Geboren war Agricola, als Gaius Caesar zum dritten Male Konsul war, am 13. Juni: er schied im 54. Jahre, am 23. August, unter dem Konsulat des Collega und Priscinus[86a]. Sollten aber die Späteren auch seine Erscheinung kennenzulernen wünschen: er war mehr wohl-

proportioniert als schlank; nichts von Leidenschaft in seinem Antlitz: gewinnende Anmut des Gesichtes war das Beherrschende. Für einen guten Mann hätte man ihn leicht halten können, für einen großen gern. Und er selber hat, obwohl mitten in der Spanne eines vollen Lebens entrissen, was den Ruhm anlangt, das längste Leben gelebt. Hatte er doch die wahren Güter, die in den großen Leistungen ruhen, ausgefüllt, und was hätte ihm, dem Konsular, dem die Abzeichen des Triumphes verliehen wurden, das äußere Glück noch anderes aufhäufen können? An allzu großem Reichtum hatte er keine Freude, ansehnlicher war ihm zuteil geworden. Da ihn auch noch Tochter und Gattin überlebten, mag er sogar als glücklich gelten, daß er in unangetasteter Stellung, bei blühendem Ruhm, unter heilen Verwandten und Freunden dem, was kommen sollte, entgangen ist. Denn es war ihm zwar nicht erlaubt, bis zu diesem Licht des so gesegneten Jahrhunderts zu dauern und Traian als Princeps zu sehen, was er in Voraussagen und Wünschen vor unseren Ohren ahnte, aber ein großer Trost für den vorzeitigen Tod war, daß er der berüchtigten letzten Zeit entging, in der Domitian nicht mehr in zeitlichen Abständen und Pausen, sondern ununterbrochen und sozusagen in einem einzigen Streich das Gemeinwesen erschöpfte.

45. Nicht hat Agricola die belagerte Kurie und den mit Waffengewalt eingeschlossenen Senat gesehen und im gleichen Hinmorden so vieler ehemaliger Konsuln Hinschlachtung, so vieler hochedler Frauen Verbannung und Flucht. Nach *einem* Sieg erst wurde Carus Mettius[87] bewertet, die Meinungsäußerung des Messalinus machte Lärm erst innerhalb der Burg in den Albanerbergen, und Massa Baebius[88] war damals sogar Angeklagter: bald führten unsere Hände Helvidius in den Kerker[89]; uns hat der Anblick des Mauricus und Rusticus[90], uns mit unschuldigem Blut Senecio[91] überströmt[92]. Nero hat wenig-

stens seine Augen entzogen und Verbrechen befohlen, nicht ihnen zugeschaut: ein hauptsächliches Stück des Jammers unter Domitian war das Sehen und Angesehenwerden, wobei unser Seufzen verzeichnet wurde, wobei so vieler Menschen Blässe kenntlich zu machen diese eine brutale Miene und Röte gewachsen war, mit der er sich gegen die Scham wappnete.

Du aber bist glücklich, Agricola, nicht nur wegen der Erlauchtheit deines Lebens, sondern auch der Rechtzeitigkeit deines Todes. Wie die erzählen, die bei deinen letzten Gesprächen zugegen waren, hast du fest und gern dein Los auf dich genommen, wie wenn du zu deinem Teil dem Kaiser die Unschuld schenken wolltest. Mir aber und seiner Tochter mehrt über die Bitternis, daß uns der Vater entrissen wurde, hinaus die Trauer, daß es nicht zuteil wurde, an seinem Krankenlager zu sitzen, dem Erlöschenden Liebesdienste zu tun, sich an Blick und Umarmung zu sättigen. Wir hätten wenigstens Weisungen und Worte erhascht, um sie tief ins Herz zu heften. Das ist unser Schmerz, das unsere Wunde, uns ist er durch den Umstand einer so langen Abwesenheit vier Jahre vorher entrissen worden. Alles ist ohne Zweifel, du bester der Väter, da deine so liebevolle Gattin bei dir saß, überreich zu deiner Ehre geschehen: doch bist du so mit allzu wenig Tränen beweint worden, und am letzten Tage vermißten deine Augen etwas.

46. Wenn es für die Seelen der Frommen einen Wohnsitz gibt, wenn, wie die Philosophen meinen, große Leben nicht mit dem Körper erlöschen, dürftest du friedlich ruhen und uns, dein Haus, von schwächlicher Sehnsucht und weibischem Jammern zur Betrachtung deiner Tugenden lenken, die zu betrauern und zu beklagen Sünde wäre. Durch Bewunderung lieber und unsterbliches Lob und, wenn die Natur ausreichte, durch Ähnlichkeit wollen wir dich verehren: das ist die wahre Ehre, das ist die

Liebe derer, die am nächsten stehen. Das möchte ich auch der Tochter und der Gattin als Weisung geben, daß sie des Vaters, daß sie des Gatten Andenken so pflegen, daß sie alle seine Taten und Worte immer bei sich bedenken und die Form und Gestalt seines Geistes mehr als die des Körpers liebevoll umfangen; nicht weil ich glaubte, man solle die Bilder, die aus Marmor oder Erz geformt werden, verbieten: aber, wie das Antlitz der Menschen, so sind die Abbilder des Antlitzes hinfällig und sterblich, die Form der Seele ewig, die du nicht in fremdem Stoff und Werk, sondern nur selber durch deine Lebensführung festhalten und zum Ausdruck bringen kannst. Alles, was wir an Agricola geliebt, was wir bewundert haben, bleibt und wird bleiben in den Seelen der Menschen, der Ewigkeit der Zeiten, im Tatenruhm; denn viele der Alten hat wie Ruhmlose und Unbekannte Vergessenheit verschüttet: Agricola, der Nachwelt dargestellt und überliefert, wird überleben!

GERMANIA

In die Geschichte der Germanen ist ein Morgenrot gestellt, um das andere Völker sie beneiden können.

JACOB GRIMM

EINFÜHRUNG[1]

Seit der Zeit des Humanismus hat die Germania immer wieder die Geister bewegt und ist darum aus der Geschichte unserer nationalen Idee nicht hinwegzudenken. Diese ihre Wirkung beruht nicht zum wenigsten auf der geheimnisvollen magischen Kraft des Kunstwerkes. Denn ein wirkliches Kunstwerk ist diese Schrift, und sie hätte nie diese Wirkung gehabt, wenn sie nicht gesättigt wäre vom Geist des Tacitus, eines der vornehmsten, adligsten und reifsten Römer, der selbst als Konsul an der Regierung der Geschicke der Welt teilgehabt und eben als Geschichtsschreiber in einem ersten Versuch seine Stimme erhoben hatte.

Aber noch aus einem anderen Grunde ist die Germania für uns und die germanischen Völker überhaupt von einzigartiger Bedeutung. Nirgends sonst begegnet in der Welt der Fall, daß einem zur Reife gekommenen Kulturvolk seine Frühgeschichte, für die man sonst allein auf die Bodenfunde angewiesen wäre, von dem Vertreter einer reifen fremden Kultur erzählt wird. Begreiflich, daß der Vorgeschichtler, der Historiker überhaupt und der Germanist an der Fülle von Nachrichten — ein Eifriger hat über 700 Einzelpunkte gezählt — aufs höchste interessiert sind. Diese Nachrichten richtig auszuwerten, ist freilich gefährlich. Denn ihre Bewertung und Deutung hängt noch mehr als im Agricola von dem Sinn und der Absicht des Werkes ab: es macht etwas aus, ob Tacitus als Forscher und Geograph, ob er als Sittenprediger, ob er als politischer Tagesschriftsteller oder in welcher Absicht sonst geschrieben hat. Ist es Amt und Aufgabe des Erforschers der Germanen, die Nachrichten des Tacitus zu verwerten und den anderen Ergebnissen seiner Wissenschaft einzuordnen, so ist es Sache des Erforschers der Antike, das Kunstwerk in seiner Gestalt als Schöpfung und Ausdruck eines antiken Menschen zu begreifen. Diese Aufgabe ist nicht nur immer wieder in sich sinnvoll: sie liegt auch vor der anderen eben genannten; denn erst ihre Beantwortung gibt den Schlüssel, der die einzelnen Aussagen in ihrer Bedeutung recht erschließt. So soll denn hier weniger von den einzelnen Dingen und ihrer Einordnung in den Kosmos der germanischen Altertumskunde — auf sie muß in den Anmerkungen, freilich nur insoweit das Textverständnis berührt wird, eingegangen werden — als vielmehr von der besonderen Gestalt des Werkes eines antiken Menschen die Rede sein: es geht um die Frage, warum der römische Konsul Tacitus im Jahre 98 nach Christus eine Schrift, die ein Kunstwerk ist, über ein fremdes Volk schreibt, das die Römer als ihren größten Gegner ansahen, ein Faktum, dessen Merkwürdigkeit in der Einführung schon sichtbar wurde.

Die Germania — nennen wir sie ruhig weiter so vertraut; denn der überlieferte Titel[2] *De moribus et situ Germanorum* dürfte kaum von Tacitus stammen — hat man mit einem kunstvollen Bauwerk verglichen. Und in der Tat ist neben Werken wie Vergils Georgica die Germania eines der schönsten Zeugnisse für den baumeisterlichen Sinn der Römer und ihre Kunst, auch im Schriftwerk harmonisch ausgewogene Massen zu formen, zu gliedern und in mannigfaltige Beziehungen zu setzen. Zwei Hauptteile scheiden sich auf den ersten Blick: in der ersten Hälfte spricht Tacitus von den Germanen im allgemeinen, in der zweiten (Kap. 28 ff.) von den einzelnen Stämmen im besonderen. Die erste Hälfte hat größeren Umfang. Beide Hälften sind in entsprechender Weise wieder in sich gegliedert. Auf eine Einleitung folgen je zwei Unterteile.

In der ersten Hälfte wird in der Einleitung (Kap. 1—4) erst von Land und Ursprung der Germanen, dann in dem ersten Unterteil (Kap. 5—15) von dem öffentlichen Leben, der *vita publica*, im zweiten vom privaten Leben gesprochen (Kap. 16—27), freilich so, daß nichts pedantisch scharf geschnitten ist, sondern eins ins andere übergreift. In der zweiten Hälfte handelt die Einleitung zuerst von den Grenzstämmen (Kap. 28—29), eine Darstellung, die der Gedanke zusammenhält, daß alle stolz auf ihre germanische Abstammung sind, dann der erste Unterteil von den Völkern, die sich den Rhein und die Nordseeküste entlang erstrecken und ins Hinterland ausbreiten (Kap. 30—37), schließlich der zweite Unterteil von den Suebenvölkern (Kap. 38 ff.). Beide Einleitungen entsprechen sich, wie man sieht, in gewisser

Weise inhaltlich. In sich sind auch die Unterteile wieder dem Inhalt entsprechend gegliedert. Denn dieses Bauen geschieht nicht um seiner selbst willen, sondern es dient dazu, die tragenden Gedanken der Darstellung zu ihrer rechten Geltung zu bringen. Es ist eine besondere Kunst der Römer, die wir schon im Agricola beobachteten, schon durch die Form und den Aufbau die Gedanken in ein rechtes Verhältnis zu rücken, ja durch die Form gleichsam selbst Aussagen zu machen.

Was aber ist nun der Inhalt dieses so architektonisch aufgebauten Schriftwerkes? Wir beschränken uns hier auf einige Hauptpunkte. Bevor wir die Sittenschilderung der ersten Hälfte in ihrem Wesen zu erfassen suchen, werden wir nicht die vier Kapitel der Einleitung übergehen dürfen. Sie sind anders als alles, was wir aus antiker völkerkundlicher Literatur kennen, und auf ihre Wichtigkeit darf man daraus schließen, daß Tacitus am Schluß der ersten Hälfte in Kapitel 27 diese vier Kapitel gleichberechtigt neben die anderen dreiundzwanzig setzt, wenn er in der Zusammenfassung sagt, er habe jetzt *de origine et moribus Germanorum* gesprochen.

Mit den ersten Worten *Germania omnis*[3] den Anfang des berühmten Werkes Caesars über den gallischen Krieg aufklingen lassend, umreißt Tacitus in kurzen Strichen, den beiden Grenzströmen, dem Rhein und der Donau, in ihrem mühsamen Lauf bis zur Mündung nachgehend, den geschlossenen und einheitlichen Raum der Germanen. In diesem einheitlichen Raum aber lebt ein reines und unvermischtes Volk von Ureinwohnern. Das ist der Gedanke, der sich in den vier Kapiteln dieser Einleitung nach allen Seiten entfaltet. Am Schluß steht der Hauptbeweis dafür, die berühmten Worte über das Aussehen der Germanen (Kap. 4). Diese Frage nach der Unvermischtheit und dem Ursprung gehört zu den Topoi ethnographischer Schriften. Tacitus insbesondere hat sie nie ausgelassen. Auch in den beiden anderen in seinen Werken eingeschobenen Völkerbeschreibungen — dem Britannien- und dem Judenexkurs[4] — ist sie die Kardinalfrage des Anfangs. Während er in den beiden anderen Fällen ein unvermischtes Autochthonentum nicht feststellen kann und sich deshalb auch nur flüchtig mit diesen Völkern als Völkern beschäftigt, ist hier die Entdeckung, die er macht und mit Heftigkeit verteidigt — hatte doch kurz vorher Seneca[5] überhaupt bezweifelt, daß es zu seiner Zeit noch unvermischte Urvölker gäbe —, sozusagen die Garantie dafür, es mit einem Volkstum besonderer Art zu tun zu haben, bei dem es nicht erstaunlich ist, wenn sich in ihm noch ein rechtes und wertvolles Leben verwirklichen kann.

Denn nur darauf, auf die Darstellung des Lebens und seiner moralischen Struktur, die Erkenntnis der Sittlichkeit im weitesten Sinne, auf den Preis eines wertvollen Menschentums kommt es Tacitus an, mag er dem ersten Anschein nach von den Bodenschätzen, vom Häuserbau, von der Volksversammlung, von der Mitgift oder den Münzsorten sprechen. Schlimmer kann man den Tacitus nämlich nicht verkennen, als wenn man ihn grob stofflich nimmt. Am klarsten tritt dies gleich in den ersten Kapiteln hervor, die zur Behandlung der *vita publica* unvermerkt hinführen und zum Schluß selbst dazugehören (Kap. 5). Der ganze Zusammenhang ist überaus bezeichnend für Tacitus und seine Germania. Unter dem Stichwort *terra* will er dem Anschein nach, wie es auch im Stile der Gattung[6] lag, vom Lande sprechen. Er tut dieses Thema aber ganz kurz ab. Bloße sechs Zeilen: das ist die ganze Geographie der Germania. Vollständig fehlt die Erwähnung der Tierwelt, die doch selbst in dem nüchternen Bericht Caesars einen gewissen Umfang hatte. In anderen Länder- und Völkerbeschreibungen nimmt die Darstellung des Landes die Hälfte des ganzen Werkes ein. Tacitus, das ist der sichere Schluß, kommt es also auf geographische Tatsachen überhaupt nicht an. Selbst in diesen wenigen Zeilen aber zeigt sich noch die Richtung seines Blickes bei der Erwähnung des unansehnlichen Viehs: es interessiert ihn das Verhalten der Menschen zum Besitze. Daß die Germanen, wie er glaubt, nicht so sehr auf äußere Schönheit sehen, *species*, meist schöner Schein für den Römer, sondern praktischerweise auf eine große Zahl dieses nun wirklich nützlichen Reichtums, ihr Sinn für Realität, das ist ihm das Wichtige. — Vom äußeren Bilde des Landes kommt er dann zu den Bodenschätzen — eine Abfolge, die uns schon im Agricola begegnete und sicher dem Genus zuzuschreiben ist. Aber weit davon entfernt, sie hier wissenschaftlich genau in ihrer Vollständigkeit aufzuzählen, sie etwa als *pretia victoriae* wie bei der Beschreibung Britanniens im Agricola in einen politisch-militärischen Zusammenhang zu stellen, kommt er sofort auf Silber und Gold, also gerade die Bodenschätze, die n i c h t da sind. Und er stellt nicht nur ihr Fehlen fest, sondern begründet es — und das ist für ihn das Entscheidende — mit dem Verhalten der Germanen zu Silber und Gold. *Non adficiuntur* heißt es, 'es macht auf sie keinen Eindruck'. Mit *nulla adfectione animi* wird dasselbe Wort am Schluß des Kapitels nachdrücklich wiederholt. Die Germanen sind frei von der falschen Ein- und Überschätzung des Geldes, die so oft in Rom die Regungen des Sittlichen erstickte, den Sinn für wahre Werte zerstörte, derart, daß Sallust in dem Sendschreiben an Caesar[7] nur das eine Mittel gegen den Verfall weiß: 'Nimm dem Geld seine Ehre.'

Assoziativ — anreihend an den Begriff der Spärlichkeit — kommt Tacitus dann über das Eisen zu den Waffen: 'Nicht einmal Eisen ist reichlich da, wie sich aus der Art der Waffen ergibt', so wird mit kühner Wendung des Gedankens fast spielerisch gesagt. Und auch hier ist es wie bei der Behandlung der Bodenschätze. Nicht das Sachliche, die Waffe an sich, ist Tacitus das Wesentliche hier, mag er auch die Speere mit der kargen, aber handlichen Eisenspitze besonders hervorheben, sogar den einheimischen Namen nennen. Daß die Germanen bei ihren Waffen auf die Handlichkeit, das einzig Wesentliche, sehen, daß es bei ihnen keine *cultus iactatio*[8] gibt, das heißt kein Prunken mit Luxuswaffen, das ist es, was Tacitus eigentlich sagen will. Er will ein echtes menschliches Verhalten rühmen. Und so wundern wir uns nicht, sondern sehen gerade darin eine Bestätigung für unsere Interpretation, daß Tacitus mit eiligen Schritten geradewegs auf die Werte und die Haltung, die für den Germanen verbindlich sind, zugeht. Wieder assoziativ anreihend, gleitend, kommt er von den Waffen und der Ausrüstung zu den Pferden, zu den Manövern der Pferde, zur Kampfweise der Reiter, die mit auserlesenen Jünglingen zu Fuß vermischt kämpfen, und über diese 'Hundertschaft', deren Name, erst eine bloße Zahl, jetzt *nomen et honor* ist, zur Kampfmoral (Kap. 6). Allein die Furcht vor Schande, das Beispiel der Anführer kann sie binden. Das *honestum* ist ihr einziger Wertmaßstab, wie der Römer sagen würde. Diese Bindung ist so stark, daß sie nicht der Befehlsgewalt und Strafgewalt des Führers bedarf, ganz im Gegensatze zum römischen Heer. Nur ein Ansporn, dem Ehrenvollen zu folgen, sind drei weitere Tatsachen: ihr Glaube, daß die Götter ihnen im Kampf beistehen, daß die Sippe im Kampf zusammengeordnet ist, und die Anwesenheit der Frauen und Kinder in der Nähe des Kampffeldes (Kap. 7). Im nächsten Kapitel verweilt Tacitus bei dem Bild der das menschliche Maß fast übersteigenden germanischen Frauen, denen die Germanen zudem etwas Heiliges und Seherisches innewohnen lassen. — In zweierlei Richtung können wir aus diesen Kapiteln lernen: in Hinsicht auf die Form und in Hinsicht auf den eigentlichen Inhalt. Betonten wir am Anfang die ausgewogene Gliederung des Werkes, die etwas Architektonisches hat, so tritt uns hier etwas entgegen, was dem zu widersprechen scheint: das herodoteische oder vielleicht besser das Gattungs-Kolorit. Scheinbar wie der Vater der Geschichte und die, welche in seinen Spuren wandelten, gleitet Tacitus am Ende eines Kapitels assoziativ zum nächsten, um unter einem neuen Stichwort etwas zu behandeln, was irgendeine wenn auch nur äußerlich und partiell verwandte Seite hat. Diese Stichworttechnik und die Technik der assoziativen Übergänge ist aber etwas ganz anderes als bei Herodot und seinen Nachfolgern. Sie ist nicht aus naiver Erzählerfreude geflossen, geht nicht eine bestimmte Reihe in diesem Rahmen zusammengehörender Tatsachen durch, reiht dabei nicht eins ans andere in loser, nur sachlicher Verknüpfung, sondern stammt aus letzter Bewußtheit, fügt Tatsachen aneinander, die in einer verborgenen Ordnung zusammengehören, und verwendet die lose sachliche Verknüpfung spielerisch, um die andere eher zu verdecken. So erweckt Tacitus bei aller sicheren und planvollen Gedankenfügung doch den Anschein eines souveränen und zwanglosen Plauderns im Stile herodoteischer Erzählungskunst und ionischer ἱστορίη, das Plaudern eines Mannes, der nicht mit pedantischem Ernst und trockner schematischer Gliederung lästig und beschwerlich fallen will, so zwanglos und dabei doch so beherrscht, wie Horaz in der *ars poetica* über die Dichtkunst spricht. Wie planvoll aber der Gedankengang gestaltet ist — und hier kommen wir zum Zweiten, dem eigentlichen Inhalt der Kapitel —, erkennt man daran, daß jenes, was unter und an den behandelten Dingen wie Bodenschätzen, Waffen, Kampfweise sichtbar wurde, nämlich ihre Haltung gegenüber Reichtum, glanzvoller äußerer Schönheit und dem Ehrenvollen, sich zwanglos zu einem geschlossenen Gedankengang fügt. So entsteht eine Polyphonie der Gedanken, eine eigentümliche Schönheit lateinischer Komposition, die sich in ihren Beziehungen und Harmonien nicht erschöpfen läßt. Hier könnte man logisch diese 'zweite Stimme' etwa so formulieren: frei von Wertsetzungen, die den Blick für das Echte trüben, wie Reichtum, äußerem Glanz und äußerer Schönheit, folgen sie allein dem im Göttlichen begründeten *honestum* als der Richtschnur ihres Handelns, und diese Bindung ist bei äußerster Freiheit doch stärker als selbst der Tod. Damit aber sind die Grundbedingungen eines wertvollen mannhaften Lebens überhaupt erfüllt. Bei den Germanen findet man *virtus*, um es römisch zu sagen, ja ihr ganzer Lebensinhalt ist das Streben nach *virtus*. Und so gipfeln beide Teile der ersten Hälfte der Germania in der Schilderung dieses der *virtus* geweihten Lebens: der Teil, der das öffentliche Leben behandelt, in der Schilderung des germanischen Mannes im Gefolgschaftswesen; der Teil, der vom Privatleben spricht, in der Schilderung des Lebens der Frau in der Ehe. Tacitus versenkt sich mit Liebe in dieses Leben voller gesunder Werte, das als Inhalt allein die *virtus* ansieht (Kap. 14). Nicht, daß Tacitus das Bedenkliche mancher mit diesem der *virtus* geweihten Leben verbundenen Erscheinungen nicht sähe — er spricht von Gewalt und Raubzügen —, aber sein Herz hängt an einem solchen männlichen, ehrenvollen, kräftigen Leben so sehr, daß er sogar etwas versteht, was sonst dem Römer verschlossen ist, nämlich die Gesinnung, die sie die Arbeit und den plebejischen Schweiß verachten läßt. Für den Römer gehört zur *virtus* harte und zähe Ausdauer, die sich im Frieden in schwerer Feldarbeit betätigt. Tacitus, der die Ruhe, zu der sein Jahrhundert verurteilt war, immer mehr haßt, versteht bei seiner Liebe für dieses heldische Leben, wenn wir *virtus* einmal so wiedergeben wollen, selbst die Gesinnung, durch die dieser merkwürdige Zwiespalt der Natur zustande kommt, daß dieselben Menschen das Nichtstun so lieben und die Ruhe so hassen.

Mit derselben Liebe und in ähnlich hoher Sprache, die ihre Mittel von der Dichtung der Römer nimmt, stellt Tacitus bei der Behandlung der *vita privata* das Leben der Frau in der Ehe dar als der Gefährtin des Mannes, die an seinem Streben nach *virtus* teilnimmt (Kap. 18—19). Jede Würdigung der Germania muß davon ausgehen, daß die Germanen in erster Linie mit Liebe und Bewunderung dargestellt werden, hier die Frauen, die in strenger Keuschheit leben, die als Gefährtin des Mannes an seinem der *virtus* geweihten Leben teilnehmen. Auch hier verschweigt Tacitus die barbarische Art der Strafe für den Ehebruch nicht, ebensowenig wie am Anfang das übermenschliche Maß der selbst in den Kampf eingreifenden Frauen. Das sind Züge, die man sich in Verbindung mit der römischen *matrona* schwer denken kann. Aber der strenge und konsequente Standpunkt der Gemeinschaft gegen Bloßstellung der Frauenehre, eine Haltung, die sich nicht irremachen läßt durch andere, das Wesentliche geringschätzende Werte wie Jugendschönheit und Reichtum — hier haben wir beide Wertungen, gegen welche die Germanen gefeit sind, ausdrücklich in Verbindung mit vornehmer Abstammung ein zweites Mal hervorgehoben —, dies alles ist ganz nach seinem Herzen. Ein Volk, das sein ganzes Leben lang nach *virtus* strebt, nach rastloser männlicher Bewährung in Krieg und Frieden, und das sich dabei unbeeinflußt von anderen Scheinwerten allein von dem, was ehrenvoll ist, leiten läßt, das sind die Germanen, und das will Tacitus sagen, wenn er ihnen die höchsten römischen Werte *virtus* und *honos* zuspricht und wenn er seine Komposition so aufbaut, daß er das *virtus*-erfüllte Leben des Mannes im Gefolgschaftswesen und das der Frau in der Ehe in den Mittelpunkt seiner Darstellung der *vita publica* und *privata* rückt.

Man versteht sich im Wesentlichen: und so ist der Boden bereitet für eine echte Begegnung. Zeugnis dafür aber sind auch die folgenden Kapitel der *vita privata,* in denen nun auf Grund dieser Begegnung Einzelzüge gebracht werden, die dieses Wesen der Germanen in ganz persönlichen und eigentümlichen Äußerungen aufspüren. Und zwar so, daß nicht nur mit Liebe die Charakteristika des geliebten Gegenstandes zur Darstellung kommen, sondern wie bei einer echten Begegnung auch der

Verstehende mit seiner ganzen Persönlichkeit gegenwärtig ist. Dies war ja auch schon in den angeführten Teilen zu bemerken, daß im Hintergrunde immer das Gegenbild Roms und der verlotterten Zeit gegenwärtig ist. Es entsteht so in den letzten Kapiteln etwas, was typisch römisch scheint: es entsteht ein Porträt eines Volkes, nicht verwunderlich bei einem Künstler der Römer, die in der bildenden Kunst das Porträt mit Meisterschaft pflegten[9]. So spricht Tacitus etwa von der Mäßigkeit der Germanen im Essen, aber ihrer Unbeherrschtheit — Unbeherrschtheit ist ja ein Fehler, der bei ihrem Sinn für Freiheit sich besonders leicht einstellt, *licentia* ist die Entartung der *libertas* — im Trinken: 'Wenn man ihrer Trunksucht dadurch Vorschub leistet, daß man ihnen soviel zuführt, wie sie trinken wollen, lassen sie sich ebenso leicht durch ihre Laster wie durch Waffengewalt besiegen.' Hier scheint plötzlich, aber nur ganz kurz, wie auch an einigen anderen Stellen des Werkes, der Römer durch, für den die Germanen der gefährlichste Feind sind eben wegen ihres so verherrlichten freiheitsdurstigen Wesens, so daß man an solchen Stellen von einer Art Haßliebe sprechen möchte, einem Widerstreit des Empfindens, wie es auch im Agricola zu beobachten war. Oder er erwähnt, wie im Waffentanz der Jünglinge ihr Wetteifer um die Ehre und das Beweisen der *virtus* zu Tollkühnheit wird. Oder er erzählt, wie ihr fester Ehrenstandpunkt zu solch törichtem Starrsinn ausartet, daß sie beim Würfelspiel, das sie wie etwas Ernsthaftes betreiben, ihr höchstes Gut, ihre Freiheit, mit dem letzten Wurfe verspielen und dem Gewinner in die Knechtschaft folgen, um ihr Wort zu halten: 'sie selbst nennen es Treue'. Dieses Porträthafte, in dem doch die gleichen Grundkräfte wie in den Hauptrichtungen des Lebens gespürt werden — nur in fast karikierter Übertriebenheit —, ließe sich noch an manchen Beispielen zeigen. Wir beschließen diese Feststellung aber mit einem Blick auf einen Satz, der mir für das Gesagte besonders bezeichnend erscheint. Um das Porträt abzurunden, gibt Tacitus — etwas Unerhörtes in allen uns faßbaren Völkerbeschreibungen — den Ablauf eines Tages mit seinen charakteristischen Intimitäten (Kap. 22). Wie hier nun im ganz Intimen gezeigt wird, wie sich ihre Geringschätzung der Arbeit auswirkt, die wieder darauf beruht, daß sie eben die *virtus* und ihre Pflege für das Wesentliche halten, wie hier ihr gravitätisches Schreiten gemalt wird, das auch bei den kleinen Dingen die Würde nicht vergißt, wie schließlich in dem betont an den Schluß gesetzten *armati,* das längst abgehandelt war[10], nun auch hier noch einmal darauf aufmerksam gemacht wird, daß sie selbst zum Gelage in Waffen gehen: das alles ist gesagt mit dem Lächeln des Porträtisten bei einer charakteristischen und charaktervollen, aber doch sich leicht zum Komischen neigenden Eigenart eines geliebten und verständnisvoll angeschauten Gegenstandes.

An der zweiten Hälfte der Germania wollen wir nur zwei Dinge hervorheben, die wieder die Komposition bestimmen und dadurch schon in ihrer Wichtigkeit sinnlich hervortreten und den Leser oder Hörer — man muß immer bedenken, daß antike Schriftwerke rezitiert oder laut gelesen wurden — dorthin führen, worauf es Tacitus ankommt. Nach der Einleitung über die Grenzvölker – kompositorisch, wie schon erwähnt, zusammengehalten durch den Gedanken, daß alle stolz darauf sind, von den Germanen abzustammen – behandelt der erste Teil die Rhein-Nordsee-Völker, der zweite die Sueben. Der erste Teil ist wieder zwiefach gegliedert. Zuerst folgt Tacitus dem Rhein, dann der Nordseeküste. Beiden Völkerreihen widmet Tacitus am Ende oder vielmehr kurz vor dem Ende eine persönliche Betrachtung. Beim Blick nämlich auf die einzelnen Völker in ihrer Besonderheit und ihrer Geschichte bricht die Erinnerung an die Kämpfe mit den Germanen durch, und zwar tritt hier der römische Politiker in Tacitus fast erschreckend für den Leser hervor. An der ersten Stelle gibt den Anlaß zu einer solchen Betrachtung, durch die sich der zweite Teil der Germania überhaupt vom ersten unterscheidet, die Erwähnung der Bructerer, die durch Bruderkampf mit den Nachbarstämmen vollkommen ausgerottet worden sind. 'Die Götter waren uns irgendwie gewogen; denn sie gönnten uns sogar das Schauspiel dieses Kampfes. Mehr als 60 000 fielen nicht durch römische Waffengewalt, sondern, was großartig ist, uns zur Erbauung und zur Augenweide. Möchte doch — so kann man nur wünschen — den Stämmen, wenn nicht die Liebe zu uns bleiben und dauern, so doch wenigstens der Haß untereinander, da ja bei dem Bedrängenden der schicksalhaften Verfassung des Reiches[11] die Fortuna schon nichts Größeres mehr gewähren kann als die Zwietracht der Feinde.' Man erschrickt deshalb so über diesen Ausbruch, weil man ihn nach dem von Liebe und Bewunderung erfüllten ersten Teil so wenig erwartet. Es liegt ein Zwiespalt in dem Werk. Einmal werden die Germanen mit Liebe dargestellt, zum andern ihre Vernichtung gewünscht. Dieselbe Bitterkeit, die aus der Sorge um Reich und Zukunft entspringt, die nicht sieht, was man diesem gesunden Volke entgegenstellen könnte, bricht zum Schluß der anderen Reihe durch bei der Erwähnung der Cimbern und ihres jahrhundertealten Ruhmes (Kap. 37). Das geht wie im Agricola auf Domitian. An dieser zweiten Stelle wird auch der Grund für die Gefährlichkeit der Germanen genannt: es ist ihre *libertas*, ihr unbändiger Freiheitsdrang nach außen, aber auch im Persönlichen. Nach außen ist es ihr trotziger Unabhängigkeitswille, der auch den Römern Schranken gebot, im Innern ist es der Raum, in dem die *virtus* der Freien erst gedeihen kann. Sie ist die Voraussetzung für die *virtus*. Erst sie zeigt, daß es nicht Zwang und System, sondern das *honestum* allein ist, dem sie gehorchen. Diese Freiheit wahren sie so, daß sie selbst Befehl und Strafen, für den Römer selbstverständliche Mittel der *disciplina*, verabscheuen, ja daß es zu *vitia ex libertate*, zu Fehlern aus allzu großer Freiheitsliebe kommt. Man denke daran, wie die Arbeitsfähigkeit des Things durch das tagelange Zuspätkommen der Teilnehmer gelähmt wird. So trat die *libertas* als Voraussetzung der *virtus* und der alleinigen Bindung an das *honestum* im ersten Teile hervor. Tacitus hält diese Seite für so wichtig, daß er an der eben zitierten Stelle das ganze Wesen der Germanen in dem Worte *libertas* zusammenfaßt und es dem *regnum Arsacis* gegenüberstellt.

In der folgenden Beschreibung der Suebenvölker wird der Begriff der *libertas* der leitende Baugedanke. Es wird nämlich dargestellt und verfolgt, wie die einzelnen Völker, je weiter man ins Innere vordringt, immer mehr entarten, vom germanischen Wesen, das in der *libertas* gründet, verlieren. Ja, es kommt so weit, daß sie sich — es handelt sich um die Sitonen im heutigen Schweden — von einer Frau beherrschen lassen: *in tantum non modo a libertate, sed etiam a servitute degenerant*[12] — so sehr sind sie nicht nur von der Freiheit abgefallen und entartet, sondern auch von der Knechtschaft. Schließlich verschwindet der Blick in dunkler Ferne bei Völkern, die tierähnlich sind, endlich bei Märchengeschöpfen mit Menschengesichtern und Tierleibern.

Stellt man sich die Germania so vor Augen, so wird ihre Sonderstellung nach drei Richtungen deutlich. Einzigartig ist die Germania nach Inhalt und Form, einzigartig ist es, daß ein römischer Historiker eine solche Schrift über ein fremdes Volk schreibt, einzigartig ist ein solches Verstehen eines fremden Volkes in der Antike überhaupt, besonders aber bei den Römern.

Die vorzügliche Dissertation von TRÜDINGER[13] hat es kurz nach dem ersten Weltkrieg unternommen, die Germania neben die anderen vergleichbaren ethnographischen Schriften zu stellen, die wir aus der Antike kennen. Er hatte die Absicht, das für die Ethnographie zu leisten, was LEO für die Biographie mit so durchschlagendem Erfolg getan hatte. Wir hatten schon beim Agricola zu bemerken gehabt, daß solche Untersuchungen und Fragestellungen bei den Schriftwerken der Antike besonders nötig sind, weil sie in viel stärkerer Weise als moderne den Gesetzen einer bestimmten Gattung oder auch mehrerer Gattungen gehorchen. Aus dieser inhaltsreichen Abhandlung ergibt sich klar — wenn TRÜDINGER den Schluß auch nicht mit solcher Schärfe zieht, weil die Interpretation des Ganzen und seines Baues noch nicht durchgeführt war —, daß es etwas Gleiches oder auch nur Ähnliches sonst in der Antike nicht gibt. Die Germania gehört nicht zu den geographisch-ethnographischen Schriften. In ihnen waltet ein wissenschaftliches Interesse, die Geographie nimmt in diesen Werken mehr als die Hälfte Raum ein — bei Tacitus wenige Zeilen nur. Sie gehört nicht zu den philosophischen Idealisierungen von Völkern, die etwa als Ideal der Bedürfnislosigkeit dargestellt werden. Etwas Verwandtes haben allein die Exkurse, in denen die Historiker, angefangen mit Herodot, ein neues Volk, stoßen sie zum ersten Male darauf, vorstellen und das zum Verständnis Nötige dem Leser berichten. Daß dies die nächsten Verwandten der Germania sind, zeigt das herodoteische Kolorit der Darstellung. Aber wie verschieden sind selbst diese nächsten Verwandten! Dort wird das zum

Verständnis Notwendige gegeben, hier ein abgerundetes Bild entworfen, dort wird Faktisches berichtet, hier nur auf die moralische Struktur gesehen, dort wird aufgewiesen, hier verherrlicht. Wo gäbe es einen Exkurs bei den Historikern, der einem fremden Volke die eigenen höchsten Wertbegriffe zuschriebe? Wie verschieden sind doch schon die beiden anderen Völkerexkurse bei Tacitus! Und vor allem: es sind Exkurse, oft kunstlos im Aufbau, meist dem besonderen Anliegen der Stelle angepaßt, bei Tacitus ebenso wie bei den anderen Historikern. Man denke an den Afrikaexkurs des Sallust im Bellum Iugurthinum. Und in Hinsicht auf den neuesten Versuch[14], in der Germania einen für die Historien bestimmten Exkurs zu sehen, ist es besonders wichtig, daß wir an diese Frage mit der Kenntnis des Britannienexkurses des Agricola treten können: während dort die Schilderung des Landes und seiner Bewohner von den Taten Agricolas lebte und der anschließende Überblick über die Geschichte des Landes das historische Geschehen verständlich machte, läßt sich eine so durchgehende Bezogenheit in der Germania nicht feststellen und ein historisches Geschehen an sie überhaupt nicht anknüpfen. Hier hat man ein in sich ruhendes Kunstwerk; und der äußere Ausdruck dafür ist eben dies, daß die Germania kein Exkurs, sondern eine selbständige Schrift ist. Mögen die Exkurse des Poseidonios über die Kelten oder der aus den Historien des Sallust über das Schwarze Meer als Einzelschriften im Handel gewesen sein, es waren, wie die Fragmente zeigen, keine Kunstwerke, sondern blieben Exkurse. Eine künstlerisch aufgebaute porträthafte Darstellung eines fremden Volkes gab es bis dahin in der Antike nicht. Daß man die Schrift Senecas *de situ Indiae*[15] zu Unrecht als ein ähnliches Werk hat hinstellen wollen, wenn auch die Möglichkeit von Einzelschriften über solche Gegenstände damit bewiesen wird, ergibt sich doch wohl schon daraus, daß darin 60 Ströme und 118 Völkerschaften behandelt waren. Man sieht, wie verzweifelt die Lage ist, wenn man die Germania einer Schrift an die Seite stellen muß, von der wir nichts haben als den Titel und die meist übersehene Notiz über den ganz sachbestimmten Inhalt. Verzweifelt, wenn man nicht anerkennen will, daß hier etwas Einmaliges und ganz Neues vorliegt.

Das ist aber nicht die einzige Besonderheit. Die andere ist nicht weniger schwerwiegend. Es gibt keinen römischen Historiker — man darf hinzufügen, erst recht nicht einen Konsul wie Tacitus —, der eine Darstellung über ein fremdes Volk an sich geschrieben hätte.[16] Und das ist, wie schon in der Einleitung anzudeuten war, kein Zufall. Seit dem Beginn der römischen Geschichtsschreibung, seit Fabius Pictor[17], ist die Geschichtsschreibung die einzige auch Männern senatorischen Ranges anstehende geistige Betätigung in Rom. Sie ist am Anfang eine Fortsetzung der Politik mit anderen Mitteln und behält davon immer etwas an sich. Der Gegenstand dieser vornehmen römischen Geschichtsschreiber sind die *res Romanae*, die römischen Dinge, und nichts anderes. Man lasse sich dabei nicht durch einen Titel wie den des Bellum Iugurthinum des Sallust täuschen: sein Gegenstand ist, wie Sallust ausdrücklich sagt, der beginnende Kampf gegen die Nobilität. Diese vornehmen Historiker, zumal der sich mit besonderer Betonung des Altrömischen in diese Reihe fügende Tacitus, hätten nie aus rein wissenschaftlichem Interesse oder gar aus Gründen der Mode eine ethnographische Schrift geschrieben. Um so dringender wird die Frage, wie es kommt, daß hier ein römischer Konsul und Historiker eine Schrift über ein fremdes Volk schreibt, und wir dürfen, eine Behauptung der Einleitung aufnehmend, schon direkt fragen: inwiefern ist die Germania Geschichtsschreibung?

Schließlich das Dritte. Wir können von den Griechen absehen; doch haben auch sie ein solches Zeugnis für ein sich einfühlendes, aus der Mitte entwickeltes Verstehen eines fremden Volkes, soweit ich es übersehe, nicht aufzuweisen. Sie verstehen zwar, dem Gegner mit großer Menschlichkeit Gerechtigkeit widerfahren zu lassen — man denke an die Perser des Aischylos oder die Perserdarstellung des Herodot. Sie verstehen auch von einem Weltbild oder einer philosophischen Theorie aus zu loben, anzuerkennen und einzuordnen — Herodot und Polybios. Aber im Grunde bleiben alle Fremden, zumal die Unkultivierten, doch Barbaren. Und dann macht es schließlich einen Unterschied, ob man ein hochentwickeltes Kulturvolk mit den angedeuteten Einschränkungen versteht wie Herodot die Perser oder Polybios die Römer, die Sieger, oder ob man ein so viel primitiveres

Volk wie Tacitus als verwandt und gleichberechtigt, teilweise sogar als vorbildlich versteht, so daß sogar das sich identifizierende 'du' glatt von der Zunge geht. Bei den Römern aber, auf die es uns hier besonders ankommt, war etwas wie die Germania ganz unerhört. Die Römer interessieren sich für fremde Völker nur, insoweit sie mögliche Feinde oder Bundesgenossen sind. Unter diesem Gesichtspunkt berichtet Sallust von den Völkern Afrikas. Man vergleiche, was Caesar von den Germanen zu sagen hat — ein primitives Volk, gefährlich und arm, so daß dort nichts zu holen ist —, man vergleiche in der praktischen Politik solche Mißgriffe wie die Entsendung des Varus nach Germanien durch Augustus, und man wird es nicht zuviel finden, wenn man formuliert, daß mit Tacitus den Römern zum ersten Male das Verständnis eines fremden Volkes erschlossen wurde, vielleicht zum ersten Male in der Antike überhaupt. Auch hier ist die dringende Frage, wie es kommt, daß gerade der Konsul Tacitus den Römern dieses Verständnis erschließt.

Auf alle diese Fragen muß eine Deutung der Germania nach Absicht und Form antworten. Jede Deutung muß unvollständig oder schief sein, die auf diese Fragen, die wir mit Absicht in solcher Schärfe gestellt haben, die Antwort schuldig bleibt. Mustern wir darum ganz kurz die gegebenen Antworten.

Zuerst können wir kurz die Antwort zurückweisen, die einer der größten Meister der Altertumskunde gegeben hat, MOMMSEN, der sich einer schon ausgesprochenen Meinung anschloß, die Germania sei eine rein geographische Schrift. Wir könnten nach unserer Interpretation und Einleitung diese Meinung schon mit der Frage zurückweisen, wie es komme, daß ein römischer Konsul Geographie treibe, die dann noch dazu in dem angeblich geographischen Werk mit ein paar Zeilen abgetan wird. Wir können uns außerdem auf die Widerlegung R. HEINZES berufen, die er in seinem nachgelassenen Aufsatz über die Germania gegeben hat[18]. Vielleicht ist es kein Zufall, daß der Meister des Staatsrechts und der Systematik dem besonderen und einmaligen Kunstwerk weniger zugänglich war.

Etwas Richtiges empfunden ist bei der ebenso oft vorgebrachten wie widerlegten Meinung im Spiele, die Germania sei ein Sittenspiegel, der verlotterten römischen Welt ins Stammbuch geschrieben. Daß manches bei den Germanen als vorbildhaft hingestellt wird, läßt sich gar nicht leugnen. Aber sollen sich die Römer etwa dem Würfeln ergeben, ihre Sklaven auch nur im Zorn erschlagen, sollen sie mäßig im Essen, unmäßig dagegen im Trunk sein? Man könnte so fortfahren. Mit anderen Worten: es muß schärfer bestimmt werden, was man unter vorbildhaft versteht und was dazu gehört, man muß dem Porträthaften mehr Recht widerfahren lassen. Und so hört man jetzt nicht ganz zu Unrecht oft die Meinung, die Auffassung der Germania als eines Sittenspiegels sei geradezu lächerlich.

Von der richtigen Forderung, man müsse von einem römischen Historiker etwas Historisch-Politisches erwarten, geht schließlich die dritte Ansicht aus, die Germania sei eine politische Tagesschrift. MÜLLENHOFF in dem gewaltigen Torso seiner Altertumskunde nahm an, die Germania sei im Jahre 98 geschrieben, um zu rechtfertigen, daß der Nachfolger Nervas, Traian, den man in Rom sehnsüchtig erwartete, so lange sich in Köln aufhielt, in Grenzstreitigkeiten mit den Germanen beschäftigt. Andere nahmen an, Tacitus wolle mit der Germania zum Kriege gegen die Germanen raten, weil es höchste Zeit sei, dieses gefährliche Volk zu besiegen. Wieder andere waren der Ansicht, Tacitus wolle im Gegenteil mit seiner Schrift von einem Kriege abraten, aus demselben Grunde, weil es höchst gefährlich sei, mit den Germanen anzubinden. Oder er wolle zeigen, daß die domitianische Propaganda zu Unrecht von einem besiegten Germanien spreche. Gegen alle diese Ansichten läßt sich sagen: sie nehmen einzelne Stellen für das ganze Werk; von den eingangs gestellten Fragen beantworten sie im günstigsten Falle eine, nämlich die, warum ein römischer Konsul die Germania schreibt. Im übrigen aber müßte Tacitus ein höchst ungeschickter Publizist gewesen sein, wenn man sich streiten kann, ob er zu einem Kriege rät oder abrät, und wenn er die Abwesenheit Traians, die er angeblich rechtfertigen soll, mit keinem Wort erwähnt. Tacitus hätte seine Absichten, statt sie so deutlich wie nur möglich einzuhämmern, geschickt verborgen. Wir kennen Flugschriften aus der Antike, etwa die Briefe Sallusts an Caesar, mit Ratschlägen vor und nach dem Bürgerkriege. Diese zeigen die eindringliche Deutlichkeit, die man von der Germania erwarten würde, wäre sie eine politische Tagesschrift. Weist man auf die domitianische entstellende Propaganda hin, so kann man nicht ohne weiteres von einer sicher oder wahrscheinlich zu Recht vermuteten Wirkung auf Anlaß und Anregung, vom Anlaß dann aber sofort auf Sinn und Absicht schließen. Sinn und Absicht können sich bei einem großen Schriftsteller und Künstler nur aus dem Werk selber ergeben. Wir dürfen allein schon nach dem Agricolaproömium erwarten, daß die Auseinandersetzung des Tacitus mit dem gewiß aktuellen Germanenproblem sich in Tiefen vollzieht, die mit Tag und Stunde, ja mit bestimmten Jahren nichts zu tun haben. Die Theorie vollends, die Germania sei ein selbständig gewordener Exkurs, entstanden bei der Arbeit an den Historien, gibt ebenfalls keine Deutung, sondern würde nur einen anderen Anlaß vorschlagen. Dabei würde sie in Tacitus wohl auch zu sehr den mühsam arbeitenden Gelehrten sehen, der auch die abfallenden Früchte seines Zettelkastens nicht umkommen lassen möchte. Im übrigen sollte man den Ausdruck Vorarbeiten doch wohl mit Vorsicht gebrauchen. Der Schwiegersohn des Agricola, der in Gallien zu Hause war und es in seinem Heere sieben Jahre lang mit Germanen zu tun hatte, in einer Zeit, wo in Rom die Kunde von Germanien wirklich nichts besonders Neues war, hatte zu einer solchen Schrift, wie es die Germania ist, wohl weniger die Sammlung und Zusammenstellung von Tatsachen nötig als die Konzentration, die ausgewählt und ein geschlossenes Kunstwerk hervorbringt. Diese These fällt damit, daß die Germania eben kein Exkurs ist, sondern ein Kunstwerk, in sich ruhend, ohne bestimmte Funktionen. Man hat auch in den Historien keine Stelle gefunden, an der ein derartiger Exkurs paßte oder gar vermißt würde[19].

Bei der Lage der Dinge ist es kein Wunder, daß der große Kommentar von Much[20] auf die Erörterung der Frage nach Sinn und Absicht der Germania keine Antwort sucht und ihre Behandlung dem klassischen Philologen überläßt.

Sie neu angefaßt zu haben ist das Verdienst E. Wolffs in einem Aufsatz aus dem Jahre 1934.[21] Er geht von zwei Fragen aus, mit denen er der Besonderheit der Germania gerecht zu werden sucht: warum stellt Tacitus die germanischen Sitten in durchgehender Bezogenheit zu den römischen dar — Bezogenheit insofern, als im Hintergrund die römische Welt steht und auch die germanischen Sitten und Einrichtungen mit römischen Begriffen erfaßt werden —, und warum stellt er sie mit Sympathie dar? Wolffs Antwort: Tacitus wollte damit indirekt sagen, daß ihre Sitten gleich oder äquivalent den altrömischen wären. Deshalb — dies wäre seine Entdeckung — seien die Germanen so gefährliche Gegner und als junges Volk, das sich zu *ratio* und *disciplina* hinentwickle, berufen, die Römer in der Herrschaft abzulösen. Mit Sympathie stelle er ihre Sitten dar, weil es eben im Grunde die altrömischen wären, auf denen sich die Macht des *imperium* gründete. — Man sieht, wieviel gewonnen ist: es ist etwas Historisch-Politisches mit im Spiele: der Historiker warnt vor einer politischen Gefahr. Eine Besonderheit der Germania, deretwegen man in ihr wohl besonders einen Sittenspiegel sah, wird erklärt: Tacitus betrachtet eben die altrömischen eigenen Sitten mit Sympathie, die er im fremden Volke antrifft. Von unseren eben gestellten Fragen mögen außerdem vielleicht implicite die beiden letzten als beantwortet gelten können, die erste freilich kaum.

Ein Hauptergebnis unserer Interpretation aber und der Gesamteindruck der Schrift machen es unmöglich, bei der Wolffschen These stehenzubleiben: die Germanen werden nicht in erster Linie als gefährliche Gegner, sondern mit Liebe dargestellt. Und ist man einmal aufmerksam geworden, wird auch das andere fragwürdig. Die angeblich indirekt ausgesprochene Gleichsetzung der germanischen und altrömischen Sitten existiert in der Weise, wie sie Wolff behauptet, nicht. Die germanischen Sitten — der Mann im Gefolgschaftswesen, die Frau als Kameradin und Kampfgenossin in der Ehe — werden in ihrer Besonderheit entsprechend dargestellt. Wäre es doch auch ein recht primitives Verhältnis zu einem fremden Volke, wenn man nichts weiter in ihm fände als das eigene. Daß die eigene Begriffswelt mit in jede Darstellung spielt, wird sich, baut man nicht wie der Philosoph nach der Destruktion ganz neu auf, von selbst ergeben: das Neue scheint doch gerade darin zu bestehen, daß Tacitus offen für das Verstehen des Fremden wird. Und vor allem: es fehlen ja den Germanen und ihrer *virtus* wesentliche

Seiten der altrömischen *virtus:* alles was mit *industria* und *labor,* mit *duritia* und *parsimonia,* mit *ratio* und *disciplina* zusammenhängt, besitzen die Germanen durchaus nicht. Und von dem Gedanken, daß sich dieses junge Volk zu *ratio* und *disciplina* hinentwickle, kann ich wenigstens nichts in der Schrift finden. Wäre es nicht auch ganz untaciteisch? Legt Tacitus nicht viel zu viel Gewicht auf die angeborene Art, als daß er eine Entwicklung hierzu annehmen könnte? *Ratio* und *disciplina* hat man oder man hat sie nicht. Von den Germanen haben sie nur die Chatten, und zwar — und das ist bezeichnend — nur soweit sie bei Germanen möglich ist: *ut inter Germanos.* Schließlich wird Tacitus bei WOLFF zu einem Ursachenforscher im griechischen Sinne, und das ist er wirklich nicht. Von seinen Ausgangsfragen hat WOLFF selbst die eine, wenn auch, wie mir scheint, nicht ausreichend, beantwortet, nämlich daß Tacitus die Sitten des gefährlichen Gegners mit Sympathie darstelle. Die andere löst sich leicht, wenn man erkannt hat, daß hier eine echte Begegnung vorliegt, bei der auch der Verstehende seine ganze Existenz mit in die Gestaltung einfließen läßt, und weiter bedenkt, daß es ja eine Notwendigkeit eines jeden Verstehens ist, daß es mit den eigenen Begriffen und Vorstellungen arbeitet; man findet darum auch schon bei Caesar eine Bezogenheit in diesem Sinne. WOLFF hat wieder Ernst mit dem Fragen gemacht, seine Antwort aber dürfte das Ziel noch nicht erreichen.

Halten wir uns an das Ausgesprochene, das durch die Komposition noch unterstrichen, ja getragen wird. Es wäre doch wirklich seltsam, wenn Tacitus seine wichtigste Erkenntnis nur indirekt sollte angedeutet haben. Bedenkt man, daß Tacitus von den Germanen sagt, sie widmeten ihr ganzes Leben dem Streben nach *virtus,* folgten allein dem Maßstab der Ehre und besäßen die Voraussetzung dafür in ihrer eifersüchtig gehüteten Freiheit, so tritt plötzlich die enge Verbindung mit den G r u n d w e r t e n des Tacitus, wie sie sich ihm aus den altrömischen in der Geschichte in ihrem Gewichte herausgebildet hatten, und dem, was er unter Geschichtsschreibung versteht, zutage.

Erinnern wir uns, daß der römische Historiker seine Hauptaufgabe darin sieht, ein Urteil zu fällen über menschliche Größe und ihr Handeln, ihre Möglichkeiten auszuloten und großer *virtus* ein Denkmal zu errichten, der Nachwelt gleichsam eine Schatzkammer von *exempla* weiterzugeben in der Überzeugung, daß die Geschichte in der Verantwortung der großen Männer ruht. Erinnern wir uns, daß Tacitus' ganze Geschichtsschreibung um die Idee der *virtus* sich bewegt, dem Wesen der römischen Geschichtsschreibung entsprechend und als Pflicht des menschlichen Wesens, zu dem die *memoria* gehört, angesehen. Erinnern wir uns seiner ausdrücklichen Äußerungen: 'Kunde von edler großer Art *(virtus)* zu geben ohne Gedanken an Gunst oder Erfolg nur durch das Bewußtsein, das Rechte zu tun' (Proömium des Agricola) oder: 'Freilich war die Zeit nicht so unfruchtbar an Tugenden, daß sie nicht auch gute Vorbilder hervorgebracht hätte' (*virtutes — exempla;* Proömium zu den Historien[22]) oder: 'Das halte ich für die vorzüglichste Aufgabe der Geschichte, daß rechtes und großes Handeln *(virtutes)* nicht vergessen werden und daß schlechtes Reden und Tun bedroht ist durch Furcht vor der Nachwelt und Schmach' (Annalen 3, 65). Dann versteht man, daß für Tacitus ein historischer Gegenstand im eigentlichsten Sinne des Wortes gegeben sein mußte, wenn er in einem ganzen Volke großes menschliches Handeln, *virtus*, fand.

Diese *virtus* hatte freilich nun im Laufe der Zeit Wandlungen erfahren. Es war im alten Rom die große Leistung für die *res publica*, der auf der Seite der Empfangenden Dank und Auszeichnung entsprach, die sie den Großen gern und freudig spendeten, die *honores. Gloria* und *honos* waren selbstverständliche Begleiter der *virtus*. Bezeichnend, daß auf den Münzen des ersten vorchristlichen Jahrhunderts *Honos* und *Virtus* als ein Paar abgebildet werden, daß ihnen zusammen Tempel errichtet werden. Diese Grundanschauung kommt in eine Krise, als es sich beim Volk nicht mehr um die intakte Gemeinschaft handelt und Staat und Gesellschaft und Gemeinschaft auseinanderfallen. Da konnte nicht mehr davon die Rede sein, daß die Anerkennung des Volkes die wahre Ehre bedeute, da war die Leistung in dem Urteil auf sich zurückgeworfen, wenn sie sich bewußt war, das Rechte zu tun, aber keine Anerkennung fand. Da rückte an die Stelle der *gloria* und des *honos* die *conscientia*. Das ist das ciceronische Problem, von ihm ergreifend im *Somnium*

Scipionis künstlerisch gestaltet. Das *honestum* mußte damals anders begründet werden. Die *libertas* war selbstverständlich und unbestritten Voraussetzung und Raum der *virtus*. Und darum — wurde von ihr geschwiegen. Wurde sie doch gerade erst angefochten und konnte man sich es nicht anders denken, als daß großes Handeln natürlich Freiheit des Handelns voraussetze. Neu ist bei Tacitus nun die Verbindung der Begriffe *virtus* und *honos* oder *honestum* mit dem Begriff der *libertas*, ja ihre Konzentrierung in ihm. Das rührt an die tragische Situation des Tacitus und die zweite Krise der altrömischen Begriffswelt, als unter den Kaisern die Freiheit genommen war, von Selbstverantwortlichkeit nicht mehr gesprochen werden konnte. Tacitus steht, wie wir sahen, unter dem Eindruck des Domitian-Erlebnisses, als man erfuhr, was das Äußerste an Knechtschaft sei, *quid ultimum in servitute esset*, als man, wenn das möglich wäre, sogar das Gedächtnis genommen hätte, wie man das Sprechen nahm. Tacitus hat unter der Zeit gelitten, wo diese Möglichkeit der freien Betätigung der Kräfte, ein verantwortliches, ruhmvolles, edles, selbständiges Handeln aufs äußerste beschnitten war. Und so kommt es, daß bei Tacitus die drei Begriffe *virtus honos libertas* aufs engste zusammenrücken, so daß man in ihnen sein innerstes Wesen wie in einem Brennspiegel auffangen kann. Es sind Herzworte wie *pietas* für Vergil, *iustitia* für Cicero, *amor* für die Elegiker. Zum Beweis dafür könnte man viele Stellen in allen Werken anführen. Erinnern wir uns des Beispiels Othos, der, verflochten in die fatalen Notwendigkeiten der Zeit, im Tode sich freimacht. Im übrigen aber möge es genügen, auf die beiden anderen historischen Versuche hinzuweisen und vor allem Nutzen daraus zu ziehen, daß der Agricola schon behandelt ist. Macht doch im Agricola das besorgte Fragen, ob denn in einer Zeit wie der seinen überhaupt noch echte, große *virtus* möglich ist oder ob überall nur noch Untertanengeist wehe, selbst vor dem hochverehrten Schwiegervater Agricola nicht halt. Und bei den Britanniern und Galliern ist das Urteil grausam und schnell gefällt; sie haben mit der Freiheit auch die Möglichkeit zu großem menschlichem Wesen und Handeln verloren: *amissa virtute pariter ac libertate*. Im Agricola, hatten wir gesehen, bejaht Tacitus die Möglichkeit, daß in seiner Zeit sich *virtus* betätigen und behaupten könne, damit aber überhaupt echte Geschichte möglich sei, wenn auch mit Zögern und so, daß man in der Heftigkeit des Vortrages die leidenschaftliche Bedrängnis des Fragens spürt: *obsequium* und *modestia* müssen in der rechten Weise hinzukommen. Das waren freilich eben Tugenden, die mit der alten Vorstellung von *virtus* in dieser Weise nicht verbunden waren. Im Dialogus, dem dritten und letzten, wahrhaft tiefen der historischen Versuche, wird er, wie wir sehen werden, die Frage verneinen. Wirklich großes römisches Leben, das sich in der Freiheit wie eine Flamme am großen Stoff nährt, gibt es da in der Gegenwart nicht mehr. Die *res dissociabiles* lassen sich nicht mehr wie im Agricola noch einmal koppeln, sondern sind antinomisch auseinandergefallen.

Infolge dieses ganz grundsätzlichen, wenn auch unphilosophischen Fragens gewinnt bei Tacitus — und das ist entscheidend wichtig — auch die *virtus* selber allgemeinere Züge. Es kommt Tacitus immer mehr auf die Erfüllung der Grundbedingung, der *libertas,* an und darauf, daß große, edle Art, sich nach dem *honestum* richtend, sich tatkräftig verwirklichen kann. Ist dies erfüllt, so fragt er nicht mehr — etwa mit dem ratlosen Staunen eines Sallust[23] — viel danach, ob Züge, die sich von der altrömischen *virtus* nicht trennen lassen, a u c h da und alle erfüllt sind, ob *industria* und *labor, duritia* und *parsimonia,* ja selbst *ratio* und *disciplina* gerühmt werden können.

Die eigentliche Tragik des Tacitus aber ist es, daß diese Art von Größe, die aller Ruhe und allem Sichbegnügen, aller ruhmlosen Stille entgegengesetzt ist, diese Art von Größe, an der sein Herz hängt, in seiner Zeit nicht mehr — von seltenen Ausnahmen abgesehen — verwirklicht ist und ganz selten gerühmt werden kann. So hängt sich sein Herz an die vergangene Zeit und lebt in der alten Größe Roms. Nur eigentlich dort fand er, was er in der Geschichte suchte, dort und — bei einem fremden Volke, dem einzigen auf der Welt, das sich seine ganze *libertas* auch den Römern gegenüber gewahrt hatte und nicht wie die Perser Knechte des Einen, mithin gar kein Volk war. Dort fand er ein Volk, das sein ganzes Leben dieser ruhelosen, männlich-edlen *virtus* weihte, das als einzigen Wertmaßstab, unbeeinflußt von den anderen, die des Tacitus' Zeit verdarben, die

Ehre anerkannte und das eifersüchtig über die Voraussetzung hierfür, seine *libertas*, wachte.

Ich glaube, wir sind nicht zu kühn, wenn wir sagen, Tacitus mußte bei diesem fremden Volke sein Lebensideal und das, was er in der Geschichte suchte und darzustellen als Aufgabe empfand, verwirklicht sehen.

Hier hatte man *virtus*, die Geschichte machte, man konnte an ihr die Bedingungen geschichtlicher Größe studieren und erkennen, ja man mußte die Verpflichtung fühlen, sie als das eigentlich Wirkende und Nützliche in der Geschichte, als *exemplum* hinzustellen, ja ihr einfach als einer großen Sache ein Monument errichten. Zugleich aber war man sich mit diesem fremden Volke im Wesentlichen des Lebens einig. So konnte man es, von derselben Mitte ausgehend, von innen heraus verstehen. Es konnte zu einer echten Begegnung kommen, aus der dann wiederum ein mit Liebe dargestelltes Porträt erwuchs. Zugleich aber war dieses Volk der größte Gegner Roms, doppelt gefährlich, wenn man erkannte, daß in ihm die Kräfte lebendig waren, die Geschichte machen und bei dem eigenen Volke im Schwinden waren, in der *saeva pax*, einer Welt, die die Verhältnisse auf den Kopf gestellt hatte.

Dürfen wir uns noch wundern, um den am Anfang gestellten Fragen gerecht zu werden, daß Tacitus diesem Gegenstand ein Denkmal errichtet, es zum Kunstwerk ausgestaltet, das der Größe und der besonderen Lage des Tacitus entsprechend einzigartig wird nach Inhalt und Form? Dürfen wir uns noch wundern, daß er als römischer Konsul diesen wichtigsten und eminent historischen Gegenstand in einer selbständigen Schrift behandelte? Ist es nicht auch verständlich, daß Tacitus auf Grund seiner einmaligen Situation[24] den Römern und vielleicht der Antike überhaupt das Verständnis eines fremden Volkes erschließt?

Ziehen wir schließlich noch die Folgerung, die für die Benützung der Schrift durch den Erforscher der germanischen Altertumskunde wichtig ist. Tacitus hat nicht, wie man meinte, als Feind der Germanen geschrieben und die Dinge durch die Brille des Hasses verzerrt gesehen: Germanien ist ihm ein Gegenstand, der mit seiner innersten Existenz zusammenhängt, bei dem wir allen Ernst voraussetzen dürfen, den Ernst liebevoller Erkenntnis — so haben die Germanisten auch den größten Teil seiner Aussagen bestätigt[25]. Freilich hat er nur das eine Interesse: *virtus* und ihre Erscheinungen und Bedingungen darzustellen. Wir erführen mehr von den Germanen, wenn Tacitus als Antiquar oder als Staatsrechtler, als Religionshistoriker oder als Geograph geschrieben hätte. Freilich dürfte ein solches Werk dann auch nicht die Wirkung ausgeübt haben, die die Germania durch die Jahrhunderte hindurch bewährt hat. An gedankenlose Verschleppung von ethnographischen Motiven vollends darf man gar nicht denken; dafür bürgt ihr Wesen, das man am besten wiederum mit demselben Worte bezeichnet wie den Agricola und das Tacitus selbst von den Germanen gebraucht: *tantum sui simile*[26].

GERMANIA[27]

1. Germanien im ganzen wird von den Galliern, Raetern und Pannoniern durch Rhein und Donau, von den Sarmaten und Dakern durch wechselseitige Furcht oder Gebirge geschieden: das Übrige schließt der Ozean ab, der weite Buchten und unermeßliche Räume von Inseln umfaßt. Vor kurzem erst sind einige Stämme und Könige bekannt geworden, die der Krieg erschlossen hat[28]. Der Rhein, auf einem unzugänglichen und steilen Gipfel der rätischen Alpen entspringend, wendet sich in leichter Krümmung nach Westen und mischt sich dann mit dem nördlichen Ozean. Die Donau, sich aus der sanften und mild herausgehobenen Höhe des Schwarzwaldes ergießend, sucht mehrere Völker auf, bis sie in sechs Wegen ins Schwarze Meer ausströmt: die siebente Mündung wird von Sümpfen verschlungen.

2. Die Germanen selber, möchte ich glauben, sind eingeboren und gar nicht durch Einwanderung und Aufnahme anderer Stämme vermischt, weil nicht zu Lande einst, sondern mit Flotten nahte, wer seinen Wohnsitz ändern wollte, der unermeßliche und sozusagen gegnerische[29] Ozean aber drüben selten von unserer Welt aus durch Schiffe besucht wird. Wer weiter – abgesehen von der Gefahr des rauhen und unbekannten Meeres – hätte Asien, Afrika oder Italien lassen und Germanien aufsuchen sollen, gestaltlos in seinen Bodenformen, rauh im Klima, trübselig in seiner Bestellung und seinem Anblick, außer wenn es ihm Heimat wäre? Sie feiern in alten Liedern – bei ihnen die einzige Art der Erinnerung und Geschichte – Tuisto, den aus der Erde geborenen Gott, und seinen Sohn Mannus als Ursprung und Gründer des

Volkes. Dem Mannus schreiben sie drei Söhne zu, nach deren Namen die dem Ozean Nächsten Ingävonen, die mittleren Herminonen, die übrigen Istävonen heißen. Manche versichern, da das Altertum der Willkür Spielraum läßt, daß der Gott mehr Söhne gehabt und es mehr Namen des Volkes gebe: Marser, Gambrivier, Sueben und Vandalen, und das seien echte alte Namen. Jedenfalls sei der Name Germanien jung und erst neu gegeben, da diejenigen, die zuerst den Rhein überschritten und die Gallier aus ihren Wohnsitzen vertrieben hätten und jetzt Tungrer hießen, damals Germanen geheißen hätten: so wäre der Name eines Stammes, nicht des Volkes allmählich zu Kraft gekommen, derart, daß alle zunächst nach dem Sieger wegen der Furcht[30], bald darauf auch von sich selber, nachdem der Name einmal aufgekommen, Germanen geheißen wurden.

3. Auch Hercules sei bei ihnen gewesen, berichten sie, und besingen ihn als ersten aller Helden, wenn sie in den Kampf ziehen. Sie haben auch solche Lieder, durch deren Vortrag, den sie Barditus nennen, sie den Mut befeuern und den Ausgang des bevorstehenden Kampfes schon aus dem Gesang weissagen; sie sind nämlich schreckenerregend oder erschreckt je nachdem, wie das Heer geklungen hat, und das scheinen ihnen nicht so sehr Laute wie ein Zusammenklang der Tapferkeit zu sein. Gesucht wird vornehmlich ein rauher Ton und ein dumpfes Dröhnen, wobei sie die Schilde vor den Mund halten, damit voller und tiefer durch den Widerhall die Stimme anschwelle. Im übrigen wähnen manche, daß auch Ulixes auf seiner berühmten langen und märchenhaften Irrfahrt in ihren Ozean verschlagen worden sei und die Länder Germaniens besucht habe, und Asburg[31], das am Ufer des Rheines liegt und heute noch bewohnt wird, sei von ihm gegründet und benannt worden. Sogar ein Altar, von Ulixes geweiht[32], mit dem Namen des Vaters Laertes wäre

einst an der gleichen Stelle gefunden worden, und Denkmäler und Grabhügel mit Inschriften in griechischer Schrift gäbe es heute noch an der Grenze zwischen Germanien und Raetien. Das möchte ich durch Argumente nicht stützen oder widerlegen; nach Geschmack mag jeder ihm Glauben verweigern oder leihen.

4. Selber trete ich der Meinung derjenigen bei, die urteilen, daß die Völker Germaniens, durch keine Zwischenheiraten mit anderen Völkern verdorben, ein eigentümliches, unvermischtes und nur sich selber ähnliches Volk sind. Daher auch ist die Form des Körpers – und dies doch bei einer so großen Zahl von Menschen! – allen dieselbe: wilde blaue Augen, rötliches Haar, große, allerdings nur zum Angriff tüchtige Leiber: gegen Strapazen und Arbeit haben sie nicht die gleiche Härte. Gar nicht sind sie Durst und Hitze zu ertragen gewöhnt, Kälte und Hunger infolge des Klimas und Bodens.

5. Der Boden – wenngleich im jeweiligen Aussehen recht unterschiedlich – ist im allgemeinen doch entweder durch rauhe Waldungen oder durch Sümpfe entstellt, feuchter nach Gallien, windreicher nach Noricum und Pannonien hin; er bringt Getreide hervor, trägt keine Obstbäume, ist reich an Vieh, aber das ist meist wenig stattlich. Selbst das Großvieh hat nicht den ihm eigentümlichen Schmuck oder die Pracht der Stirn. An der Zahl freuen sie sich; und das ist ihr einziger und willkommenster Reichtum. Ob Silber und Gold die Gunst oder der Zorn der Götter verweigert hat, schwanke ich. Ich möchte freilich nicht behaupten, daß keine Ader in Germanien Silber oder Gold hervorbringt: wer hat sie denn erforscht? Von ihrem Besitz und Gebrauch lassen sie sich nicht in gleicher Weise erfassen. Es ist möglich, bei ihnen silbernes Geschirr, das ihren Gesandten und Fürsten zum Geschenk gegeben wurde, in gleicher Wertlosigkeit zu sehen wie das, welches man aus Ton macht;

freilich schätzen die in unserer Nähe Wohnenden wegen des Handelsverkehrs Gold und Silber hoch, erkennen bestimmte Formen unseres Geldes an und wählen es aus; die im Innern wenden in primitiver und altertümlicher Weise Tauschhandel an. An Geld heißen sie altes und lange bekanntes gut, gezähntes und solches mit dem Zweigespann[33]. Nach Silber gehen sie noch mehr als nach Gold, nicht aus einem Reiz ihres Begehrens, sondern weil die Zahl der Silbermünzen handlicher im Gebrauch ist für Leute, die mit allerlei billigem Zeug handeln.

6. Auch Eisen ist nicht reichlich da, wie man aus der Art ihrer Waffen schließen kann. Selten haben sie Schwerter oder größere Lanzen: Speere, oder mit ihrem eigenen Wort Framen, führen sie mit schmalem, kurzem Eisen, aber einem so scharfen und so zum Gebrauch geschickten, daß sie mit derselben Waffe, je wie es die Lage fordert, aus der Nähe oder aus der Ferne kämpfen. Und der Reiter jedenfalls ist mit dem Schild und der Frame zufrieden, die Fußtruppen schleudern auch Wurfgeschoße, und zwar jeder mehrere, und sie werfen sie mit Schwung unermeßlich weit, nackt oder nur mit einem Umhang leicht bekleidet. Kein Prunken mit Zier; nur die Schilde heben sie mit den erlesensten Farben heraus. Wenige haben Panzer, kaum einer oder der andere einen Helm oder eine Haube. Die Pferde sind nicht durch ihre Gestalt, nicht ihre Raschheit auffallend. Aber man richtet sie auch nicht ab, nach unserer Weise mannigfache Kreisbewegungen zu machen: nach vorn treiben sie oder in einer einzigen Schwenkung die rechten[34], wobei die Kreisbahn so geschlossen ist, daß niemand zurückbleibt. Sieht man aufs Ganze, so ist mehr Kraft beim Fußvolk; und darum kämpfen sie vermischt, wobei geeignet und entsprechend für den Reiterkampf die Schnelligkeit der Fußtruppen ist, die sie aus der ganzen Jungmannschaft aussuchen und vor die Schlachtreihe stellen. Begrenzt

wird auch ihre Zahl: hundert aus jedem Gau sind es, und so werden sie auch bei den Ihren geheißen, und was zunächst eine Zahl war, ist jetzt Name und Ehre. Die Schlachtreihe wird durch Keile gebildet. Vom Platz zu weichen, wenn man nur wieder vordringt, halten sie mehr für ein Zeichen von Klugheit als Angst. Die Leichen der Ihren tragen sie auch in unglücklichen Gefechten zurück. Den Schild im Stich gelassen zu haben ist die Hauptschande, und einem so mit Schande Beladenen ist es nicht erlaubt, an den Opfern teilzunehmen oder im Thing zu erscheinen. Und viele, die den Krieg überlebten, haben der Schande durch die Schlinge ein Ende gesetzt.

7. Könige nehmen sie an auf Grund des Adels, Führer auf Grund der Tapferkeit. Und die Könige besitzen nicht eine unbegrenzte oder willkürliche Macht, und die Führer stehen mehr durch Beispiel als durch Befehlsgewalt, wenn sie rasch, wenn sie sichtbar, wenn sie vor der Schlachtreihe wirken, auf Grund ihrer Bewunderung an der Spitze. Im übrigen ist zu ahnden und in Fesseln zu werfen, ja auch nur zu schlagen nur den Priestern erlaubt, nicht wie zur Strafe und auch nicht auf Geheiß des Führers, sondern gleichsam auf Befehl Gottes, der nach ihrem Glauben den Kämpfern beisteht und dessen Bilder und Symbole sie aus den Hainen nehmen und in das Gefecht tragen. Und was der Hauptstachel zur Tapferkeit ist: nicht die Umstände und nicht zufällige Zusammenballung bilden die Schwadron oder den Keil, sondern die Familien und die Sippen; und in nächster Nähe ist das, was auf dem Spiele steht: von dort hört man das Heulen der Frauen, von dort das Wimmern der Kinder. Das sind für jeden die unantastbarsten Zeugen, das die entscheidenden Lobspender. Zu den Müttern, zu ihren Frauen bringen sie ihre Wunden; und diese sind nicht zu zag, die Schläge zu zählen und zu prüfen, und bringen den Kämpfenden Speise und Zuspruch.

8. Es wird dem Gedächtnis überliefert, daß manche Schlachtreihe, die schon eingedrückt war und wankte, von Frauen wiederhergestellt wurde durch beständiges Flehen, das Entgegenhalten der Brüste und den Hinweis auf die nahe Gefangenschaft; diese fürchten sie viel trotziger im Namen ihrer Frauen, derart, daß wirksamer die Gesinnung der Stämme gebunden wird, denen unter den Geiseln auch edle Jungfrauen auferlegt werden. Es wohne ihnen sogar etwas Heiliges und Seherisches inne, meinen sie, und sie verschmähen nicht ihre Ratschläge, schätzen gering nicht ihre Bescheide. Haben wir doch gesehen, daß unter dem nun zum Gott erhobenen Vespasian Velaeda lange bei den meisten an einer Gottheit Statt gehalten wurde; aber auch in alten Zeiten haben sie Albruna und mehrere andere verehrt, nicht aus Schmeichelei und nicht, wie wenn sie sie zu Göttinnen erst erhöben.

9. Von Göttern hat Mercur im Kultus die erste Stelle. Ihm an bestimmten Tagen auch mit Menschen zu opfern, ist bei ihnen heiliges Recht. Hercules und Mars versöhnen sie mit erlaubten Lebewesen. Ein Teil der Sueben opfert auch der Isis: woher Ursache und Ursprung dieses fremden Kultes, habe ich nicht zureichend in Erfahrung bringen können, nur daß dessen Symbol selbst, nach Art eines Liburnerschiffs gestaltet, darauf hinweist, daß ihr Kult übers Meer eingeführt wurde. Im übrigen halten sie es für nicht mit der Größe der Himmlischen vereinbar, die Götter in Hauswände einzuschließen oder in das Aussehen eines menschlichen Gesichtes zu formen: Wälder und Haine weihen sie und nennen mit den Namen von Göttern jenes Geheimnisvolle, was sie allein in der Verehrung schauen.

10. Vorzeichen und Orakel beobachten sie wie nur irgend jemand. Die Übung der Orakel ist einfach. Sie schneiden die Rute eines Obstbaumes ab und zerteilen sie in Stäbchen. Die unterscheiden sie mit bestimmten Zeichen und

streuen sie planlos und zufällig über ein weißes Tuch. Darauf betet, wenn die Befragung von Staats wegen angestellt wird, der Priester des Stammes, wenn aber privat, der Hausvater selber zu den Göttern, und zum Himmel emporblickend nimmt er dreimal eines auf und deutet die aufgehobenen nach den vorher eingeprägten Zeichen. Wenn sie es verhindern, findet an demselben Tag über dieselbe Sache keine Befragung mehr statt; wenn es aber gestattet wurde, fordert man noch die Bestätigung durch Vorzeichen. Und das ist auch hier bekannt, Stimmen und Flug der Vögel zu befragen: eine Eigentümlichkeit des Volkes ist es, auch der Rosse Voraussagen und Weisungen zu erproben. Öffentlich werden sie unterhalten in denselben Wäldern und Hainen, von weißer Farbe und von keiner Arbeit für Menschen berührt; sie werden an einen heiligen Wagen gebändigt, und der Priester und König oder Fürst des Stammes begleiten sie und beobachten ihr Wiehern und Schnauben. Und kein Vorzeichen findet größeren Glauben, nicht nur beim Volk, sondern auch bei den Vornehmen und Priestern; sich halten sie nämlich für die Diener der Götter, jene dagegen für ihre Vertrauten. Es gibt auch noch eine andere Beobachtung von Vorzeichen, mit der sie den Ausgang schwerer Kriege erforschen. Aus dem Stamm, mit dem sie Krieg führen, lassen sie einen Gefangenen, der auf irgendeine Art ergriffen wurde, mit einem Auserwählten der Stammeszugehörigen, jeden mit den heimischen Waffen, kämpfen: der Sieg des einen oder anderen wird als Vorentscheidung angesehen.

11. Über kleinere Dinge gehen die Fürsten zu Rat, über größere alle, so jedoch, daß auch das, worüber die Entscheidung beim Volke liegt, bei den Fürsten vorausbehandelt wird. Sie kommen zusammen, wenn nicht etwas Unvorhergesehenes und Plötzliches eintritt, an bestimmten Tagen, wenn der Mond beginnt oder voll wird;

denn zum Handeln halten sie dies für den verheißungsvollsten Beginn. Und sie zählen nicht die Zahl der Tage wie wir, sondern der Nächte. So setzen sie Termine fest, so sagen sie sie an: die Nacht scheint den Tag nach sich zu ziehen. Das ist ein bekanntes Laster bei ihrer Freiheit, daß sie nicht zugleich und wie auf Befehl zusammenkommen, sondern ein zweiter und auch ein dritter Tag mit dem Säumen der Teilnehmer vergeht. Wie es der Masse gefällt, so setzen sie sich hin, in Waffen. Schweigen wird durch die Priester geboten, die dann auch das Recht haben, zur Ordnung anzuhalten. Darauf wird der König oder der Fürst je nach dem Alter, dem Adel, dem Kriegsruhm und der Beredsamkeit angehört, mehr auf Grund der erprobten Fähigkeit zu raten als der Macht zu befehlen. Wenn die Meinung Mißfallen erregt hat, lehnen sie sie mit Gebrüll ab; hat sie aber gefallen, schlagen sie die Framen zusammen: mit den Waffen zu loben ist die ehrenvollste Art der Zustimmung.

12. Man kann beim Thing auch Klage führen und Gefahr für Leib und Leben anhängig machen. Die Strafen sind unterschieden nach dem Vergehen. Verräter und Überläufer hängen sie an den Bäumen auf, Feiglinge, im Krieg Versagende und körperlich Geschändete versenken sie, indem sie ein Geflecht darüber werfen, in Morast und Sumpf. Die Verschiedenheit der Todesstrafe hat den Sinn, daß man Verbrechen in der Bestrafung öffentlich zeigen müsse, Schandtaten verbergen. Aber auch für kleinere Vergehen gibt es nach ihrem Maß Strafe: mit einer Anzahl Rosse oder Vieh müssen die Überführten büßen. Ein Teil der Buße wird an den König oder Stamm, ein Teil dem, der gerächt wird, selber oder seinen Verwandten gezahlt. Gewählt werden in denselben Versammlungen auch die Fürsten, die Recht in den Gauen und Dörfern sprechen. Hundert Gefolgsleute aus dem Volke stehen jedem als Rat zugleich und Ansehen bei.

13. Nichts aber, weder Öffentliches noch Privates, verrichten sie ohne Waffen. Die Waffen anzunehmen ist aber keinem vorher Sitte, ehe nicht der Stamm ihn als waffenfähig anerkannt hat. Dann schmücken eben im Thing entweder einer von den Fürsten oder der Vater oder die Verwandten den Jüngling mit Schild und Frame: das ist bei ihnen die Toga, das die erste Ehre für die Jugend; vorher gelten sie als ein Teil des Hauses, darauf als einer des Gemeinwesens. Hervorstechender Adel oder große Verdienste der Väter weisen auch ganz jungen Männern die Einschätzung als Fürst zu; den übrigen[35] schließt man sich erst an, wenn sie kraftvoller und schon längst erprobt sind. Und es ist keine Schande, unter den Gefolgsleuten erblickt zu werden. Rangunterschiede sogar hat eben dies Gefolgswesen, nach dem Urteil dessen, dem sie folgen, und groß ist der Wetteifer unter den Gefolgsleuten, wer bei seinem Fürsten den ersten Platz einnimmt, und unter den Fürsten, wer die meisten und kühnsten Gefolgsleute hat. Das ist ihre Würde, das ihre Macht, immer von einer großen Masse erwählter Jünglinge umgeben zu sein, im Frieden Staat, im Kriege Schutz. Und nicht nur im eigenen Stamm, sondern auch bei den angrenzenden Stämmen bedeutet für jeden das den Namen, das den Ruhm, wenn er durch Zahl und Tapferkeit des Gefolges hervorragt; aufgesucht werden sie nämlich von Gesandtschaften, werden durch Geschenke geehrt, und sehr oft schlagen sie allein durch ihren Ruf Kriege nieder.

14. Kommt man ins Gefecht, ist es für den Fürsten Schande, sich an Tapferkeit übertreffen zu lassen, Schande für die Gefolgschaft, die Tapferkeit des Fürsten nicht zu erreichen. Vollends ein Makel für das ganze Leben und schandbar, seinen Fürsten überlebend aus dem Kampfe geschieden zu sein: ihn zu verteidigen, zu schützen, auch die eigenen tapferen Taten seinem Ruhme zu-

zuweisen, darin besteht vorzüglich ihr Schwur: die Fürsten kämpfen für den Sieg, die Gefolgsleute für den Fürsten. Wenn der Stamm, in dem sie geboren sind, durch langen Frieden und durch Nichtstun einrostet, suchen die meisten der jungen Adligen von selber die Stämme auf, die zu der Zeit irgendeinen Krieg führen, weil unwillkommen diesem Volke die Ruhe ist, sie leichter in Gefahren berühmt werden und du ein großes Gefolge nur durch Gewalt und Krieg halten könntest: fordern sie doch von der Freigebigkeit ihres Fürsten das bekannte Streitroß, die berühmte blutige und siegreiche Frame; denn Gastmähler und wenn auch schmucklose, so doch reichliche Zurüstungen gehen als Sold hin. Mittel für die Großzügigkeit kommen durch Krieg und Raubzüge. Und die Erde zu bestellen oder die Ernte abzuwarten, möchte man sie nicht so leicht überreden, wie den Feind herauszufordern und sich Wunden zu verdienen. Ja, als faul und feige gilt es sogar, mit Schweiß zu erwerben, was man mit Blut beschaffen könnte.

15. Wenn sie nicht in den Krieg ziehen, verbringen sie nicht viel Zeit mit der Jagd, mehr mit Nichtstun, ergeben dem Schlaf und dem Essen, gerade die Tapfersten und Kriegerischsten ohne jede Beschäftigung, wobei die Sorge um Haus und Haushalt und die Äcker den Frauen, Greisen und gerade den Schwächsten aus dem Gesinde überlassen wird: sie selber leben dumpf dahin, in einer wunderlichen Zwiespältigkeit des Wesens, da dieselben Menschen so die Trägheit lieben und die Ruhe hassen. Sitte ist es bei den Stämmen, von selbst und Mann für Mann den Fürsten von den Herden oder der Feldfrucht zu bringen, was als Ehrengabe entgegengenommen auch den Bedürfnissen zustatten kommt. Sie freuen sich vornehmlich über die Geschenke der angrenzenden Völker, die nicht nur von einzelnen, sondern auch offiziell geschickt werden, erlesene Rosse, gewaltige Waffen,

Zierscheiben und Halsketten; jetzt haben wir sie auch schon Geld anzunehmen gelehrt.

16. Daß von den Völkern der Germanen keine Städte bewohnt werden, ist zur Genüge bekannt, auch daß sie nicht untereinander verbundene Wohnsitze ertragen. Sie wohnen getrennt und in verschiedenen Richtungen auseinander, wie ein Quell, wie ein Feld, wie ein Wäldchen Gefallen erregte. Dörfer bauen sie nicht nach unserer Art mit verbundenen und zusammenhängenden Gebäuden: jeder umgibt sein Haus mit einem freien Raum, ein Schutz gegen Unglücksfälle durch Feuer oder auch aus Unkenntnis im Bauen. Auch Bruchstein oder Ziegel sind bei ihnen nicht im Gebrauch: Holz verwenden sie zu allem, ungestaltetes und ohne Schönheit oder Ergötzen. Manche Stellen bestreichen sie sorgfältiger mit einer so reinen und glänzenden Erde, daß sie ein Gemälde und Linienwerk von Farben nachahmt. Sie pflegen auch unterirdische Höhlen freizulegen und beladen sie oben mit viel Mist, eine Zuflucht vor dem Winter und ein Behälter für die Feldfrucht, weil Plätze von solcher Art die Schärfe der Kälte abmildern, und wenn der Feind kommt, verwüstet er das Offene; Verstecktes aber und Vergrabenes weiß man nicht, oder es entgeht eben dadurch, daß man es suchen muß.

17. Bedeckung ist für alle ein Tuch, von einer Spange oder, fehlt sie, von einem Dorn zusammengehalten: unbedeckt im übrigen leben sie den ganzen Tag neben dem Herde und Feuer. Die Begütertsten heben sich durch ein Gewand ab, nicht ein fließendes, wie es die Sarmaten und Parther tragen, sondern ein straff anliegendes, das die einzelnen Glieder hervortreten läßt. Sie tragen auch Felle von wilden Tieren, die dem Ufer Nächsten in nachlässiger Weise, die Ferneren in ausgesuchterer, da sie nichts Feines durch Handel haben. Sie wählen die wilden Tiere aus und besetzen die abgezogenen Hüllen mit Flecken und

Fellen der Tiere, die der äußere Ozean und das unbekannte Meer hervorbringen. Und die Frauen haben kein anderes Aussehen als die Männer, außer daß die Frauen sich öfter in leinene Kleidungsstücke hüllen und sie mit Purpur bunt färben und den oberen[36] Teil des Gewandes nicht zu Ärmeln ausdehnen, nackt an Unter- und Oberarm; aber auch der anschließende Teil der Brust ist frei.

18. Dabei ist die Ehe dort streng, und keine Seite ihrer Sitten möchte man mehr rühmen. Denn nahezu allein von den Barbaren sind sie mit einer Frau zufrieden, mit Ausnahme sehr weniger, die nicht aus Begierde, sondern wegen ihres Adels mit mehreren Heiraten sogar umworben werden[37].

Die Mitgift bietet nicht die Frau dem Gatten, sondern der Gatte der Frau. Es schalten sich dabei die Eltern und die Verwandten ein und heißen die Geschenke gut, Geschenke, nicht ausgesucht zu weiblichem Getändel und nicht, daß sich mit ihnen die junge Frau schmücke, sondern Rinder, ein gezäumtes Roß und Schild mit Frame und Schwert. Gegen diese Geschenke wird die Frau empfangen, und als Gegengabe bringt auch sie dem Manne irgendein Waffenstück mit: das ist das festeste Band, dies das geheime Heiligtum, dies die Götter der Ehe, meinen sie. Damit sich die Frau nicht außerhalb des Denkens an tapfere Taten und außerhalb der Wechselfälle der Kriege wähne, wird sie sogleich bei den Auspizien am Beginn der Ehe daran erinnert, sie komme als Gefährtin der Mühen und Gefahren, um dasselbe im Frieden, dasselbe im Kampfe zu leiden und zu wagen: das künden die geschirrten Rinder, dies das gerüstete Roß, dies die geschenkten Waffen. So gelte es zu leben, so zu sterben: sie empfange, was sie unversehrt und würdig den Kindern weitergeben solle, was die Schwiegertöchter entgegennehmen und wieder an die Enkel vererben sollten.

19. Also leben sie in umhegter Keuschheit, durch keine

Verlockungen von Schaustellungen, durch keine Reize der Gastmähler verdorben. Briefgeheimnis ist Männern wie Frauen gleicherweise unbekannt. Überaus gering an Zahl sind bei diesem so zahlreichen Volke die Ehebrüche; ihre Bestrafung erfolgt auf dem Fuße und ist den Männern überlassen: mit abgeschnittenen Haaren, nackt, im Beisein der Verwandten, treibt sie der Mann aus dem Hause und jagt sie mit Schlägen durch das ganze Dorf; denn für eine der Öffentlichkeit so preisgegebene Sittsamkeit gibt es keine Gnade[38]: nicht durch Schönheit, nicht durch Jugend, nicht durch Reichtum dürfte sie einen Gatten finden. Niemand nämlich lacht dort über Laster, und verderben und sich verderben lassen heißt nicht 'unsere Zeit'. Besser jedenfalls leben noch die Staaten, in denen nur Jungfrauen heiraten und es mit der Hoffnung und dem Wunsche der Gattin bei einem Male sein Ende hat. So empfangen sie *einen* Gatten wie *einen* Körper und *ein* Leben, damit kein Gedanke weiterreiche, die Begehrlichkeit nicht darüber hinaus dauere, daß sie sozusagen nicht den Gatten, sondern die Ehe lieben. Die Zahl der Kinder zu begrenzen oder einen von den nachgeborenen Söhnen zu töten gilt als Schande, und mehr gelten dort gute Sitten als anderswo gute Gesetze.

20. In jedem Hause wachsen sie nackt und schmutzig zu diesen Gliedern, zu diesen Körpern auf, die wir bewundern. Die eigene Mutter nährt jeden an ihrer Brust, und sie werden nicht Mägden oder Ammen übergeben. Herrn und Knecht kann man durch keine Feinheiten in der Erziehung auseinanderkennen: unter demselben Vieh, auf demselben Boden leben sie, bis das Alter die Freigeborenen trennt, die Tapferkeit sie bestätigt. Spät lernen die jungen Männer die Liebe kennen, und darum ist ihre Manneskraft unerschöpft. Auch mit den Jungfrauen hat man es nicht eilig; dieselbe reife Jugend weisen sie auf, einen ähnlichen hohen Wuchs: einander gewachsen

und kraftvoll gehen sie den Bund ein, und die Kräfte der Eltern erben die Kinder. Schwestersöhne haben beim Onkel dieselbe Stellung wie beim Vater. Manche halten diese Verknüpfung des Blutes für heiliger und enger und fordern sie mehr bei der Entgegennahme von Geiseln, in der Vorstellung, daß sie so den Sinn fester und das Haus in breiterem Umfang in der Hand hätten. Erben und Nachfolger aber sind jedem die eigenen Kinder, und zwar gibt es kein Testament. Wenn keine Kinder da sind, ist der nächste Grad im Erbanspruch Bruder, Oheim, Onkel Je mehr Verwandte, je größer die Zahl der Sippe, um so angenehmer das Alter; und es gibt da keine Belohnungen für Kinderlosigkeit.

21. Aufzunehmen auch die Feindschaften des Vaters oder eines Verwandten sowie die Freundschaften ist Notwendigkeit; sie dauern aber nicht unversöhnlich an: gesühnt wird nämlich sogar ein Totschlag mit einer bestimmten Anzahl von Rindern und Schafen, und das ganze Haus nimmt die Genugtuung an, zum Nutzen für die Öffentlichkeit, weil Feindschaften in Verbindung mit Freiheit gefährlicher sind.

Der Geselligkeit und der Gastfreundschaft frönt kein anderes Volk verschwenderischer. Den Geringsten der Sterblichen nicht im Hause aufzunehmen gilt als Frevel gegen die Götter; jeder nimmt ihn mit einem nach Vermögen zugerüsteten Gastmahl auf. Reichte es nicht, wird der, welcher eben der Wirt gewesen, zum Führer zur nächsten Unterkunft und Begleiter; das nächste Haus suchen sie uneingeladen auf. Und es macht nichts aus: mit gleicher Freundlichkeit werden sie empfangen. Zwischen Bekannt und Unbekannt macht niemand, soweit es sich um das Gastrecht handelt, einen Unterschied. Beim Weggehen ist es Sitte, dem Gast, wenn er um etwas bittet, es zu gewähren; und umgekehrt besteht dieselbe Leichtigkeit, um etwas zu bitten. Sie freuen sich über

Geschenke, aber sie rechnen Geschenktes nicht vor und fühlen sich durch Empfangenes nicht verpflichtet. [Das Leben ist unter Gastfreunden freundlich][39].

22. Sogleich nach dem Schlaf, den sie meist bis zum Tage ausdehnen, waschen sie sich, öfter mit warmem Wasser, wie eben dort, wo das meiste der Winter mit Beschlag belegt. Nach dem Waschen nehmen sie Speise zu sich. Jeder hat einen getrennten Sitz und seinen eigenen Tisch. Darauf schreitet man zu Geschäften und ebenso häufig zu den Gelagen, bewaffnet. Tag und Nacht im Trunke zu einem zu machen ist für niemanden ein Vorwurf. Die, wie eben unter Betrunkenen, häufigen Streitigkeiten werden selten mit Zänkereien, häufiger mit Mord und Wunden ausgefochten. Aber auch über gegenseitige Versöhnung von Feinden, Verbindung von Sippen, Wahl von Fürsten, über Krieg schließlich und Frieden beraten sie meistens auf den Gelagen, in der Überzeugung, daß zu keiner Zeit mehr die Seele sich zu ehrlichen Gedanken öffne oder zu großen sich entzünde. Ein Volk, von Haus aus nicht schlau und durchtrieben, öffnet dazu noch das im Herzen Verschlossene in der Ungebundenheit des Scherzens[40]; also liegt aufgedeckt und bloß aller Gesinnung da. Am anderen Tage wird nachberaten, und so erfüllt sich der Sinn beider Zeitpunkte: sie beraten, wenn sie sich nicht zu verstellen vermögen, beschließen, wenn sie nicht irren können.

23. Als Getränk dient eine Flüssigkeit aus Gerste oder Weizen, zu einer gewissen Weinähnlichkeit vergoren; die dem Ufer Nächsten kaufen auch Wein. Die Speisen sind einfach; wildes Obst, frisches Wildbret oder Quark. Ohne Zurüstung, ohne Reizmittel vertreiben sie den Hunger. Gegen den Durst zeigen sie nicht dasselbe Maßhalten. Läßt man ihrer Trunkenheit die Zügel schießen, indem man nachreicht, soviel sie begehren, werden sie ebenso leicht durch ihre Laster wie durch Waffen besiegt werden.

24. Es gibt eine einzige und bei jeder Versammlung gleiche Art von Schauspielen. Nackte Jünglinge, denen das ein Spiel ist, springen im Tanz zwischen Schwertern und starrenden Lanzen hindurch. Übung hat daraus eine Kunst geschaffen und die Kunst einen schönen Anblick, freilich nicht zum Erwerb oder Lohn: Lohn einer noch so verwegenen Ausgelassenheit ist das Vergnügen der Zuschauer. Würfel, worüber man sich wundern muß, spielen sie nüchtern wie etwas Ernstes, mit einer solchen Leichtfertigkeit im Gewinnen und Verlieren, daß sie, ist alles verloren, mit dem allerletzten Wurf um Freiheit und Körper streiten. Der Besiegte tritt freiwillige Knechtschaft an: mag er noch so viel rüstiger, noch so viel stärker sein, er läßt sich binden und verkaufen. So groß ist bei einer Verkehrtheit ihre Hartnäckigkeit; selber nennen sie es Treue. Sklaven dieser Art verhandeln sie, um auch sich selber von der Scham über den Sieg zu befreien.

25. Die übrigen Sklaven halten sie nicht nach unserer Weise, daß die Dienste unter ihnen verteilt sind: jeder regiert seinen eigenen Wohnsitz, sein Haus. Ein Maß Getreide oder Vieh oder Stoff legt ihm der Herr wie einem Pächter auf, und so weit gehorcht der Sklave: die übrigen Pflichten des Hauses führen die Frau und die Kinder aus. Daß man einen Sklaven peitscht und mit Gefängnis oder Strafarbeit züchtigt, ist selten: niederzuschlagen pflegen sie ihn, nicht mit Beherrschung und Strenge, sondern in Wut und Zorn, wie einen Feind – abgesehen davon, daß es straflos ist. Freigelassene stehen nicht viel über den Sklaven. Selten haben sie ein geringes Gewicht im Hause, nie im Stamme, mit Ausnahme freilich der Völkerschaften, die unter einem König stehen. Dort nämlich steigen sie über die Freigeborenen und über die Adligen empor: bei den übrigen sind nichtgleichberechtigte Freigelassene ein Beweis der Freiheit.

26. Geld auszuleihen und auf Zinsen zu geben, ist un-

bekannt; und darum wird es mehr unterlassen, als wenn es verboten wäre. Die Äcker werden nach der Zahl der Besteller von der Gesamtheit in Besitz[41] genommen. Darauf verteilen sie diese unter sich nach dem Range. Leichte Möglichkeit der Verteilung bieten die großen Räume der Felder. Die Äcker wechseln sie jährlich, und Land bleibt noch brach. Denn sie wetteifern nicht in harter Arbeit mit der Üppigkeit und Größe des Bodens[42], um Obstgärten zu pflanzen, Wiesen abzutrennen, Gärten zu bewässern: allein die Saat wird der Erde auferlegt. Daher gliedern sie auch das Jahr selber nicht in ebensoviele Erscheinungen: Winter, Frühling und Sommer werden verstanden und bezeichnet, der Name für den Herbst ist ebenso wie seine Güter unbekannt.

27. Bei den Begräbnissen treiben sie keinen ehrgeizigen Aufwand: nur darauf wird geschaut, daß die Leichen berühmter Männer mit bestimmten Hölzern verbrannt werden. Den Stoß des Scheiterhaufens bedecken sie nicht hoch mit Decken und Räucherwerk: einem jeden werden seine Waffen, dem Feuer mancher auch das Roß beigegeben. Das Grabmal führen Rasenstücke zur Höhe: die hohe und mühevolle Ehre von Denkmälern verschmähen sie als eine Last für die Abgeschiedenen. Jammern und Tränen legen sie schnell, Schmerz und Traurigkeit spät ab. Den Frauen ist zu trauern schicklich, den Männern zu gedenken.

Das haben wir im allgemeinen über Ursprung und Sitten aller Germanen gehört: nun will ich die Einrichtungen und Gebräuche der einzelnen Stämme, soweit sie sich unterscheiden, und welche Stämme aus Germanien nach Gallien gewandert sind, darlegen.

28. Daß in alten Zeiten der Gallier Macht größer gewesen ist, überliefert der bedeutendste der Gewährsmän-

ner, der zum Gott erhobene Iulius; und darum ist es glaublich, daß auch die Gallier nach Germanien herübergewechselt sind: wie hätte denn auch nur wenig der Strom verhindern können, daß jedes Volk, je nachdem es mächtig geworden war, Wohnsitze besetzte und wechselte, die noch ungeschieden und durch keine Macht von Reichen abgegrenzt waren? Also hatten das Gebiet zwischen dem hercynischen Wald und dem Rhein und Main die Helvetier, das dahinter die Boier inne, beides gallische Stämme. Heute noch dauert der Name Boihaemum und zeigt die alte Geschichte des Landes an, wenn auch die Bewohner gewechselt haben. Aber ob die Aravisker nach Pannonien von den Osern, einem Stamm der Germanen, oder die Oser von den Araviskern nach Germanien gewandert sind – sie haben noch heute dieselbe Sprache, dieselben Einrichtungen, dieselben Sitten –, ist ungewiß, weil einst bei gleicher Dürftigkeit und Freiheit das Gute und Schlechte auf beiden Ufern gleich war. Die Treverer und Nervier sind im Geltendmachen germanischen Ursprungs von selbst voller Ehrgeiz, in der Überzeugung, daß sie durch diesen Ruhm des Blutes von der Ähnlichkeit mit den Galliern und deren Lahmheit geschieden würden. Das eigentliche Rheinufer bewohnen ohne Zweifel Stämme der Germanen, Vangionen, Triboker, Nemeter. Auch die Ubier, obwohl sie es sich verdient haben, eine römische Kolonie zu sein und lieber Agrippinenser nach dem Namen ihrer Gründerin heißen, schämen sich nicht ihres Ursprungs, nachdem sie vor langer Zeit den Strom überschritten hatten und nach Erprobung ihrer Zuverlässigkeit direkt hinter dem Rhein angesiedelt worden waren, zum Schutze, nicht um bewacht zu werden.

29. Die von allen diesen Stämmen an Tapferkeit hervorragendsten, die Bataver, bewohnen nicht viel vom Ufer, sondern eine Insel des Rheines; einst ein Stamm

der Chatten, sind sie aus innerer Zwistigkeit in diese Wohnsitze übergesiedelt, um in ihnen ein Teil des römischen Reiches zu werden. Es dauert noch ihr Ansehen und die Auszeichnung alter Bundesgenossenschaft; denn man tritt ihnen nicht mit Tributen zu nahe, und der Steuerpächter plagt sie nicht; ausgenommen von Lasten und Beiträgen und nur zum Gebrauch im Gefechte beiseite gestellt, werden sie wie Angriffs- und Verteidigungswaffen für die Kriege aufgespart. Im gleichen Gehorsam lebt auch der Stamm der Mattiaker; hat doch die Größe des römischen Volkes die Achtung vor dem Reiche über den Rhein und über die alten Grenzsteine hinausgetragen. So leben sie nach Wohnsitz und Grenze auf ihrem Ufer, in Gesinnung und Herz mit uns, im übrigen den Batavern ähnlich, nur daß sie allein schon durch die Bodenbeschaffenheit und das Klima ihres Landes lebhafteren Geistes sind.

Nicht möchte ich unter die Völker Germaniens, obwohl sie jenseits von Rhein und Donau sitzen, die zählen, die das Decumatland[43] bebauen: die windigsten gerade der Gallier – und durch Armut verwegene – haben den Boden von zweifelhaftem Besitzrecht eingenommen; darauf hat man die Grenze gebaut und die Posten vorgeschoben, und nun gelten sie als Vorsprung des Reiches und Teil der Provinz.

30. Jenseits davon sind die Chatten: der Anfang ihres Gebietes beginnt beim hercynischen Waldgebirge, wobei das Gebiet nicht so flach und so sumpfig ist wie die übrigen Staaten, in die Germanien sich öffnet, da die Hügel bleiben, allmählich erst seltener werden und das hercynische Gebirge seine Chatten zugleich geleitet und absetzt. Das Volk hat härtere Körper, schlanke Glieder, ein drohendes Aussehen und größeren Schwung des Mutes. Sie besitzen für Germanen viel Nachdenken und Geschicklichkeit: sie stellen erwählte Männer an die Spitze,

hören auf die Vorgesetzten, kennen Ordnungen, nehmen Gelegenheiten wahr, verschieben das Losschlagen, gliedern den Tag, umschanzen sich für die Nacht, rechnen das Kriegsglück unter die zweifelhaften, die Tapferkeit unter die sicheren Dinge, und was ganz selten und nur römischer Ordnung beschieden ist: sie legen mehr Wert auf den Führer als auf das Heer. Alle Kraft liegt beim Fußvolk, das sie außer mit den Waffen auch mit Eisengeräten und Proviant beladen: andere kann man zum Kampf ausziehen sehen, die Chatten zum Krieg. Selten sind Streifzüge und zufälliger Kampf. Den Reitertruppen ist freilich dies eigentümlich: schnell den Sieg zu erringen, schnell zurückzuweichen – Schnelligkeit liegt bei der Angst, Säumen ist der Standfestigkeit näher.

31. Das auch von den anderen Völkern der Germanen, wenn auch selten und in persönlicher Kühnheit des einzelnen Geübte hat bei den Chatten zur Einmütigkeit geführt, nämlich, sobald sie herangewachsen sind, Haar und Bart wachsen zu lassen und erst nach Tötung eines Feindes das gelobte und der Tapferkeit verpflichtete Aussehen des Gesichtes abzulegen. Nach Blut und Beute machen sie die Stirn frei, und dann erst, sagen sie, hätten sie den Preis für ihre Geburt bezahlt und seien sie würdig des Vaterlandes und der Eltern: den Feiglingen und Kriegsuntüchtigen bleibt das struppige Aussehen. Gerade die Tapfersten tragen außerdem – das gilt diesem Volke als Schande – einen eisernen Ring wie eine Fessel, bis sie sich durch die Tötung eines Feindes lösen. Sehr vielen der Chatten gefällt dieser Aufzug, und sie werden sogar alt und grau damit, auffallend und von den Feinden und den Ihren zugleich mit Bewunderung gezeigt. Aller Kämpfe Anfang liegt bei diesen Männern; das ist immer die erste Reihe, ungewöhnlich anzusehen: denn auch im Frieden sänftigen sie sich nicht in milderer Lebensweise. Keiner besitzt Haus oder Acker oder irgend etwas, wofür er sich

sorgt: wie sie zu jemandem kommen, finden sie Nahrung, verschwenderisch mit Fremdem, Verächter des Eignen, bis blutleeres Alter sie einer so unempfindlichen Tapferkeit nicht mehr gewachsen sein läßt.

32. Als Nachbarn der Chatten wohnen die Usiper und Tenkterer am Rhein, wo er schon ein festes Bett hat und Grenze zu sein fähig ist. Die Tenkterer ragen über die gewöhnliche Kriegsherrlichkeit durch Beherrschung der Reiterkunst hervor; und nicht größer ist bei den Chatten der Ruhm des Fußvolkes als bei den Tenkterern der der Reiter. So haben die Vorfahren es eingerichtet: die Nachkommen ahmen es nach. Das sind die Spiele der Kinder, das der Wettkampf der Jünglinge: die Alten bleiben dabei. Mit dem Gesinde, dem Haus und den Nachfolgerechten werden die Rosse vererbt: es erhält sie nicht, wie das andere, der älteste Sohn, sondern jeweils der, der wild im Krieg und besser ist.

33. Anschließend an die Tenkterer kamen in alter Zeit die Brukterer: jetzt, erzählt man, sind die Chamaven und Angrivarier eingewandert, nachdem die Brukterer geschlagen und vollständig ausgerottet worden waren, im Einverständnis der Nachbarstämme, sei es aus Haß auf ihren Stolz, sei es durch Verlockung auf Beute, sei es aus einer gewissen Huld der Götter gegen uns; denn nicht einmal das Schauspiel des Kampfes neideten sie uns. Über 60 000 fielen nicht durch römische Waffen, sondern, was großartiger ist, zur Augenweide. Möge, so bitte ich, den Stämmen bleiben und dauern, wenn nicht die Liebe zu uns, so doch wenigstens der Haß untereinander, da ja bei dem Bedrängenden der schicksalhaften Verfassung des Reiches[44] die Fortuna nichts Größeres mehr gewähren kann als die Zwietracht der Feinde!

34. An die Angrivarier und Chamaven schließen sich die Dulgubiner und Chasuarier und andere nicht in gleicher Weise bekannte Stämme im Rücken an, auf der

Stirnseite nehmen die Friesen sie auf. Sie haben den Namen Große und Kleine Friesen nach dem Maß ihrer Kräfte. Beide Stämme werden bis zum Ozean vom Rhein gesäumt und umfassen darüber hinaus unermeßliche und von römischen Flotten schon befahrene Seen. Auch den Ozean selbst haben wir dort zu befahren gewagt. Und daß noch heute Säulen des Hercules vorhanden sind, hat die Sage verbreitet, ob nun Hercules wirklich dorthin gekommen ist oder wir alles, was irgendwo großartig ist, seinem Ruhme zuzuschreiben übereingekommen sind. Und es fehlte Drusus Germanicus nicht an Kühnheit, aber der Ozean hinderte, daß man gegen ihn zugleich und Hercules die Untersuchung führte. Darauf hat es niemand versucht, und es schien heiliger und ehrfürchtiger, an die Taten der Götter zu glauben, als sie zu wissen.

35. Bis jetzt kennen wir Germanien nach Westen; nach Norden zu zieht es sich in einer ungeheuren Biegung zurück. Und gleich anfangs zieht sich das Volk der Chauken, obwohl es bei den Friesen beginnt und einen Teil der Küste bewohnt, entlang der Flanke aller der Stämme, die ich beschrieben habe, bis es sich bis hin zu den Chatten ausbuchtet. Einen so unermeßlichen Raum des Landes halten die Chauken nicht nur fest, sondern füllen ihn auch aus, ein Volk, unter den Germanen das angesehenste und eines, das seine Größe lieber durch Gerechtigkeit schützen möchte. Ohne Begehrlichkeit, ohne Unbeherrschtheit fordern sie ruhig und zurückgezogen keine Kriege heraus, verwüsten nicht durch Raubzüge oder Wegelagerei. Das ist vorzüglich ein Beweis ihrer Tapferkeit und Stärke, daß sie es nicht durch Unrecht erreichen, überlegen zu sein[45]; im Griff aber haben alle die Waffen und, wenn es die Sache fordert, haben sie eine ungeheure Masse von Männern und Rossen; und obwohl sie Ruhe halten, haben sie den gleichen Ruhm.

36. Auf der Seite der Chauken und Chatten haben die

Cherusker einen allzu tiefen und lange Zeit schlaffen Frieden unangefochten genährt. Und das war mehr angenehm als sicher, weil man unter Unbeherrschten und zugleich Starken zu Unrecht Ruhe hält: wo Faustrecht herrscht, sind Maßhalten und Rechtlichkeit es nach Maßgabe des Überlegenen[46]. So heißen die Cherusker, wie einst gut und gerecht, jetzt lahm und dumm: für die Chatten, ihre Besieger, wandelte sich Glück zur Klugheit.[47] Mit hineingezogen in den Sturz der Cherusker wurden auch die Foser, der Nachbarstamm, und sind zu gleichen Teilen Genossen des Unglücks, obwohl sie im Glück die zweiten waren.

37. Dieselbe Ausbuchtung Germaniens haben als nächste am Ozean die Kimbern inne. Klein ist jetzt der Stamm, aber der Ruhm ungeheuer. Und vom alten Ruf bleiben noch breite Spuren: auf beiden Ufern Lager und Räume, nach deren Umfang man jetzt noch die Masse und die Scharen des Volkes ermessen kann und die Glaubwürdigkeit eines so gewaltigen Auszuges. 640 Jahre zählte unsere Stadt, als man zum ersten Male von den Waffen der Kimbern hörte, unter dem Konsulat des Caecilius Metellus und Papirius Carbo. Wenn wir von da bis zum zweiten Konsulat des Kaisers Traian zählen, finden sich ungefähr zweihundertzehn Jahre zusammen: so lange siegt man an Germanien herum. In der Mitte eines so langen Zeitraumes gab es viele wechselseitige Verluste. Nicht die Samniten, nicht die Punier, nicht Spanien oder Gallien, nicht einmal die Parther[48] brachten sich öfter in Erinnerung: denn wilder als das Königtum des Arsakes ist die Freiheit der Germanen. Was könnte uns der Orient denn anderes als die Tötung des Crassus entgegenhalten, und das, nachdem er selber nach dem Verlust des Pacorus einem Ventidius zu Füßen lag? Aber die Germanen haben, nachdem Carbo und Cassius und Scaurus Aurelius und Servilius Caepio und Maximus Mallius ge-

worfen oder gefangen worden waren, zugleich mit ihnen fünf konsularische Heere dem römischen Volke, den Varus und mit ihm drei Legionen sogar Caesar[48a] entrissen; und nicht ungestraft haben C. Marius in Italien, der zum Gott erhobene Iulius in Gallien, Drusus und Nero und Germanicus sie in ihren eigenen Bereichen geschlagen; darauf verwandelten sich die ungeheuren Drohungen des Gaius Caesar zum Gespött. Danach war Ruhe, bis sie bei Gelegenheit unserer Zwietracht und des Bürgerkrieges die Winterlager der Legionen eroberten und sogar Gallien zu gewinnen suchten[49]; und von dort trieb man sie wieder zurück, hat aber auch in jüngster Zeit mehr über sie triumphiert als gesiegt.

38. Nun ist über die Sueben zu reden, von denen es nicht ein Volk wie das der Chatten oder Tenkterer gibt; denn sie haben den größten Teil Germaniens inne, noch heute in eigene Stämme und Namen geschieden, obwohl sie insgesamt Sueben genannt werden. Kennzeichen des Volkes ist es, das Haar quer zu kämmen und in einem Knoten zusammenzufassen. So scheiden sich die Sueben von den übrigen Germanen, so die Freigeborenen der Sueben von ihren Sklaven. Bei den anderen Stämmen, sei es irgendwie aus Verwandtschaft mit den Sueben, sei es, was oft vorkommt, aus Nachahmung, findet sich das selten und nur während der Jugend; bei den Sueben dreht man bis zum Ergrauen das struppige Haar zurück, und oft bindet man es auch auf dem Scheitel selber auf. Die Fürsten haben es noch schmucker. Das ist ihr Gedanke an Schönheit, aber ein unschädlicher. Nicht nämlich, um zu lieben und geliebt zu werden: um eine schreckliche Größe zu erreichen schmücken sie sich, wenn sie im Begriff sind, in den Krieg zu ziehen, für die Augen der Feinde.

39. Als die ältesten und angesehensten unter den Sueben rühmt man die Semnonen; der Glaube an das Alter wird durch ihre religiösen Gebräuche gestützt. Zu festgesetzter

Zeit kommen in einem Hain, der geweiht ist durch die Opferhandlungen der Väter und uralte Scheu, alle Stämme desselben Blutes mit Gesandtschaften zu einer Versammlung und feiern, nachdem sie öffentlich einen Menschen hingeschlachtet haben, den schaudererregenden Beginn eines barbarischen Gottesdienstes. Auch noch eine andere Form der Verehrung zollt man diesem Hain: jeder betritt ihn nur mit Fesseln gebunden, im Bewußtsein der Unterlegenheit und die Macht der Gottheit offen zur Schau tragen. Stürzt man zufällig hin, ist es nicht erlaubt, sich aufheben zu lassen und aufzustehen: am Boden kriechen sie heraus. Und der ganze Glaube hat die Vorstellung, daß hier die Anfänge des Volkes, hier der über alle herrschende Gott wäre, alles übrige aber untertan und zu Gehorsam verpflichtet. Ansehen hat hinzugefügt das äußere Schicksal der Semnonen: hundert Gaue werden von ihnen bewohnt[50], und durch diese große Masse wird bewirkt, daß sie sich für das Haupt der Sueben halten.

40. Die Langobarden dagegen adelt ihre geringe Zahl: von sehr vielen und sehr starken Stämmen umgürtet, sind sie nicht durch Fügsamkeit, sondern durch Kampf und Wagnis sicher. Die Reudigner darauf und die Avionen, Angeln, Variner, Eudosen, Suardonen und Nuitonen sind durch Flüsse und Wälder geschützt. Und es ist nichts Bemerkenswertes an den einzelnen, außer daß sie insgesamt Nerthus, das ist die Mutter Erde, verehren und glauben, daß sie teilnimmt an den Dingen der Menschen, daß sie zu den Völkern gefahren kommt. Es liegt auf einer Insel des Ozeans ein geheiligter Hain, darin ist ein Wagen geweiht, mit Decken bedeckt; ihn anzurühren ist einzig dem Priester gestattet. Der nimmt wahr, wenn die Göttin im Allerheiligsten anwesend ist, und geleitet sie auf ihrem von Kühen gezogenen Wagen in tiefer Verehrung. Freudevoll sind dann die Tage, festlich

die Orte, die sie der Ankunft und Aufnahme würdigt. Dann beginnen sie keine Kriege, nehmen nicht die Waffen auf; eingeschlossen ist jedes Eisen; Friede und Ruhe sind dann nur bekannt, dann nur geliebt, bis derselbe Priester die Göttin – gesättigt vom Verkehr mit den Menschen – dem Heiligtum zurückgibt. Darauf wird der Wagen, die Decke und, wenn man dem Glauben schenken will, die Gottheit selber in einem einsamen See gebadet. Sklaven helfen dabei, die sogleich derselbe See verschlingt. Daher rührt der geheime Schrecken und die heilige Unwissenheit, was denn jenes sei, was nur Todgeweihte zu Gesicht bekommen.

41. Und dieser Teil der Sueben dehnt sich in das abgeschiedene Germanien aus: näher ist, um wie eben kurz vorher dem Rhein, so jetzt der Donau zu folgen, der Stamm der Hermunduren, den Römern treu ergeben. Und darum treiben sie allein von den Germanen nicht nur am Ufer Handel, sondern weit hinein und in der glänzendsten Kolonie der Provinz Raetien. Überall gehen sie ohne Bewachung über den Strom. Und während wir den übrigen Stämmen nur Waffen und unsere Lager zeigen, haben wir ihnen die Häuser und Besitzungen geöffnet, ohne daß sie es begehrt hätten. Im Gebiet der Hermunduren entspringt die Elbe, ein hochberühmter und vormals wohlbekannter Strom. Jetzt hört man nur noch von ihm[51].

42. Anschließend an die Hermunduren leben die Naristen und darauf die Markomannen und Quaden. Hervorragen Ruhm und Macht der Markomannen, und auch ihr Wohnsitz selber ist, indem vor langer Zeit die Bojer vertrieben wurden, durch Tapferkeit errungen. Und auch die Naristen und Quaden sind nicht aus der Art geschlagen. Und das ist sozusagen die Stirnseite Germaniens, soweit sie von der Donau umsäumt wird. Und bei den Markomannen und Quaden haben sich bis zu unserer

Zeit Könige aus dem eigenen Stamme gehalten, das edle Geschlecht des Marbod und Tuder. Jetzt ertragen sie auch auswärtige. Aber Gewalt und Macht besitzen die Könige auf Grund des römischen Einflusses. Selten hilft man ihnen mit unsern Waffen, häufiger mit Geld, und sie haben darum nicht weniger Macht.

43. Einwärts schließen die Marsigner, Kotiner, Oser und Buren die Markomannen und Quaden im Rücken ein. Von ihnen sehen die Marsigner und Buren nach Sprache und Lebensweise wie Sueben aus: die Kotiner überführt die gallische, die Oser die pannonische Sprache, daß es nicht Germanen sind, und vor allem dies, daß sie Tribute ertragen. Einen Teil der Tribute legen ihnen die Sarmaten, einen Teil die Quaden wie Fremdstämmigen auf. Die Kotiner, um die Schande voll zu machen, graben sogar nach Eisen. Und alle diese Stämme halten wenig Ebene, im übrigen die Schluchten, Gipfel und den Kamm der Berge besetzt. Es teilt nämlich und durchschneidet das Suebenland ein fortlaufender Höhenzug. Jenseits von ihr leben sehr viele Stämme, von denen der Name der Lugier am weitesten reicht, der sich über mehrere Gemeinschaften verteilt. Es wird genügen, die mächtigsten zu nennen: die Harier, die Helvekonen, die Manimer, die Elisier, die Naharvaler. Bei den Naharvalern zeigt man einen Hain von alter Weihe. Ihn regiert ein Priester in Frauentracht, aber als Götter nennen sie nach römischem Begriff Castor und Pollux. Das ist die Kraft der Gottheit, ihr Name Alken. Sie haben keine Götterbilder, es findet sich nicht die Spur eines fremden Glaubens; sie verehren sie aber als Brüder und als Jünglinge. Im übrigen helfen die Harier über die Kraft hinaus, durch die sie die eben vorher aufgezählten Stämme übertreffen, trotzig der eingeborenen Wildheit durch Kunst und Gelegenheit auf: schwarz sind die Schilde, bemalt die Körper; pechschwarze Nacht wählen sie für die Kämpfe aus

und verbreiten Schrecken vor dem Höllenheer allein schon durch Beklemmung und Dunkelheit, wobei keiner der Feinde den neuen und gleichsam höllischen Anblick aushält; denn zuerst werden bei jeder Schlacht die Augen besiegt.

44. Jenseits der Lugier werden die Gotonen von Königen regiert, schon ein wenig straffer als die übrigen Stämme der Germanen, jedoch noch nicht über das von der Freiheit gezogene Maß. Gleich danach am Ozean kommen die Rugier und Lemovier; das Kennzeichen aller dieser Völker sind runde Schilde, kurze Schwerter und Fügsamkeit gegen die Könige.

Die Stämme der Suionen darauf, direkt am Ozean, sind außer durch Männer und Waffen durch ihre Flotten mächtig. Die Form der Schiffe unterscheidet sich darin, daß ein Bug auf beiden Seiten eine immer zur Landung bereite Stirnseite zeigt. Sie hantieren nicht mit Segeln und binden auch die Ruder nicht in einer Reihe an den Seiten fest: losgelöst, wie auf manchen Flüssen, und vertauschbar, wie es die Lage fordert, ist das Ruderwerk auf der einen oder anderen Seite. Bei ihnen steht auch der Reichtum in Ansehen, und darum hat einer die Herrschaft, nun schon ohne Ausnahmen, in unwiderruflicher Gehorsamspflicht. Und die Waffen sind nicht, wie bei den übrigen Germanen, ohne Unterschied bei allen, sondern unter einem Wächter verschlossen, und zwar einem Sklaven, weil plötzlich feindliche Angriffe der Ozean hindert, müßige Hände aber von Bewaffneten leicht ausarten; denn einen Adligen oder einen Freigeborenen, ja auch nur einen Freigelassenen über die Waffen zu setzen, ist für einen König nicht dienlich.

45. Jenseits der Suionen liegt ein anderes Meer, träg und fast unbewegt; daß von ihm umgürtet und eingeschlossen wird der ganze Erdkreis, hat daran eine Stütze, daß der letzte Glanz der schon untergehenden Sonne bis zum Aufgang so hell bleibt, daß er die Sterne abschwächt;

daß überdies ein Klang beim Aufgehen gehört werde und Formen der Rosse und Strahlen des Hauptes erblickt würden, fügt Überzeugung hinzu. Bis hierher nur reicht – und diese Kunde ist wahr – die Natur.

An der rechten Küste also nun des Suebenmeeres werden die Stämme der Aestier von der Brandung des Meeres berührt. Sie zeigen Sitten und Aussehen der Sueben, die Sprache ist der britannischen näher. Sie verehren die Göttermutter. Als Kennzeichen ihres Glaubens tragen sie Figuren von Ebern: das macht statt Waffen und jeden Schutzes den Verehrer der Göttin sicher auch unter den Feinden. Selten ist der Gebrauch von Eisen, häufig der von Knüppeln. Getreide und die übrigen Früchte bauen sie mit mehr Geduld, als man es bei der gewöhnlichen Trägheit der Germanen annehmen sollte, mühselig an. Aber auch das Meer durchforschen sie, und als einzige von allen sammeln sie Bernstein, den sie selber *glaesum* nennen, im Watt und an der Küste selber. Aber was sein Wesen ist oder was für ein Grund ihn entstehen läßt, ist nicht untersucht oder in Erfahrung gebracht worden, wie eben bei Barbaren; lange lag er sogar unter dem übrigen Auswurf des Meeres da, bis unsere Verschwendung ihm einen Namen gab. Ihnen selber ist er zu nichts nütze: roh wird er gesammelt, ungestaltet gebracht, den Preis nehmen sie mit Verwunderung entgegen. Daß er aber ein Baumharz ist, kann man erkennen, weil manche Erdtiere und auch geflügelte in vielen Fällen drin sichtbar sind, die in der Flüssigkeit hängengeblieben waren, darauf, als die Masse hart wurde, eingeschlossen wurden. Fruchtbarere Haine also und Wälder, möchte ich glauben, sind drum, wie in der Abgeschiedenheit des Orients, wo Weihrauch und Balsam ausgeschwitzt werden, so auch auf den Inseln und in den Ländern des Okzidents, die, von den Strahlen der benachbarten Sonne ausgesogen und schmelzend, in das Meer nahebei hinabgleiten und durch die Gewalt der Stürme an der Gegenküste von den Wellen herausgeworfen werden. Wenn man die Natur des Bernsteins erprobt, in dem man ihm ein Feuer nähert, entzündet er sich wie eine Fackel oder nährt eine fette und duftende Flamme. Darauf wird er zu zähem Pech und Harz.

Den Suionen schließen sich die Stämme der Sitonen an. Im übrigen ähnlich, unterscheiden sie sich durch das eine, daß eine Frau Herrin ist: so sehr sind sie nicht nur in der Freiheit, sondern auch in der Knechtschaft entartet.

46. Hier ist das Ende des Suebenlandes. Ob ich die Stämme der Peukiner, Veneter und Fennen den Germanen oder Sarmaten zuschreiben soll, schwanke ich, obwohl die Peukiner, die manche Bastarner nennen, in Sprache, Lebensweise, Wohnsitz und Häusern wie Germanen leben. Schmutz bei allen, Stumpfsinn bei den Vornehmen. Durch Mischehen sind sie etwas nach dem Aussehen der Sarmaten verunstaltet worden. Die Veneter haben viel von ihren Sitten angenommen; denn was sich zwischen Peukinern und Fennen an Wäldern und Bergen erhebt, durchstreifen sie in ihren Raubzügen. Diese bringt man doch lieber unter den Germanen unter, weil sie feste Häuser haben, Schilde führen und sich am Gebrauch und der Schnelligkeit der Füße freuen: alles Unterschiede zu den Sarmaten, die auf Wagen und Roß leben. Die Fennen besitzen eine erstaunliche Wildheit, eine gräßliche Armut: nicht Waffen, nicht Pferd, nicht Heim; Nahrung das Gras, Kleidung Felle, Lager der Boden: ihre einzige Hoffnung liegt in den Pfeilen, die sie aus Mangel an Eisen mit Knochenspitzen versehen. Und dieselbe Jagd nährt Mann wie Frau; überall nämlich sind Frauen Begleiter und fordern einen Teil der Beute. Und die unmündigen Kinder haben keine andere Zuflucht vor wilden Tieren und Regen, als sich in irgendeinem Geflecht von Ästen ein Dach zu suchen: hierher kehren die jungen Männer zurück, das ist das Obdach für die Alten. Aber sie erachten

es für glücklicher, als über den Äckern zu stöhnen, sich mit Häusern zu plagen, eigenes und fremdes Gut in Hoffnung und Furcht dem Wechselspiel auszusetzen: sorgenfrei gegenüber den Menschen, sorglos gegenüber den Göttern haben sie das schwierigste Ziel erreicht, daß sie nicht einmal einen Wunsch nötig haben. Das übrige ist dann alles im Bereich des Märchens: daß die Hellusier und Oxionen Menschenantlitz und -miene, Körper und Glieder von wilden Tieren hätten. Das will ich als unerforscht in der Schwebe lassen.

DIALOGUS

Wer hiervon eine Ahnung hätte, würde des Glückes und Unglückes völlig vergessen und in lauter Sehnsucht nach dieser Erkenntnis dahinleben.

JACOB BURCKHARDT
Weltgeschichtliche Betrachtungen

EINFÜHRUNG

Der Dialog[1], in der heutigen Zeit kaum noch als legitime Form des philosophischen Gedankens — Ausnahmen bestätigen die Regel — angesehen, hatte die Aufgabe, philosophische Probleme zu .entwickeln, im Altertum im höchsten Grade. Er hat den Vorteil — manche werden darin vielleicht auch einen Nachteil sehen, der nur Umstände macht —, daß in ihm nicht nur Gedanken und Prinzipien im Streite liegen, sondern volle Existenzen gewogen werden. Oder besser ausgedrückt: er hatte nicht nur den Vorteil, sondern es war bei dem Wesen der antiken Philosophie nicht anders möglich. Denkbar ist es darum, daß der Dialog als Form auch für die neueste Philosophie wieder eine große Wichtigkeit gewinnen wird. Das ist hier nicht auszuführen, aber man muß die frühen, sog. aporetischen Dialoge Platos auch unter diesem Gesichtspunkt betrachten: Abbild des sokratischen Gespräches, in dem jeweils die naive Begriffsverfallenheit aufgehoben wurde, ohne daß etwas anderes Endgültiges an seine Stelle getreten wäre, wäre er nicht mehr zu rechtfertigen gewesen, wenn aus besserem Wissen am Ende der Gegner immer als der kläglich Besiegte dagestanden hätte. Darum vollzieht sich bei Plato ein Wandel in der Form des Dialoges, je fester er seine Gedanken vorträgt. Aristoteles hat dann in seinen für das größere Publikum bestimmten Gesprächen mit ihren persönlichen Vorreden und längeren Ausführungen, da es ihm auf Klärung der Begriffe und ihre Abgrenzung ankommt, offenbar nichts wirklich Dialogisches mehr gehabt.

Mit Cicero beginnt die Reihe der lateinischen Dialoge, in denen unser Dialogus einen gewichtigen Platz hat und Nachfolger findet in dem Octavius des Minucius Felix und den Dialogen Augustins, echten Gesprächen, in Cassiciacum gehalten. Cicero steht dem aristotelischen Dialog im Wesen näher als dem platonischen, wenn auch die platonischen Kunstwerke stark auf ihn gewirkt und besonders glückliche Erfindungen in ihm ausgelöst haben. Cicero war seines Zeichens Akademiker, das heißt

Skeptiker, an die Möglichkeit absoluter Wahrheitsfindung dogmatisch nicht gebunden. Bei ihm hätte es zu einem echten Kampf der Geister kommen können, indem die eine Partei dem Wahrscheinlichen und Plausiblen näher gekommen wäre als die andere. Aber hier trat ein anderes Hindernis ein: die Personen der ciceronischen Dialoge sind durchweg die großen Zeitgenossen oder hervorragende Männer der Vergangenheit aus dem römischen Adel mit dem ganzen Gewicht ihrer Persönlichkeit. Es war nicht gut zu machen, daß am Schluß dann das *iudicium* eines der Teilnehmer bloßgestellt war. Wir kennen Konflikte dieser Art um die Dialoge Ciceros[2]. Bezeichnend ist, wie er im 'Staate', wo er ganz bestimmt seine feste Überzeugung von Scipio vortragen läßt, die Gegenstimme einführt, der sein Nein entgegengesetzt wird: Philus hält eine Gegenrede im Stile des Karneades, auf die Laelius, der Freund Scipios, dann vernichtend antwortet. Aber er ist nicht etwa der Meinung, die er vorträgt, sondern entschuldigt sich vorher, daß er so Ungeheuerliches ausspreche, er spielt auf Bitten des Kreises den Anwalt des *diabolus*[3]*!* Es entspräche überhaupt nicht dem römischen Stile, darf man sagen, im schriftlichen Denkmal die Niederlage einer Ansicht und ihres Vertreters zu verewigen, es müßte denn sein, er bekehrte sich freiwillig und freudig-erlöst oder — es handelt sich um Probleme, bei denen es keine eindeutige Lösung gibt, die antinomisch zerklüftet sind. Bei Cicero ist das eine wie das andere undenkbar. Darin besteht ja gerade seine besondere Größe, daß er im Glauben an die Vernunft im tiefen Sinne, daß es nämlich in jeder Situation unter Menschen möglich sein müsse, zu einer Lösung und zum Einverständnis zu kommen, nicht irre geworden ist und diesen Glauben schließlich auch mit dem Tode bezahlt hat. Das eine ist vielmehr der Fall im Dialogus des Tacitus, das andere im Octavius des Minucius Felix. Bei Tacitus, weil er an die Vernünftigkeit der Geschichte nicht glaubt und darum viele oder mehrere Haltungen geschichtlich möglich werden, bei Minucius Felix, weil er mit dem Hinweis auf den Glauben und das Jenseitige erlöst, das Geschichtliche entwertet und die Einheit wieder in Gott findet[4].

Diese Probleme sind es, die im Dialogus am Problem der Rede und des Stiles entwickelt werden. Damit ist sofort die ganze römische Lebenswirklichkeit und ihre Geschichte gegeben. Aber nicht nur das. Bemeistert werden mußte ja auch die lange Tradition der Gedanken über Sprache und Rede, die seit dem Gorgias des Plato, seit den Sophisten, ja noch vorher die Menschen unablässig bewegt hatten. Man sieht, wie komplex die Situation war, in der Tacitus die vornehmsten Redner seiner Jugendzeit ihr Wort zu dem Problem sagen läßt, woran es liege, daß die Redekunst der Gegenwart im Verfall begriffen sei. Es bedarf darum einer besonders behutsamen Interpretation, um den Sinn dieses problematischen Werkchens zu begreifen. Wesentlich ist auch hier, im Nachvollzug sich erst einmal der Gewichte, die das Drama des Gespräches bestimmen, zu versichern, ehe die Fragen entschieden werden können, die den Wissenschaftler gerade bei diesem Werke so zahlreich beunruhigen, die Frage nach der Form im ganzen — wir haben das Werk nicht ganz, sondern durch eine Lücke verkürzt; eine andere Lücke wird vermutet —, die Frage nach der Originalität der Gedanken und damit verbunden die nach dem historischen Bewußtsein des Verfassers, weiter die Frage der Echtheit — die Verfasserschaft des Tacitus ist von der Überlieferung nicht eindeutig beglaubigt — und schließlich die vexierteste, die Frage nach der Abfassungszeit: kann dies ein Werk des Jünglings sein und wenn, in welcher Zeit konnte so freimütig geschrieben werden; ist es nach dem Tode Domitians geschrieben und erschienen, in welche Zeit des Tacitus gehört es dann? Eng mit dieser letzten Frage ist die nach dem Stile der Schrift verknüpft, die natürlich auch in die Frage nach der Echtheit hineinspielt.

Die Schrift ist Iustus Fabius[5] gewidmet. In ihr wird ein Gespräch wiedergegeben, an dem Tacitus teilgenommen haben will. Bei diesem Gespräch zwischen den größten Rednern der Zeit wurden entgegengesetzte[6], in verschiedene Richtung gehende Gründe vorgetragen, die aber alle etwas Plausibles hatten. In ihnen prägte sich die Charakterart der Unterredner aus. Bewahrt soll im Bericht auch die Ordnung der Gedanken werden, da einer dabei war, der die feindliche Ansicht vertrat und die neue Zeit der alten vorzog. Die Situation der persönlichen Einleitung wird nur im Wesentlichsten angedeutet — Antwort auf stetes Fragen —, im übrigen bleibt alles Konkrete — ist es ein langer Brief oder eine übersendete Schrift oder ein Gespräch, mit dem wir es zu tun haben? — im Unbestimmten. Dagegen gibt uns der Verfasser eindeutige Hinweise für die Beurteilung des Dialogs: für ihn ist die Tatfrage entschieden — die alte Redekunst war besser —, und der Dialog bringt in vollständiger Behandlung *(pertractantes* von den Unterrednern gesagt) die Gründe. Alle diese Gründe, gehen sie auch in verschiedene Richtung, können Billigung finden. Damit ist gegeben, daß keine Ansicht vom Kritiker gegen die andere ausgespielt werden darf. Nur Apers Ansicht, der die modernen Redner lobt, kann hiernach vom Schreiber nicht geteilt werden. Spricht sich im Einverständnis des Schreibers mit Iustus Fabius ein Urteil aus, so wird das Urteil des Verfassers im Dialog selbst — das wird wichtig für den Stil werden — zurücktreten. Nur Erinnerung an damals Gesagtes hat er nötig. Das Ganze, wie das Proömium des Agricola, ist ein Spiel mit den Zeiten. Die Zeit des Dialoges und die seiner Mitteilung gehören zur neuen Zeit, der die große alte Zeit gegenübersteht. Aber während die Gegenwart kaum noch den Namen des *orator* und seinen Begriff kennt und bestimmter im Urteil ist, kann man zur Zeit des Dialoges[7] nicht nur von den *disertissimi* sprechen, freilich *ut nostris temporibus,* sondern einer von ihnen vermag noch so zu tun, als wenn außer formaler Vollendung überhaupt kein Unterschied zur alten Zeit bestehe. Fabius Iustus, *consul suffectus* im Jahre 102, war ein Freund des jüngeren Plinius — und damit wohl auch des Tacitus, wenn wir zunächst vorsichtig sein wollen —, wie aber dieses Proömium zeigt, nicht so optimistisch wie jener, sondern dem Tacitus näher. Plinius[8] äußert sich über dasselbe Problem weniger hart: »ich gehöre zu denen, die die Alten bewundern, aber nicht so, daß ich die Geister unserer Zeit verachtete, wie manche Leute. Denn es ist nicht so, daß die Natur, sozusagen ermattet und in ihrer Gebärkraft erschöpft, jetzt schon nichts mehr Lobenswertes hervorbrächte.« Eine Erneuerung des ciceronischen hat man dieses persönliche Proömium genannt. Und in der Tat ist es im Werke vom Gemeinwesen[9] so, daß Cicero ein Gespräch berichten will, das er mit dem Bruder in Smyrna von Rutilius Rufus gehört hat, der seinerseits in seiner Jugend mit dabei war. Gegenüber der künstlerischen Freude Ciceros an der

Ausmalung spürt man hier sehr stark die Konzentrierung aufs Wesentliche und die Beschränkung auf funktionell Wichtiges, Hintergründigkeit anstatt naiver Offenheit.

Der Dialog selbst gliedert sich und nimmt eine neue Wendung mit dem Auftreten einer neuen Person. Ein altehrwürdiges Mittel, die Dramatik eines solchen Kunstgespräches zu beleben. So ließ Plato im Symposion mit dem Hereinbrechen des Alkibiades das Ganze eine neue Wendung nehmen, und in Nachahmung des 'göttlichen Mannes' hat Cicero in seinem Gespräche über den Redner, das im Römischen sozusagen der Stammvater eines Werkes wie des Dialogus sein mußte, durch neu hinzutretende Personen und das Sichzurückziehen des greisen Scaevola — eine *imitatio* des Sichzurückziehens des Kephalos in Platos Staat — die Dramatik bereichert. Hier erscheint mitten im leidenschaftlichen Disput Messalla, ein Stadtrömer, im Kreise der gallischen Redner. Aber beginnen wir damit, da wir die dramatische Bedeutung der Personen erkannt haben, sie im einzelnen vorzustellen.

Hauptperson ist Maternus. Curiatius Maternus stammte aus Gallien. Er gehörte dem Senat an. Er ist Dichter und Redner zugleich. Das Nebeneinander von dichterischer und forensischer Tätigkeit soll im ersten Teil des Gespräches am liebsten nach Maternus Herzen zugunsten der Dichtkunst aufgehoben werden. Maternus schreibt, uns übrigens nicht mehr anders als im Dialogus faßbar, Lesedramen. Erwähnt wird eine Catotragödie. Vorhergegangen ist offenbar eine 'Medea'. Fast fertig ist ein 'Thyest' und geplant — wieder mit römischem Inhalt, also *praetexta* — ein 'Domitius'. Es handelt sich sicher um den von Lucan verherrlichten Freiheitskämpfer (*consul* 55 v. Chr.), der im Bürgerkrieg auf Pompeius' Seite fiel[10], im 'Cato' um den Cato Uticensis, der sich aus Schmerz über das Ende der Freiheit in Utica das Leben nahm. Und offenbar wurde auch der Grund zu seinem Ruhme durch eine Tragödie gelegt, den 'Nero'[11], mit der er nach dessen Tode die Macht des Günstlings Vatinius brach, die noch über dessen Tod dauerte. Man sieht: diese dramatische Produktion, offenbar eben stärker wieder einsetzend, geht nach einer Richtung und charakterisiert den Mann entscheidend: wie er am Beginne seiner Laufbahn mit einer Tragödie Politik machte, so führt der Neuansatz nach einer Tragödie der Leidenschaft, der 'Medea' — vielleicht, daß auch in ihr wie in Senecas 'Medea' das Problem des Tyrannen eine Rolle gespielt hat, wenn darüber natürlich auch nichts Sicheres zu sagen ist —[12], zu Dramen, die lautere und sich der Knechtschaft nicht beugende Männer verherrlichen. Was er in der Zeit nicht findet, das verherrlicht er in der Welt der Dichtung. Er glaubt dabei, wie es an einer wichtigen Stelle heißt, auf die noch hinzuweisen ist, Stellung und Leben durch seine *innocentia,* dadurch, daß er niemandem schadet, schützen zu können und des Schutzes der eigenen Beredsamkeit nicht zu bedürfen. Diese Stelle gewinnt an Hintergründigkeit, wenn es sich um jenen Maternus handelt, den, wie es heißt, Domitian im Jahre 91 wegen Äußerungen gegen das Kaisertum hat hinrichten lassen[13]. Wichtiger noch als diese vielumstrittene Nachricht ist für das Verständnis des Dialogus die Tatsache, daß sich alle Teilnehmer des Gespräches in der Verehrung für diesen Mann vereinen. Sie können nach ihrer Art je nur bestimmte Seiten seines Wesens erfassen, sind sich aber so in etwas, was tiefer liegt als das Rationale oder Überzeugungen, der Ehrfurcht und der Erkenntnis höheren Seins, einig.

Zunächst sind da zu nennen Aper und Secundus. Aper ist uns nur durch den Dialogus bekannt, Secundus[14] als Freund Quintilians, des großen Redelehrers der flavischen Zeit. Beide sind in Gallien geboren. Aper scheint dann in Britannien gedient und in Rom dank einer natürlichen Rednerbegabung sogar das Konsulat als etwas für ihn Erreichbares angesehen zu haben: die Prätur, das zweithöchste Amt, hat er bekleidet[15]. Secundus, ein Altersgenosse Quintilians — um 35 n. Chr. in Gallien geboren — hat als Redner die höchste Bewunderung Quintilians gefunden. Ein früher Tod hat ihn an der letzten Vollendung gehindert. Wahrscheinlich hatte er bei Otho den Vertrauensposten des *ab epistulis* inne, des Geheimsekretärs. Plutarch[16] beruft sich auf ihn bezüglich der Beschlüsse Othos, die zur Schlacht von Bedriacum führten. Secundus hat da die zu zeitige Auslösung der Schlacht psychologisch mit der Unfähigkeit des Kaisers erklärt, die Ungewißheit länger zu ertragen. Vielleicht, daß das psychologische Interesse ihn auch angeregt hat, eine Biographie des

Iulius Africanus zu schreiben, seines Landsmannes und berühmten Redners. Secundus wird dabei von den Zeitgenossen als gebildet und geschult, Aper als das Naturgenie angesehen, dem die Bildung fehle wie Secundus der natürliche Fluß. Es ist jener Gegensatz, wie ihn Cicero bei seinen Lehrern Crassus und Antonius schildert[17]. Und wie dort der tiefer blickende und begeisterte Schüler das Urteil der Menge korrigiert, so hier Tacitus, das wollen wir immerhin vorbehaltlich der Echtheitserörterung am Schluß sagen. Tacitus nimmt als stummer Teilnehmer am Gespräch mit teil, weil er, so wie es im alten Rom Sitte gewesen war, durch ständiges Zusammensein mit diesen berühmten Rednern seine Ausbildung vervollkommnete. Er wußte, daß Secundus trotz seiner Schule und Bildung die Rede rein und, wenn nötig, reich zur Verfügung stand, und daß Aper die Literatur mehr geringschätzte als sie nicht kannte. Das ganze Verhältnis und die Beurteilung der Redner ist also in Erinnerung an das Werk 'de oratore' gesehen und gestaltet, dürfte darum aber der Wirklichkeit doch entsprochen haben, wie man aus Quintilian erschließen darf. Der einzige Stadtrömer in diesem Kreise — wenn wir Tacitus als *umbra* einmal nicht mitzählen oder seine gallische Herkunft für wahrscheinlich halten — ist Vipstanus Messalla aus altem Adel. Ist doch sein Vorfahr wohl sicher der berühmte Redner Messalla Corvinus — Freund Tibulls und selber Elegiker —, der im Jahre 27 v. Chr. als letzter Privatmann einen berühmten Triumph hatte feiern können. Messalla ist der jüngste des Kreises, etwa zehn Jahre jünger als Secundus. Er hatte in den Kämpfen zwischen Vespasian und Vitellius das Kommando der *legio septima Claudiana* und hat an den Kämpfen unter Antonius Primus teilgenommen. Tacitus rühmt ihn in den Historien als einen ungewöhnlichen Mann, der als einziger moralisch ganz tadelfrei in diesen Krieg gezogen sei: *egregius ipse et qui solus ad id bellum artes bonas attulisset*[18]. Er hat Memoiren über diese so entscheidenden Kämpfe geschrieben, die Tacitus der Benützung für würdig befunden hat.

Es ist ein Kreis der erlauchtesten und erfolgreichsten Männer der Zeit, aus Rom und der Provinz stammend, der sich hier in der Hauptstadt der Welt auf eine Frage besinnt, die aufs tiefste mit dem Sinn seines Lebens zusammenhängt.

Das Drama des Gespräches beginnt mit einem Morgenbesuch der beiden Redner — Tacitus begleitet sie — bei Maternus, einer Aufwartung nach einem bedeutsamen, ja gefährlichen und aufregenden Tage. Maternus hatte nämlich am Tage vorher seine Catotragödie öffentlich vorgetragen und dabei bei den 'Mächtigen', wie vorsichtig andeutend gesagt wird, Anstoß erregt. Die ganze Stadt war voll davon, daß er, ohne an sich zu denken, ganz aus der Seele Catos gesprochen hätte, eine wohlwollende und sicher berechtigte Interpretation der Tatsache, daß er den Verlust der Freiheit in Cato beklagt hatte. Tacitus schweigt diskret über den Grund, der sie zu Maternus führt. Aber die Morgenvisite ist immer eine Ehrung und in diesem Falle eine Demonstration, daß man nicht von Maternus abrückt. Das berechtigt aber, freundschaftlich besorgt zu sein, und so beginnt Secundus, der dem Sinn des Maternus näher steht, urban überlegen mit der Frage, ob die Rede Böswilliger ihn gar nicht schrecke, daß er schon wieder sein Catobuch, das solch unliebsames Aufsehen bei den Mächtigen erregt habe, in den Händen habe oder ob er vielleicht die anstößigen Stellen beseitigen und einen zwar durchaus nicht besseren — damit wird der Tragödie, wie man vielfach verkannt hat, ein hohes Lob gezollt —, aber einen weniger gefährlichen 'Cato' der Öffentlichkeit übergeben wolle. Maternus weist entrüstet diese Zumutung von sich. Nicht nur, daß im Buche alles stehen wird, so wie er es sich schuldig ist — deutlicher kann auf den Sinn der Tragödie und den Sinn der Verpflichtung, in der sie geschrieben wurde, nicht hingewiesen werden —: wenn im 'Cato' zu wenig über Freiheit und Tyrannentum steht, wird es der 'Thyest', den er vorbereitet, bringen! Hier mischt sich Aper ein. Er nimmt die Sache weniger von der Seite der ethischen Verpflichtung, sondern vom formal Künstlerischen, dem persönlichen Geschmack und seiner Beliebigkeit und enthüllt sich damit schon. Daß Maternus bei dieser Lage immer noch nicht genug hat an solchen Tragödien, wo die größten Aufgaben auf dem Forum seiner harren, und für die Zukunft nun auch noch einen 'Domitius' neben dem 'Cato' plant, das heißt neben griechischen nun auch römische Stoffe darstellen will! Ein Mißverständnis neben dem anderen! Aber Maternus geht urban auf diese oberflächliche Sicht ein. Er würde durch die Strenge Apers in Verlegenheit gesetzt, wenn das nun nicht schon ein gewöhnlicher Streit zwischen ihnen wäre, daß er die Dichtkunst verteidige, Aper sie angreife und gegen Maternus den Vorwurf erhebe, er wende nicht genug Energie auf die Pflicht der Verteidigungen. Aber zum Glück ist jetzt Secundus da. Er soll der Schiedsrichter sein, der ihm entweder für die Zukunft verbietet, Verse zu machen oder mit seiner Autorität ihn bestärkt, die Redekunst und forensische Tätigkeit ganz aufzugeben und sich der erhabeneren Form der Redekunst, nämlich der Dichtkunst zu widmen. Secundus erklärt sich für befangen; wer weiß denn nicht, daß er mit Saleius Bassus, dem großen Dichter befreundet ist? Wenn aber die Dichtkunst angeklagt wird, so ist Saleius Bassus[19] der vornehmste Angeklagte. Auch er geht also auf die rein formale Behandlung des Problems mit ein.

Zur Bereiterklärung des Secundus aber kommt es nun ebensowenig wie am Ende des Redepaares Aper-Maternus zu einem Schiedsspruch, weil Aper energisch und temperamentvoll losbricht. Nicht um das allgemeine Problem Dichtkunst und Redekunst geht es, und unbehelligt soll sein ein Mann wie Saleius Bassus oder wer sonst noch dichtet, ohne reden zu können: es geht um Persönliches, um Maternus, weil er, der geborene Redner, um der Dichtkunst willen diese Aufgabe vernachlässigt. Er, Aper, wird nicht dulden, daß Maternus in Gesellschaft mit mehreren verteidigt oder angeklagt wird, da er einen Schiedsrichter gefunden hat, sondern ihn selber und allein wird er bei ihnen anklagen ob dieser Versäumnis. Und dann schildert er die Redekunst, ihre Vorzüge und ihre Macht, in den leuchtendsten Farben. Auf diese Rede Apers folgt ein Preis der Dichtkunst durch Maternus.

Damit hat Aper dem Gespräch eine Wendung gegeben, die scheinbar weit von dem entfernt, was im ersten Kapitel als Thema versprochen war, nämlich ein Gespräch über die Gründe des Verfalles der Redekunst. Sind diese Reden bloße Einleitung oder haben sie eine innere Verbindung mit dieser Frage?

Die Beantwortung dieser Fragen wird über die Einheit und den Sinn des Dialogus entscheiden und kann nur gefunden werden, wenn Form und Sinn dieser Reden genau gefaßt sind.

Über den Aufbau der ersten Aper-Rede sind sich die Herausgeber bis zur neuesten Ausgabe so einig, daß sie in der Überzeugung, daß Aper zu Beginn die Disposition seiner Rede angibt, in die Reihe[20] *quo non aliud in civitate nostra vel ad utilitatem fructuosius vel ad dignitatem amplius vel ad urbis famam pulchrius vel ad totius imperii atque omnium gentium notitiam inlustrius excogitari potest* hinter das erste Glied seit SCHULTING *vel ad voluptatem dulcius* einfügen, weil Aper nämlich nach Behandlung des Nutzens — vgl. Kap. 5 Ende *plura de utilitate non dico* — mit den Worten *ad voluptatem oratoriae eloquentiae transeo* dem Anschein nach zu dem zweiten Punkt *voluptas* übergeht, der nun freilich in der vorhergehenden Inhaltsangabe nicht erscheint. Daher denn die Annahme eines Ausfalles. Zwei Gründe aber sprechen dagegen: das Wort *dignitas* kommt im Folgenden nicht vor und so wäre der dritte Punkt gar nicht behandelt, und von Stellung und Würde ist in einem bestimmten Sinne viel unter dem zweiten Punkt *voluptas* die Rede. Im übrigen kann man überhaupt nicht von einer Abhandlung nach bestimmten Punkten sprechen. Was Redekunst ist, wird vielmehr an der Existenz lebendiger Gestalten gezeigt, an Aper selber und an Leuten wie Eprius Marcellus und Vibius Crispus. Die einleitenden Sätze geben also nicht eine strenge Disposition, sondern ein Resumé: die Redekunst ist am fruchtbringendsten in Hinsicht auf die Förderung des Lebens, sie gibt die weiteste Stellung und Würde und schafft die größte Berühmtheit in Rom und im ganzen Reich. Es sind das die naiven römischen Kategorien, nach denen die Dinge bewertet werden, einmal das Lebensfördernde, das *utile*, dann das *honestum*, hier nicht im philosophischen Sinne, sondern im Sinne des glanzvollen Äußeren, das von der Gemeinschaft bestaunt und geehrt wird, und schließlich das, was die Folge einer so glanzvollen Existenz, einer solchen *virtus* ist, *gloria* und *fama*. Neu und eigenartig ist im Zusammenhang aber die Wendung, daß die *dignitas*, die große Stellung, nicht objektiv angeschaut wird, sondern — verwandt damit ist es, daß Aper auch die Beweggründe des Maternus nur im Genuß, der persönlichen 'Sättigung', sehen konnte — in dem Genuß, den sie Aper verschafft, Aper und dem Redner überhaupt. So geht er nach Abhandlung des Nutzens, bei der er die Redekunst in Hinsicht auf das Leben, auf das alle Handlungen zu beziehen sind, als Waffe zu Verteidigung und Angriff charakterisiert und als Beispiel anführt, wie Eprius Marcellus mit seiner Routine über den weisen Helvidius Priscus Herr geworden ist, zu dem Glanzvollen und Freudebringenden, dem *laetum*, der Redekunst über (Kap. 6—7).

Er entwickelt die weltweite Berühmtheit der Redner diskreterweise nicht an sich, sondern an dem schon erwähnten Eprius Marcellus und Vibius Crispus. Das sind nun höchst anfechtbare Persönlichkeiten, und Tacitus hat über Eprius an anderer Stelle[21] ein vernichtendes Urteil gefällt. Aber Armut, geringe Herkunft, äußerliche Unscheinbarkeit und, milde ausgedrückt, moralische Mittelmäßigkeit sind für Aper gerade recht, und darum streicht er sie mit allen Mitteln heraus, um die Paradoxie der *virtus* zu erweisen, daß nämlich allein die männliche Beredsamkeit diese beiden zu solchen Höhen geführt hat, daß selbst der Kaiser sie mit Respekt behandelt, weil er weiß, daß sie in die Freundschaft mit ihm etwas bringen, was er selber nicht verleihen kann. *His igitur et honoribus et ornamentis et facultatibus refertas domos eorum videmus, qui se ab ineunte adulescentia causis forensibus et oratorio studio dederunt!*

Wie kümmerlich ist dagegen das, was jemand erreichen kann, der sein ganzes Leben Versen und Gedichten widmen will — davon war ja die Rede ausgegangen. In dem Schlußteil seiner Rede, der mit diesen Worten beginnt, bekämpft Aper nicht etwa die Dichtkunst, sondern er vergleicht sie nur, indem er nach Art des Satirikers, eines Juvenal etwa, die Existenz eines solchen merkwürdigen Menschen karikiert. Auch hier schickt er dieser Karikatur ein Resumé voraus: die Dichtkunst verschafft keine *dignitas* und keine *utilitas*, eine *brevis voluptas* und eine *laus inanis*. Hier trennt er *dignitas* und *voluptas*. Begreiflich, denn der Genuß ist bei der Dichtkunst rasch vergehend, behauptet er, während der des Redners (Kap. 6, Anfang) an allen Tagen und an allen Orten eben in der Stellung, etwas Dauerndem, zuteil wird (Kap. 9—10).

Er möchte, damit schließt er ab, beileibe nicht der Dichtkunst zu nahe treten. Er weiß, was sich für einen gebildeten Menschen gehört, und schätzt sie und alle Teile der Kunst des

Wortes als etwas Hohes und Erhabenes — und nun zählt er alle Arten der kunstvollen Rede auf, indem er wieder von der formalen und ästhetischen Seite nimmt, was für Maternus mit seiner Wahl der Tragödie innerstes Anliegen war —, er hat es allein mit Maternus zu tun, der die männliche Beredsamkeit des Forum beherrscht, aber sich ihr entzieht, zunächst teilweise, vielleicht ganz, der ins Spiel ausweichen will, obwohl er dem Ernst des Lebens gewachsen ist. Wäre er ein Grieche und hätte die Muskeln eines Nikostratos, würde er auch nicht dulden, daß diese Muskeln in den leichten Sportarten verkümmerten, sondern ihn zum Faustkampf auffordern. So steht es — und nichts könnte bezeichnender für die Auffassung des Aper sein — auch mit Maternus. Und eine Entschuldigung, daß er sich etwa von der Redekunst wegen ihrer Gefährlichkeit zurückziehen wolle — hier scheint wieder etwas Fragwürdiges hindurch —, kann man bei Maternus, dem allein die Rede gilt, darum nicht passieren lassen, weil er ja, ohne durch Nötigung und Verpflichtung entschuldigt zu sein, wegen eines 'Cato' Anstoß erregt.

Die Rede Apers ist ein Angriff auf einen Menschen oder besser auf eine bestimmte Seite in einem Menschen. Der Mann in Maternus, der große Redner, den auch ein Aper anerkennt, soll ganz für Apers Sache, die forensische Beredsamkeit, die ernste Redekunst und ihre höchste Höhe und Burg gewonnen werden. In diesem Ringen um die Entscheidung und die Gewinnung eines andern für das Eigene enthüllt sich Aper selbst. Man ist versucht, Aper mit Gestalten der platonischen Dialoge, einem Polos oder einem Thrasymachos, gleichzusetzen oder an andere Sophisten als Vorbild zu denken. Gegenüber der theoretischen Bewußtheit aber, mit der dort ein Dogma vertreten wird, daß es darauf ankäme, die geringere Sache zur größeren zu machen, oder daß die Gerechtigkeit der Nutzen des Stärkeren sei, ist hier in viel stärkerer Weise der ganze Mensch im Spiel. Aper ist — selfmademan, wie man gesagt hat, ist zu wenig, schaut nur auf Erreichtes und Erfolg — eine sensualistische Kraftnatur ohne alle Hemmungen und Bindungen an Geistiges und Moralisches, den Augenblick und die eigene Kraft genießend, Dauer nur in der Stellung erstrebend, anerkennend nur die große *virtus* im Nächsten und die Verpflichtungen, die sich aus persönlichen Bindungen ergeben. Er ringt und schwimmt im Leben, ist ihm völlig verfallen und hat als letztes Ziel das Sichausleben, den vollen Lebensgenuß und das Überwältigen und Bemeistern. Er hat ein raffiniertes sinnliches Unterscheidungsvermögen für alles, was sich zu diesem Ziele verwenden läßt, würde aber nie ein Ding um seiner selbst willen tun können. Bei ihm verlieren selbst die diesseitigen römischen Lebensbegriffe wie *virtus, utilitas, dignitas, honos, gloria* alles Objektive und sind ganz auf ihn bezogen. So ist in seiner Rede ein eigentümlicher Begriffswandel, eine eigentümliche Elastizität und Austauschbarkeit der Begriffswelt zu beobachten; er ist ein echtes Kind des Jahrhunderts. An Maternus kann er nur eine Seite verstehen, nämlich seine Kraft, die auch ihn zum berühmten Redner gemacht hat, das andere ist ihm verschlossen. Und gerade dieser Umstand ist es wohl, der ihn, der letztlich doch alles nach seiner *voluptas*, nicht nach dem *cui bono* bemißt, zu dem für ihn so inkonsequenten Amte des Proselytenmachers bewegt. Denn es ist ihm bitter ernst. Er hat heftig erregt und laut auf Maternus eingeredet. Einem Aper ist die Sinnfrage, die Hauptfrage für eine Entscheidung, völlig unzugänglich.

Maternus antwortet heiter und gelöst, mit einer ergreifend resignierend lächelnden Miene des Überlegenen. Ein Kunstgriff Apers hat ihn milde gestimmt, daß er nämlich nicht die Dichtkunst angriff, sondern denen, die nicht reden könnten, das Versemachen erlaubte. Damit wird dem Angriff auf die Person alle Schärfe genommen, Aper mit seinen eigenen Waffen — nämlich sich nur aufs Formale einzulassen —, wenn auch aus anderen Motiven, geschlagen und von vornherein der gelöste Ton angeschlagen, der des Maternus Rede kennzeichnet und sich nur im Preis der Dichtkunst zu poetischer Höhe erhebt. Maternus geht von seinem Leben aus. Er ist eine Doppelnatur wie Cicero etwa, im Kampfe des Lebens zuhause und im Geistigen beheimatet. So hat er gewiß manches in der Redekunst vermocht: doch sein Ruhm begann mit einer Praetexta mit politischem Ziel, als Dichter hat er die Macht eines üblen Günstlings Neros gebrochen, und auch wenn er jetzt einen Namen hat, so ist er mehr durch den Ruhm seiner Gedichte als Reden erworben.

Damit stellt er den allgemeinen Behauptungen Apers über die Gegenwart und den Ruhm von Redner und Dichter in ihr einfach seine eigene Existenz entgegen. Besinnung auf die eigene Existenz und die Rede Apers haben ihn völlig bestimmt gemacht. Und nun bricht darum aus dieser Entschiedenheit die persönliche Stellungnahme zur Rede Apers hervor: er ist entschlossen — *constitui* —, jetzt — *iam* — sich von den forensischen Strapazen zu lösen, und er mag dies alles — *comitatus, egressus, frequentiam domus etc.* — nicht und schützt sich lieber als durch Redekunst durch Lauterkeit und dadurch, daß er niemandem schadet, und hofft, im Senat nur anderen in Gefahr beistehen zu müssen. Über die Hintergründigkeit dieser Worte, falls Maternus von Domitian hingerichtet worden ist, ist schon gesprochen worden: die Gesetze vernünftigen, friedlichen Lebens gelten nicht unter dem Tyrannen, so wie ja auch Helvidius Priscus von Eprius Marcellus überwunden wurde. Hier kommt es darauf an zu erkennen, wie mit ganz leichter Handbewegung aus der Besinnung auf sich selbst, *nomen* und Wünsche, die zwei Hauptpunkte der Rede Apers, *utilitas* und *voluptas-dignitas*, beiseitegeschoben werden. Das alles rührt Maternus nicht.

Bleibt die *gloria*, nach der die Dichter allein gehen. Hier setzt Maternus ein, um der Dichtkunst ihr Recht zu geben. Er setzt bei einer Bemerkung ein, die beim Bericht über die Rede Apers wegen Unerheblichkeit von uns ausgelassen worden war[22]. Aper hatte gesagt, nachdem er die karge Frucht der karikierten Rezitationen beschrieben hatte, die höchstens in einem Geschenk des Kaisers gipfelt: füge, um das Ganze abzurunden, hinzu, daß der Dichter, will er etwas Rechtes zustande bringen, die Annehmlichkeiten von Stadt und Öffentlichkeit verlassen muß, seinen Verpflichtungen menschlicher Bindungen nicht nachkommen kann und in *nemora et lucos*, in die Haine und Wälder, d. h. aber in die wüste Einsamkeit sich zurückziehen muß. Für Maternus sind diese *nemora et luci* die reinste Freude.

Die 'vergilischen Kapitel' der Maternus-Rede begreifen diese Stille, in der die Dichtkunst gedeiht, als Überrest und Hereinwirken der goldenen Zeit in die eiserne Zeit. Das sind die Anfänge und das Allerheiligste der Redekunst, diese in der Stille geborenen Lieder. In dieser Form hat sie sich den Reinen der goldenen Zeit empfohlen. Dagegen ist die auf Gewinn und Vernichtung ausgehende Beredsamkeit, als Waffe erfunden, erst jung im Verhältnis dazu und *malis moribus natus*, entstanden als Ausdruck eines schlechten sittlichen Zustandes. Weil die goldene Zeit keine Verbrechen kannte, kannte sie keine Redner, dafür aber standen im höchsten Ansehen die Dichter und Seher, erstlich bei eben den Göttern, deren Orakel sie verkündeten, sodann bei den götterentsprossenen Königen. Kein Rechtsanwalt, wohl aber Orpheus und Linus, ja Apollo selbst stehen mit der goldenen Zeit in Verbindung. Es sind Gedanken des Catull, Cicero, Vergil und Tibull, die hier aufklingen. Catull hatte geklagt über den Verlust der goldenen Zeit und geglaubt, in seiner Liebe das Leben der Heroen führen zu können. Cicero hatte im 'Hortensius' die Überlegenheit des philosophischen Lebens damit begründet, als er innerlich Abschied nahm vom Letzten, was ihn an die Welt fesselte, daß in der goldenen Zeit der Unterschiedslosigkeit und der spontanen Lebensfülle die Redekunst nicht nötig war, ja nicht einmal die menschlichen Tugenden. Vergil aber und Tibull sind es vor allem unter den Dichtern, die ihre Gegenwart begreifen in der Polarität von goldener und eiserner Zeit. Vergil entdeckt goldene Zeit im reinen italischen Landleben, Tibull in der Liebe verbunden mit schlichtem Leben in ländlicher Stille. Goldene Zeit gilt es zu verwirklichen. Maternus, vor allem Vergil und dem 'Hortensius' verpflichtet, wird auch in seiner Schlußrede in besonderer Weise auf diese Gedanken zurückkommen. Hier bekennt er sich in fast ekstatischer Schau zu jenen Anfängen der Kunst menschlicher Rede, ohne dabei freilich ganz die Verbindung mit der Wirklichkeit und seinen Gesprächspartnern zu verlieren: wenn dies — und hier nimmt er Rücksicht darauf, daß Aper gewisse Bezirke verschlossen sind — allzu *fabulosa et composita*, allzu märchenhaft und erdichtet erscheint: das eine muß er zugeben, für Maternus ein weiterer Beweis für das Wirken der ursprünglichen Werte der goldenen Zeit, der Aper aus seiner Gegenwartsbefangenheit in historische Weiten führen kann: sieht man aufs Ganze und ist nicht befangen in der Gegenwart, so erweist sich der Ruhm des Dichters als ehrwürdiger und unbestrittener als der des Redners.

Jene Vergegenwärtigung des Lebens der goldenen Zeit, des mythischen Anfanges, die Unterschiede des Ruhmes erkennen ließ, hat hellsichtig gemacht auch für 'Würde und Genuß' des Lebens, die Maternus zunächst als für sich nicht wünschenswert beiseitegeschoben hatte. Er, Maternus, hat wirklich keine Furcht, das *felix contubernium* der Dichter und ihr Leben, dieses Einverständnis der wenigen Reinen im Rechten mit dem unruhigen und angstvollen Leben der Redner zu vergleichen. Vergil jedenfalls in seiner Zurückgezogenheit hat bei einem Augustus liebevolles Verständnis und beim römischen Volke, das sich spontan vor ihm wie vor einem Kaiser erhob, echte Bekanntheit gefunden. Und ein Pomponius Secundus steht einem Domitius Afer *dignitate vitae vel perpetuitate famae* nicht nach. Die beiden Begriffe sind wichtig: sie zeigen, was unter Würde des Lebens zu verstehen ist, nämlich die innere Reinheit und Erlesenheit, und was unter Ruhm, nämlich die Dauer des Geltens. Und hier kommt Maternus nun zum wundesten Punkt der Rede Apers, die sich auf so zweifelhafte Gestalten wie Eprius Marcellus und Vibius Crispus in ihrer Macht berief. Was ist ihre Macht! Was ist ihr Leben! *Tantum posse liberti solent.* Es ist ein Leben von Freigelassenen, nicht aus eigener Freiheit. Ihn aber, damit wird in dichterisch erhobener Sprache und mit Berufung auf Vergil wie am Anfang, nun aber aus tieferer Erkenntnis, die eigene ersehnte Lebensform der Form dieser von Aper angeführten Beispiele entgegengestellt, soll ein von den Unruhen des Kampfes und der Notwendigkeit, jeden Tag etwas gegen das eigene Wesen zu tun, befreites Leben zu den heiligen Quellen der Dichtkunst führen; ein Leben, nicht ausgesetzt den Gefahren des schlüpfrigen Forums und einmal zu seinem natürlichen Ende kommend, ohne den Zwang, Fremde — den Kaiser — in seinem Testamente zu bedenken, damit das Gedächtnis bewahrt wird; mit einem Bild auf dem Grabe, heiter und bekränzt, nicht finster und brutal mit den Spuren des Lebenskampfes, sondern dem Bilde eines M e n s c h e n. Geflissentlich wird hier wieder auf die Gewißheit hingewiesen, die Maternus hat, mit einem solchen reinen Leben — in verkehrter Zeit eine unsichere Hoffnung — den Nötigungen des tyrannischen Kaisers und des Lebens zu entgehen. Auch hier versteht man tiefer und vermag ein solches doppeltes

Hinweisen nur zu erklären, wenn der gewaltsame Tod des Maternus als Folie dahintersteht: das zeitliche Schicksal liegt nicht mehr in der Macht und Unschuld des einzelnen.

'Mehr den Dichtern ähnlich', heißt es, hat Maternus gesprochen und *velut instinctus*, wie angetrieben von einer höheren Macht. In der Tat entwickelt Maternus nicht und beweist nicht nach den Werten der gewöhnlichen Vorstellung. Die Gebärde ist entscheidend am Anfang, Bekenntnis in der Mitte, neues Ausholen aus tieferer Einsicht am Schluß und Aufnahme des Anfanges im Kontrast zur Widerlegung der Beispiele des Aper. Wir hatten schon einmal bei einer Rede aus einer Entscheidungssituation heraus die Dichter für die Art der Gedankenführung anführen müssen: bei dem Proömium des Agricola hatten wir das erste Gedicht Tibulls zum Vergleich herangezogen. Der Vergleich würde auch hier angebracht sein: das *me vero* erinnert an die mit *me* eingeleiteten Wunschbilder dieses Gedichtes oder das *sic ego sim* des verwandten zehnten. Maternus, großer Redner und berühmter Dichter, vollzieht mit seiner Rede nicht nur den Entschluß zu einem Berufswechsel, sondern gegen einen konsequenten Verächter alles dessen, was nicht sinnlich aufnehmbar ist, ein Bekenntnis zur Heimat des Menschen. In der Dichtung will er fortan den Ursprung suchen. Von hier aus versteht man, warum das Motiv des Schiedsspruchs – abgesehen davon, daß das Urteil bei Secundus, dem Freund des Saleius Bassus, nicht zweifelhaft gewesen wäre – nicht zu Ende geführt wird, nachdem es auch schon am Anfang in einer Schwebe blieb: ein Schiedsspruch nach diesem Bekenntnis des Maternus und der Enthüllung der Fragwürdigkeit der Beispiele Apers hätte nicht über Meinung und Urteile, *rationes*, entschieden, sondern über Glauben und Unglauben, über Menschen. Vergessen wir nicht, daß wir unter Freunden sind, deren Freundschaft auf gegenseitiger voller Anerkennung beruht. Von hier aus vermögen wir aber auch schon zu ahnen, daß diese Bekenntnisse zu Redekunst und Dichtung als Erscheinungen zweier Zeiten oder besser zweier Komponenten der Zeit, nämlich des Ewigen und Punktuellen in ihr, nicht bloßes Vorspiel sein können, nicht etwa die Einheit des Dialogus in Frage stellen können, sondern sie erst eigentlich schaffen: wie auch sonst bei

Tacitus die *casus* und *eventus*, selber meist ein Spiel des Zufalls, auf den tieferen Gründen der Struktur und des Wesens, der *ratio* und der *causae*, ruhen, so wird auch die Frage nach den Ursachen des Niederganges der Beredsamkeit letztlich aus den Tiefen der ganzen Persönlichkeit entschieden werden und ein wahrhaft historisches Urteil nur der finden, der sie an der *memoria* aller Zeiten und dem sich seit dem Uranfang enthüllenden Wesen mißt.

Das künstlerische Mittel, das angewendet wird, um dem Schiedsspruch zu entgehen, ist schon erwähnt worden: Messalla, zehn Jahre jünger, alter Adel, betritt den Raum, sieht an der Gespanntheit und Erregtheit der Teilnehmer, daß ein höheres Gespräch unter ihnen im Gange ist, und entschuldigt sich. Secundus wehrt ab und fügt urban und wieder das Äußere in den Vordergrund rückend hinzu, er wünschte, er wäre eher gekommen. Es wäre ihm die Rede Apers ein geistiger Genuß gewesen, in der er den Maternus ermahnt hätte, sich ganz der forensischen Beredsamkeit zu widmen, ebenso wie die kühnere dichterische Rede des Maternus für seine Dichtung. Die Antwort Messallas bringt zugleich das neue Thema in Gang und enthüllt den ganzen Mann mit ein paar meisterlichen Strichen. Die urban oberflächliche, aber treffende Charakterisierung der beiden Reden durch Secundus nimmt Messalla im Sinne eines Bildungsstrebens, das nicht nur den Geist nähre, sondern auch noch die fördere, zu deren Ohren solche Gespräche kämen. Werde es doch auch an Secundus gerühmt, daß er noch Biographien schreibe, an Aper, daß er nicht bloß deklamiere, sondern auch jetzt noch sich in *controversiae*, den Übungsreden, weiter vervollkommne. Das letzte zunächst als Anerkennung der geistigen Weiterbildung gemeint, gewinnt eine Form, die die alte Weise, wie die Redner ihre Muße verbrachten, etwa wie Secundus mit der Abfassung von Biographien geschichtlicher Art, in einen Gegensatz zu der der *novi rhetores* bringt. Aper fühlt die Spitze und schlägt ebenso geistreich und gewandt zurück, und so kommt es über das Zugeständnis Messallas, daß der Niedergang der Redekunst für ihn eine vielbedachte Sorge sei, und die Bitte, einer der Teilnehmer solle doch diese Frage behandeln, nach der Aufforderung des Secundus, Messalla könne das doch bei der

Lage der Sache selber am besten, zu dem Gespräch, dessen Thema in der Einleitung angegeben war. Messalla verspricht, die Frage zu erörtern, wenn er seinerseits das Versprechen erhält, daß die Teilnehmer ihn dabei unterstützen. Maternus verspricht das für sich und Secundus — sie würden die Teile ausführen, die Messalla nicht so sehr beiseitegelassen als vielmehr ihnen übriggelassen hätte; denn Aper pflege ja anderer Meinung zu sein und werde ihr Einverständnis über den Ruhm der Alten nicht unwidersprochen hinnehmen. — Man hat nach dem Versprechen des Maternus es für nötig gehalten, neben der Rede des Maternus eine Rede des Secundus anzusetzen. Die Frage ist mit der Frage der Lücken zu diskutieren. Die Paraphrase erlaubt aber, hier darauf hinzuweisen, daß Maternus nicht etwa zwei[23] Reden ankündigt, sondern für den Fall, daß Messalla etwas übrigläßt, eine Ergänzung, die er in seinem Namen und dem des Secundus versprechen kann, nicht im Namen Apers. Die Betonung des Einverständnisses der drei gegenüber Aper entbindet sogar in gewisser Weise von einer Ausführung des Secundus, hat aber jedenfalls die Nennung des Secundus durch Maternus in der Hauptsache verursacht. Daß aber die programmatischen Ankündigungen nur aus der jeweiligen Situation zu verstehen sind und in der Lebendigkeit des Gespräches sich verwandeln, haben wir bei dem Motiv des Schiedsspruches gesehen. Wenn wir also genötigt sein sollten, auf die Annahme einer Rede des Secundus zu verzichten, würde das mit dieser Stelle (Kap. 16) nicht in Konflikt kommen.

Maternus behält mit seiner Vermutung recht: Aper läßt, wie er sagt, die neuen Redner durch die Verschwörung der drei nicht ungehört und unverteidigt verurteilen. Und so unterbricht er ein zweites Mal mit seinem temperamentvollen Losbrechen den angekündigten Plan des geradlinigen Verlaufes.

Die Rede Apers, ohne Hintergründe, spricht für sich. So kann auf die Übersetzung verwiesen werden, so weit es das Sachliche, das mit großer Leidenschaft, mit Witz und Bildung vorgetragen wird, betrifft. Hier genügt es, das Prinzipielle hervorzuheben. Aper relativiert zunächst den Begriff 'alte' und 'neue' Zeit. Das Mittel, mit dem Horaz[24] scherzhaft das Recht der alten Zeit zugunsten des Lebensanspruches der neuen Dichter beschnitt, indem er wie aus einem Pferdeschweif die einzelnen Haare, so aus hundert Jahren die einzelnen Jahre herauszupfte – immer mit der Frage, ob es noch ein Schweif oder noch alte Zeit ist, was übrigbleibt –, wendet auch Aper an, um das Recht von Epochengrenzen überhaupt zu bestreiten. Die alten Redner, die man lobt, gehörten noch durchaus zur neuen Zeit. Im übrigen wäre es so, daß jede Zeit ihre Form der Rede habe. Das Argument des Historismus ist also seine zweite Waffe, es gibt kein sicheres Kriterium für die Güte der Redekunst, sie ändert sich mit der Zeit. Was die Redekunst seiner Zeit aber anlange, so sind die alten Mittel der Lehrbücher, die vor hundert Jahren angestaunt wurden, abgebraucht. Die neuen Bedingungen vor dem Richter, der die Zeit beschränkt und von dem man abhängig ist, in Verbindung mit der Entwicklung des Geschmackes, bedürfen in seiner Zeit eben neuer Reizmittel. Wer würde heute noch einen Redner ertragen, der jede Rede mit einer Entschuldigung wegen seiner schwachen Gesundheit beginnt wie Messalla Corvinus oder etwa die Entwicklung spitzfindiger juristischer Fragen wie in den Reden Ciceros? Nicht nur der Richter würde sich gelangweilt abwenden, sondern auch das Publikum und die Lernbeflissenen. Sie wollen heute etwas davontragen, schwarz auf weiß, eine geschliffene Sentenz etwa, und zwar mit dichterischem Glanz. Die Entwicklung der Redekunst wird also von einem formalen Ästhetizismus aus der Verfeinerung des Geschmackes begriffen. Und hier weiß Aper, daß er vor Kennern spricht, die Raffinesse zu würdigen wissen. So darf er sie – so wie sie vorher und nach seiner Rede ihn in das Einverständnis mit ihrem Urteile ziehen, dem er nur nicht offen zustimme –, als im Grunde gleicher Ansicht und gleichen Geschmackes in eine witzige und kritische Musterung der sogenannten alten Redner ziehen, an denen auch ihnen doch nur das gefällt, was der Eleganz der eigenen Zeit nahe kommt. Zuletzt in dieser Reihe kommt Cicero, der nach Aper denselben Kampf mit den Bewunderern der Alten focht, wie er jetzt mit ihnen. In diesen Nebenbemerkungen zeigt sich besonders deutlich die Ahistorizität Apers. — Auch Cicero tut ihm nicht genug und wird zugleich als Kronzeuge für seine Theorie angeführt. Hat er doch selber eine Entwicklung durchgemacht. Erst seine späten Reden zeigen nicht mehr die Altertümlichkeit der frühen. In einer guten Rede — und Cicero hat das später selber gemerkt — muß es sein wie in einem großen Haus, in dem es nicht nur auf das Dach und die Wände ankommt, das Notdürftigste, sondern in dem es auch einen reichen Hausrat und Schätze gibt, die man in die Hand nehmen und für sich bewundern kann. Manches aber muß aus den Reden als veraltet und muffig verschwinden, derbe Kalauer, wie man sie bei Cicero noch findet, gehaltlose Floskeln und auffällige Altertümlichkeiten. Im Grunde sind es aber diese Dinge, welche die Archaisten bewundern, Leute, die den Lucilius anstatt des Horaz, den Lukrez anstatt des Vergil und unter den Rednern einen Calvus anstatt der Modernen lesen. Wenn diese Leute in ihrer alten Art — *more prisco* mit Hohn gesagt — ihre Reden vor dem Richter halten, dann folgt kein Hörer, das Volk schläft und selbst der Klient erträgt es nicht. Das ist keine Gesundheit, von der sie so viel daherreden, sondern Magerkeit und Dürftigkeit, auch nach dem ärztlichen Urteil nicht weit von Krankheit entfernt. Es genügt nicht, gerade noch gesund zu sein, sondern stark und kraftstrotzend muß man sein. Das aber ist bei Leuten wie Messalla, Maternus und Secundus erfüllt — von sich spricht er nicht, auf den es am meisten zutrifft —, und darum fordert er sie in einem prachtvollen Schluß mit der Aufzählung ihrer Vorzüge auf, den Glanz des Jahrhunderts zu erhöhen und der Nachwelt ein unbestreitbares Bild vom Können der Zeit zu hinterlassen. Auch bei der Aufzählung dieser Vorzüge wird die formale Seite hervorgekehrt, wenn auch wie bei dem Begriff der *sanitas* der Gedanke an einen Inhalt mitschwingt und auf Problematiken weist, so wie am Anfang die selbstverständliche Erwähnung der kümmerlichen Bedingungen der Zeit, die eine solche Beredsamkeit erzeugt hat. —

Wenn man die eigene Zeit bejaht, wird das historische Urteil die Vergangenheit als einen Weg zum endlich erreichten Ziel, das zu noch größerer Hoffnung berechtigt, ansehen. Optimismus und Fortschrittsgedanke sind eng mit einer solchen Denkweise verknüpft. So hat etwa die Zeit Vergils sich als Ziel und Erfüllung verstanden. Dabei kompromittiert man sich oder hält das Urteil der Jahrhunderte aus, je nachdem der Maßstab ist, den man anlegt, und je nachdem, ob man das Wesentlichste erfaßt hat, letztlich nach der eigenen Größe. Das rührt das Problem an, wie weit Klassik sich selbst erfassen kann, ja vielleicht erfassen muß. Bei Aper brauchen wir diese Frage nicht zu stellen. Seine Sicht ist beschränkt. Bedingungen nimmt er hin, gegenwärtiger Erfolg ist ihm selbstverständlicher Maßstab, und die Entwicklung, vom Erfolg nicht zu trennen, mißt er allein an der Verfeinerung und der Bildung, an geschärfter Sinnlichkeit und bloßem geistigen Genuß. Es sind das alles Dinge, für die bei den Gesprächsteilnehmern volles Verständnis vorausgesetzt werden darf, die sie mit Schmunzeln bejahen, aber es ist nur eine Seite der Sache, das *rem tene, verba sequuntur* des alten Cato steht sozusagen mahnend dahinter. Epochenbewußtsein ist im Wesentlichen begründet, Aper kann es nicht haben.

Es liegt in der Logik der Sache, daß der extreme Standpunkt Apers, der auf einem ungebrochenen und in der Zeit naiv und mit Genuß wirkenden Wesen beruht, eine Unterscheidung und Beurteilung der Zeiten der Redekunst herausfordert, die ihren Maßstab aus tieferen Schichten bezieht. Es kann nur ein wahrhaft historischer sein. Vorher aber entwickelt der jüngere Messalla die Unterschiede der Zeiten nach ihren Erscheinungsformen, den Gründen für sie und damit die Möglichkeiten der Abhilfe. Es ist das Vorrecht der Jugend, an die Verbesserungsmöglichkeiten zu glauben. Auf diese Weise verhalten sich dann die Reden Messallas und des Maternus wie die *rationes* der Pragmatiker, die zu bestimmten Erscheinungen führen, und die tiefere *ratio*, die im Ganzen verwandelt werden müßte, sollte sich etwas ändern, das heißt wie pragmatische Historie und Tacitus. Darum ist es unmöglich, in Messallas Rede etwa die letzte Ansicht des Tacitus zu erkennen. Aber damit haben wir vorgegriffen.

Maternus nimmt zunächst einmal mit ironischer Überlegenheit der Rede des Aper den Stachel, ehe er bittet, Messalla solle sein Versprechen einlösen und nun nicht etwa die Alten loben – die *fama*, der Ruhm der Zeiten, lobt sie genügend und erweist sie als überlegen –, sondern die Ursachen des Niederganges aufdecken. Auch Aper selbst glaube wohl nicht an das, was er sage, sondern habe sich nach alter Sitte – habe er doch auch von den alten Rednern, die sich noch mit Philosophie abgaben, die

Mittel, sie zu bekämpfen, entlehnt — die Gegenrolle ausgesucht. Die erste Aper-Rede, die sein Wesen enthüllte und aus der die zweite verstanden werden muß, zeigt, daß dem nicht so ist, sondern daß Aper wirklich so gesprochen hat, wie es seiner Natur entspricht. Darum wird hier die Äußerung des Maternus als ironisch erwiesen, in ihrer Funktion aber nimmt sie eindeutig der Rede Apers die existentielle Schärfe und rettet so die Gemeinsamkeit des Gespräches. Darum hat es auch nichts Verletzendes, wenn Messalla doch zunächst einmal kräftig gegen Aper polemisiert, ja zu einem Punkte kommt, wo die Wahrheit über die eigene Zeit kompromittierend wirken konnte. Maternus ist es, der die Rede oder Reden Messallas lenkt und dirigiert. Denn als Einheit wollen natürlich die drei Teile der Rede des Messalla aufgefaßt werden: der erste, in dem der Unterschied zwischen alten und neuen Rednern charakterisiert wird, der zweite, in dem das Bildungsideal behandelt wird, das Lieblingsthema des Messalla, und der dritte, von Maternus als Ergänzung gefordert, über die Übungen der alten Redner und ihrer modernen Kollegen. Hier wird die Rede Messallas kurz vor dem Schluß von der berühmten Lücke unterbrochen.

Messalla hat nicht die Gelassenheit und Festigkeit des Urteils, die aus der Resignation entspringt, wie Maternus, und obwohl er ihm verspricht, die Ursachen zu erklären, muß er sich doch erst gegen Aper sichern. Aper hat einen Streit um Worte ausgelöst, wenn er fragt, wer unter die alten Redner zu rechnen sei. Ihm komme es darauf nicht an, wenn nur die Überlegenheit der alten Redekunst zugestanden werde. Auch daß es zu verschiedenen Zeiten und zu derselben Zeit nach Arten verschiedene Redekunst gibt, soll nicht bestritten werden. Aber wie Demosthenes bei den Griechen in einer Gruppe hervorragender Redner der erste ist, so ist die Zeit Ciceros das beste Zeitalter der Redekunst und er der unbestrittene Führer. Man darf sich durch ihre gegenseitigen Anwürfe, menschlicher Schwachheit zuzurechnen, nicht täuschen lassen: e i n Kriterium fügt sie zu einer überlegenen Gruppe zusammen, die Reinheit ihrer Rede, *sanctitas*, und die Verwandtschaft ihres Urteils und Willens, die sich darin ausdrückt: *quandam iudicii ac voluntatis similitudinem et cognationem*. Messalla hat einen festen Maßstab; er ist durch Vergleich und Sinn für das Klassische aus der Entwicklung der Kunst gewonnen, als solcher noch partiell, weil nicht aus dem Ganzen entwickelt, verabsolutierend, weil der eigene Geschmack ohne Rechtfertigung absolut gesetzt wird, nicht mehr indes formal wie der Apers, sondern inhaltlich bestimmt, und zwar mit dem Begriff der *sanctitas* moralisierend. Von diesem Standpunkt aus gibt er zu, daß die Generation vor Cicero und seinen Lehrern, ein Galba und ein Laelius, noch unvollkommen war, weil sie noch nicht die Reife hatte, hat aber kein Verständnis für das Stadium der Überreife und Fäule. Lieber ist ihm dann ein Laelius: wenn man sich kleiden muß, ist eine struppige Toga immer noch besser als Hetärengewänder, das beste natürlich ein schickliches Kleid entsprechend dem *optimum genus dicendi.* Ist es doch so weit gekommen — und hier ergeht sich seine moralische Empörung —, daß man so das Wesen der Rede verkennt, daß man sie mit den Unterhaltungskünsten verwechselt und sagt, ein Redner spräche geschmeidig, ein Schauspieler tanze beredt. Es hat schon seinen Grund, daß Aper zwar die Alten zerpflückte, aber nun nicht etwa ein Phalanx der Neuen ihnen entgegenstellte. Er scheut sich offenbar, einen Lebenden hervorzuheben, weil sich alle für größer halten als Cicero, wenn auch nicht ganz so groß wie Gabinianus. Aber er, Messalla, wird sie jetzt einmal den Alten entgegenstellen! — Es ist begreiflich, daß Maternus hier, wie schon gezeigt, diesem moralisch bewegten Enthüllertum entgegentritt und an das Thema erinnert. Messalla zieht sich in dem Zwischengespräch auf das Gesetz solcher Gespräche zurück, in denen man nicht beleidigt sein dürfe, sondern es erlaubt sei, ein Urteil ohne Schaden für die gegenseitige liebevolle Achtung vorzutragen, und Maternus begütigt: *perge et cum de antiquis loquaris, utere antiqua libertate, a qua vel magis degeneravimus quam ab eloquentia,* ein Satz, der auf Wesentliches deutet, auf tiefere Schichten, denen die heutige Zeit selbst in einem Gespräch wie unter diesen hervorragenden Männern in ihrer verdeckten Höflichkeit nicht mehr ganz gewachsen ist.

Desidia iuventutis, Jugend ohne Eifer, *neglegentia parentum,* Interesselosigkeit der Eltern, *inscientia praecipientium,* Unfähigkeit der Lehrer, *oblivio moris antiqui,* Abbrechen der guten alten Tradition und Sitte, das sind für Messalla die Gründe für den

Verfall aller geistigen Betätigung, speziell der Redekunst. Er führt das aus für die Erziehung des Kindes, wobei er das Resultat der alten Zeit, die *verecundia*, der *impudentia* der eigenen Zeit gegenüberstellt, die dazu führe, daß man Eigenes nicht mehr habe und unterscheiden könne. Die Stufe beim *grammaticus*, das Stadium der höheren Schule heutigen Tages, übergeht er kurz, obwohl auch da nicht genügend gelernt wird, und kommt sogleich zum eigentlichen Studium. An den Reden Ciceros erkennt man, daß er allseitig gebildet war. Die Forderung der allseitigen universalen Bildung durch die Alten hatte einen tiefen Sinn, wie Messalla zeigt. Und der Einwand, es genüge, wenn man für den speziellen Fall sich orientiere, kann mit der Bemerkung zurückgewiesen werden, daß man es an der Rede merke, ob man von geborgtem Gute lebe. Diesem Vorbild der Alten wird dann die Dummheit, Unwissenheit, der Dünkel, die Scheu vor tieferer Besinnung der modernen Redner gegenübergestellt. So ist die Königin *Eloquentia* zur Küchenmagd herabgesunken.

Cicero hatte in 'de oratore' vor allem die Notwendigkeit der Philosophie, der Rechtskenntnis und der Vertrautheit mit der Geschichte für den Redner erwiesen. Das war weit entfernt von einem Universalismus der Bildung, sondern entwickelte in Hinsicht auf grundsätzliche Vertiefung, Kenntnis der Lebensformen, Rechtsformen und Ausdehnung der *memoria* das, was es dem Redner ermöglichte zu sein, was er sein sollte und mußte in der freien Welt der *res publica*, nämlich der *actor veritatis*. Von dieser Bezogenheit auf den *actor veritatis*[25] ist in Messallas Rede nichts zu spüren. Es ist das erneuerte und formalisierte Ideal Ciceros, wie es Quintilian vertritt, das Messalla hier vorträgt.

Messalla lebt des Glaubens, daß er mit der Darlegung des allseitig gebildeten Rednerideals, das er aus seiner Zeit loslöst, seine Aufgabe erfüllt hat, wird aber von Maternus eines besseren belehrt. Man habe zwar erfahren, was alles die alten Redner wußten und die modernen nicht, aber Redenkönnen beruht nur zu einem Teil auf Wissen, zum andern ist es Praxis und Übung, also solle er über die *exercitationes* sprechen, mit denen die jungen Leute, die im Begriff waren, das Forum zu betreten, ihre Begabung festigten und nährten. Ich glaube, man sieht nicht zuviel, wenn man hervorhebt, daß diese Frage erstens nicht ohne

Tücke ist und zweitens direkt auf die Problematik der Maternus-Rede hinführt, ohne daß man sich noch Zwischenglieder vorstellen könnte. Alles, was Messalla bis jetzt vorgebracht hat, kann man — siehe Quintilian — auch in der eigenen Zeit erreichen. Die Übungen auf dem Forum, das Lernen in der Praxis, sind unmöglich, weil es dieses Forum nicht mehr gibt. Das muß den jugendlichen Optimismus des Messalla in Verlegenheit bringen. Zum anderen aber ist die Teilung Wissen — Übung ein so ausschließlicher Gegensatz, daß man sich daneben nichts weiter vorstellen kann.

Messalla spürt offenbar, daß die Wendung für seine Ansicht nicht ungefährlich ist. Er bringt jedenfalls einen Gedanken vor — als vielleicht zu diffizil charakterisiert und gerade darum auf Wesentliches deutend wie der Ausblick des Maternus auf die goldene Zeit —, der geeignet scheint, Wissen und Rede enger zu verknüpfen. Wissen ist Redeübung; denn kein Wissen ohne vielfältiges Bedenken, keine Bedenken ohne die Fähigkeit, mit den geistigen Gütern umzugehen, keine solche Fähigkeit ohne Gewöhnung im Reden. Unser doch berechtigtes Vertrauen, daß richtiges Erfassen geistiger Zusammenhänge auch die Fähigkeit in sich schließt und entfaltet, sie wiederzugeben, findet hier seinen gültigen Ausdruck und findet in der Identität von Denken und Sprache eine Möglichkeit, große Rede auch unabhängig von der historischen Lage entstehen zu lassen — man denke etwa an Augustin. Aber auf diese Aussicht, die sich Messalla eröffnet, weil er es ernst mit dem Wissen und der Bildung meint, wird nur hingedeutet. Der Dialogus bleibt im Rahmen dessen, was man unter der *eloquentia* und dem *orator* in Rom verstand, der großen politischen Rede. Und so schildert Messalla denn den alten Brauch, daß der angehende Redner, in häuslicher Zucht aufgewachsen, in allen edlen Fertigkeiten geschult, schließlich bei einem der Großen der Praxis mitten in die Wirklichkeit hineinwuchs und sehr rasch schon ein fertiger Streiter wurde. *At nunc* — eine Wendung, die Messallas Reden auszeichnet —, jetzt aber, begibt man sich zum Rhetor und übt sich in Suasorien und Kontroversien[26] an Themen, die an Lebensfremdheit nichts vermissen lassen, in einem Milieu, das Respekt vor Sache, Lehrer und Leistung nicht aufkommen lassen kann und fern jeder Gefahr ist, so daß ein Lernen an den *aliena experimenta,* wie der Agricola zeigte, das Wesen des Lernens überhaupt, nicht zu entstehen vermag ... Hier bricht der Text ab. Messalla muß kurz vor dem Ende gestanden und noch karikiert haben, wie ein solcher Zögling des *ludus impudentiae* sich dann vor dem richtigen Richter ausnimmt. Auch das Deklamationsunwesen hatte schon Quintilian in seiner Schrift über die Gründe der verdorbenen Beredsamkeit — *de causis corruptae eloquentiae* — für den Niedergang verantwortlich gemacht.

Die Rede, die nach der Lücke folgt, hat einen ganz anderen Charakter. Wie sich am Schluß ergibt — Kap. 42 *finierat Maternus* —, hat zuletzt Maternus gesprochen. Die Frage ist, ob diejenigen recht haben, die mit HEUMANN im Kapitel 40 vor *non de otiosa et quieta re etc.* eine zweite Lücke annehmen. In diesem Falle k ö n n t e vor Kapitel 40 noch ein anderer gesprochen haben. Es wird gut sein, eingehend und Schritt für Schritt der Bewegung des Stückes nach Abbruch der Messalla-Rede nachzugehen und den Richtungssinn möglichst genau zu erfassen, ehe ein Urteil über Möglichkeit und Konsequenz einer Lücke in Kap. 40 gewagt wird. Doch darf zunächst gegen die vorgebrachten Gründe für verschiedenen Charakter der Stücke vorher und nachher auf die gleichen Grundzüge der beiden Teile in verschiedenen Punkten hingewiesen werden. 1. Es wird gemessen nicht an formaler Vollendung, nicht an Reichtum und Fülle des Wissens, sondern an der Größe: mit *nihil humile vel abiectum eloqui poterat* beginnt der Zusammenhang programmatisch. 2. Weiter wird das Ganze beherrscht vom Gegensatz eines ruhigen und wohlgeordneten Staatswesens und eines freien, ja zügellosen Staatswesens, in dem die Beredsamkeit gedeiht. 3. Der historische Raum, der Vergleiche bietet, weitet sich. — Am Anfang hat der Redner sogleich, wie die ersten Worte erkennen lassen, am Beispiel Griechenlands, offenbar der Zeit seiner freien Rede, gezeigt, daß große Beredsamkeit wie die Flamme von ihrem Stoff abhängig ist. Sie braucht die große Sache, wird wie der Brand von Bewegung geschürt und wird im Brennen hell. Sie ist also voll und ganz nur in Aktion und zwar großer Aktion. Dieselbe *ratio* — wir denken an die *ratio* von Historien I 4 — hat auch in Rom die Beredsamkeit der Alten mächtig gefördert.

Die heutige Redekunst, so fährt der Redner fort, hat erreicht, was ihr gezollt werden durfte bei einem geordneten, ruhigen und beglückten Staatswesen. Die alten Redner glaubten, da zu ihrer Zeit alles durcheinander ging und der eine Maßgebende fehlte, mehr erreichen zu können, da jeder so viel Verstand hatte, wie er das irrende Volk überzeugen konnte, das heißt, um es nach der Sprache der Germania zu sagen, der Redner der Zeit der großen römischen Redekunst, so wie sie sich geschichtlich bietet, war *sapiens* und damit in der Öffentlichkeit *potens* nicht *nomine superioris*, d. h. *principis* oder *imperatoris*, sondern ganz *suo nomine*. Daraus entsprangen die fortwährenden Gesetze, der Ruhm, ein *popularis* zu sein, die Volksreden der Beamten, die fast die Nächte noch auf den *rostra* verbrachten, die Anklagen gegen mächtige Verbrecher, vererbte Feindschaften zwischen großen Familien, das Cliquenwesen in der Nobilität[27] und die beständigen Machtproben zwischen Plebs und Senat. In wenigen Worten wird so zu Beginn der römischen Redekunst ein Porträt der Zeit nach ihren Hauptrichtungen entworfen als Folge der Freiheit — ohne Bindung der Sitte — oder der fehlenden ordnenden Autorität. Zum Schluß aber wird wieder in einem Konzessivgefüge der Bezug zur Redekunst im speziellen hergestellt: wenn das auch alles das Gemeinwesen spaltete, hat es doch die *eloquentia* jener Zeiten gewaltig geübt, und zwar in wahrer *exercitatio*, darum nämlich, weil der Macht der Rede in der freien Öffentlichkeit großer Lohn winkte *(praemia)*. Damit wird übergeleitet zur Begründung im einzelnen, zunächst der Darstellung der Aussichten des Rednererfolgs. Es ist bezeichnend für diese Rede, daß jeweils der nächste Abschnitt so vorbereitet aus dem vorigen herauswächst. Es ist nicht nötig, hier im einzelnen diese *praemia* zu referieren. Der Redner gibt ein Bild des Rednerruhmes der Zeit, wie es Aper anachronistisch noch in seiner Zeit im Selbstgenuß auskostete. Aber nicht nur *praemia* waren es, die lockten, es war auch *necessitas*, Notwendigkeit, die zum Redenkönnen zwang, weil man sich und seine Ansicht überall in der Öffentlichkeit selber darstellen mußte. Dieser Gedanke ist die Überleitung zum nächsten Abschnitt, der von dem Gedanken des *rubor* beherrscht ist. Nicht nur Lohn und Notwendigkeit, sondern auch die Scham, wir würden vielleicht sagen, der Selbstbehauptungswille zwang, alles daranzusetzen, ein großer Redner zu werden, um seinen Platz zu behaupten und nicht als unzulänglich zu erscheinen. Und so wird denn durch die Dokumente bestätigt, daß zu dieser Zeit keiner von den Mächtigen nicht auch durch Begabung und Redefähigkeit mächtig gewesen ist. Der vornehmste Grund also für das Entstehen der großen klassischen Beredsamkeit war ein existentieller, Selbstbehauptung und Kampf der großen freien Individuen, werden wir zusammenfassend sagen dürfen.

Hinzu kam der Glanz der Angeklagten und die Größe der Fälle, die causes célèbres, die der Redekunst den großen Stoff gaben. Denn es ist etwas anderes, ob man über einen Diebstahl, die Prozeßformel oder die Anordnung des Prätors redet oder über Bestechung der Wahlversammlungen, Ausplünderung von Bundesgenossen, Hinschlachtung von Bürgern, also in großen politischen oder Kapitalprozessen. Mit dieser Wendung hat sich der Gedanke verengt nicht nur auf die *materia*, sondern auch auf die *causae*, die Prozeßfälle. Und auch hier folgt sogleich das schon als bestimmend erkannte Konzessivgefüge: wenn es auch besser ist, wenn derartiges nicht geschieht, so lieferte es, als es geschah, der Beredsamkeit großen Stoff. Cicero ist nicht durch Quinctius oder Archias berühmt geworden, sondern durch Catilina, Milo, Verres und Antonius. Nicht, weil es etwa wichtig wäre für ein Gemeinwesen, schlechte Bürger hervorzubringen, damit die Beredsamkeit einen großen Stoff habe — zum Überfluß kehrt also die konzessive Wendung ein zweites Mal im selben Abschnitt wieder —, sondern es geht hier um eine spezielle Frage, die Frage nach der Redekunst, die in wirren und unruhigen Zeiten leichter entsteht, wie große Kämpfer im Krieg und nicht im Frieden. Die großen *discrimina*, die Gefahren[28], in denen man sich heraushob, haben die alten Redner berühmt gemacht.

Weiter verengert sich der Gedanke im nächsten Stück von den Prozessen zur Behandlung der Prozeßform. Das Forum der damaligen Zeit wird den Centumviralgerichten[29] der Gegenwart gegenübergestellt. Deren Bedeutungslosigkeit ergibt sich schon daraus, daß weder Cicero noch Caesar, Brutus, Caelius oder Calvus vor diesem Gerichtshof gesprochen haben, mit Ausnahme des Messalla Corvinus, freilich zu einer Zeit, als durch die lange Ruhe und Ordnung und vor allem die Erneuerung unter Augustus die Redekunst befriedet war. Das Verb *pacare* wird verwendet. Sonst wird es gebraucht vom Unterwerfen fremder Völker, die nach der 'Befriedung' ihre *virtus* verlieren.

Schließlich ein letzter Schritt und eine weitere Verengung des Gedankens mit einer Entschuldigung, daß man sich mit so Geringfügigem abgibt. Wir hatten aber ja schon in der Germania gesehen, wie die Auswirkung des Prinzips der Freiheit bzw. Unfreiheit bis in die kleinsten porträthaften Auswirkungen verfolgt wird: was für ein Unterschied, wenn man auf das freie stolze Äußere des Forums sieht und dann die Mäntel, die *paenulae*[30], bedenkt, in denen der Redner, in der Zeit beschränkt, seine wohlpräparierte Rede im Zimmer hält, ängstlich besorgt, ob der Richter nicht vielleicht ungeduldig eine Zwischenfrage stellt und das ganze schöne Konzept über den Haufen wirft! Nur ein oder der andere Zuhörer ist dabei zugegen. So wird scheinbar die Situation weiter ausgemalt. Der Redner aber braucht Beifall, ein Theater. Das war im alten Rom der Fall. Cornelius, Scaurus, Milo, Bestia, Vatinius[31] sind unter dem Zusammenlauf des ganzen Staates verteidigt oder angeklagt worden. Das machte auch den frostigsten Redner warm, und diese Reden sind es, nach denen die großen Redner bemessen werden. Der Gedanke ist ganz in die alte Zeit zurückgekehrt, zu einem Porträt der Zustände, vergleichbar dem Anfang des beschriebenen Gedankengangs, mit sichtlicher Teilnahme geschildert. Das Stück ist also ein Überleitungsteil, der von der äußersten Verengung des Gedankens auf das Äußere der Gerichtshöfe zum großen Raum der alten Redekunst zurückkehrend sich weitet.

Und so kann jetzt der Redner steigernd — *iam vero* vollends — und neu einsetzend auf die Volksversammlungen (s. Anh. 1) und das Recht, die Mächtigen anzugreifen, und den Ruhm der Feindschaften — vor einem P. Scipio machten die Redner nicht halt! — hinweisen. Wenn man wie Schauspieler dazu noch das Ohr des Volkes, das immer neidisch und mißtrauisch gegen die Großen ist, hatte, wie mußte das die Talente in Glut setzen, was für Brände in ihnen entzünden! Verknüpft mit dem Gedanken des

Beifalls wird so zum Schluß an den anderen Formen der Rede, wo es noch viel einleuchtender ist, in einem Satz die Bedingung gezeigt, die sie zur Größe anfachte. Nach der ganzen Anlage der Rede müßten wir hier wieder den typischen Konzessivsatz erwarten oder wenigstens einen Hinweis, daß es sich dabei um eine fragwürdige Erscheinung handelt. Er folgt auch in der Tat in abschließender und zusammenfassender Weise: *non de otiosa et quieta re loquimur et quae probitate et modestia gaudeat, sed est magna illa et notabilis eloquentia alumna licentiae, quam stulti libertatem vocant, comes seditionum, effrenati populi incitamentum, sine obsequio, sine veritate, contumax, temeraria, adrogans, quae in bene constitutis civitatibus non oritur.*

Kann man, um nun hier sogleich das Problem der zweiten Lücke[32] zu behandeln, zweifeln, daß nach der zusammenfassenden, im Ausrufe geballten Enthüllung aller Gründe für die Größe — denn das Vorige ist ja durch das *vero* mit eingeschlossen — jetzt die Einschränkung und Besinnung nach dem ganzen Stil der Rede folgen muß und, wenn sie dasteht, man dazwischen keinen Ausfall von Gedanken annehmen kann? Aber das Asyndeton hat Bedenken erregt. Ein solches Asyndeton hat aber auch die Behandlung der griechischen Beredsamkeit abgeschlossen: vgl. 36 Anf. Die beiden Asyndeta sind in ihrer Funktion ähnlich. Es ist nicht eigentlich erklärend oder begründend, sondern eher eine Mischung von beidem: es wird mit Nachdruck der Sachverhalt in Erinnerung gerufen. Im Deutschen wird es am besten mit 'eben' wiedergegeben. Hier kommt es nicht so sehr auf seine grammatische Einordnung an, als vielmehr darauf, daß es durch eine entsprechende Stelle in gleicher Funktion und an einem homologen Platz gesichert ist. Und so darf wohl die weitere Diskussion der vorgebrachten Argumente in die Anmerkungen verwiesen werden.

Hervorzuheben aber ist, daß die Konzession in der Form abweicht. Es wird nicht wie vorher gesagt: 'Wenn diesen Zustand auch nur Toren Freiheit nennen und in gut eingerichteten Staaten derartiges nicht entsteht, so wollen wir doch daran denken, daß eine Frucht dieser Zügellosigkeit die Beredsamkeit ist' (Tenor von Kap. 37 f.), sondern mit einer Gewichtsverlagerung in Form des Relativsatzes: 'Zügellosigkeit, die nur Toren

Freiheit nennen' und 'die in wohl eingerichteten Staaten nicht entsteht'. Damit wendet sich der Gedanke positiver zu den Erscheinungen der friedlichen Staaten. Und das bestimmt dann das Folgende. An den letzten Satz nämlich *quae in bene constitutis civitatibus non oritur* werden die historischen Belege gefügt. Es gibt keine großen Redner in Sparta und Kreta, den wegen ihrer Verfassung und Ordnung berühmten Staaten, aber auch nicht bei den Makedonen und Persern und überhaupt einem Volk, das mit einem statischen Regiment zufrieden war – man beachte die Abwertung. In Rhodos findet man Redner, die meisten aber in Athen, wo das Volk und die Unkundigen, überhaupt sozusagen alle alles vermochten. Ein weiter historischer Raum hat sich aufgetan, der es erlaubt, die große Zeit der römischen Redekunst einem davon zuzuordnen: auch der römische Staat hat, solange er in Meinungsverschiedenheiten zerklüftet war und keinen Frieden auf dem Forum, keine Eintracht im Senat, keine Mäßigung bei den Gerichten, keine Ehrfucht vor den Überlegenen, keine Beschränkung der Beamten kannte, eine kräftigere Beredsamkeit hervorgebracht. Aber das Gemeinwesen legte nicht so viel Wert auf die Beredsamkeit der Gracchen, daß es auch ihre Gesetze angenommen hätte, und den Ruhm der großen Beredsamkeit mußte Cicero schmählich mit dem Tode büßen! Nach dem Blick auf die Staaten mit oder ohne Redekunst hätte man erwartet, aus dem Fehlen großer Redekunst in der Gegenwart den Schluß gezogen zu sehen, daß diese Gegenwart eben der wohlgeordnete Staat ist. Aber so weit ist der Gedanke noch nicht. Er hat noch die alte Zeit umfaßt, die seit dem Gedanken an Beifall und Ruhm wieder herrschend hervorgetreten war. Nur hat sich bei ihrer Beurteilung das sattsam bekannte Konzessivgefüge umgekehrt: gewiß, die alte Zeit hatte große Rede, aber Gracchen und Cicero zeigen ebenso deutlich das Bedenkliche der Zeit. Hier wird nicht mehr an Lohn, Notwendigkeit, Behauptung, Stoff, Formen und momentanem Beifall gemessen und die Redekunst als eine Erscheinung für sich betrachtet, sondern aus dem Ganzen der historischen Erfahrung und der ganzen Existenz der Redner geurteilt, deren größte – Cicero – die Gefährlichkeit ihres Amtes in der Zeit zeigt. Damit ist die alte Zeit abgeschlossen beurteilt.

Es kann die neue Zeit in Hinsicht auf die Stellung der Redekunst in ihr aus dem Ganzen gewürdigt werden. Aber auch hier folgt nicht der oben erwartete Schluß auf die Güte, sondern eine neue unerwartete Wendung. So ist, heißt es, wenn man nämlich die Zuordnung der Redekunst zu turbulenten Zeiten bedenkt, das, was noch an das alte Forum erinnert, ein Beweis, daß der Staat noch nicht ganz gereinigt und nach Wunsch geordnet ist. Rufen doch nur Vergehen den Redner auf den Plan. Unter Unschuldigen aber wäre der Redner überflüssig wie der Arzt unter Gesunden. — 'An Verbrechen und Rednern arm', so war in der ersten Maternus-Rede die goldene Zeit charakterisiert worden. Hier befindet sich die Gegenwart zwar noch nicht ganz — manches bleibt an der Ordnung zu wünschen —, aber doch ziemlich in ihrer Nähe. Aber es kommt noch schöner. Auf die Ausführung, daß, wie der Arzt in einem gesunden Volke wenig Ansehen und Erfolg, auch der Redner in einem geordneten Staatswesen keinen Ruhm hat und im Verborgnen blüht, folgt eine Reihe rhetorischer Fragen: was haben wir denn auch lange Meinungsabgaben im Senat nötig, da die Besten schnell zum Einverständnis kommen, was lange Volksreden, da nicht die unerfahrenen Vielen, sondern der weise Eine über das Gemeinwohl beraten, was freiwillige Anklagen, da so selten gesündigt wird, was angefochtene Verteidigungen, da die Milde des Richters den Angeklagten entgegenkommt? Die Redekunst in der Gegenwart ist nicht nur Zeichen eines noch nicht vollendeten Zustandes, sie ist auch wesentlich überflüssig, da alles zum besten geregelt ist *inter mores ad obsequium regentis paratos.* Wenn die Heutigen durch einen Gott in die alte Zeit versetzt würden und ein Gott die Zeiten vertauschte, dann würde den alten Rednern nicht Maß und Ausgeglichenheit, den modernen nicht Größe fehlen. Nicht der Mensch ist schuld, sondern Gott. Da man aber nun zur selben Zeit nicht großen Ruhm und große Ruhe haben kann, soll jeder das Gut der eigenen Zeit ohne Herabwürdigung der anderen nutzen.

In heiterer urbaner Gelöstheit endet darauf der Dialog. Der Tag ist zu Ende. Maternus will Aper bei den Dichtern, Messalla bei den Liebhabern des Altertums beschuldigen. Ich aber, antwortet Aper, alle beide bei den Modernen. So scheidet man lachend.

Während der erste Teil der Maternus-Rede — wir dürfen so sagen, nachdem wir die Annahme einer zweiten Lücke widerlegt haben — ganz zu dem Bilde des Bewunderers des Freiheitshelden Cato paßt mit seiner Verherrlichung großer freier Rede und großen bewegten Lebens, ist die Wendung des Schlusses, freilich erst nach Abschluß der Behandlung der alten Zeit, überraschend. Nicht formal; denn sowohl der Gedanke, daß der Redner überflüssig ist in friedlicher Zeit, als auch die rhetorischen Fragen, wozu bei dem jetzigen Zustand der Redner nötig sei, knüpfen an Grundgedanken des Maternus in der ersten Rede und am Anfang der zweiten Rede an, in der das die Kategorien waren, in denen gedacht wurde. Aber in ihrem Inhalt und ihrer Bewertung. Maternus sollte die neue Zeit so in ihrer Güte anerkennen? Das ist nach allem ganz undenkbar. Der Schluß der Rede des Maternus muß hintergründig sein — und die Gesprächspartner müssen das auch nach ihren gelösten Worten gespürt haben. Und zwar ist die Rede in zweierlei Hinsicht hintergründig. Ein Mann, der am Schlusse seiner ersten Rede im Gegensatz zum Glück seiner unschuldigen Stille die Gefahren des öffentlichen Lebens bis zum erzwungenen Testament und der Unsicherheit selbst des Andenkens bekenntnishaft ausgemalt hat, kann nicht im Ernste meinen, daß der *sapientissimus et unus* herrscht, daß im Senat die Elite rasch zur Einigung kommt usw. Maternus bedient sich absichtlich der offiziellen Ideologie, die in seinem ersten Bekenntnis völlig entlarvt worden ist. Der Schluß seiner Rede ist ohne seine erste überhaupt nicht zu verstehen, was die Einheit des Dialogus wieder unterstreicht. Zweitens aber muß hervorgehoben werden, daß in diesen Worten des Schlusses wahre und letzte Erkenntnis steckt. Man kann sich dem aus aller historischen Erfahrung gewonnenen Schluß, daß große Redekunst in straff geführten Staaten keine Stelle hat, nicht entziehen. Und so ist wirklich ein höheres Wesen als der Mensch daran schuld, daß die Gegenwart keine große Redekunst hat. Eine Würdigung einer jeden Zeit ohne Herabziehen der anderen ist die Folge. Es ist eine Erkenntnis, die sich über die Bewertung nach Glück und Unglück in der Geschichte erhebt und in der überlegenen Einsicht in die Antinomie der Werte von Größe und Ruhe, von Bewegung und Frieden das milde

Glück der Resignation findet. Hier muß man aber ein zweites Mal fragen, ob diese heitere Resignation ernst genommen werden kann. Selbst angenommen, die Zustände wären so, wie es nach der offiziellen Ideologie beschrieben wird, das absichtsvolle Hereinspielen des Motives der goldenen Zeit muß hellhörig machen. Die Güter der Gegenwart sind Folge des *obsequium regentis,* des Gehorsams gegen den Befehlenden, während sie nach dem Mythos der goldenen Zeit auf der Reinheit und Güte der einzelnen beruhen. Diese Ordnung der Gegenwart ist also nicht Wiederherstellung, sondern schärfster Gegensatz zur goldenen Zeit. Maternus hängt aber an der goldenen Zeit, in seiner Dichterstille fängt er etwas von ihr ein und verwirklicht es in seinem Leben, indem er sich aus der Zeit zurückzieht.

Schenkt ihm die Vernunft die Einsicht in die Notwendigkeit der Verschiedenheit der Zeiten und läßt ihn das jeweils Gute auf beiden Seiten würdigen, in einer tieferen Schicht hinge er aber unhistorisch-romantisch an der alten Zeit?

Es könnte so scheinen, wenn man an seinen Domitius und Cato, seinen Thyest denkt. Aber würde man dann nicht sein Bekenntnis zur goldenen Zeit, seine herbe Kritik an der Zeit, die einen Cicero nicht ertrug, zu wenig ernst nehmen, würde man ihn nicht zu einem machen, der blind der Größe und dem Ruhme diente, würde dann sein Tod, wenn die Dramen wirklich nur *in tyrannos* gemeint wären, nicht doch etwas Gerechtfertigtes enthalten? Maternus ist überhistorisch. Er weiß, zugehörig zur goldenen Zeit, um die reinen Werte, die in keiner Zeit rein verwirklicht werden, und ohne die eine Zeit doch nicht zu denken ist, vor allem um den höchsten, die Freiheit. Ihm besteht die Geschichte aus Zeitbedingtem und Ewigem, die einzelnen Zeiten sind ihm aber mehr oder weniger diesem Ewigen nahe. So stellt er, frei in einer Zeit, wo alle Untertanen sind, als Dichter die dar, die diese höchsten Werte verwirklichen wollten, einen Cato und einen Domitius, nicht tendenziös mit ihnen etwa zum Tyrannenmord rufend und an die eigene Zeit denkend – das war wohl nur am Anfang so, in seinem Nero –, sondern nur an Cato denkend, wie es heißt. Seine Tragödie ist es, und hier ist dann das historische Urteil des Tacitus selber zu spüren, daß die Zeit dieses Verherrlichen reiner Größe, die dem griechischen Mythos ebenbürtig ist, nicht mehr ertragen kann, daß die Mächtigen Anstoß nehmen, wenn er nicht — rücksichtsvoll, liebedienerisch — an die Zeit, sondern nur an Cato denkt, wir brauchen nicht einmal hinzuzunehmen, daß die Zeit bis zu seiner Hinrichtung schritt. Maternus ist so Maßstab, an dem die Zeit gemessen und verurteilt wird. Der Unschuldigste muß fallen, weil die Zeit ein böses Gewissen hat.

Mit diesen Gedanken haben wir schon über die Nachzeichnung des Dramas hinausgegriffen und etwas von dem historischen Bewußtsein des Tacitus in den Blick bekommen. Denn am Schluß wird es ganz offenbar, daß es im Dialogus nicht nur um das Problem der großen Redekunst geht, sondern in einem vielschichtigen Spiel um das Wesen des Geschichtlichen überhaupt. Ehe wir aber versuchen können, aus dem Kunstwerk die taciteischen Gedanken über die Geschichte und seine Zeit zu lösen, müssen kurz einige äußere Probleme geklärt werden.

Am Schluß wird Secundus überhaupt nicht mehr erwähnt. Hat er in der Lücke gesprochen? Wir hatten gesehen, wie Secundus immer mehr zurücktrat und Maternus die Messalla-Rede dirigierte. Es wollte auch so scheinen, als wenn die letzte Frage des Maternus nach der *exercitatio* auf seine eigene Rede hindeute und als wenn in Messallas Rede mit der Behandlung von *scientia* und *usus,* eingeschlossen die *mores,* der Unterschied der beiden Zeiten der Redekunst erschöpft wäre, soweit er sich äußerlich erschöpfen läßt. Daß Secundus überhaupt da ist, versteht man, wenn man bedenkt, daß erst durch die Anwesenheit eines Dritten Bekenntnisse wie die des Maternus und Aper ihre Schärfe nicht gegeneinander kehren. Secundus ist nicht Schiedsrichter im eigentlichen Sinne, aber menschliches Mittel, zu dem und über den man sprechen kann. Nun hat BARWICK[33], wie mir scheint, überzeugend zeigen können, daß die Lücke zu klein war, als daß noch eine Rede des Secundus Platz hätte. Da nach dem Text nichts zwingt, eine Rede von ihm anzunehmen, der Sinn seines Daseins einzusehen ist, stimmen beide Resultate, das der inneren Interpretation und das der äußeren Textprüfung zusammen. In der Lücke ist das Ende der Rede des Messalla, wahrscheinlich ein kleines Zwischengespräch und der Anfang der Rede des Maternus verlorengegangen.

Nicht alle Gedanken, die vorgebracht werden, sind neu. Man machte sich seit langem Gedanken, wie es kam, daß im ersten Jahrhundert die große Redekunst erlahmte. Schon unter Tiberius hatte sich Velleius Paterculus mit den Gründen des Verfalls beschäftigt. Seneca, der Vater, und Seneca, der Philosoph, hatten ebenso wie Plinius der Ältere die Frage angeschnitten, und in Petrons Sittenroman spielt sie immer wieder eine Rolle[34]. Die Gründe zusammengefaßt aber hat auf römischer Seite Quintilian, auf griechischer in anderer Perspektive der Verfasser der Schrift über den hohen Stil. Quintilian, der feinsinnige Schulmann aus Spanien, hat dem Problem eine Monographie gewidmet mit dem Titel *de causis corruptae eloquentiae*, und sein Hauptwerk, die Institutio oratoria, in der er diese Schrift mehrfach erwähnt, hat nicht zum wenigsten den Zweck, die Lehren zu geben, die richtig angewandt zur Erneuerung der Redekunst führen können. Seine Wiedererweckung des ciceronischen Bildungsideals, wenn auch in abgelöster Form, trägt so einen optimistischen Zug nicht nur zur Schau, sondern Quintilian, eine wenig problematische Natur, ist von der Möglichkeit der Besserung tief durchdrungen. Aus der Richtung der Lehren im Hauptwerk und den Zitaten aus der Monographie, die das Problem speziell behandelte, läßt sich, wie jüngst[35] besonders klar ausgeführt wurde, erkennen, daß Quintilian für den Niedergang einmal die Nachlässigkeit der Erziehung von kleinauf, das Deklamationenunwesen mit seiner Unwirklichkeit und die mangelnde Bildung verantwortlich gemacht hat. Es sind in der Tat die Gedanken, die Messalla vorträgt. Nicht in derselben Form, aber in der Hauptsache schon. Denn mit der Rede des Messalla, des Jüngeren, ist verbunden ein lebendiger Mensch, der Mann aus altem Geschlecht, dem sein herabgekommenes Rom auf der Seele brennt — in der Provinz sind die Zustände besser —, der von einer ehrlichen Begeisterung für die alte Zeit getragen ist, die eigenen großen Rednervorfahren, und der vor allem für Wissen und Bildung kämpft und sie dabei so echt erfahren hat, daß ihm in der Identifikation von echter Aneignung und Redenkönnen ein Gedanke glückt, der originell ist und — wenn auch nur für einen Augenblick — die Möglichkeit einer großen zeitenthobenen Redekunst sichtbar macht. Aber nicht nur der Umstand, daß die Gedanken Messallas in der Hauptsache Gedanken Quintilians sind, den Tacitus nachweislich kennt, sondern auch die Tatsache, daß Messalla vorwiegend Zustände und Einrichtungen in einen direkten Bezug zur Größe der Redekunst bringt, läßt es unwahrscheinlich erscheinen, daß in seinen Gedanken von einem Tacitus das Eigentliche gesehen wird. Auch diese Beziehungen sind natürlich zu verfolgen. Aber schon Aper wußte, daß große Redner geboren werden, und so scheinen die vorgebrachten Gründe in der Rede des Messalla nicht zureichend, um das Problem zu lösen. Man hat gemeint, es wäre geradezu der Anlaß gewesen, den Dialogus zu schreiben, der Ansicht Quintilians polemisch die eigene tiefere entgegenzusetzen. Hier wird man aber vorsichtig sein. Was Messalla sagt, gilt auch, und für Tacitus sind natürlich alle Beziehungen wichtig, wenn auch nur die tieferen wesentlich. So tritt die Rede des Maternus ergänzend und vertiefend hinzu. Messalla wird nicht widerlegt — was man erwarten müßte, wenn der Dialogus eine gegen Quintilian polemisierende Schrift und darum geschrieben wäre —, er stellt dar, was alle wissen, aber erst Maternus versteht.

Freilich sind auch seine Gedanken vorbereitet. Der Verfasser der Schrift über den hohen Stil stellt am Schluß[36] die Frage, warum die großen Naturen in der Redekunst nicht mehr entstehen, wie wenn eine kosmische Unfruchtbarkeit die Schuld trüge. Dieser Gedanke, der auch bei Seneca anklingt, spielt im Dialogus keine Rolle und klingt auch hier in περὶ ὕψους nur als Ansicht eines Philosophen an. Dann aber wird eine vielberedete Begründung in größerer Breite ausgeführt, daß die Demokratie die Nährerin der Redekunst ist. Die Freiheit fördert die Begabung der Hochgesinnten und läßt ihr Hoffnung zuwachsen. Sie erweckt den Ehrgeiz im Ringen um die erste Stelle. Sie enthüllt durch den Kampfpreis seelische Vorzüge, die mit den Dingen frei aufscheinen. Die heutigen Redner sind Sklaven. Kein Sklave ist aber je Redner gewesen, höchstens Schmeichler. Hinzu kommt die Möglichkeit, daß der lange Frieden die großen Naturen verdirbt, und noch schlimmer sind Habsucht und Genußsucht, *avaritia et luxuria,* würde Sallust sagen, so wie er den Ehrgeiz, die *ambitio,* der *virtus* näher sein läßt. Man sieht, hier gibt es eine ganze Reihe Berührungspunkte, mehr als Bar-

WICK[37] zuzugeben geneigt ist, der schließlich zu dem Schluß kommt, daß Tacitus so verschieden vom Autor ist, daß er wohl auch hier gegen ihn polemisiere. Natürlich sind diese Gedanken auch in Verbindung mit der neuen Zeit immer wieder hin und her gewälzt worden. Dabei spielt beim Autor die platonische Lehre der Seelenteile mit hinein, ferner die Lehre von den Verfassungsformen. Und hier ist wohl der eigentliche Unterschied zwischen den beiden Ansichten zu greifen und zugleich der Unterschied zwischen historischer Konstruktion und historischem Bewußtsein. Für den Autor ist die alte Zeit gleich Demokratie, gleich Freiheit, die neue Zeit unter dem Kaiser Tyrannis und Sklaverei. In der Freiheit gedeiht die Rede im Wettkampf um die Macht, in der Tyrannis allein die Schmeichelei. Hinzukommen als weiterer möglicher Grund die lange Friedenszeit nach dem griechischen Grundmotiv, daß die Dinge ohne Gegner entarten, und die Hauptlaster des dritten Seelenteiles, Geld- und Genußliebe, als ein psychologisches Moment.

Für Tacitus sind nicht die Formen das Wichtige. Er schaut sich die 'Freiheit = Demokratie' in ihrer ganzen konkreten Erscheinung an, porträtiert sie wie die kümmerlich-ordentliche Enge der eigenen Zeit und kommt zu der Erkenntnis: diese Freiheit ist nicht Freiheit, geschweige denn, daß die Verfassungsform entscheidend wäre, sondern *licentia,* die Entartungsform, bei der alles in Bewegung ist und jeder in der Bewegung sich behaupten und Macht erringen will. Notwendigkeit ist es, die auch die kältesten *ingenia* entzündet, und so enthüllen sich die großen Naturen. Das ist weit entfernt von der bloßen Möglichkeit und Beliebigkeit beim Autor und seinem kaum getrübten Glauben an die Güte der Verfassungsform. Die Gegenwart, das ist aber nicht nur der Frieden mit seinen Entartungsfolgen — nach dem Wesen der menschlichen Natur und seinen Lastern, sondern das ist die genaue Ordnung, etwas Gutes in einer Hinsicht, zugleich aber die Ruhe, und zwar die erzwungene, die das Spontane erstickt. Die naive Antithese: Freiheit = 'herrschen und tun können, was man will' und Sklaverei = 'beherrscht werden und sich nicht rühren können' wird zur Antithese Zügellosigkeit und Ordnung, wobei aber in der *licentia* allein Möglichkeit zur Größe, in der Ordnung der Verzicht darauf gesehen wird. Diese durchaus originelle und unterscheidende Erkenntnis der Antinomie der Werte beruht auf dem römischen Freiheitsbegriff, der Freiheit zur Teilnahme an der gemeinsamen Sache bedeutet. 'Freiheit' heißt es vom Recht der einzelnen aus gesehen, *imperium* von der Notwendigkeit des Lebens der Gesamtheit. Beide Werte treten antinomisch in Ciceros 'Staat' im ersten Buche auseinander: das Leben des Staates und seine Ordnung wären am besten im König gesichert, zugleich würde aber eine solche Form des Gemeinwesens seinem Sinn am wenigsten entsprechen. Für Cicero ist diese notwendige Antinomie aber überbrückbar in der Gerechtigkeit, die in der Situation die Ansprüche ausgleicht und sich die gemischte Verfassung als Ausdruck schafft, in der der Freiheit des Volkes, der Einsicht der Elite und dem Regiment durch die Beamten jeweils das Seinige gegeben wird[38]. Größe ist in diesem Gemeinwesen höchste Würde. Für die Sicht des Tacitus ist dieser Zustand etwas Flüchtiges und Vorübergehendes[39]. In seiner Zeit hat man ein Höchstmaß an Ordnung, aber keinen Sinn und keine Freiheit, die zu spontaner Leistung verlockt. In der alten Zeit können nur Idealisten, will er sagen, von Freiheit reden, es war *licentia*. Aber allein diese *licentia* erlaubt ungehindert durch das Gefüge Größe, weil sie nur in Bewegung gedeiht und die ganze Existenz verlangt, nicht nur Funktion. Mit dieser Ansicht tritt Tacitus in der Rede des Maternus nicht einer inkommensurablen griechischen gegenüber, sondern der Ciceros, und zwar seinem Werk vom Gemeinwesen, insbesondere aber einem Urteil im 'Brutus', dem Dialog über die Entwicklung der Redekunst, also dem nächsten Verwandten des Dialogus. Im Brutus heißt es (§ 45): *nec enim in constituentibus rem publicam nec in bella gerentibus nec in impeditis ac regum dominatione devinctis nasci cupiditas dicendi solet. Pacis est comes otique socia et iam bene constitutae civitatis quasi alumna quaedam eloquentia.*

Die Haupterkenntnis bei der Beurteilung der Maternus-Rede muß sein, daß Tacitus hier Ciceros Charakterisierung der Redekunst als *bene constitutae civitatis alumna* sein *licentiae alumna* entgegenstellt. Wer hat recht? Cicero sieht auf die volle Entfaltung und die Möglichkeit zur Klassik und erkennt, daß dazu eine gewisse innere Freiheit gehört. Das Gemeinwesen darf nicht *occupatus,* mit anderen Aufgaben beschäftigt und nicht *devinctus,* gefesselt sein. Tacitus sieht auf das Elementare der Rede als Formulierung von Mächten, wobei es allein rahmensprengende Größe gibt. Für einen Tacitus legt Cicero noch zuviel Wert auf die Form. Und daß Frieden und Freiheit zusammengehen können, ein Glaube, der für Cicero und seine *humanitas* lebensnotwendig war, der ist ihm abhanden gekommen bzw. den findet er in der Geschichte nur in wenigen Momenten bestätigt. Von der Erfahrung des Friedens aus erkennt Tacitus, was Cicero nicht wahrhaben wollte, daß die Zeit Ciceros eine Entartung ist dessen, was Cicero unter Freiheit verstand, und daß diese Entartung, unwiderruflich und unumkehrbar, in Männern wie Cicero, aber auch Cäsar alle Kräfte der Rede entband. Woher aber nimmt Tacitus den Maßstab, der ihm das Recht gibt, Ciceros Zeit als *licentia* zu charakterisieren, wenn ihm Ciceros Idee des Gemeinwesens, die immer wieder neu zu verwirklichende *iustitia,* als zu labil und flüchtig und darum als historisches Maß nicht geeignet erscheint? Auch hier ist Tacitus im Gespräch mit Cicero, seinem 'Hortensius'. Cicero hatte dort mit Worten, die uns Augustin (de trin. 14, 9) aufbewahrt hat, den Vorrang der Philosophie vor der Redekunst, aber auch vor allen Tugenden mit den Maßen des Jenseits gemessen: denn wir würden dort nicht Tapferkeit nötig haben, da es keine Mühe und Gefahr gibt, nicht Gerechtigkeit, da es nichts Fremdes gibt, was man begehren könnte, nicht Maßhalten, das die Begierden, die es ja nicht gibt, regierte, nicht einmal Klugheit würden wir brauchen, da uns keine Wahl zwischen Gutem und Schlechtem gestellt wäre. Allein durch Betrachtung des Wesens würden wir also glücklich sein und durch Wissen, wodurch allein das Leben auch der Götter lobenswürdig ist. Und er hatte dabei weiter gefragt: was wäre Beredsamkeit nötig, da es keine Prozesse geben würde? Tacitus läßt, wie wir sahen, diese Formulierungen aufklingen. Maternus mißt nach dem absoluten Maßstab völliger Selbstlosigkeit, Freiheit und Reinheit; er begreift die Zeit von einem Überzeitlich-Idealen her, an dem jede Zeit, aber jede auch unvollkommen teilhat; die *res dissociabiles* fallen nicht im Ausgleich der Lösung, im *consilium,* zusammen, sondern in etwas Mythisch-Jenseitigem, dem der Dichter zugehört. Maternus zieht sich nach dieser Erkenntnis aus der Zeit zurück und stellt der Zeit diese Werte dar.

Wir haben bei der Behandlung der Maternus-Rede auf den letzten Seiten Maternus und Tacitus *promiscue* gebraucht. Und sicher dürfen wir sagen, daß in der Rede des Maternus der eigentliche Tacitus steckt. Man hat darum sogar gemeint, daß Tacitus sich in der Gestalt des Maternus selbst darstelle, ja, daß er mit der Wendung, die Maternus zur Dichtkunst nimmt, seine eigene Wendung zur Geschichtsschreibung begründe. Aber hier ist doch ein Unterschied: Tacitus ist und wird nicht Dichter, er stellt nicht die reinen Werte und ihr Scheitern in der Zeit dar, sondern er ist Geschichtsschreiber, ist es geworden und als solcher Bewahrer der *memoria* und ihr Beurteiler in ihrer ganzen gegensätzlichen Fülle. So gern man sich vorstellen wird, daß Tacitus die erste Gelegenheit ergreift, um die *memoria* rein darzustellen, weil er weiß, daß die Beredsamkeit in ihrem Wesentlichsten beschnitten ist, so begründet Tacitus selber ja den Entschluß, Geschichte zu schreiben, nicht mit einem Ungenügen an dem Bisherigen seines Berufes, und er zieht sich nicht wie Maternus aus der Zeit zurück. Maternus ist nach Lebensgang und Ansicht zu verschieden von Tacitus, eine eigene Gestalt, als daß man ihn mit Tacitus identifizieren könnte. Er ist vielmehr wie Aper eine äußerste Möglichkeit. Verkörpert Maternus äußerste Zeitentfremdung, so Aper äußerste Zeitverfallenheit, Messalla trotz seiner Liebe für die Alten doch eine mittlere Linie, weil er ja von ihnen die Richtlinien holt, die der neuen Zeit dienen sollen. Und in jedem von ihnen steckt ein Stück Tacitus, mehr oder weniger, gewiß, und die tiefste Antwort wird auch das Eigenste des Tacitus sein. Aber sollte Tacitus nicht zuweilen als größter Redner der Zeit das Machtgefühl seines Lehrers Aper auch selber gekostet haben, hat er nicht wie Messalla auch im einzelnen Gutes in seiner Zeit gefunden und damit Möglichkeiten auch erneuernden Wirkens anerkannt, ohne die seine Geschichtsschreibung ja ihren Sinn großen Teiles verlöre? Denn daß Maternus das meiste mit Tacitus gemein hat, ist ja unbestritten.

Unter diesen Umständen wird es schwer, die einzelnen Aussagen für Tacitus auszumünzen. Kommt ja auch noch hinzu, daß

Maternus — und hier wird die Nachricht, daß ein Maternus von Domitian hingerichtet wurde, für das Verständnis des Dialogus wesentlich — in seinen Hoffnungen auf die Möglichkeit des Rückzuges und der Sicherung durch *innocentia* widerlegt wird, daß er der Zeit oder, sagen wir es sicher im Sinne des Tacitus, ihm die Zeit nicht gewachsen war, daß mithin Tacitus als Historiker sich auch über die Erkenntnisse des Maternus erhebt. Wir sind in derselben Lage wie vor der ersten Ekloge Vergils, wo man nicht scheiden kann, ob in Tityrus oder Meliboeus mehr Vergil ist. Freilich dürfen wir aus der Möglichkeit des historischen Urteils bei der Behandlung der Frage des Niederganges der Beredsamkeit und ihrer Begründung mit dem Fehlen der Freiheit auf das historische Bewußtsein des Tacitus schließen. Individualität und Unumkehrbarkeit der Zeiten, Fähigkeit sich über die Epochen und Räume zu erheben und aus ihnen Erkenntnis zu ziehen und Besinnung auf tiefere Maßstäbe, die mit dem Wesentlichsten, der menschlichen Freiheit, zusammenhängen, das findet sich hier wie schon im Agricola und seinem Proömium. Und das dürfen wir ohne weiteres taciteisch nennen. Möglichkeit der Anerkennung verschiedener Ausprägung und Fundierung dieses tieferen Maßstabes, überlegenere Betrachtung des Unterschiedes der Zeiten sind hinzugewonnen und weisen auf Reiferwerden. Für ihn selbst aber scheint es doch als Historiker besonders bezeichnend, daß er bei der künstlerischen Gestaltung einer Entscheidungssituation, vor der er selber gestanden hatte, für sich ein Urteil gewinnt aus dem Verehrungswürdigen und dem Bedenklichen zweier extremer durch liebe Menschen verkörperter Haltungen, woraus für ihn im Leben ein mittleres Verhalten entspringt, kein Rückzug, sondern verpflichtende Gestaltung der *memoria*, damit im dauernden Bewahren und im Gespräch der Maßstab für wahrhaft Großes und Schändliches, Selbstisches und Selbstloses nicht verloren gehe. Nur ein echter Historiker konnte dieses Gespräch noch dazu als Ausdruck einer Situation seiner Jugend unter Vespasian mit jenem Geltenlassen von Menschen und Epochen und jener Sicherheit des Urteils darstellen, das unangreifbar ist, weil es versteht und verstanden hat, nicht reglementiert; ein Historiker, der zugleich ein wahrer Künstler war. Dieses Urteil ist, wie gesagt, hier nicht direkt in der

Darstellung, geschweige denn in einer ausdrücklichen Formulierung faßbar, sondern im Ganzen der Möglichkeiten des Kunstwerkes. Man hat das zu wenig bei der Frage des Stiles, die ihrerseits wieder mit der Frage der Echtheit zusammenhängt, bedacht.

Der Dialogus ist zwar mit den anderen kleinen Schriften des Tacitus überliefert, aber wohl nicht sicher für ihn bezeugt. Und so hat man denn früh an seiner Echtheit[40] gezweifelt. Der Geschichte der Frage braucht hier nicht im einzelnen nachgegangen zu werden. Man sagte sich mit Recht, daß der Dialogus unmöglich unter Domitian geschrieben und veröffentlicht worden sein könne; die Zeit vorher aber unter Titus und Vespasian scheidet aus, weil Günstlinge von ihm in einer unter Vespasian sicher unmöglichen Weise erwähnt wurden, und paßt auch nicht zu der Bemerkung, daß der Verfasser dieses Gespräch als ganz junger Mann gehört haben will, was doch voraussetzt, daß er jetzt zum mindesten reifer Mann ist. Setzte man den Dialogus aber in die Zeit nach Domitian oder besser nach dem Agricola, da Tacitus vorher ja geschwiegen hat, so wunderte man sich über den Stil, der so ganz untaciteisch ist, soviel Ciceronisches hat. Ein großer Fortschritt war es, als in der Forschung über die Stile der Gattungen deutlich wurde, daß man einen Dialog, der sich im Lateinischen ohne weiteres in die Nachfolge Ciceros begab, nicht gut anders als ciceronisch schreiben konnte. Hinzukommt, daß wir betonten, daß schon der Agricola in bestimmter Weise die Stile dreier Gattungen zu einer Einheit verschmolz. Hier ist noch eines zu bedenken. Während in allen anderen Schriften Tacitus durch die Darstellung oder in direkter Äußerung urteilt, ist hier die einzige Schrift, in der Tacitus nicht urteilt, sondern aus seinen Urteilsmöglichkeiten heraus sprechen läßt. Das gibt die Lockerheit und Freiheit dieses Gespräches, in dem nichts von der Strenge der abgerungenen Formulierung und der Mühe des Treffens eines Sachverhaltes zu spüren ist, sondern die Gegensätze, die sonst im Urteil aufgehoben sein müssen, sich frei entfalten können. Da die Situation so einmalig ist, darf man nicht fordern, daß der Stil dem der anderen Schriften gleich ist.

Darum ist der Stil kein Einwand gegen die Echtheit, weder an sich, noch weil er etwa zwänge, den Dialogus in eine Frühperiode des Tacitus zu setzen. Was aber die Echtheit anlangt, so hat sich kein Grund für die Unechtheit finden lassen. Und so ist die gemeinsame Überlieferung mit den kleinen Schriften immer noch das gravierendste Argument für die Echtheit vom Formalen her. Im ganzen aber wird man sagen müssen: man müßte einen Tacitus erfinden, wenn der Dialogus ohne jedes Indiz überliefert wäre. Einem Freunde des jüngeren Plinius gewidmet von einem Manne, der nicht nur zeigt, daß er die Genüsse des Redens bis in ihre raffiniertesten Feinheiten versteht, sondern der dessen Optimismus nicht teilt, in tieferer Sicht zwar Vorzüge der eigenen Zeit nicht verkennt, unter ihrem Gegensatz zum eigentlichen Wesen des Menschen leidet, das in der *licentia* der alten Zeit jedenfalls mehr Raum zur Größe hatte als in der *quies* der geregelten *res publica,* dem es überhaupt um Bewegung und Größe mehr geht als um gute Ordnung, und vergessen wir nicht, ein Mann von allerhöchstem Range, der sich mit Cicero in einer Weise auseinandersetzt, der gegenüber ein Quintilian knabenhaft wirkt, das ist kein Unbekannter gewesen, einer, der einem Plinius hätte entgehen können, sondern ein einmalig Großer, Tacitus.

Und so bleibt nur die Frage, wann[41] er den Dialogus geschrieben hat – nach Agricola und Germania natürlich. Barwick meint, von der Voraussetzung ausgehend, daß er in der Gestalt des Maternus seinen Entschluß, Geschichtsschreiber zu werden, darstellt und begründet, es müsse nach dieser Entscheidung sein, und zwar zu einer Zeit, als Tacitus in der Öffentlichkeit als Geschichtsschreiber bekannt wurde, das heißt, nach den ersten fünf Büchern der Plinius-Briefe im ersten Jahrzehnt des zweiten Jahrhunderts. Für uns ist diese Argumentation nicht mehr gegeben. Und es kommt, wie Klingner zuerst gesagt hat, vor allem das Moment der heiteren Gelöstheit für das Urteil in Betracht, das am ehesten der Stimmung der Historien entspricht. Für diese Ansetzung ins erste Jahrzehnt des neuen Jahrhunderts spricht denn auch das ganze Geschichtsbild, das soviel erkennen läßt, daß Tacitus hier an eine Vereinigungsmöglichkeit der *res dissociabiles* nicht mehr glaubt.

DIALOGUS[42]

1. Oft fragst du mich, Iustus Fabius, warum unsere Zeit besonders, obwohl doch die früheren Jahrhunderte durch so vieler hervorragender Redner Genie und Ruhm ausgezeichnet gewesen seien, verödet und des Rufes der Beredsamkeit beraubt, mit Mühe den bloßen Namen Redner noch eben festhält; denn so nennen wir nur die Alten. Die beredten Männer unserer Zeit aber heißen Sachwalter, Beistände, Patrone und alles andere eher als Redner. Auf diese deine Frage zu antworten und das Gewicht einer so großen Untersuchung auf mich zu nehmen – so groß, daß man entweder schlecht über unsere Begabungen denken muß, wenn wir dasselbe nicht erreichen können, oder das Urteil, wenn wir es nicht wollen – würde ich bei Gott kaum wagen, wenn ich meine Ansicht vorbringen müßte und nicht ein Gespräch der – nach dem Begriff unserer Zeit – beredtesten Männer in Erinnerung zu rufen wäre, die ich als ganz junger Mann gehört habe, als sie dieselbe Frage behandelten. So ist nicht Geist, sondern Gedächtnis und Besinnung vonnöten, um das, was ich von den bedeutendsten Männern feinsinnig ausgedacht und gewichtig vorgetragen hörte – wobei jeder in verschiedene Richtung gehende, aber einleuchtende Gründe anführte[43], indem jeder die Gestalt seiner Gesinnung und Eigenart zum Ausdruck brachte –, jetzt in derselben Folge und mit denselben Gründen nachzuzeichnen, unter Wahrung der Ordnung des Streitgespräches. Denn es fehlte auch nicht an einem, der auch die andere Seite vertrat und, nachdem er die alte Zeit heftig hergenommen und verspottet hatte, die Redekunst unserer Zeit den Begabungen der Alten vorzog.

2. Am anderen Tage nämlich, nachdem Curiatius Maternus den 'Cato' vorgetragen hatte, wobei es hieß, er habe bei den Mächtigen Anstoß erregt, als ob er in diesem Vorwurf der Tragödie sich vergessen und nur an Cato gedacht hätte, und darüber in der Stadt ein großes Gerede war, kamen zu ihm Marcus Aper und Iulius Secundus, damals die gefeiertsten Geister unseres Forum, die ich nicht nur beide[44] bei den Prozessen eifrig zu hören pflegte, sondern in deren Begleitung ich mich daheim und in der Öffentlichkeit befand, in einer erstaunlichen Leidenschaft für die Studien und in einer gewissen jugendlichen Begeisterung, um auch ihre Geschichten, Gespräche und die Geheimnisse ihres privaten Stiles tief in mich aufzunehmen, mochten auch sehr viele böswillig der Meinung sein, Secundus besäße keine rasch bereite Rede und Aper habe mehr durch angeborene Begabung und Naturkraft als durch Bildung und Wissenschaft den Ruf der Beredsamkeit erreicht. Denn Secundus besaß eine reine und knappe und, so weit es genug war, fließende Redeweise, und Aper, vertraut mit jeglicher Bildung, dachte eher gering über die Schriftwerke, als daß er sie nicht gekannt hätte, in dem Glauben, daß er einen größeren Ruhm in Fleiß und Anstrengung ernten würde, wenn seine Begabung sich auf keine Krücken fremder Künste zu stützen schiene.

3. Als wir also ins Schlafgemach des Maternus traten, trafen wir ihn sitzend an, mit eben dem Buch, das er am Tage vorher gelesen hatte, in den Händen. Da sagte Secundus: »Schrecken dich die Reden der bösen Zungen nicht davon ab, die Anstößigkeiten deines 'Cato' zu lieben? Oder hast du deshalb dein Buch vorgenommen, um es sorgfältiger zu überarbeiten und nach der Beseitigung dessen, was etwa Stoff für eine falsche Deutung gegeben hat, einen 'Cato' herauszugeben, der zwar nicht besser, aber auf jeden Fall weniger aufregend wäre?«

Da sagte er: »Du wirst lesen, was Maternus sich schuldig war, und wiedererkennen, was du gehört hast. Wenn aber Cato etwas ausgelassen hat, wird es bei der nächsten Lesung Thyest sagen; diese Tragödie habe ich nämlich schon im Aufbau fertig und in mir gestaltet[45]. Und darum beeile ich mich, die Herausgabe dieses Buches abzuschließen, damit ich nach Verabschiedung des früheren Sinnens mit ganzer Seele mich auf die neuen Gedanken stürzen kann.«

»So wenig hast du also an diesen deinen Tragödien genug«, sagte Aper, »daß du das Studium der Reden und Prozesse aufgibst und deine ganze Zeit eben mit der Medea und – siehe da! – jetzt mit dem Thyest[46] verbringst, obwohl und während dich die Prozesse so vieler Freunde, die Vertretung so vieler Kolonien und Landstädte auf das Forum rufen, denen du mit Mühe nur gewachsen wärest, auch wenn du dir nicht selber noch das neue Geschäft aufgeladen hättest, den Domitius und Cato, das heißt auch unsere Geschichte und römische Namen den Mythen der Griechen zuzugesellen.«

4. Und Maternus: »Ich würde durch deinen strengen Tadel jetzt in Verwirrung geraten, wenn dieser häufige und beständige Streit zwischen uns nicht fast schon zu einer Gewohnheit geworden wäre. Denn du läßt keine Zeit verstreichen, ohne die Dichter aufzubringen und zu verfolgen, und ich, dem du Faulheit im Beistand vorwirfst, übe doch diese tägliche Verteidigung, die Dichtkunst gegen dich zu schützen. Um so mehr freue ich mich, daß sich uns ein Schiedsrichter bietet, um mir entweder in alle Zukunft zu verbieten, Verse zu machen, oder, was ich schon längst wünsche, mich auch durch seine Ermächtigung dazu anzuspornen, die Beklemmungen der Prozesse auf dem Forum aufzugeben, in denen ich genug und übergenug geschwitzt habe, und jene heiligere und erhabenere Beredsamkeit zu pflegen.«

5. »Ich aber«, sagte Secundus, »werde, bevor mich Aper als Schiedsrichter zurückweist, tun, was rechtschaffene und maßvolle Richter zu tun pflegen: daß sie sich nämlich bei Untersuchungen entschuldigen, bei denen es auf der Hand liegt, daß die eine Partei bei ihnen an Gunst überwiegt. Wer weiß denn nicht, daß niemand mir mehr verbunden ist durch freundschaftlichen Verkehr und ununterbrochenes Zusammenleben als Saleius Bassus[47], der lauterste Mann und vor allem der vollendetste Dichter? Wenn weiter die Dichtkunst angeklagt wird, sehe ich keinen anderen Angeklagten, der kautionsfähiger wäre.«

»Unbesorgt seien«, sagte Aper, »Saleius Bassus und jeder andere, der die Beschäftigung mit der Dichtkunst und den Ruhm durch Gedichte liebt, wenn er Prozesse nicht führen kann. Ich werde nämlich nicht, insoweit ich einen urteilskräftigen Zeugen in diesem Streite hier gefunden habe[48], zulassen, daß Maternus in Schuldgemeinschaft mit mehreren verteidigt werde, sondern ihn selber ganz allein will ich bei euch anschuldigen, weil er, geboren zu der männlichen Beredsamkeit des Redners, mit der er Freundschaften erwerben und zugleich schützen, Verbindungen knüpfen, Provinzen unter seinen Einfluß bringen kann, diese Beschäftigung aufgibt, die von allen in unsrem Staat in Hinsicht auf den Nutzen die fruchtbringendste, auf die Würde die weitreichendste[49], auf den Ruhm in der Stadt die schönste, auf die Bekanntschaft im ganzen Reich und bei allen Völkern die sichtbarste ist, die sich ausdenken läßt.

Denn wenn alle unsere Entschlüsse und Handlungen auf die Brauchbarkeit fürs Leben auszurichten sind: was gibt es dann Sichereres als die Kunst auszuüben, mit der du, immer gerüstet, Schutz den Freunden, Hilfe den Fremden, Heil den Gefährdeten, den Neidern aber und Feinden Furcht und Schrecken von dir aus bringen kannst, selber unbesorgt sicher und wie mit beständiger Gewalt und Macht befestigt? Ihre Gewalt und ihr Nutzen läßt sich, wenn die Dinge günstig laufen, an der Zuflucht und der Betreuung anderer erkennen: wenn aber eigene Gefahr hereinbrach, ist – beim Hercules! – nicht Panzer und Schwert in der Schlacht ein festerer Schutz als für den Angeklagten und Gefährdeten die Beredsamkeit, eine Wehr zugleich und eine Waffe, mit der du in gleicher Weise verteidigen wie angreifen kannst, sei das nun vor Gericht, im Senat oder beim Princeps. Was hat denn neulich Eprius Marcellus[50] den aufgebrachten Vätern anderes entgegengesetzt als seine Beredsamkeit? Mit ihr gegürtet und dräuend hat er die zwar begrifflich klare, aber untrainierte und Kämpfe solcher Art nicht kennende Philosophie des Helvidius an der Nase herumgeführt. Mehr sage ich über den Nutzen nicht, das Gebiet, gegen das mein Freund Maternus am wenigsten sagen wird, wie ich denke.

6. Ich gehe über zu der Freude der rednerischen Sprachkunst, deren Wonne nicht in irgendeinem einzigen Augenblick, sondern fast an allen Tagen und fast zu allen Stunden zuteil wird. Was gibt es denn Angenehmeres für einen freien und edlen Geist, der zu würdigen Genüssen geboren ist, als sein Haus immer voll und besucht zu sehen vom Zusammenstrom der glänzendsten Männer? Und zu wissen, daß dies nicht dem Geld, nicht der Kinderlosigkeit, nicht der Verwaltung irgendeines Amtes, sondern einem selber erwiesen wird? Ja, daß selber sogar Kinderlose, Reiche und Mächtige sehr oft zu einem jungen und armen Manne kommen, um ihm ihre oder der Freunde kritische Lage ans Herz zu legen! Ist irgendeine Freude an ungeheurem Reichtum und großer Macht so tief, wie Männer zu schauen, erfahrene[51], greise, sich auf die Gunst der ganzen Stadt stützende, wie sie im Überfluß an allen Dingen bekennen, daß sie das, was das Beste ist, nicht haben? Dann aber gar: welche Begleitung

von Männern in der Toga[52] und was für ein Heraustreten aus dem Hause! Was für ein Anblick in der Öffentlichkeit! Was für ein Verbeugen bei den Gerichtshöfen! Was für eine wohlbekannte Freude, sich zu erheben und dazustehen vor Leuten, die schweigen und auf den einen Mann hingewendet sind! Daß das Volk zusammenläuft, ein Zuschauerkranz sich herum ergießt und die Gemütsbewegung annimmt, die der Redner jeweils überwirft! Die gewöhnlichen Freuden der Redenden, die auch den Augen der Nichteingeweihten ausgesetzt sind, mustere ich: jene geheimeren und nur den Sprechenden selbst bekannten sind noch größer. Wenn er eine ausgearbeitete und vorherbedachte Rede vorträgt, so ist ein gewisses Gewicht und Gefestigtsein des Vortrages selber wie der Freude da; wenn er ein neues und frisches Anliegen nicht ohne eine gewisse Aufregung anbringt, empfiehlt schon die Unruhe den Ausgang und kitzelt wohlig das Vergnügen. In improvisierender Kühnheit aber und gar der Verwegenheit liegt wohl die vorzüglichste Wonne; denn auch dem Geist ist wie beim Acker, obgleich anderes schon lange gesät und dann mit Anstrengung zum Ende geführt wird, lieber doch das, was freiwillig von selbst entsteht[53].

7. Ich jedenfalls, um von mir selbst zu reden, habe froher nicht den Tag verbracht, an dem mir der Breite Streifen verliehen wurde oder an dem ich, ein Neuling und in einem keineswegs solches begünstigenden Staate geboren[53a], die Quästur, das Tribunat oder die Prätur erhielt, als die, an denen es mir bei aller Bescheidenheit dieser wie auch immer geringen Fähigkeit im Reden gegeben ist, entweder ⟨im Senat⟩[54] einen Angeklagten erfolgreich zu verteidigen oder bei den Centumvirn irgendeinen Prozeß glücklich zu führen oder beim Princeps eben die bekannten Freigelassenen und Prokuratoren der Kaiser zu schützen und zu verteidigen. Dann scheine ich mir höher als Tri-

bunate, Präturen und Konsulate emporzusteigen, dann etwas zu haben, was, entsteht es nicht in einem[55], weder durch Amtsschreiben verliehen wird noch mit Gunst kommt. Wie? Ruf und Lob welcher Kunst ist mit dem Ruhm der Redner vergleichbar? Wer[55a] ist denn angesehener in der Stadt, nicht nur bei den Geschäftigen und aufs Handeln Gerichteten, sondern auch bei den ungebundenen und jungen Leuten, wenn sie nur eine rechte Anlage und gute Hoffnung auf sich haben? Welcher Leute Namen bringen die Eltern eher an ihre Kinder heran? Welche nennt öfter auch die ungebildete Masse und das Volk hier in der Tunica, wenn sie vorbeigehen, mit Namen und zeigt mit den Fingern auf sie? Auch Ankommende und Reisende fragen, kaum haben sie die Stadt berührt, nach ihnen, von denen sie schon in ihren Landstädten und Kolonien gehört haben, und hegen den Wunsch, sie nun gleichsam nach der Vorstellung zu erkennen.

8. Ich möchte zu behaupten wagen, daß dieser Marcellus Eprius, von dem ich eben gesprochen habe, und Crispus Vibius – lieber führe ich nämlich neue und frische als entfernte und in Vergessen gesunkene Beispiele an – in den entferntesten Teilen der Welt nicht weniger bekannt sind als in Capua oder Vercellae, wo sie, wie es heißt, geboren sind. Und das bewirken ihnen nicht des einen 200 Millionen Sesterzen, des anderen 300 Millionen, obwohl man sehen kann, daß sie zu diesen Reichtümern eben dank der Beredsamkeit kamen, sondern die Beredsamkeit selber; ihr göttliches Walten und ihre himmlische Kraft hat zu allen Zeiten viele Beispiele gezeitigt, bis zu welcher Stellung Männer durch die Kraft der Begabung gelangt sind; aber diese sind, wie ich oben sagte, die nächsten und solche, die wir nicht nur durch Hören kennen lernen, sondern mit den Augen schauen können. Denn in je ärmlicheren Umständen und hoffnungsloserer Lage sie geboren wurden, und je bemerkenswertere Armut und Enge der Ver-

hältnisse sie bei der Geburt umgab, um so strahlendere und, um den Nutzen der rednerischen Wortkunst zu beweisen, klarere Beispiele sind es, weil sie ohne Empfehlung durch die Geburt, ohne die Grundlage von Mitteln, keiner durch sein Benehmen über dem Durchschnitt, der eine auch noch durch seine Körpergestalt abstoßend, nun schon viele Jahre hindurch die Mächtigsten im Staate sind, und, solange es ihnen beliebte, als die Herrscher des Forum, jetzt als die ersten in der Freundschaft des Caesar leben, alles davontragen und vom Princeps selber mit einer gewissen Hochachtung geschätzt werden, weil Vespasian, der verehrungswürdige Greis und ein Mann, der die Wahrheit über die Maßen vertragen kann, wohl versteht, daß seine übrigen Freunde sich auf das stützen, was sie von ihm selber empfangen haben und was er selber[56] leicht anhäufen und auf andere übertragen kann, daß Marcellus aber und Crispus in die Freundschaft etwas eingebracht haben, was sie nicht vom Princeps empfangen haben und was sich nicht empfangen läßt. Den kleinsten Platz nehmen unter so vielen großen Dingen die Bilder, Titel und Statuen ein, die aber auch selber doch nicht geringgeschätzt werden, ebensowenig – beim Hercules! – wie Reichtum und Schätze, bei denen du leichter einen finden wirst, der sie tadelt als mit Stolz abweist. Mit diesen Ehren, Auszeichnungen und Möglichkeiten sehen wir also die Häuser derer angefüllt, die sich seit frühester Jugend den Prozessen des Forum und dem Rednerberuf ergeben haben.

9. Denn Dichtung und Verse, auf die Maternus das ganze Leben zu verwenden wünscht – denn von da nahm ja die ganze Rede ihren Ausgang –, gewinnen ihren Schöpfern keine Würde, noch lassen sie Nützliches emporwachsen; Genuß erlangen sie aber nur kurzen, Lob nur eitles und fruchtloses. Mögen eben das – und was ich anschließend sagen will – deine Ohren, Maternus, ab-

weisen: wem nützt es denn etwas, wenn bei dir Agamemnon oder Iason geschickt reden? Wer kehrt darum verteidigt oder dir verbunden nach Hause zurück? Wer geleitet unsern Saleius, einen hervorragenden Künstler oder, wenn das ehrenvoller ist, einen gottbegnadeten Dichter, oder wer grüßt ihn und bildet sein Gefolge? Im Gegenteil natürlich: wenn sein Freund, wenn sein Verwandter, wenn endlich er selber in irgendeine Sache verwickelt ist, wird er zu diesem Secundus hier gelaufen kommen oder zu dir, Maternus, nicht weil du ein Dichter bist, und nicht, damit du für ihn Verse machest! Die entstehen dem Bassus zu Hause! Gewiß schöne und liebliche, aber ihr Erfolg ist doch schließlich der, daß er gezwungen ist, wenn er ein ganzes Jahr lang tags und in einem großen Teil der Nächte ein einziges Buch ausgemeißelt und in Nachtwachen ausgearbeitet hat, selber noch zu bitten und herumzulaufen, daß welche da sind, die sich herablassen, es zu hören, und auch das nicht umsonst; denn er mietet ein Haus, baut eine Hörertribüne auf, borgt Bänke und verteilt Einladungen. Und gesetzt, seiner Lesung sei der glücklichste Erfolg beschieden: all das schöne Lob ist innerhalb ein- oder des anderen Tages wie im grünen Halm und der Blüte abgepflückt und kommt nicht zu einer gewissen und festen Frucht; und er trägt keine Freundschaft von dort zurück oder eine Anhängerschaft oder eine erwiesene Wohltat, die in dem Herzen irgendeines Menschen haften wird, sondern unbeständiges Geschrei, leere Worte und eine flüchtige Freude. Wir rühmten vor kurzem als erstaunlich und außerordentlich die Großzügigkeit des Vespasian, weil er dem Bassus 500000 Sesterzen geschenkt hätte. Gewiß, es ist schön, durch seinen Geist die Großmut des Princeps zu verdienen. Wieviel schöner aber, wenn es die häuslichen Umstände so verlangen, sich selber zu hofieren, den eigenen Genius gnädig zu stimmen, die eigene Großzügigkeit zu erproben! Füge hinzu, daß die Dichter, wollen sie nur etwas Würdiges ausarbeiten und schaffen, den Umgang mit den Freunden und die Annehmlichkeiten Roms aufgeben, die übrigen Aufgaben im Stich lassen und, wie sie selber sagen, sich in die Wälder und Haine, das heißt in die Einöde zurückziehen müssen.

10. Auch die Meinung und der Ruhm, dem sie allein dienen und der, wie sie bekennen, der einzige Lohn aller Mühsal ist, folgt den Dichtern nicht in gleicher Weise wie den Rednern, da mittelmäßige Dichter niemand kennt, gute nur wenige. Wann denn dringt der Ruf von den ganz seltenen Lesungen auch nur in die ganze Stadt? Geschweige, daß er über so viele Provinzen hin bekannt würde. Der wievielte sucht denn, wenn er aus Spanien oder Asien, um nicht von unserem Gallien zu reden, in die Stadt kommt, Saleius Bassus auf? Und sucht ihn schon einer auf, geht er doch, sowie er ihn einmal gesehen hat, weiter und ist damit zufrieden, wie wenn er ein Bild oder eine Statue gesehen hätte. Und ich möchte meine Rede hier so aufgefaßt wissen, als ob ich die, denen ihre Natur das Redetalent versagt hat, von den Dichtungen abschrecken wollte, wenn sie nur auf diesem Gebiete der Studien ihre freie Zeit ergötzen und ihren Namen ins menschliche Rühmen einfügen können. Ich halte jede Wortkunst und alle ihre Teile für heilig und für verehrungswürdig; nicht allein euer Kothurn oder der Schall des heroischen Epos, sondern auch die Lieblichkeit der Lyriker, die Anzüglichkeit der Elegien, die Schärfe der Iamben, das Spiel der Epigramme und wenn sonst noch die Wortkunst eine andere Gattung aufweist, müssen vor die übrigen Bemühungen um andere Künste gestellt werden, glaube ich. Aber mit dir habe ich es zu tun, Maternus, weil du lieber, obwohl deine Anlage dich in die Veste der Sprachkunst selber führt, herumirren willst und, fähig das Höchste zu erreichen, bei Unernstem halt-

machst. Wie ich, wenn du in Griechenland geboren wärest, wo auch Spiele zu betreiben für anständig gilt, und die Götter dir die Stämmigkeit und die Kräfte des Nicostratus geschenkt hätten, nicht zulassen würde, daß diese ungeheuren und zum Kampfe geborenen Muskeln mit der Leichtigkeit des Speeres oder dem Diskuswurf mählich schwänden, so rufe ich dich jetzt aus den Vortragssälen und den Theatern aufs Forum und zu den Prozessen und wahren Kämpfen, zumal da du ja auch nicht dazu deine Zuflucht nehmen kannst, was für die meisten unrühmliche Deckung ist, die Begründung nämlich, daß das Studium der Dichter dem Anstoß weniger ausgesetzt sei als das der Redner. Wallt doch die Kraft deiner so überaus schönen Natur empor, und nicht für irgendeinen Freund, sondern, was gefährlicher ist, für Cato erregst du Anstoß. Und dieser Anstoß findet keine Entschuldigung durch die Notwendigkeit einer Verpflichtung oder die Treuepflicht in einer Verteidigung oder durch die Leidenschaftlichkeit eines zufälligen und plötzlichen Ausdrucks: vorbedacht scheinst du dir auch noch eine Gestalt ausgesucht zu haben, die allgemein bekannt ist und mit Gewicht sprechen soll. Ich merke, was man darauf antworten könnte: daher entsprängen die ungeheuren Zustimmungskundgebungen, das werde eben in den Vortragssälen vornehmlich gerühmt und bald in den Gesprächen aller verbreitet. Laß dann also beiseite die Entschuldigung mit Ruhe und Sicherheit, da du dir freiwillig einen Gegner nimmst, der überlegen ist. Für uns mag es genug sein, private Streitigkeiten und solche unseres Jahrhunderts zu schützen: wenn es bei ihrer Formulierung einmal nötig ist, für einen gefährdeten Freund die Ohren der Mächtigeren zu beleidigen, mag dann das Einstehen Billigung, der Freimut Entschuldigung finden.«

11. Als das Aper etwas zu leidenschaftlich, wie gewöhnlich, und mit gespanntem Ausdruck gesagt hatte,

sagte Maternus gelöst und leicht lächelnd: »Während ich mich vorbereitete, nicht weniger lange die Redner anzuklagen, als sie Aper gelobt hatte – glaubte ich doch, daß er von ihrem Preis abbiegen und die Dichter herabziehen und das Bemühen um Gedichte zu Boden schmettern würde –, hat er mich mit einem Kunstgriff milde gestimmt: dadurch nämlich, daß er denen, die Prozesse zu führen nicht imstande wären, gestattete, Verse zu machen. Ich aber bin vielleicht im Führen von Prozessen etwas zu erreichen und durchzusetzen in der Lage; doch mit dem Vortrag von Tragödien habe ich begonnen in der Öffentlichkeit bekannt zu werden, als ich nämlich im 'Nero' die verworfene und sogar die Heiligkeit der Studien schändende Macht des Vatinius gebrochen habe, und heute, wenn ich einige Bekanntheit und einigen Namen besitze, glaube ich, ist das mehr durch den Ruhm der Dichtungen als den der Reden erworben[57]. Und jetzt habe ich beschlossen, mich zu entlasten von der Anstrengung des Forum, und begehre nicht diese Gefolge und das öffentliche Erscheinen oder die Menge der Morgenbesucher ebensowenig wie die Erzstatuen und Bilder, die auch ohne meinen Willen in mein Haus eingebrochen sind. Denn meine Stellung und meine Sicherheit schütze ich bisher besser durch meine Unschuld als durch Beredsamkeit, und ich fürchte nicht, daß ich je im Senat anders reden muß als zur Abwehr der Gefährdung eines anderen.

12. Wälder aber und Haine und eben die Abgeschiedenheit, die Aper schalt, bringen mir so viel Genuß, daß ich es zu den vorzüglichsten Früchten der Gedichte rechne, daß sie nicht im Getriebe, nicht, indem der Prozessierende vor der Türe sitzt, nicht unter kläglichem Aufzug und Tränen von Angeklagten angefertigt werden, sondern die Seele in reine und lautere Orte entweicht und sich heiliger Heimat erfreut. Das ist der Anfang der Kunst des Wortes, das ihr innerstes Heiligtum: in dieser Gestalt und

Pflege den Sterblichen zuerst empfohlen, floß sie in jene keuschen und von keinen Lastern berührten Herzen: so sprachen die Orakel. Denn dieser gewinnsüchtigen und bluttriefenden Beredsamkeit Gebrauch ist jung und in einem verdorbenen sittlichen Zustand geboren und, wie du selber sagtest, Aper, als Angriffswaffe erfunden. Aber jenes glückliche und, um nach unserer Gewohnheit zu reden, 'goldene Zeitalter' hatte, an Rednern und Verbrechen arm, Überfluß an Dichtern und Sehern, edle Taten zu besingen, nicht begangene Verbrechen zu verteidigen. Und niemand besaß größeren Ruhm oder erhabenere Ehre – zuerst bei den Göttern, deren Bescheide sie verkündeten und an deren Mählern sie teilnahmen, wie man sagte – dann bei den berühmten götterentsprossenen und heiligen Königen, bei denen kein Rechtsanwalt, sondern Orpheus und Linus und, willst du tiefer blicken, Apollo selbst weilten, wie wir vernommen. Oder wenn das zu märchenhaft und erdichtet erscheint, wirst du mir das wenigstens zugeben, Aper, daß Homer nicht weniger Ruhm bei der Nachwelt hat als Demosthenes und daß nicht in engere Grenzen der Ruhm des Euripides oder Sophokles als der des Lysias oder Hypereides[58] eingeschlossen ist. Eine größere Zahl wirst du heute finden, die den Glanz Ciceros als den Vergils herabziehen, und kein Buch des Asinius oder des Messalla[59] ist so bekannt wie die 'Medea' Ovids oder der 'Thyest' des Varius.

13. Und auch die äußere Lage der Dichter und ihr glückliches Zusammenleben möchte ich mich nicht zu vergleichen scheuen mit dem unruhigen und beklommenen Leben der Redner. Mögen ihre Kämpfe und Gefahren sie empor zu den Konsulaten führen, ich will lieber die sichere und ruhige Abgeschiedenheit Vergils, in der er doch nicht bei dem zum Gott erhobenen Augustus der Gunst entbehrte und beim römischen Volke nicht der Bekanntheit. Zeugen sind die Briefe des Augustus, Zeuge ist das

Volk selbst, das sich, als es im Theater Verse Vergils hörte, in seiner Gesamtheit erhob und den zufällig anwesenden und zuschauenden Vergil gefeiert hat wie den Augustus selber. Auch zu unserer Zeit dürfte Pomponius Secundus nicht einem Domitius Afer[60] an Würde des Lebens oder Dauer des Ruhmes nachstehen. Denn dieser dein Crispus und Marcellus, auf deren Beispiel du mich hinweisest: was haben sie in diesem ihrem Glück Begehrenswertes? Daß sie Furcht haben oder daß sie gefürchtet werden? Daß, während sie täglich um etwas angegangen werden, die, denen sie etwas gewähren[61], noch entrüstet sind? Daß sie, gekettet an kriechende Schmeichelei, den Befehlenden niemals sklavisch genug, uns nicht frei genug erscheinen? Was ist denn diese ihre überaus große Macht? Soviel Macht pflegen Freigelassene zu haben! Mich aber mögen die süßen Musen, wie Vergil sagt, entfernt von Aufregungen und Sorgen und der Notwendigkeit, täglich etwas gegen das innerste Wollen zu tun, in jene heiligen Bezirke und zu jenen Quellen tragen; möchte ich nicht weiter das tobende und schlüpfrige Forum und bleichen[62] Ruhm mit Zittern erleben! Nicht soll mich der Lärm der Morgenbesucher und nicht ein keuchender Freigelassener aufjagen, nicht will ich voll Unsicherheit gegenüber der Zukunft ein Testament als Unterpfand schreiben, und ich möchte nicht mehr haben, als was ich hinterlassen kann, wem ich will – wenn nämlich einmal der schicksalsbestimmte und mir verhängte Todestag kommt –, und ich möchte auf mein Grab nicht traurig und finster gesetzt werden, sondern heiter und bekränzt, und um mein Gedächtnis soll sich niemand zu kümmern brauchen und bitten.«

14. Kaum hatte Maternus geendet, erregt und wie entrückt, da betrat Vipstanus Messalla sein Gemach und, schon aus der Anspannung der einzelnen vermutend, daß zwischen ihnen ein höheres Gespräch im Gange sei,

sagte: »Bin ich etwa nicht recht passend unter Leute geraten, welche geheime Beratung und Durchdenken eines Prozesses vorhaben?«

»Nein, nein«, sagte Secundus, »und ich hätte vielmehr gewollt, du wärest zeitiger dazugekommen; erfreut hätte dich nämlich die sorgfältige Rede unseres Aper, als er Maternus ermahnte, seine ganze Begabung und seine Bemühungen auf das Reden in Prozessen zu wenden, und des Maternus Vortrag für seine Gedichte, der heiter und, wie Dichter verteidigt werden mußten, gewagter und ähnlicher den Dichtern war als den Rednern.«

»In der Tat hätte mich diese Rede mit unendlichem Vergnügen erfüllt, und schon das allein erfreut mich, daß ihr, die vortrefflichsten Männer und Redner unserer Zeit, euren Geist nicht nur in den Geschäften des Forum und den Deklamationsübungen schult, sondern auch derartige Diskussionen hinzuzieht, die den Geist nähren und die willkommenste Freude durch Bildung und Wissenschaft euch bringen, die ihr über diese Dinge diskutiert, und mehr noch denen, zu deren Ohren sie dringen. Darum sehe ich, daß – beim Hercules! – es an dir nicht weniger Billigung findet, Secundus, daß du mit der Darstellung des Lebens des Iulius Africanus den Menschen Hoffnung auf mehr derartige Bücher gemacht hast, als an Aper[62a], daß er sich noch nicht von den Streitfällen der Schule zurückgezogen hat und seine Muße lieber nach Art der neuen Rhetoren als jener der alten Redner verbringen will.«

15. Drauf Aper: »Du hörst nicht auf, Messalla, nur Altes und Vergangenes zu bewundern, unserer Zeiten Bemühungen aber zu verlachen und gering zu schätzen. Denn diese deine Rede habe ich oft vernommen, wenn du, ohne an deine und deines Bruders Beredsamkeit zu denken, verfochtest, daß niemand heute ein Redner sei ‹im Vergleich› mit den Alten; um so kühner, glaube ich,

weil du den Vorwurf der Mißgunst nicht zu fürchten brauchtest, da du den Ruhm, den andere dir zugestehen, dir selber absprachst.«

»Und mich reut«, sagte er, »diese Rede nicht, und ich glaube auch nicht, daß Secundus oder Maternus oder auch du selber, Aper, obwohl du bisweilen den entgegengesetzten Standpunkt vertrittst, im Grunde anders denkst. Und ich möchte es von einem von euch erlangen, daß er die Gründe dieser unendlichen Verschiedenheit erforscht und aufweist, die ich oft bei mir selber aufzuspüren suche. Und was für manche ein Trost ist, das erschwert für mich die Frage, weil ich sehe, daß es auch den Griechen zugestoßen ist, daß von Aischines und Demosthenes Nicetes[63] Sacerdos – und wenn irgend ein anderer mit dem Chor und dem Beifallsgeheul seiner Studenten Ephesus oder Mytilene erschüttert – weiter entfernt ist, als Afer oder Africanus oder ihr selber hinter Cicero oder Asinius zurückgeblieben seid.«

16. »Eine große und der Behandlung würdige Frage«, sagte Secundus, »hast du in Bewegung gebracht. Aber wer wird sie gerechter entfalten als du, zu dessen so hoher Bildung und überragender Begabung noch Bemühung und Bedenken hinzugekommen sind?«

Worauf Messalla sagte: »Ich will euch meine Gedanken eröffnen, wenn ich vorher von euch erlange, daß auch ihr dieses unser Gespräch fördert.«

»Für zwei«, sagte Maternus, »verspreche ich es: denn sowohl ich als auch Secundus werden die Teile ausführen, von denen wir merken werden, daß du sie nicht so sehr außer acht als uns übrig gelassen hast. Denn daß Aper gewöhnlich anderer Meinung ist, hast du eben vorher gesagt, und ihm selber sieht man es deutlich genug an, daß er sich schon längst für die Entgegnung rüstet und diese unsere Einigkeit zugunsten des Ruhmes der Alten nicht gleichmütig hinnimmt.«

»Nein«, sagte Aper, »denn ich werde nicht ungehört und unverteidigt unser Jahrhundert durch eure Verschwörung hier verurteilen lassen, sondern werde zuerst fragen, wen ihr alt heißet, welche Epoche der Redner ihr mit dieser Bezeichnung bestimmt. Wenn ich nämlich von 'Alten' höre, verstehe ich darunter bestimmte Männer der Vorzeit, die längst ehedem geboren wurden, und mir schweben vor Augen Ulixes und Nestor, deren Lebenszeit etwa 1300 Jahre vor unserem Jahrhundert liegt; ihr aber führt Demosthenes und Hypereides an, die, wie zur Genüge feststeht, zur Zeit Philipps und Alexanders ihre Blüte hatten, so aber, daß sie beide überlebten. Daraus ist ersichtlich, daß nicht mehr als dreihundert Jahre zwischen unserer und Demosthenes' Zeit liegen. Beziehst du diesen Zeitraum auf die Gebrechlichkeit unserer Körper, könnte er vielleicht lang erscheinen; wenn aber auf das Wesen der Zeitalter und die Rücksicht auf diese unermeßliche Ewigkeit, ist er sehr kurz und in nächster Nähe. Denn wenn, wie Cicero im 'Hortensius'[64] schreibt, das ein großes und wahres Jahr ist, in dem dieselbe Stellung des Himmels und der Gestirne, genau wie sie ist, wieder eintritt, und dieses Jahr 12 954 von den Jahren umfaßt, die w i r so nennen, zeigt sich, daß Demosthenes, den ihr als vergangen und alt hinstellt, nicht nur in demselben Jahre wie wir, sondern noch in demselben Monate gelebt hat.

17. Aber ich gehe zu den lateinischen Rednern über, bei denen ihr nicht, wie ich schätze, Menenius Agrippa[65], der alt scheinen könnte, den Redegewaltigen unserer Zeit vorzuziehen pflegt, sondern Cicero, Caesar, Caelius, Calvus, Brutus, Asinius und Messalla[66]: warum ihr diese lieber der alten Zeit zuschreibt als unserer, sehe ich nicht. Denn, um von Cicero selber zu sprechen, so ist er gewiß unter dem Konsulat des Hirtius und Pansa[67], wie sein Freigelassener Tiro schreibt, am 7. Dezember getötet

worden, in dem Jahre, in dem der zum Gott erhobene Augustus an Stelle von Pansa und Hirtius sich und Quintus Pedius als Konsuln einsetzte. Rechne 56 Jahre, in denen darauf der zum Gott erhobene Augustus das Gemeinwesen lenkte, füge hinzu des Tiberius 23, das fast volle Jahrviert des Gaius und die zweimal 14 Jahre des Claudius und Nero, das berüchtigte eine lange Jahr des Galba, Otho und Vitellius und die sechste Wache[68] schon des jetzigen glücklichen Prinzipates, mit dem Vespasianus die Wunden des Gemeinwesens heilt, so sammeln sich 120 Jahre vom Untergang Ciceros bis zum heutigen Tage an, ein Menschenalter. Denn ich selber habe in Britannien einen alten Mann gesehen, der bekannte, er habe an der Schlacht teilgenommen, in der die Britannier Caesar, der die Waffen ins Land führte, von der Küste fernzuhalten und zu vertreiben in Angriff nahmen. Wenn so den, der bewaffnet Caesar Widerstand leistete, Gefangenschaft, freier Wille oder irgendein Schicksal nach Rom geführt hätten, hätte derselbe Mann in gleicher Weise Caesar selber und Cicero hören können und auch unseren Verhandlungen beiwohnen. Bei der letzten Spendenverteilung jedenfalls habt ihr selber sehr viele alte Leute gesehen, die erzählten, sie hätten auch vom vergöttlichten Augustus ein und das andere Mal eine Spende empfangen. Daraus kann man errechnen, daß sowohl Corvinus als auch Asinius von ihnen hätten gehört werden können – denn Corvinus reichte bis zur Mitte des Prinzipats des Augustus, Asinius fast bis zum Ende –: damit ihr nicht das Jahrhundert entzwei schneidet und alt und vergangen die Redner heißet, welche die Ohren derselben Menschen vernehmen und sozusagen hätten verbinden und verknüpfen können.

18. Das habe ich darum vorausgeschickt, um aufzuweisen: wenn aus dem Ruf und dem Ruhm dieser Redner ein Lob für die ganze Zeit gewonnen wird, so liegt es

mitteninne und ist uns näher als dem Servius Galba oder dem Gaius Carbo und den anderen, die wir mit Recht alt nennen; sie sind nämlich wirklich ungepflegt und ungehobelt, roh und formlos und so, daß man wünschen muß, daß doch euer Calvus oder Caelius oder selbst Cicero sie in keiner Hinsicht nachgeahmt hätten! Ich will nämlich nun etwas mutiger und kühner vorgehen, wenn ich das noch vorher vorausgeschickt habe, daß sich mit den Zeiten auch die Formen und Arten des Redens ändern. So ist – mit dem alten Cato verglichen – Gaius Gracchus voller und reicher, so – mit Gracchus – Crassus glatter und ausdrucksvoller, so gegliederter, eleganter und großartiger als beide Cicero, sanfter als Cicero, angenehmer und in den Worten mehr durchgearbeitet Corvinus. Und ich frage nicht, wer der beredteste ist: ich begnüge mich, dies inzwischen gezeigt zu haben, daß es nicht ein Aussehen der Beredsamkeit gibt, sondern daß auch bei denen, die ihr alt nennt, sich mehr als eine Art fassen läßt, und daß nicht gleich auch schlechter ist, was anders ist, daß aber infolge des Lasters der menschlichen Niedertracht Alter immer in Ehre, Gegenwärtiges immer unter hochmütiger Ablehnung steht. Wollen wir etwa zweifeln, daß sich Leute gefunden haben, die an Stelle des Cato mehr den Appius Caecus bewunderten? Es steht zur Genüge fest, daß auch einem Cicero nicht die Verkleinerer gefehlt haben, denen er aufgeschwellt und schwülstig und nicht genügend knapp, sondern über das rechte Maß hinaus sich gebärdend und überströmend und zu wenig attisch erschien. Ihr habt doch auf jeden Fall die Briefe des Calvus und Brutus an Cicero gelesen, aus denen leicht zu entnehmen ist, daß Calvus seinem Cicero blutleer und dürr erschien, Brutus aber lässig und auseinanderfallend; und daß auf der anderen Seite Cicero von Calvus als ohne Haltung und ohne Sehnen geschmäht wurde, von Brutus aber, um seine eigenen Worte anzuführen, als 'schlapp und lendenlahm'. Wenn du mich fragst: alle scheinen mir die Wahrheit gesagt zu haben. Doch ich werde bald zu den einzelnen kommen, jetzt habe ich es mit allen insgesamt zu tun.

19. Denn sofern die Bewunderer der Alten dies wie den Grenzstein des Altertums zu setzen belieben 'wer bis zu Cassius ...': so behaupte ich, daß der, den sie zum Angeklagten machen, von dem sie versichern, er sei als erster von jenem alten und graden Pfad der Rede abgewichen, nicht aus Schwäche der Begabung oder Unbildung zu seiner Art des Redens übergewechselt ist, sondern mit Urteil und Einsicht. Er sah nämlich, daß man, wie ich eben vorhin sagte, mit der Lage der Zeiten und der Verschiedenheit der Ohren auch die Form und das Aussehen der Rede ändern müsse. Leicht ertrug das Volk der früheren Zeit, als unerfahren und roh, die verwikkeltesten Längen der Reden, und gerade das lobte es, wenn einer mit Reden den ganzen Tag erschöpfte. Vollends waren gar die lange Vorbereitung der Einleitungen, die weit zurückgreifende Reihe der Berichtserzählung, das Prunken mit einer vielgliedrigen Disposition und tausend Stufen der Beweise und was sonst noch in den strohdürren Büchern des Hermagoras und Apollodor[70] vorgeschrieben wird, in hohem Ansehen; wenn aber einer an der Philosophie geschnuppert zu haben schien und aus ihr irgendein allgemeines Problem seiner Rede einfügte, den hob man rühmend in den Himmel. Kein Wunder: war das doch neu und unbekannt, und sehr wenige auch von den Rednern selber hatten Kenntnis von den Vorschriften der Redelehrer oder den Lehrsätzen der Philosophen. Aber das alles ist – weiß Gott – jetzt gewöhnlich geworden, da doch kaum einer in der Runde dabeisteht, der nicht, wenn nicht in den Anfangsgründen der Studien geschult, so doch wenigstens mit ihnen in Berührung gekommen ist. Darum hat die

Redekunst neue und erlesene Bahnen nötig, auf denen der Redner der Blasiertheit der Ohren entgehen kann, jedenfalls bei solchen Richtern, die mit Macht und Amtsgewalt, nicht nach Recht und Gesetzen erkennen, das Zeitmaß nicht entgegennehmen, sondern festsetzen und den Redner nicht abzuwarten brauchen, bis es ihm beliebt, über die Sache selber zu reden, sondern ihm oft von sich aus eine Erinnerung geben, ihn, wenn er irgendwohin abschweift, zur Sache rufen und erklären, sie hätten keine Zeit.

20. Wer wird jetzt einen Redner ertragen, der seine schwache Gesundheit als Einleitung benützt? So sind etwa die Anfänge des Corvinus. Wer wird fünf Bücher gegen Verres bis zum Ende abwarten? Wer ist noch den ungeheuren Rollen über Einsprache und Prozeßformel gewachsen, wie wir sie für Marcus Tullius oder Aulus Caecina[71] lesen? Heutzutage eilt der Richter dem Redner voraus, und wenn er nicht entweder durch den Gang der Beweise, die Farbe der Sentenzen oder den Glanz und die Feinheit der Beschreibungen angesprochen und gewonnen ist, wendet er sich vom Redner ab. Auch die Masse der Beiwohnenden und der herzuströmende und sich umhertreibende Hörer hat sich heute gewöhnt, Heiterkeit und Schönheit der Rede zu verlangen; und er erträgt in den Gerichten eine trübselige und ungepflegte Altertümlichkeit ebensowenig, wie wenn jemand auf der Bühne die Gebärden des Roscius oder Ambivius Turpio[72] zum Ausdruck bringen wollte. Die jungen Leute gar, die direkt auf dem Amboß der Studien liegen, die ihres Fortschrittes wegen die Redner begleiten, wollen nicht nur hören, sondern auch etwas Bedeutendes und des Gedächtnisses Wertes nach Hause tragen; und sie geben es ihrerseits weiter und schreiben oft in ihre Städte und Provinzen, sei es daß irgendein Gedanke in einem geschliffenen und kurzen Satze aufleuchtete oder ein Pro-

blem in erlesener und dichterischer Darstellung Glanz bekam. Denn heute verlangt man vom Redner sogar den dichterischen Schmuck, nicht mit des Accius oder Pacuvius[73] Schläfrigkeit versetzt, sondern aus den Schreinen des Horaz, Vergil und Lucan hervorgeholt. Deren Ohren also und Urteil gehorchend ist die Generation unserer Redner schöner und ausgestalteter hervorgegangen. Und darum sind unsere Reden nicht etwa minder wirksam, weil sie zum Ohr der Richtenden mit Vergnügen dringen. Was würde man denn sagen, wenn du die Tempel unserer Zeiten für schwächer hieltest, weil sie nicht aus rohem Bruchstein und ungestalten Ziegeln errichtet werden, sondern in Marmor schimmern und in Gold erglänzen?

21. Ich will euch freimütig gestehen, daß ich bei manchem Werk der Alten kaum das Lachen, bei manchem nur mit Mühe den Schlaf unterdrücken kann. Und nicht einen aus der Sippe des Canutius oder Attius ⟨meine ich und spreche nicht⟩[74] von Furnius oder Toranius und wem sonst noch in demselben Krankenhaus diese hervortretenden Knochen und diese Magerkeit Billigung verschaffen: selbst Calvus, obwohl er, wie ich meine, einundzwanzig Bücher hinterlassen hat, befriedigt mich kaum in der einen und anderen Rede. Und ich sehe, daß auch die anderen von diesem meinem Urteil nicht abweichen: wieviele sind es denn, die des Calvus Rede gegen Asicius oder gegen Drusus lesen? Dagegen sind, beim Hercules, in aller Beflissenen Händen die Reden mit dem Titel 'Gegen Vatinius' und vornehmlich die zweite Rede von diesen[75]; ist sie doch in Worten und Gedanken ausgestaltet, den Ohren der Richter angepaßt – auf daß du siehst, daß Calvus auch selbst erkannte, was besser ist, und daß ihm nicht der Wille, erhabener und gebildeter zu reden, sondern das Genie und die Kräfte gefehlt haben. Wie denn? Natürlich gefallen von den Reden des Caelius[76] die, ob nun im ganzen oder Teile von ihnen, in denen wir den Glanz

und die Höhe unserer Zeiten wiederfinden. Jener Wortschmutz aber, die klaffende Fügung und die ungeordneten Gedanken riechen nach Altertum; und ich halte niemanden für einen solchen Altertümler, daß er den Caelius dort lobt, wo er alt ist. Gestatten wir es ruhig Gaius Caesar, daß er wegen der Größe seiner Gedanken und dem Ausgefülltsein mit seinen Handlungen weniger in der Redekunst erreicht hat, als es sein göttliches Genie erfordert hätte, ebenso – bei Gott – wie wir Brutus[77] seiner Philosophie überlassen wollen; denn daß er in den Reden kleiner war als sein Ruf, gestehen auch seine Bewunderer zu: es müßte denn sein, daß einer Caesars Rede für den Samniten Decius oder Brutus' Rede für den König Deiotarus liest und die übrigen Bücher von gleicher Lahmheit und Lauheit, außer denen, die auch die Gedichte derselben Männer bewundern. Sie haben nämlich auch Gedichte gemacht und in die Bibliotheken gebracht, nicht besser als Cicero, aber mit glücklicherem Ausgang, weil weniger Leute wissen, daß sie welche gemacht haben. Auch Asinius scheint mir, obwohl er in uns näheren Zeiten geboren ist, unter Leuten wie Menenius oder Appius seine Studien betrieben zu haben. Pacuvius wenigstens und Accius hat er nicht nur in seinen Tragödien, sondern auch seinen Reden nachgebildet: so hart und trocken ist er. Rede aber, wie der Körper des Menschen, ist erst dann schön, wenn in ihr nicht die Adern hervortreten, man nicht die Knochen zählen kann, sondern ausgeglichenes und gutes Blut die Glieder erfüllt und sich in Muskelpolstern erhebt und selbst die Sehnen die rote Farbe bedeckt und schöne Form empfiehlt. Ich will nicht den Corvinus verfolgen, weil es nicht bei ihm stand, die Freudigkeit und den Schimmer unserer Zeiten zum Ausdruck zu bringen, und wir ja sehen, inwieweit[78] seinem Urteil Kraft des Geistes oder der Begabung reichte.

22. Ich komme zu Cicero, der denselben Kampf mit seinen Zeitgenossen führte, wie ich mit euch. Jene nämlich bewunderten die Alten, er selber zog die Redekunst seiner Zeit vor; und durch nichts übertraf er die Redner desselben Zeitalters mehr als durch sein Urteil. Als erster nämlich gestaltete er die Rede durch, als erster hat er auch bei den Worten Auswahl und bei dem Aufbau Technik angewendet; auch heiterere allgemeine Ausführungen versuchte er und fand manchen schön geformten Gedanken, besonders in den Reden, die er schon in höherem Alter und gegen Ende des Lebens verfaßte, das heißt, nachdem er größere Fortschritte gemacht und durch Erfahrung und Proben gelernt hatte, was die beste Art des Redens ist. Denn seine früheren Reden sind nicht frei von den Fehlern der alten Zeit: lahm ist er in den Einleitungen, weitläufig in den Erzählungen, langatmig am Schluß; nur langsam kommt er in Bewegung, selten wird er warm; wenige Gedanken werden wohlgefügt und mit einem Glanzlicht abgeschlossen. Nichts könnte man herauspflücken, nichts mit davonnehmen, und wie bei einem rohen Bauwerk ist die Wand freilich fest und haltbar, aber nicht zur Genüge verputzt und glänzend. Ich aber möchte, daß der Redner, wie ein begüterter und gepflegter Hausherr, nicht nur mit einem solchen Dach bedeckt sei, das Regen und Wind fernhält, sondern mit einem solchen, das auch den Blick und die Augen entzückt; daß er nicht nur mit dem Hausrat versehen ist, der den notwendigen Bedürfnissen genügt, sondern in seiner Ausstattung sei auch Gold und Edelgestein, daß es Spaß mache, es in die Hände zu nehmen und öfter zu betrachten. Manches aber soll ferngehalten werden als bereits veraltet und muffig: kein Wort soll da sein, das wie mit Rost überzogen ist, keine Gedanken sollen in trägem und ungeschicktem Bau wie die Annalen aufgesetzt werden; er soll eine häßliche und witzlose Possenreißerei ganz aus-

treiben, den Aufbau verändern und nicht alle Schlüsse auf ein und dieselbe Weise beenden.

23. Ich will nicht das 'Rad des Schicksals'[79] und das *ius verrinum* verlachen und das in jedem dritten Satz in allen Reden an Stelle eines wohlausgedrückten Gedankens gesetzte *esse videatur*. Denn auch diese Dinge habe ich nur ungern angeführt, und noch mehr habe ich übergangen, und doch ist es das allein, was die bewundern und zum Ausdruck bringen, die sich Redner alten Stiles nennen. Ich will niemanden nennen, zufrieden damit, die Art dieser Menschen gekennzeichnet zu haben: aber euch stehen doch jedenfalls jene Leute vor Augen, die Lucilius an Stelle von Horaz und Lukrez an Stelle von Vergil lesen, für die des Aufidius Bassus oder Servilius Nonianus Wortkunst auf Grund des Vergleiches mit Sisenna oder Varro nichts wert ist, die die Schulschriften[80] unserer Redner verschmähen [und hassen], die des Calvus[81] bewundern. Wenn diese nach ehrwürdig alter Art beim Richter ihr Garn spinnen, läuft ihnen kein Zuhörer nach, hört das Volk sie sich nicht an, erträgt sie mit Mühe endlich der Prozeßführende selber: so trübselig und ohne Feinheiten erreichen sie selbst ihre Gesundheit, auf die sie sich so viel zugute tun, nicht durch Festigkeit, sondern durch Magerkeit. Nun heißen auch beim Körper die Ärzte ein gutes Befinden nicht gut, das durch allzugroße Ängstlichkeit zuteil wird; es ist zu wenig, nicht krank zu sein: stark, blühend, lebensfrisch: das will ich. Nahe ist der Krankheit der, an dem nur die Gesundheit gelobt wird. Ihr gar, ihr Männer von höchster Beredtheit, macht, wie ihr es könnt, wie ihr es tut, unser Jahrhundert strahlend durch die schönste Art des Redens! Denn sowohl dich, Messalla, sehe ich gerade das Glücklichste an den Alten nachahmen, und auch ihr, Maternus und Secundus, mischt so in den gewichtigen Ernst den Glanz der Gedanken und die Erlesenheit der Worte, so ist die Auswahl der

Erfindung, so die Ordnung, so, wenn es die Sache fordert, üppige Fülle, so, wenn sie es erlaubt, die Kürze, so die Zierlichkeit der Fügung, so die Klarheit der Gedanken, so bringt ihr die Gemütsbewegung zum Ausdruck, so wißt ihr die Freiheit maßvoll zu verwirklichen, daß, die nach uns kommen, auch wenn Verkleinerungssucht und Neid unser Urteil hemmen, die Wahrheit über euch auf jeden Fall verkünden werden.«

24. Als das Aper gesagt hatte, sagte Maternus: »Erkennt ihr Wucht und Glut unseres Aper? Mit welchem Fluß, welchem Schwung hat er unser Jahrhundert verteidigt! Mit welcher Fülle und Abwechslung hat er die Alten hergenommen! Mit welcher Begabung und welchem Atem nicht nur, sondern auch mit welcher Bildung und Technik hat er von ihnen geliehen, womit er dann gegen sie selber losfahren könnte! Dein Versprechen, Messalla, jedoch darf er nicht umstoßen. Denn wir brauchen nicht einen Verteidiger der Alten und vergleichen keinen von uns, obwohl wir eben gelobt worden sind, mit denen, die Aper verhöhnt hat. Und er denkt auch selber nicht so, sondern nach alter Sitte, die von unseren Philosophen oft geübt worden ist, hat er die Rolle der Gegenrede übernommen. Also hole uns nicht eine Lobrede auf die Alten hervor – sie lobt ihr Ruhm genug –, sondern die Gründe, warum wir so hinter ihrer Redekunst zurückgeblieben sind, zumal die Zeitberechnung ergeben hat, daß es vom Untergang Ciceros bis heute nur 120 Jahre sind.«

25. Darauf Messalla: »Ich werde mich an die von dir vorgeschriebene Form halten, Maternus; denn man braucht dem Aper nicht lange zu widersprechen, der, wie ich meine, zunächst einen Streit um den bloßen Namen in Gang gebracht hat, als ob nicht eigentlich die alt geheißen werden dürften, von denen es ausreichend feststeht, daß sie vor hundert Jahren gelebt haben. Für mich geht der

Kampf aber nicht um das Wort; mag er jene die Alten oder die Vorfahren oder lieber mit sonst einem Namen nennen, wenn nur nicht bestritten wird, daß die Beredsamkeit jener Zeiten hervorragender war; auch dem Teil seiner Rede widersetze ich mich nicht und gebe zu[82], daß es mehrere Formen des Redens sogar in denselben Epochen, geschweige denn in verschiedenen gegeben hat. Allein wie unter den attischen Rednern Demosthenes der Vorrang zuerteilt wird, die nächste Stelle aber Aischines, Hypereides, Lysias und Lykurg innehalten, nach aller Zugeständnis jedoch diese Rednergeneration am meisten Beifall findet, so hat bei uns Cicero die übrigen beredten Männer derselben Zeit überholt, Calvus aber, Asinius, Caesar, Caelius und Brutus werden mit Recht über die vorhergehenden und nachfolgenden gestellt. Und es macht nichts aus, daß sie sich in der Art unterscheiden, da sie in der Gattung übereinstimmen. Knapper ist Calvus, sehniger Asinius, glanzvoller Caesar, schärfer Caelius, ernster Brutus, mitreißender, voller und kräftiger Cicero: alle aber wahren dieselbe Reinheit[82a] der Redekunst, so daß du, nimmst du die Bücher aller miteinander in die Hand, erkennen kannst, es besteht – wenn auch bei verschiedenen Anlagen – doch eine gewisse Ähnlichkeit und Verwandtschaft im Urteil und Willen. Denn wenn sie sich gegenseitig herabgezogen haben und manches in ihren Briefen eingestreut ist, woran sich wechselseitige Verkleinerungssucht enthüllt, so ist das nicht ein Laster der Redner, sondern der Menschen. Denn ich glaube wohl, daß Calvus, Asinius und selbst Cicero dem anderen aufpassen und blaß vor Neid werden und unter den übrigen Fehlern der menschlichen Schwachheit leiden konnten: allein Brutus unter ihnen, schätze ich, hat ohne Schmälerungssucht und Neid, schlicht und freimütig das Urteil seines Herzens enthüllt. Oder hätte etwa der Neid gegen Cicero empfinden sollen, der offensichtlich nicht einmal einen Caesar beneidet hat? Was Servius Galba und Gaius Laelius anlangt, und wen etwa von den Alten sonst er zu verfolgen nicht abließ, so braucht's keinen Verteidiger, da ich offen bekenne, daß manches ihrer Beredsamkeit gefehlt hat, da sie noch im Entstehen und nicht recht ausgereift war.

26. Wenn im übrigen ohne Rücksicht auf jene beste und vollkommenste Art der Beredsamkeit eine Form des Redens ausgewählt werden müßte, dann wünschte ich mir wahrhaftig lieber die Wucht des Gaius Gracchus oder die Reife des Lucius Crassus[83] als die Löckchen des Maecenas und das Geklingel des Gallio[84]: so sehr ist es besser, eine Rede selbst mit einer rauhen Toga zu bekleiden als mit gefärbten und dirnenhaften Gewändern auszustaffieren. Denn das ist kein rednerischer, nein – bei Gott – ein nicht einmal eines Mannes würdiger Putz, den die meisten Vortragenden unserer Zeit so anwenden, daß sie mit einem Sichgehenlassen in den Worten, eleganter Leichtfertigkeit der Gedanken, Zügellosigkeit in der Fügung Schauspielermanieren zum Ausdruck bringen. Und was kaum zu hören recht sein dürfte, damit brüsten sich die meisten wie mit Lob, Ruhm und Genialität, daß nämlich ihre Texte gesungen und getanzt würden. Daraus entsteht der bekannte abscheuliche und verkehrte, aber bei manchen doch häufig wiederkehrende Begeisterungsschrei, daß man sagt, unsere Redner sprächen graziös, die Bühnenkünstler tanzten beredt. Ich will gewiß nicht leugnen, daß Cassius Severus, den allein unser Aper mit Namen zu nennen wagte, ein Redner genannt werden kann, wenn er mit denen verglichen wird, die nachher kamen, obwohl er in einem großen Teil seiner Bücher mehr Galle hat als Blut. Als erster nämlich hat er die Ordnung der Dinge gering geschätzt, die Bescheidenheit und den Anstand der Worte beiseite gelassen, ist auch in den Waffen selbst, die er handhabt, ungefüge und fällt im Eifer zu

treffen sehr oft aus dem Tritt, und drum kämpft er nicht, sondern rauft. Im übrigen, wie ich sagte, übertrifft er, mit den folgenden verglichen, durch die Vielseitigkeit seiner Bildung, die Anmut seines Witzes und selbst die Festigkeit seiner Kräfte weit die übrigen, von denen Aper niemanden zu nennen und in die Schlacht zu führen auf sich nahm. Ich aber erwartete, daß er nach dem Schelten auf Asinius, Caelius und Calvus uns eine andere Reihe vorführen und mehr oder weniger ebensoviele nennen würde, von denen wir einen Cicero, einen anderen Caesar, dann überhaupt je einen einem anderen entgegensetzen könnten. Jetzt aber, damit zufrieden, die Alten namentlich herabgewürdigt zu haben, hat er niemanden der folgenden zu loben gewagt, außer zusammenfassend und allgemein, aus Furcht, glaube ich, er würde viele verletzen, wenn er wenige herausgegriffen hätte. Denn wer unter den Schulgewaltigen gefällt sich nicht in der Überzeugung, daß er sich Cicero vorausstellt, wenn auch natürlich hinter Gabinianus. Aber ich werde mich nicht scheuen, einzelne namhaft zu machen, damit umso leichter an vor Augen gestellten Beispielen klar wird, wie Stufe um Stufe die Beredsamkeit gebrochen und verkürzt worden ist.«

27. »Aber«, sagte Maternus, »laß es genug sein und löse lieber dein Versprechen ein. Denn wir haben nicht das Bedürfnis, daß man zu dem Schluß kommt, die Alten seien beredter gewesen, was bei mir wenigstens klares Bekenntnis ist, sondern wir forschen nach den Gründen, von denen du eben gesagt hast, daß du sie zu behandeln pflegtest, offensichtlich milder und auf die Beredsamkeit unserer Zeit weniger zornig, bevor dich Aper beleidigte, indem er deine Alten aufreizend herausforderte.«

»Ich bin«, sagte er, »nicht verletzt durch meines Aper Ausführungen, und auch ihr dürft nicht Anstoß nehmen, wenn etwas eure Ohren etwa unangenehm berührt, da ihr ja wißt, daß dies das Gesetz solcher Gespräche ist, das Urteil des Innern ohne Beeinträchtigung der Zuneigung vorzutragen.«

»Fahre fort«, sagte Maternus, »und da du über die Alten redest, so bediene dich auch des alten Freimutes, von dem wir wohl noch mehr abgesunken sind als von der Beredsamkeit.«

28. Ihm entgegnete Messalla: »Nicht nach versteckten Gründen, Maternus, forschest du, die dir selber oder Secundus hier oder auch Aper unbekannt wären, auch wenn[85] ihr mir die Rolle zuweist, vorzubringen, was wir alle spüren. Wer weiß denn nicht, daß die Beredsamkeit und die übrigen Fertigkeiten von dem alten Ruhme abgefallen sind nicht aus Mangel an Männern, sondern infolge der Trägheit der Jugend, der Nachlässigkeit der Eltern, der Unwissenheit der Lehrenden und des Vergessens der alten Sitte? Diese Übel, zuerst in der Stadt entstanden, darauf sich über Italien ausbreitend, strömen jetzt sogar in die Provinzen. Freilich sind eure Umstände euch bekannter. Ich will über Rom und seine eigentümlichen und häuslichen Laster reden, die sogleich die Neugeborenen erwarten und sich die einzelnen Altersstufen hindurch häufen, wenn ich vorher erst einiges wenige über die Strenge und die Ordnung der Vorfahren in Hinsicht auf die Erziehung und Bildung der Kinder vorausgeschickt habe. Denn ehedem wurde jedem der Sohn, von einer keuschen Mutter geboren, nicht in der Kammer einer gekauften Amme, sondern im Schoß und am Busen der Mutter aufgezogen, deren vorzüglichstes Lob es war, das Haus zu hüten und den Kindern zur Verfügung zu stehen. Ausgewählt wurde aber[86] eine ältere Verwandte, deren erprobten und bewährten Sitten der ganze Nachwuchs derselben Familie anvertraut werden konnte; vor ihr scheute man sich zu sagen, was häßlich zu sagen, und zu tun, was nicht schön zu tun schien. Und

nicht nur die Beschäftigungen und Tätigkeiten, sondern auch die Erholung und das Spiel der Kinder zügelte sie mit einer gewissen Würde und Zurückhaltung. So hat Cornelia, die Mutter der Gracchen, so Aurelia, die Caesars, so Atia, die des Augustus, der Erziehung vorgestanden, wie wir vernehmen, und Kinder aufgezogen, denen höchster Rang zukam. Diese Ordnung und Strenge zielte darauf ab, daß lauter, unberührt und durch keine Verkehrtheit verbogen eines jeden Natur sogleich mit ganzem Herzen die edlen Fertigkeiten an sich risse und, ob sie sich nun zum Kriegswesen oder zur Rechtswissenschaft oder zum Studium der Redekunst neigte, dies allein betrieb, dies vollständig einsog.

29. Jetzt dagegen wird der eben geborene Säugling irgendeiner griechischen Magd übergeben, der einer oder der andere aus der Masse der Sklaven beigefügt wird, meist der wertloseste und für keinen ernsthaften Dienst brauchbare. Mit deren Geschichten und irrigen Vorstellungen saugen sich sogleich die zarten und unberührten Gemüter voll; und keiner im ganzen Haus legt Gewicht darauf, was er vor dem noch stammelnden jungen Herrn spricht oder tut. Ja, die Eltern selber gewöhnen die Kleinen nicht an Redlichkeit und Bescheidenheit, sondern an loses Wesen und Geschwätzigkeit, wodurch allmählich Unverschämtheit und Mißachtung und Geringschätzung von Eigenem und Fremdem sich einschleichen. Die eigentümlichen und besonderen Laster dieser Stadt hier werden gar, scheint mir, fast schon im Mutterleib empfangen: die Begeisterung für Schauspieler und die Leidenschaft für Gladiatoren und Rosse. Wenn damit der Geist beschäftigt und von ihnen besessen ist, wieviel Raum läßt er dann noch für gute Fertigkeiten übrig? Wie wenige kannst du doch finden, die daheim etwas anderes reden! Was für andere Gespräche der jungen Leute fangen wir denn auf, wenn wir einmal den Hörsaal betreten?

Auch die Lehrer führen mit ihren Hörern keine anderen Gespräche häufiger; sammeln sie doch Schüler nicht durch die Strenge der Lehre und Erprobung der Begabung, sondern durch Werben mit Begrüßungen und die Verlockungen der Schmeichelei.

30. Ich übergehe die Anfangsgründe der Lernenden, bei denen freilich auch schon zu wenig gearbeitet wird: weder auf die Lektüre der Schriftsteller, noch die Besinnung auf die alte Zeit, noch auf Bekanntheit mit Dingen, Menschen und Epochen wird genügend Mühe verwandt. Aber dann werden die sogenannten Rhetoren aufgesucht; wann deren Verkündigung zum ersten Male in diese Stadt eingeführt wurde und wie wenig Ansehen sie bei den Vorfahren gehabt hat, will ich sogleich vortragen, muß aber vorher die Aufmerksamkeit auf die Ausbildung lenken, die, wie wir vernommen, eben die Redner genossen haben, deren unendliches Ringen, tägliches Nachdenken und ständige Übungen in jeder Art Studien auch in eben ihren Büchern enthalten sind. Bekannt ist euch auf jeden Fall Ciceros Buch mit dem Titel Brutus, in dem er am Schluß – denn der erste Teil umfaßt eine Darstellung der alten Redner – seine Anfänge, sein Aufsteigen, die Veredelung gleichsam seiner Beredsamkeit berichtet: er habe bei Quintus Mucius das Recht gelernt, bei dem Akademiker Philo, bei dem Stoiker Diodot alle Teile der Philosophie tief eingesogen; und noch nicht genug mit den Lehrern, die in der Stadt zu hören er Gelegenheit gefunden hatte, habe er auch Achaia und Kleinasien bereist, um die ganze Verschiedenheit aller Künste zu umfassen. Und so läßt sich – bei Gott – in den Büchern Ciceros mit Händen greifen, daß ihm nicht die Kenntnis der Geometrie, nicht die der Musik, nicht die der Philologie, endlich nicht die irgendeiner edlen Fertigkeit sonst gefehlt hat. Er hatte die Feinheit der Dialektik, die Verwendbarkeit des moralischen Teiles, er hatte die Bewegungen der

Natur und ihre Gründe kennengelernt. So ist es nämlich, ihr vortrefflichen Männer, so: aus großer Gelehrsamkeit, den zahlreichsten Fertigkeiten und der Kenntnis aller Dinge strömt und quillt über jene bewundernswerte Redekunst; und des Redners Kraft und Fähigkeit ist nicht wie die der übrigen Dinge in engen und kurzen Grenzen eingeschlossen, sondern der ist Redner, der über jede Frage schön und mit reichem Schmuck und überzeugend reden kann, entsprechend der Würde der Dinge, in Hinsicht auf die Brauchbarkeit in den Situationen, zur Freude der Zuhörer!

31. Davon waren jene Alten überzeugt; um das zu erreichen, sahen sie, ist es nötig, nicht in den Schulen der Rhetoren Übungsreden vorzutragen, nicht in erdichteten und auf keine Weise an die Wahrheit reichenden Streitfällen nur die Zunge und die Stimme zu üben, sondern mit den Fertigkeiten das Herz zu erfüllen, in denen über Gut und Böse, über Ehrenhaft und Schändlich, über Gerecht und Ungerecht gestritten wird; das nämlich ist der Stoff, der dem Redner für das Reden zugrunde liegt. Denn vor den Gerichten sprechen wir in der Hauptsache über die Gerechtigkeit, bei Beratungen über den Nutzen, in Lobreden[87] über das Rühmliche, so jedoch, daß diese Dinge meist sich gegenseitig vermischen. Über sie kann mit Fülle, abwechslungsreich und schön ausgestaltet nur der reden, der das menschliche Wesen erkannt hat und die Kraft der Tugenden und die Verkehrtheit der Laster und die Bedeutung der Dinge, die man weder unter die Tugenden noch unter die Laster rechnet. Aus diesen Quellen fließt auch jenes hervor, daß nämlich leichter den Zorn des Richters je nachdem anreizt oder sänftigt, wer weiß, was Zorn ist, und ihn rascher zum Mitleid bringt, wer weiß, was Mitleid ist und durch welche Gemütsbewegungen es erregt wird. Wenn ein Redner in diesen Fertigkeiten und Übungen sich bewegt hat, wird er den

Puls der Gemüter in der Hand haben, ob er vor Feindseligen, vor Gierigen, vor Mißgünstigen, vor Niedergedrückten, vor Fürchtenden zu reden hat, und je nachdem, wie es die Natur eines jeden verlangt, wird er die Hand anlegen und die Rede angleichen, jedes Mittel bereit und zu jedem Gebrauch zurechtgelegt. Es gibt Leute, bei denen eine knappe, gesammelte und die einzelnen Beweise sogleich zu einem Schluß bringende Art des Redens mehr Vertrauen gewinnt; bei denen wird es nützen, daß er sich mit Dialektik beschäftigt hat. Andere erfreut mehr eine ausgebreitete, gleichmäßig fließende und aus dem allgemeinen Empfinden sich herleitende Rede: um diese zu rühren, werden wir von den Peripatetikern passende und für jeden Disput bereite Darlegungen entlehnen. Die Akademiker werden Kampfgeist, Plato Erhabenheit, Xenophon Anmut spenden; auch von Epikur und Metrodor[88] bestimmte sittliche Kernsprüche hinzuzunehmen und sie, wie es die Sache fordert, zu gebrauchen, wird für den Redner nicht unschicklich sein. Denn wir gestalten ja nicht einen Weisen und auch nicht einen Anhänger der Stoiker aus, sondern den, der bestimmte Fertigkeiten ausschöpfen, von allen kosten muß. Und darum umfaßten die alten Redner die Kenntnis des Rechts und machten sich vertraut mit Philologie, Musik und Geometrie. Es kommen nämlich Fälle vor, und zwar sind es die meisten, ja fast alle, in denen man Rechtskenntnis braucht, sehr viele aber, in denen auch dieses Wissen verlangt wird.

32. Und es antworte hier keiner, es genüge, daß wir uns von Fall zu Fall etwas Schlichtes und eindeutig Bezogenes beibringen lassen. Denn zunächst gehen wir anders mit Eigenem, anders mit Geborgtem um, und es liegt auf der Hand, daß ein großer Unterschied besteht, ob einer besitzt, was er vorbringt, oder sich ausleiht. Dann steht uns eben das Wissen vieler Dinge, auch wenn wir

etwas anderes betreiben, wohl an, und wo du es am wenigsten denken möchtest, kommt es hervor und strahlt es aus. Und das merkt nicht nur der gebildete und kluge Hörer, sondern auch das Volk, und es ist ihm mit seinem Lobe sogleich so zur Seite, wie er zu erkennen gibt, daß er sich sachgemäß bemüht hat, daß er durch alle Möglichkeiten der Redekunst hindurchgegangen ist, daß er schließlich Redner ist; der kann nicht anders entstehen und ist niemals entstanden, versichere ich, außer dann, wenn er wie zur Schlacht mit allen Waffen gerüstet, so auf das Forum mit allen Künsten bewaffnet ausgezogen ist. Das wird von den Routiniers unserer Zeit so verächtlich beiseite gelassen, daß man in ihren Vorträgen häßliche und beschämende Fehler sogar dieser alltäglichen Sprache entdeckt; daß sie die Gesetze nicht kennen, die Senatsbeschlüsse nicht im Gedächtnis haben, das Recht der Gemeinde obendrein verlachen, vor dem Studium der Philosophie gar und den Lehren der Weisen im Innersten zurückschrecken. Auf ganz wenige Gedanken und schmale Formulierungen stoßen sie die Beredsamkeit, wie aus ihrem Königreiche vertrieben, zurück, so daß sie, die einst, Herrin aller Künste, mit einem wunderschönen Gefolge die Herzen erfüllte, jetzt beschnitten und verkürzt, ohne Ausstattung, ohne Ehre, fast möchte ich sagen: ohne das Recht einer Freigeborenen wie eine von den schmutzigsten Gewerben gelernt wird. Das halte ich also für den ersten und vorzüglichsten Grund, warum wir so weit von der Beredsamkeit der alten Redner abgekommen sind. Wenn man Zeugen braucht: welche Würdigeren werde ich nennen können als bei den Griechen Demosthenes, der, wie der Nachwelt überliefert worden ist, der eifrigste Hörer Platos war? Und Cicero sagt, glaube ich, mit diesen Worten, daß er, was er in der Beredsamkeit erreicht habe, nicht in den Werkstätten[89] der Rhetoren, sondern in den Hallen der

Akademie erlangt hat. Es gibt noch andere Gründe, bedeutsame und gewichtige, die billigerweise von euch offengelegt werden, da ich nun meine Aufgabe erfüllt habe und, was mir gewöhnlich geschieht, eine genügend große Zahl verletzt habe, die – dessen bin ich gewiß – sagen werden, wenn sie diese Ausführungen hören sollten, daß ich meinen Torheiten Beifall geklatscht hätte, indem ich die Kenntnis des Rechts und der Philosophie als unerläßlich für den Redner lobte.«

33. Maternus sagte darauf: »Mir scheint, daß du die von dir übernommene Aufgabe bis jetzt so wenig durchgeführt hast, daß du sie nur begonnen und gewisse Spuren und Umrisse aufgezeigt zu haben scheinst. Denn in welchen ⟨Fertigkeiten⟩ die alten Redner gewöhnlich ausgebildet wurden, hast du gesagt und den Unterschied unserer Trägheit und Unwissenheit gegenüber den energischen und fruchtbaren Bemühungen von ihnen aufgewiesen: auf das übrige warte ich noch, daß ich nämlich, wie ich von dir gelernt habe, was sie wußten beziehungsweise wir nicht wissen, so auch das noch erfahre, durch welche Übungen die jungen Leute, die im Begriff standen, schon auch das Forum zu betreten, ihre Begabungen zu stärken und zu nähren gewohnt waren. Denn daß Redekunst nicht nur in Technik und Wissen, sondern weit mehr noch in Fähigkeit und ⟨ihrer Übung⟩ beschlossen liegt, wirst du, meine ich, nicht bestreiten, und auch diese Männer hier scheinen es mit ihrer Miene zu erkennen zu geben.«

Als darauf auch Aper und Secundus dasselbe durch Nicken zum Ausdruck gebracht hatten, sagte Messalla, sozusagen von neuem beginnend: »Da ich ja die Anfänge, Grundlagen und Samen der alten Redekunst zur Genüge gezeigt zu haben glaube, indem ich darlegte, in welchen Fertigkeiten die alten Redner gewöhnlich unterrichtet und gebildet wurden, will ich jetzt ihre Übungen behandeln. Indessen liegt schon in den Fertigkeiten selbst Übung, und keiner vermag so viele verborgene und vielfältige Dinge aufzunehmen, außer so, daß zum Wissen Nachdenken, zum Nachdenken Fähigkeit, zur Fähigkeit Übung im Redenkönnen[90] hinzutritt. Woraus zusammenfassend geschlossen werden kann, daß es dasselbe ist aufzunehmen, was du vorbringen kannst, und vorzubringen, was du aufgenommen hast. Aber wenn das einem zu dunkel scheint und er Wissen und Übung trennt, wird er jedenfalls einräumen, daß ein geschulter und von diesen Fertigkeiten erfüllter Geist weit gerüsteter zu diesen Übungen kommen wird, die den Rednern eigentümlich zu sein scheinen.

34. Bei unseren Vorfahren also wurde jener junge Mann, der für das Forum und die Beredsamkeit vorbereitet wurde, schon durch häusliche Lehre eingeführt, mit den edlen Künsten ganz erfüllt, vom Vater oder den Verwandten zu dem Redner geleitet, der die erste Stelle im Staate behauptete. Diesem immer zu folgen, ihn zu begleiten, bei all seinen Ausführungen – sei es vor Gericht oder in der Volksversammlung – zugegen zu sein, gewöhnte er sich so, daß er auch die Wortgefechte aufnahm, bei den Streitreden dabei war und sozusagen im Gefecht kämpfen lernte. Daraus fiel sogleich große Praxis, viel Standfestigkeit, ein Höchstmaß von Urteil den jungen Leuten zu, die sich in aller Öffentlichkeit und in den gefährlichen Entscheidungen selber bemühten, wo niemand ungestraft etwas Dummes oder Widersprüchliches sagt, ohne daß es der Richter zurückweist und der Gegner vorhält, selber die Beistände schließlich es nicht billigen. Sie wurden also sogleich in die wahre und unverdorbene Redekunst eingeweiht: und wenn sie auch nur Einem folgten, so lernten sie doch alle Patrone desselben Zeitalters in sehr vielen Zivil- und Straf-Prozessen kennen; und sie hatten zur Verfügung die verschiedensten Ohren des Volkes

selbst, woraus sie leicht entnehmen konnten, was an jedem Beifall fand oder nicht gefiel. So fehlte nicht der Lehrer, und zwar der beste und erlesenste, der das Antlitz der Redekunst, nicht ihr Konterfei zeigte, und nicht Gegner und Konkurrenten, die mit dem Schwert, nicht mit dem Rapier kämpften, nicht ein immer voller Hörerkreis, immer neu aus Mißgünstigen und leidenschaftlichen Anhängern sich bildend, daß weder Gelungenes ⟨noch Schlechtes⟩ verheimlicht werden konnte. Ihr wißt ja, daß jener große und dauernde Ruhm der Redekunst ebensosehr bei den gegnerischen Bänken wie bei den eigenen erworben wird; daß er sich dort sogar beständiger erhebt, dort treuer sich festigt. Und unter Lehrmeistern dieser Art war – beim Hercules! – der junge Mann, von dem wir sprechen – der Schüler von Rednern, der Hörer des Forum, der Besucher der Gerichte, belehrt und angewöhnt durch Erfahrungen der anderen, dem die Gesetze durch tägliches Hören bekannt waren, nicht neu die Gesichter der Richter, häufig vor Augen der gewöhnliche Ablauf der Volksversammlungen, oft erprobt die Ohren des Volkes –, sogleich allein und als einziger jedem vorkommenden Fall gewachsen, ob er nun eine Anklage auf sich genommen hatte oder eine Verteidigung. Im neunzehnten Lebensjahr hat Crassus Gaius Carbo[91], im einundzwanzigsten Caesar Dolabella, im zweiundzwanzigsten Asinius Pollio Gaius Cato[92], nicht viel im Alter höher Calvus den Vatinius mit Reden verfolgt, die wir heute noch mit Bewunderung lesen.

35. Heute dagegen werden unsere Burschen, fast Knaben noch, in die Schulen der Leute gebracht, die man Rhetoren heißt, die kurz vor Ciceros Zeit aufgekommen sind und unseren Vorfahren nicht gefallen haben, wie daraus offen zutage liegt, daß ihnen von den Zensoren Crassus und Domitius[93] befohlen wurde, die 'Schule der Unverschämtheit', wie Cicero sie nennt, zu schließen.

Aber – wie ich auszuführen begonnen hatte – sie werden in die Schulen gebracht, in denen ihrer Anlage, ich wüßte nicht zu sagen, ob der Ort selber oder die Mitschüler oder die Art der Studien mehr Übel zufügen. Findet sich doch nichts von Ehrfurcht an einem Ort, worein niemand außer ein in gleichem Grade Unerfahrener eintritt; bei den Mitschülern ist keine Förderung, da Knaben unter Knaben und junge Burschen unter jungen Burschen mit gleicher Unbeschwertheit reden und gehört werden; die Übungen selber gar sind zum großen Teil zweckwidrig. Werden doch zwei Arten von Stoffen bei den Redelehrern behandelt, Suasorien und Kontroversien, Beratungsreden und Streitreden. Davon werden die Suasorien als eindeutig von geringerem Gewicht und weniger Klugheit fordernd den Knaben übertragen, die Kontroversien den Gereifteren zugewiesen; was für welche – meiner Treu! – und wie unglaubwürdig erdacht! Es ist aber folgerichtig, daß man bei einem so von der Wirklichkeit abweichenden Stoffe auch noch hohles Aufsagen anwendet. So kommt es, daß Belohnung für Tyrannenmord, Strafwahl von Mädchen, denen man Gewalt angetan hat, Abwehrmittel gegen die Pest, Inzest von Müttern[94], oder was sonst täglich in der Schule vorgetragen wird, auf dem Forum selten oder nie, mit ungeheuerlichen Worten ausgeführt werden: wenn man zu den wahren Richtern gekommen ist . . .«

Über den Umfang der Lücke s. Anm. 33 z. Dialogus und über ihren vermutlichen Inhalt die Einleitung S. 218, Anh. 2

36. ». . . über die Sache nachdenken[95]. Nichts Niedriges oder Kleinliches konnte er aussprechen. Große Beredsamkeit wird wie die Flamme durch den Stoff genährt, durch Bewegungen entfacht und leuchtet im Brennen hell auf.

Dieselben Gründe haben auch in unserem Staate die Beredsamkeit der Alten vorwärtsgebracht. Denn wenn auch die Redner der heutigen Zeit das erlangt haben, was bei einem geordneten, ruhigen und glücklichen Gemeinwesen ihnen zugeteilt werden durfte, glaubten sie doch bei der damaligen Unordnung und Willkür mehr für sich zu erreichen, da jeder Redner, weil alles durcheinanderging und eines einzigen Lenkers entbehrte, in dem Maß für weise galt, wie sich das haltlose Volk von ihm weismachen ließ. Daraus entsprangen die unaufhörlichen Gesetze und der Name beim Volke, daraus die Volksreden der Beamten, die fast die Nächte auf der Rednerbühne verbrachten, daraus die Angriffe gegen mächtige Angeklagte und die politischen Feindschaften, die auch ganzen Häusern anhingen, daraus die Klüngel der Großen und die dauernden Streitigkeiten des Senates gegen das Volk. Wenn davon auch jedes das Gemeinwesen auseinanderriß, übte es doch die Beredsamkeit jener Zeiten und schien mit gewaltigen Belohnungen zu überhäufen, weil jeder, je mehr er durch Reden vermochte, um so leichter zu den Ehrenstellen gelangte, um so stärker in den Ehrenstellen selber seine Kollegen überflügelte, sich um so mehr Einfluß bei den führenden Männern, mehr Gewicht bei den Senatoren, mehr Bekanntheit und Namen beim Volke verschaffte. Sie hatten Überfluß an Anhängerschaften auch auswärtiger Völker, ihnen machten ehrfürchtig die Beamten Besuch, wenn sie in die Provinz gingen, ihnen machten sie den Hof, wenn sie wieder zurückgekehrt waren, Präturen und Konsulate schienen sie selber zu rufen, sie waren auch als Privatleute nicht ohne Macht, da sie Volk und Senat mit ihrem Rat und ihrem Gewicht lenkten.

Ja sie waren auch selber der festen Überzeugung, daß niemand ohne Beredsamkeit einen ansehnlichen und hervorragenden Platz im Staate entweder erreichen oder behaupten konnte. Und das ist nicht merkwürdig, da sie auch ohne ihren Willen vor das Volk geführt wurden, da es zu wenig war, im Senat kurz seine Ansicht zu sagen, wenn man nicht mit Geist und Beredsamkeit seine Ansicht verteidigte, da sie, in einen Verdacht oder eine Anschuldigung gezogen, mit ihrer eigenen Stimme zu antworten hatten, da sie auch Zeugnis vor öffentlichem ⟨Gericht⟩ nicht abwesend und nicht schriftlich zu geben, sondern in der Öffentlichkeit und anwesend auszusagen gezwungen wurden. So kam zu den höchsten Belohnungen für Beredsamkeit auch eine starke Nötigung hinzu, und wie als beredt zu gelten für schön und ruhmvoll, so wurde auf der anderen Seite stumm und sprachlos zu scheinen für eine Entstellung gehalten.

37. Also wurden sie ebenso durch Ehrgefühl wie durch Belohnungen angetrieben zu sorgen, daß sie nicht eher unter die Klienten als die Patrone gezählt wurden, daß die von den Vorfahren vererbten Verbindungen nicht auf andere übergingen, daß sie nicht, als unbeholfen und unzulänglich für die Ehrenstellen, sie entweder nicht erreichten oder die erreichten schlecht behaupteten. Vielleicht sind in eure Hände diese alten Schriften gekommen, die in den Bibliotheken der Altertümler noch heute stehen und besonders von Mucianus[96] zusammengezogen werden und schon in elf, meine ich, Büchern Akten und drei Büchern Briefen zusammengestellt und herausgegeben worden sind. Aus ihnen läßt sich erkennen, daß Gnaeus Pompeius und Marcus Crassus nicht nur durch Kraft und Waffen, sondern auch durch Geist und Redegabe mächtig waren; daß die Lentuler, die Meteller, die Luculler, die Curionen und die übrige Schar der Großen viel Mühe und Sorgfalt auf diese Studien verwendet haben und daß niemand zu jener Zeit große Macht ohne jede Beredsamkeit erreicht hat.

Hierzu kam der Glanz der Angeklagten und die Größe der Prozesse, die an sich schon der Beredsamkeit sehr viel verleihen. Denn es macht viel aus, ob du über einen Diebstahl oder eine Prozeßformel oder einen Entscheid[97] zu sprechen hast, oder über Bestechung der Wahlversammlungen, Ausplünderung von Bundesgenossen und Hinmordung von Mitbürgern. Es ist zwar besser, daß solche Übel nicht eintreten, und das muß für den besten Zustand des Staates gehalten werden, in dem wir nichts derartiges erleiden, aber als es geschah, führte es der Beredsamkeit einen ungeheuren Stoff zu. Wächst doch mit dem Umfang der Dinge die Kraft des Genies, und keiner kann eine strahlende und auffallende Rede halten, außer wenn er einen entsprechenden Fall gefunden hat. Nicht die Reden, denke ich, machen Demosthenes berühmt, die er gegen seine Vormünder[98] verfaßt hat, und Cicero macht nicht zum großen Redner die Verteidigung des Publius Quintius oder Licinius Archias: Catilina, Milo, Verres und Antonius[99] haben ihn mit diesem Ruhm umgeben, nicht weil es für das Gemeinwesen so wertvoll gewesen wäre, schlechte Bürger hervorzubringen, auf daß die Redner einen reichen Stoff zum Reden hätten, sondern, wie ich oft erinnere: wir wollen an unsere Frage denken und uns bewußt bleiben, daß wir über die Sache sprechen, die leichter in wirren und unruhigen Zeiten entsteht. Wer weiß nicht, daß es nützlicher und besser ist, Frieden zu genießen, als von Krieg geplagt zu werden? Mehr gute Kämpfer aber bringen die Kriege hervor als der Frieden. Ähnlich ist die Lage der Redekunst. Denn je öfter sie sozusagen in der Schlacht gestanden hat und je mehr Hiebe sie ausgeteilt und empfangen hat und je größere Gegner und wütendere Kämpfe sie sich selber ausgesucht hat, umso erhabener, hervorstechender und durch jene Gefahren geadelt lebt sie im Munde der Menschen, deren Wesen es ist, ⟨selber⟩ sicher, gern ⟨fremde Gefahren zu schauen⟩.[100]

38. Ich gehe über zur Gestalt und Ordnung der alten Gerichte. Wenn sie jetzt auch praktischer[101] geworden

ist, übte das alte Forum die Beredsamkeit doch in höherem Grade, auf dem niemand innerhalb ganz weniger Stunden zum Ende zu kommen gezwungen wurde, Vertagungen freistanden, jeder sich selber das Maß der Rede setzte und die Zahl weder der Tage noch der Beistände begrenzt wurde. Zuerst hat Gnaeus Pompeius in seinem dritten Konsulat das straffer zusammengezogen und der Beredsamkeit sozusagen Zügel angelegt, aber doch so, daß alles auf dem Forum, alles nach den Gesetzen, alles bei den Prätoren durchgeführt wurde: um wieviel bedeutender die Angelegenheiten waren, die ehedem bei diesen gewöhnlich durchgeführt wurden, dafür gibt es keinen größeren Beweis, als daß die Centumviralprozesse, die heute die erste Stelle innehaben, so von dem Glanz der anderen Gerichtshöfe verdunkelt wurden, daß man weder von Cicero noch von Caesar noch von Brutus noch von Caelius noch von Calvus, kurz überhaupt nicht von irgendeinem großen Redner ein Buch liest, das vor den Centumvirn gehalten worden wäre, mit Ausnahme der Reden des Asinius mit dem Titel 'Für die Erben der Urbinia'[102], von eben dem Pollio aber in der Mitte der Regierungszeit des vergöttlichten Augustus gehalten, nachdem der lange Frieden der Zeiten, die ununterbrochene Ruhe des Volkes, die ständige Ungestörtheit des Senates und besonders die Ordnung des Princeps auch die Beredsamkeit selber wie alles andere befriedet hatte.

39. Es könnte vielleicht geringfügig und lächerlich erscheinen, was ich sagen möchte, ich will es aber doch sagen, meinetwegen auch deshalb, um verlacht zu werden. Wieviel Niedrigkeit, meinen wir wohl, haben diese Umhänge der Beredsamkeit gebracht, in die gefesselt und eingeschlossen wir mit den Richtern unsere Gespräche führen? Wieviel Kräfte haben – glauben wir wohl – der Rede die Hörsäle und Archivgebäude entzogen, in denen jetzt fast die meisten Fälle dargelegt werden! Denn wie Lauf

und Bahn edle Rosse zur Geltung bringen, so gibt es auch ein Feld für die Redner, und wenn sie auf ihm nicht frei und gelöst dahineilen, wird die Beredsamkeit geschwächt und gebrochen. Ja selber die Bemühung und die ängstliche Besorgtheit um einen sorgfältigen Stil erfahren wir als Hindernis, weil der Richter oft fragt, wann du endlich mit der Sache anfängst, und man bei seiner Frage beginnen muß. Häufig gebietet er den Beweisführungen und den Zeugen ungeduldig Schweigen. Einer oder der andere tritt dabei an den Redenden heran, und die Sache wird wie in der Einsamkeit verhandelt.

Der Redner aber braucht Geschrei und Beifall und eine Art Theater; Dinge, wie sie täglich den alten Rednern zuteil wurden, da so viele und zugleich so angesehene Männer das Forum eng werden ließen, da die Klientelen, die Tribus, sogar Gesandtschaften der Städte und ein Teil Italiens den in Gefahr Gebrachten beistanden, da bei den meisten Prozessen das römische Volk glaubte, es sei seine Sache, was für ein Urteil gefällt würde. Es steht zur Genüge fest, daß Gaius Cornelius, Marcus Scaurus, Titus Milo, Lucius Bestia und Publius Vatinius unter dem Zulauf der ganzen Bürgerschaft angeklagt und verteidigt worden sind, so daß schon die Leidenschaften des mitstreitenden Volkes auch die frostigsten Redner aufregen und anfeuern konnten. Darum wahrhaftig existieren noch Bücher solcher Art, daß auch sie selber, die sie gehalten haben, nach keinen anderen Reden mehr beurteilt werden.

40. Vollends gar die dauernden Volksreden und das gewährte Recht, gerade die Mächtigsten zu beunruhigen, und der Ruhm der Feindschaften an sich, als sich sehr viele der in Reden Geschickten nicht einmal von Publius Scipio oder Lucius Sulla oder Gnaeus Pompeius zurückhielten und für Angriffe auf führende Männer, wie es das Wesen der Gehässigkeit ist, auch des Volkes Ohren wie Schauspieler hatten: was für Glut verliehen sie den Be-

gabungen, welches Feuer den Rednern! Nicht über eine geruhsame und friedliche Sache sprechen wir, die sich über Rechtschaffenheit und Bescheidenheit freut, sondern es ist diese große und denkwürdige Beredsamkeit ein Zögling der Willkür, welche die Toren Freiheit nennen, Begleiterin von Bürgerkriegen, Stachel für ein zügelloses Volk, ohne Fügsamkeit, ohne ernste Strenge, frech, leichtfertig, anmaßend, die in wohlgeordneten Staatswesen nicht entsteht. Von welchem spartanischen, von welchem kretischen Redner haben wir denn vernommen? Dieser Staaten Ordnung wird als überaus streng, als überaus streng werden ihre Gesetze überliefert. Wir kennen auch keine Beredsamkeit der Makedonen oder Perser oder irgendeines Volkes, das mit einer bestimmten Obergewalt zufrieden gewesen ist. Rhodische sind einige, athenische Redner sehr viele aufgetreten, bei denen alles das Volk, alles die Unerfahrenen, alle sozusagen alles vermochten. Auch unser Staat brachte, solange er in die Irre ging, solange er sich durch Parteiwesen, Meinungsverschiedenheiten und Zwietracht verzehrte, solange auf dem Forum kein Frieden, keine Eintracht im Senat, keine Mäßigung bei den Prozessen, keine Achtung vor den Oberen, kein Maßhalten der Beamten war, ohne Zweifel eine kräftigere Beredsamkeit hervor, wie ein nicht unter den Pflug genommener Acker manche üppigeren Kräuter aufweist. Aber dem Gemeinwesen war die Beredsamkeit der Gracchen nicht so viel wert, daß es auch ihre Gesetze ertrug, und Cicero hat den Ruhm der Beredsamkeit nicht gut mit einem solchen Ende aufgewogen.

41. So ist auch ein Forum, das die alte Rednerherrlichkeit noch überdauert[103], der Beweis für ein noch nicht verbessertes und noch nicht nach Wunsch geordnetes Staatswesen. Wer ruft uns denn zum Beistand außer dem Schuldigen oder Elenden? Welche Landstadt begibt sich

unter unsere Schutzherrschaft, außer der, die entweder ein Nachbarvolk oder häusliche Zwietracht aufwühlt? Welche Provinz schützen wir außer einer ausgeplünderten und gequälten? Es wäre jedoch besser gewesen, nicht zu klagen, als geschützt zu werden. Wenn sich aber ein Staat fände, in dem sich niemand verginge, wäre der Redner unter Unschuldigen überflüssig wie unter Gesunden der Arzt. Wie nämlich ein ganz geringes Maß Verwendung und ein ganz geringes Maß Förderung die Kunst des Heilenden bei den Völkern hat, die die festeste Gesundheit und die gesündesten Körper haben, so ist geringer die Ehre der Redner und dunkler ihr Ruhm unter guten Sitten, die bereit sind zur Fügsamkeit gegen den Regierenden. Was sind denn lange Meinungsabgaben im Senat nötig, da die Besten schnell im Einverständnis sind? Was viele Reden vor dem Volke, da über das Gemeinwesen nicht die Unerfahrenen und Vielen beraten, sondern der Weiseste und Eine? Was freiwillige Anklagen, da man sich so selten und sparsam vergeht? Was bedarf es noch gehässiger und das Maß überschreitender Verteidigungen, da die Milde des Untersuchenden den Angeklagten entgegenkommt? Glaubt mir, beste und, so weit es nötig ist, beredteste Männer, wenn entweder ihr in früheren Jahrhunderten oder sie, die wir bewundern, in dem heutigen geboren wären und ein Gott Leben und Zeit plötzlich vertauschte, hätte weder euch jenes höchste Lob und der Ruhm in der Beredsamkeit noch jenen Maß und Ausgeglichenheit gefehlt: nun aber, da niemand zur gleichen Zeit großen Ruhm und große Ruhe erlangen kann, möge jeder das Gut seines Jahrhunderts ohne Herabwürdigung des anderen genießen!«

42. Maternus hatte geendet. Da sagte Messalla: »Manches war, dem ich widersprechen möchte, manches war, worüber ich mehr gesagt wünschte, wenn nicht der Tag schon zu Ende gegangen wäre.« »Es wird«, sagte Maternus,

»später nach deinem Wunsch geschehen, und wenn dir etwas unverständlich in dieser meiner Rede erschienen ist, werden wir uns wieder darüber unterhalten.« Und damit stand er auf, umarmte Aper und sagte: »Wir werden dich: ich bei den Dichtern, Messalla aber bei den Verehrern des Altertums anschwärzen.« »Ich aber euch bei den Redelehrern und Schulgewaltigen«, sagte er.

Indem sie lachten, gingen wir auseinander.

ANMERKUNGEN

Die Anmerkungen werden entlastet durch zwei Karten zur Germania und zum Agricola (von F. GISINGER): Namen werden nur soweit erklärt, als sie sich nicht in ihnen finden, Sachliches, soweit es sich nicht aus dem Texte selbst versteht. Dagegen schien es nötig, um den Text der Übersetzung zu rechtfertigen, die wichtigsten Stellen zu behandeln, an denen es unumgänglich war, von der handschriftlichen Überlieferung abzuweichen. Aber auch dort, wo der Text gegen Änderungsvorschläge gehalten oder anders verstanden wurde als bisher, mußte das ausführlich begründet werden.
[Streichungen und kleinere Berichtigungen oder Zusätze seitens des Bearbeiters wurden stillschweigend vorgenommen, größere Zusätze bzw. Ersatzstücke in eckige Klammern gesetzt. Die bisherige Nummernfolge der Anmerkungen wurde beibehalten. Im übrigen sind die Einführungen nebst Anmerkungen zu den einzelnen Kleinen Schriften – nur diese – weiterhin in der originalen Form der 2. Auflage von 1963 greifbar bei K. BÜCHNER, Studien zur römischen Literatur VIII: Werkanalysen (Wiesbaden 1970) S. 200–298, dazu die Schlußbemerkungen S. 301 f.]

EINLEITUNG

1. Vgl. E. JÜNGER, Der gordische Knoten, Frankfurt 1953, S. 102: »Wir nähern uns der Welt des Tacitus.« Mit der Einleitung ist jetzt das bedeutende und gelehrte Werk von R. SYME, Tacitus, Oxford 1958, zu vergleichen.
2. F. WIEACKER, Vom römischen Recht, Leipzig 1944, S. 29.
3. M. ROSTOVTZEFF, Geschichte der alten Welt, 2. Band: Rom, Leipzig 1942, S. 461 (3. Aufl. Bremen 1955).
4. E. GIBBON, History of the Decline and Fall of the Roman Empire, 1776 ff., neu herausgegeben von J. B. BURY 1896 bis 1914.
5. M. ROSTOVTZEFF, Gesellschaft und Wirtschaft im römischen Kaiserreich, Leipzig 1929.
6. Über Form und Stil der römischen Geschichtsschreibung s. F. KLINGNER, Römische Geschichtsschreibung, in: Römische Geisteswelt, München 1965[5], S. 66 ff.; U. KNOCHE, Das historische

Geschehen in der Auffassung der älteren römischen Geschichtsschreiber. NJbb. f. Ant. u. dt. Bild. 2, 1939, S. 289 ff.

7. Plinius, n. h. 7, 76.
8. Über den Mediceus I und seine Geschichte findet man das Nötige in der Geschichte der römischen Literatur von SCHANZ-HOSIUS II[4], 1935, S. 625.
9. Sidonius Apollinaris epist. 4, 14, 1; 4, 22, 2. Vgl. auch F. FRAHM, Hermes 69, 1934, 436.
10. Plinius, epist. 7, 20, 3. Über das Alter des Plinius vgl. die Briefe 6, 16 und 6, 20 über den Vesuvausbruch.
11. Das Erziehungswesen der Zeit findet man jetzt am besten zusammenfassend behandelt bei H. I. MARROU, Histoire de l'éducation dans l'antiquité, Paris 1955[3] (deutsch, mit Ergänzungen der 7. Auflage von 1976, München 1977). Die besondere altrömische Form der Erziehung, die darin bestand, daß man sich Größen des Forum anschloß, schildert Tacitus selbst im Dialogus.
12. Über die Geschichte Britanniens s. MOMMSEN RG 5. Bd. 155 ff. (über die Usiper insbes. S. 136 Anm. 1), jetzt in den Bänden 1 bis 3 in der 13., der 5. Bd. in der 9. Auflage 1921/23 zu benutzen, und die moderne Literatur in den Nachträgen der lateinisch-deutschen Agricola-Ausgabe R. TILLS (Berlin [2]1975) S. 77. Das Jahr der Ankunft wird von NIPPERDEY (Einl. z. d. Annal.) ins Jahr 77, von MOMMSEN ins Jahr 78 gesetzt, eben aus Gründen der historischen Konstruktion – nach ihm müssen die Usiper Kap. 28 aus dem Germanenkriege Domitians, den dieser 83 gegen die Chatten führte, stammen; setzt man Agricolas Ankunft in das Jahr 77, wie wir es für notwendig halten, ist der 6. Sommer der des Jahres 82, und die Verbindung mit Domitians Germanenkrieg wird hinfällig (s. S. 56).
13. K. MEISTER, Einleitung zur Ausgabe der Germania, Heidelberger Texte 23, 1952, S. 5, unter Berufung auf Dio 52, 20, 1.
14. Hist. 1, 1.
15. LIPSIUS ist epochemachend in der Behandlung des Tacitus-Textes. In der gebildeten Welt ist er bekannt durch sein Bild von P. P. Rubens. Die Tacitus-Ausgabe mit der Unechtheitserklärung des Dialogus – s. Anm. z. Dial. 40 – erschien zuerst in Antwerpen 1574.
16. Vgl. L. URLICHS, De vita et honoribus Taciti, Würzburg 1879.
17. Über die Möglichkeiten der Beamtenlaufbahn s. das auch heute noch unentbehrliche Meisterwerk MOMMSENS, das Römische Staatsrecht: MARQUARDT-MOMMSEN, 2. Band (Leipzig 1887[3]). Das Vigintivirat, als Funktion nicht sehr bedeutend, mußte vor der Quästur abgeleistet werden. Da der Kaiser dazu ernannte, hatte er die Auswahl der kommenden Pairs in der Hand. Ein Dispens war möglich durch Verleihung des *clavus latus* oder für den *illustris eques*, d. h. den Ritter *senatoria dignitate*.

18. Die Säkularspiele Domitians sind uns durch die Akten bekannt.
19. Die *quindecimviri sacris faciundis* sind eine der vier großen republikanischen Priesterschaften Roms, der die Ausrichtung der Säkularspiele oblag (daneben die *pontifices*, die *augures* und die *epulones*). In der Kaiserzeit kamen die verschiedenen *Augustales* hinzu.
20. Plinius, epist. 2, 11, 17.
21. Die Briefsammlung des Plinius enthält elf kostbare Briefe an Tacitus (SCHANZ-HOSIUS II, 605 geben nur neun an): 1, 6; 20; 4, 13; 6, 9; 16; 20; 7, 20; 33; 8, 7; 9, 10; 14.
22. Die Inschrift wurde in Mylasa gefunden. Veröffentlicht von DOUBLETS et DESCHAMPS, Bulletin de corresp. hellén. 1890, 621. Als ein Irrtum stellte sich leider die Lesung Publius Cornelius Tacitus heraus. Jetzt bester Abdruck bei R. MEISTER, Jahreshefte d. Österr. Archäol. Instituts, Beiblatt 27, 1932, 233 ff.; vgl. SYME (s. o. Anm. 1) Appendix 23. [Das Prokonsulat wird von SYME II, 665 mit annähernder Sicherheit 112/13 angesetzt. Weiteres bei St. BORZSÁK, Art. P. Cornelius Tacitus, RE Suppl. XI (1968) 393. Zur Frage des Vornamens neuere Lit. in den Nachträgen R. TILLS (s. o. Anm. 12) S. 76. Festzuhalten bleibt, daß der Mediceus I zweimal '*Publius*' überliefert, zweimalige Verlesung von *C.* in *P.* ist unwahrscheinlich; es bleibt somit bei der oben S. 13 getroffenen Entscheidung.]
23. W. THEILER, Phyllobolia für Peter VON DER MÜHLL, Basel 1945, S. 35—90. THEILER sucht zu beweisen, daß Tacitus ann. 6, 22 die Lehre des Neuplatonikers Gaius wiedergibt, der zuerst die Frage der Lebenswahl nach dem Er-Mythus des 10. Buches der platonischen Politeia mit der Frage des Schicksals verknüpft habe. Bei Gaius sei die Auseinandersetzung mit den Epikureern und Stoikern, die bei Tacitus vorhergeht, polemisch und als Vorbau gemeint gewesen. Das Kapitel ist wichtig für die 'Weltanschauung' des Tacitus (s. S. 36 ff.). Die These THEILERS beruht m. E. auf einer falschen Interpretation des Kapitels: das Referat über die Meinung der Weisesten der Alten gliedert sich nicht in drei Teile, sondern unbestreitbar in zwei: zuerst wird die Ansicht der Epikureer in taciteischer Interpretation, dann offensichtlich die der Stoiker umschrieben. Beiden wird zum Schluß die große leichtgläubige Masse entgegengestellt. Tacitus selber enthält sich des Urteils. — Wenn die Stoiker trotz der Heimarmene den freien Willen retten wollten, wie es ihr Anliegen war, mußte auch ihr Musterheros Herakles eine Rolle spielen, der eine so bedeutsame Lebenswahl getroffen hatte. So wird der Gedanke der Lebenswahl den Stoikern nicht abgesprochen werden dürfen. Daß der Gedanke der Lebenswahl bei Tacitus sich auf sie bezieht, macht schließlich das erste Buch von Ciceros Werk über die Pflichten sicher, wo eben das Problem der Lebens-

wahl im Gefolge des Panaitios erörtert wird. Ist der Gedanke der Lebenswahl aber, wie hier behauptet, bei den Stoikern nicht als unmöglich zu erweisen, fallen alle Schlüsse THEILERS dahin, zumal sie nach der Datierung der ersten sechs Bücher der Annalen durch Karl MEISTER von vornherein fast unmöglich sind. – S. Karl MEISTER, Eranos 46, 1948, 94–122.

23a Die Formulierungen der ersten Auflage dürfen auch nach den Kontroversen um MEISTERS Thesen festgehalten werden: s. über die Literatur und das ganze Problem jetzt den vorzüglichen Aufsatz von J. BEAUJEU in REL 38, 1960, 200–235.

24. Darüber jetzt F. KLINGNER, Tacitus über Augustus und Tiberius, Sitz.-Ber. d. Bayer. Ak. d. Wiss., phil.-hist. Kl. 1953/7 (München 1954), bes. S. 24 ff., jetzt in: Studien zur griechischen und römischen Literatur (Zürich 1964) 624–658, bes. 641 ff.

25. Vgl. BÜCHNER, Tacitus über die Christen, in: Humanitas Romana, Heidelberg 1957, 229–239. [Seitherige Lit. in BORZSÁKS RE-Artikel (s. o. Anm. 22) 394; vgl. auch schon R. REITZENSTEIN, Tacitus und sein Werk, NWzA 4 (1926) 30 ff., jetzt in: Aufsätze zu Tacitus (Darmstadt 1967) 148 ff.]

26. Das hindert natürlich nicht, den Agricola als eine Biographie dem Wesen nach zu bezeichnen (s. S. 81). Zusammen mit der Atticusvita des Cornelius Nepos gehört sie zu den ersten großen Lebensbeschreibungen des Abendlandes überhaupt, die das Ganze eines Lebensablaufs in seiner Besonderheit zur Darstellung bringen. Denn man wird kaum mit DIHLE (GGA 208; 1954, S. 45 ff.) die Atticusvita des Nepos für ein Enkomion halten, ‘weil Nepos sich die redlichste Mühe gibt, die Leistungen (und nicht das Wesen) seines Helden darzustellen’. Es wäre schlecht um die Biographie bestellt, wenn sie — laut Definition — das Wesen ohne die Leistung darzustellen hätte. Vielmehr ist es doch so, daß sich Wesen nicht anders als im Handeln und damit Leistungen zeitigend darstellen kann. Beim Agricola ist es sogar im Gegensatz zu Atticus so, daß sein Leben sich zu geschichtlicher Tat erhebt und darum vor allem seine Darstellung findet. Biographie im engeren Sinne bleibt er im Gegensatz zu Geschichte im engeren Sinne, wie sich zeigen wird, doch.

27. H. DREXLER, Gymnasium 61, 1954, 168 ff. Die Arbeit, die auf dem Begriff *dignitas* allein aufbaut, müßte ergänzt werden durch Hereinnahme und Prüfung von Begriffen wie *auctoritas, consilium, fatum.* Dann würde sich zeigen, daß gerade die Römer einen klaren Blick für das Situationsbedingte und Gefährliche des Handelns gehabt haben, freilich ebensosehr für das, was als ethisch-relevant aus der Entscheidungssituation dem Menschen entgegenkommt.

28. G. BOISSIER, Tacite, Paris 1903 (1926[6]).

29. Der terminus post quem für den Agricola ist doch wohl der 23. 1. 98: denn nach Kap. 44 *principem Traianum* ist Traian

nach dem zum genannten Zeitpunkt erfolgten Tode Nervas Alleinherrscher. Wenn Kap. 3 schlicht von Nerva Caesar ohne hinzugefügtes *divus* gesprochen wird, zwingt das nicht unbedingt, die Schrift in die drei Monate nach der Adoption des Traian bis zum Tode Nervas zu setzen, da Tacitus nicht immer konsequent das *divus* bei verstorbenen Herrschern setzt. Andererseits ist der Agricola vor der Germania geschrieben. S. FURNEAUX-ANDERSON S. XIX; OGILVIE-RICHMOND S. 11.

30. Die Germania wird nach Kap. 37 datiert, wo vom ersten Zusammentreffen der Römer mit den Cimbern 113 v. Chr. bis zur Gegenwart, d. h. dem zweiten Konsulate des Traian, etwa 210 Jahre errechnet werden. Das zweite Konsulat Traians fällt in die ersten Monate des Jahres 98. Vgl. BORZSÁK, RE-Art. 416.
31. Vgl. W. HOFFMANN, Livius und der zweite punische Krieg, Hermes-Einzelschriften 8, Berlin 1942.
32. H. NESSELHAUF, Tacitus und Domitian, Hermes 80 (1952) 222–245, jetzt in: V. PÖSCHL (Hrsg.), Tacitus (Darmstadt 1969) 208–240.
33. F. KLINGNER, Die Geschichte Kaiser Othos bei Tacitus, Ber. üb. d. Verh. d. Sächs. Ak. d. Wiss. zu Leipzig, ph.-h. Kl. 92/1 (Leipzig 1940), jetzt in: Stud. z. griech. u. röm. Lit. (Zürich 1964) 605–624.
34. MOMMSEN, Cornelius Tacitus und Cluvius Rufus, Hermes 4, 1870, 295 ff. = Ges. Schriften VII, 224 ff.
35. Eine solche Situation – Handeln gegenüber klugem Gerede vor und nach dem Handeln von anderer Seite – wird exemplarisch gleich im Agricola dargestellt (Kap. 25–27). [Zur Aussparung von Tatbeständen sowie zur Manipulation von Chronologie und Kausalität, wie sie im Falle der taciteischen Otho-Darstellung zutagetritt und von KLINGNER wie auch von BÜCHNER gerechtfertigt wird, kritisch J. VOGT, Die Geschichtsschreibung des Tacitus, ihr Platz im römischen Geschichtsdenken und ihr Verständnis in der modernen Forschung, zuerst 1957, jetzt in: Orbis (Freiburg i. Br. 1960) 128–148, hier 140 ff., bes. 142: »Die Zeitfolge und die Verkettung der Ereignisse sind im Geschehen so bedeutsam, daß kein Historiker sie vernachlässigen darf. Ein Verstoß gegen diese Naturordnung des Historischen ist eine Entstellung der Wirklichkeit.« ... »Die mehrfach nachgewiesene Gleichgültigkeit des Tacitus gegenüber Chronologie und Pragmatik können wir also nicht seiner Erkenntnis des historisch Wesentlichen gutschreiben.«]
36. Wenigstens in der Hauptsache. Es ist bezeichnend für Tacitus und seine Ansicht, daß es auf das einzelne Jahr nicht ankommt, daß bei ihm der Zeitpunkt nicht so präzisiert wird wie bei Sallust.
37. Vgl. hist. 1, 4 *ut non modo casus eventusque rerum, qui plerumque fortuiti sunt, sed ratio etiam causaeque noscantur.*

Genau genommen werden unterschieden die *casus eventusque rerum* und die *ratio causaeque rerum.* Wenn *casus eventusque* als *plerumque fortuiti* gekennzeichnet werden, können *ratio causaeque* nicht Gründe der *casus* sein. Mithin ist Tacitus kein pragmatischer Historiker wie etwa Sempronius Asellio im Gefolge des Polybios mit seinem Stolze, nicht nur die Fakten zu erzählen, sondern auch die Gründe, die zu ihnen geführt haben. Es sind vielmehr die Grundstrukturen, die vor dem fraglichen Satze auch im Umriß angedeutet worden sind, die bestimmte Ereignisse ermöglichen und tragen, ohne daß sie ihre Profilierung ganz bestimmten, die mit den Begriffen gemeint sind. Diese Konzeption paßt ganz zu dem, was im Agricolaproömium über das Wesen der menschlichen Dinge gesagt wird, das sich nicht über Nacht durch einen Systemwechsel ändern läßt, paßt zur Darstellung der Geschichte Othos, und sie paßt zu einer Form der Geschichtsschreibung, die sich der wesentlichen Dinge annimmt und nicht in der Illusion lebt, Fakten vollständig erklären zu können. Das hat nichts mit Irrationalismus zu tun, sondern mit bescheidenem Sinn fürs Wesentliche und Mögliche. [Dazu jetzt auch, mit neuerer Lit., W.-R. HEINZ, Die Furcht als politisches Phänomen bei Tacitus (Amsterdam 1975) S. 23 f., A. 96.]

38. J. VOGT, Das römische Geschichtsdenken und die Anschauung des Tacitus, 'Große Geschichtsdenker' (s. u. Anm. 40) S. 56.
39. R. v. PÖHLMANN, Die Weltanschauung des Tacitus, Sbb. München 1910. Eine Auseinandersetzung mit PÖHLMANN, die auch dem Positiven der Arbeit gerecht wird, findet sich jetzt bei J. KROYMANN, Fatum, fors, fortuna und Verwandtes im Geschichtsdenken des Tacitus, in: Satura, Festschrift für Otto WEINREICH (Baden-Baden 1952) 71–102; jetzt in: V. PÖSCHL (Hrsg.), Tacitus (Darmstadt 1969) 130–160. [Weiteres bei BORZSÁK, RE-Art. 494.]
40. J. VOGT, Tacitus als Politiker, Stuttgart 1924. Von ihm selbst jetzt als zu einseitig bezeichnet in: R. STADELMANN (Hrsg.), 'Große Geschichtsdenker', Tübingen 1949, S. 53.
41. R. REITZENSTEIN, Tacitus und sein Werk, NWzA I, 4, Leipzig 1926, S. 3–32, jetzt in: Aufsätze zu Tacitus (Darmstadt 1967) 121–150.
42. Vgl. meine Einleitung zu der Ausgabe von Cicero, Vom Gemeinwesen, Zürich 1952 (1973^3).
43. F. KLINGNER, Tacitus, Römische Geisteswelt, 1965^5, 504–527.
44. S. J. KROYMANN a. O.
45. Vgl. Verf., 'Der Schicksalsgedanke bei Vergil', Freiburg 1946, jetzt in: H. OPPERMANN (Hrsg.), Wege zu Vergil (Darmstadt ^{2}1976) 270–300.
46. Es lockt, zumal E. R. CURTIUS dem 'Altertum' das historische Bewußtsein abgesprochen hat (Europäische Literatur und lateinisches Mittelalter, Bern 1954^2, S. 257 f.), Tacitus als

Historiker an den modernen philosophischen Erkenntnissen zu messen. Man wird sagen müssen, daß modernes philosophisches Denken eine solche Behauptung zurückweisen müßte, wofern eine Form des historischen Bewußtseins, wie es CURTIUS tut, absolut gesetzt würde; es würde sie als Selbstverständlichkeit ansehen, falls gemeint sein sollte, daß Tacitus nicht das historische Bewußtsein des 19. Jahrhunderts gehabt hat, müßte ihm aber dieses unbedenklich zuerkennen, falls es sich nicht gegen das in philosophischer Reflexion zutagetretende Beziehungsgefüge jeder historischen Wahrheit bewußt oder unbewußt verginge. Geschichte als Zusammenwirken der Fata verschiedenster Art in der Verantwortung des Handelnden, die Überzeugung von der Möglichkeit menschlicher Freiheit, Maßstäbe der Größe aus dem Horizont der Jahrhunderte gewinnend und sie für die folgende Zeit bewahrend, der Geschichte als einer substanzialisierten Macht nicht erliegend, sie aber auch nicht auflösend in den Fluß der Zeit, sie nicht maßregelnd nach festen Normen, sondern das Handeln aus der Situation — mit all ihren auch ethischen Konstanten natürlich — beurteilend, das alles entspricht dem, was man an Forderungen an ein 'historisches Bewußtsein' zu stellen hat (weitere Begründung zu diesen Gedanken: TH. LITT, Einleitung in die Philosophie, Stuttgart 1949², S. 239ff.). Aller wissenschaftliche Apparat und alle wissenschaftliche Verfeinerung, die vor allem das 19. Jahrhundert hinzugebracht hat, hat gegenüber einem echten historischen Bewußtsein nur dienende Funktion, kann also einen Unterschied zwischen der Geschichtsschreibung des Tacitus und der modernen nicht im Wesentlichen begründen. Als Historiker aber darf er darauf verzichten, sein Tun selber philosophisch-systematisch zu durchleuchten, wofern er als geborener Historiker ihm ganz entspricht, und die moderne philosophische Theorie dürfte geneigt sein, ihm die Legitimation zu seiner Art, Geschichte zu schreiben, zu erteilen. Dabei ist es für Tacitus wahrlich nicht leicht gewesen, sich von entstellenden Theorien freizumachen, die einem echten historischen Bewußtsein hinderlich im Wege standen. Eine besondere Rolle spielt dabei die 'kyklische' Geschichtsauffassung, nach der nach großen Abläufen die Dinge sich wiederholen (als kyklisch wurde die antike Geschichtsauffassung von K. REINHARDT charakterisiert). Bei Tacitus ist davon keine Rede (vgl. vor allem die Einleitung zum Dialogus). Bei ihm erstreckt sich der historische Ablauf vielfach vorhergeformt doch bis ins Unermeßliche in Polarität von positiven und negativen Kräften. [Vgl. jetzt auch R. HÄUSSLER, Tacitus und das historische Bewußtsein (Heidelberg 1965): eine Arbeit, die obiger Anm. eine wesentliche Anregung verdankt.]

AGRICOLA · EINFÜHRUNG

1. Vgl. MARQUARDT-MOMMSEN III 563 (s. Anm. 17 z. Einl.) mit Hinweis auf ann. 16, 17.
2. Nach Agr. Kap. 44 ist Agricola am 13. 6. 40 geboren.
3. MARQUARDT-MOMMSEN I 575 Anm. 1 nach dem Vorgange von WEX.
4. Wie URLICHS (s. Anm. 16 z. Einl.) gezeigt hat, unter Antistius Vetus (vgl. über ihn ann. 16, 10, 2).
5. So G. WALSER, Rom, das Reich und die fremden Völker in der Geschichtsschreibung der frühen Kaiserzeit, Baden-Baden 1951, S. 30 (s. die Rezension von H. KLEINKNECHT, DLZ 1953).
6. S. Anm. 34. [Der Gedanke an Nepos' Atticusvita trägt inhaltlich – in der Tat ist auch dort der Hintergrund der Zeit zu spüren, durch die Atticus sein Lebensschiff hindurchsteuert –, jedoch nicht unbedingt stilistisch: Statt von »schlicht erzählendem Stil« nach Art des Nepos (o. S. 76) in den Kap. 4–9 spricht HEUBNER im Kommentar zu 4,2 (S. 17) von »gehobenem Stil« und stellt schon zu 5,1 (S. 19) Häufung historischer Infinitive als Sallustianismus fest; Sallustisches notiert er auch zu 6,3 (S. 23), im übrigen vorwiegend ciceronische und livianische Stilelemente in Kap. 4–9. So bleibt gegenüber Kap. 10 ff. nur der Strukturunterschied (s. o. S. 54 f.), wobei – im Sinne BÜCHNERS – festzuhalten bleibt, daß die historiographische Formulierung des Folgenden die biographische Konzentration auf die Person Agricolas nicht ausschließt.

   Unter diesen Umständen kommt der sachlichen Komponente entscheidende Bedeutung zu: Eine Biographie reicht von der Geburt bis zum Tod, und wenn das Geburtsjahr erst zu Beginn von Kap. 44 nachgetragen wird, so ist das gerade in dieser Hinsicht (vgl. S. 49) symptomatisch. Denn der biographisch erzählende Hauptteil reicht von Kap. 4 bis 43, umrahmt von Prolog und Epilog; als Untergruppe neben anderen (10–38; 39–43) fungieren die Kap. 4–9 auch weiterhin. Dies war schon die Position von E. de SAINT-DENIS (Agricola-Ausgabe 1942, S. XXXV f.), es ist mit einer Abweichung auch die von G. WILLE, Der Aufbau der Werke des Tacitus (Amsterdam 1983) 5–45, bes. 9.14.40–43 (Einzelkritik an BÜCHNER: 19,3; 21.23 [o. S. 61 berichtigt]. 24.39 f.). Die Abweichung besteht darin, daß WILLE – hierin mit BÜCHNER (neuestens auch HEUBNER) einig – Kap. 43–46 als Einheit sieht, wiewohl sein Terminus »biographischer Hauptteil« S. 9 dazu führen müßte, das natürliche Ende jeder Biographie, *finis vitae* (c. 43,1), als Orientierungspunkt zu wählen. Natürlich sind Kap. 43 und 44 miteinander verklammert, das hat vor allem Berta METZ herausgearbeitet, wie ja überhaupt Verfugungen und gleitende Übergänge zum Kunsthandwerk dessen gehören, der mehr als eine Abfolge von Rubriken bieten will.]

7. Vgl. K. Büchner, Der Aufbau von Sallusts Bellum Iugurthinum, Hermes-Einzelschriften 9, 1953, 24 ff.
8. S. Anm. 12 z. Einl.
9. Agr. 32, 4.
10. Sallust, Jug. 79, 1.
11. Caesar, b. G. 7, 77.
12. Agr. 12, 6.
13. S. a. Walser a. O. 31.
14. Die Anfänge — *principia* — werden vom Römer, seien es Historiker oder Dichter — besonders bedacht in der Überzeugung, daß sie den Gang der Dinge am besten verstehen lehrten. [Vgl. auch R. Häussler, Tacitus (s. o. Anm. 46 z. Einl.) 369 ff.].
15. Vgl. dazu die reiche Darstellung von H. Fuchs, Der geistige Widerstand gegen Rom in der antiken Welt, Berlin 1938.
16. S. Fuchs, a. O. 17.
17. K. Meister, Eranos 46, 1948, 120.
18. Hist. 1, 2 beim Überblick über den Inhalt des bevorstehenden Werkes: *perdomita Britannia et statim omissa.*
19. Ann. 15, 31.
20. K. Büchner, Der Aufbau von Sallustus Bellum Iugurthinum, Hermes-Einzelschriften 9, 1953, 26 f.

20a. Dies muß gegen die vortreffliche Dissertation von K. Willmer, Das Domitianbild des Tacitus, Hamburg 1958, S. 164 festgehalten werden; der Hinweis auf den Erfolg der diplomatischen Fügsamkeit Agricolas wäre sinnlos, wenn Tacitus nicht das Unversehrtbleiben im Auge hätte.

[Diese Position baut K. Büchner in seinem Aufsatz »Die Darstellung des Todes des Agricola durch Tacitus«, Studii Clasice 13 (1971) 127–137, jetzt in seinen Studien zur römischen Literatur IX: Römische Prosa (Wiesbaden 1978) 212–225 gegenüber drei Arbeiten aus, die alle die Meinung vertreten, Tacitus habe seinen Lesern von Kap. 39,3 bis 43,4 suggerieren wollen, Agricola sei im Auftrag Domitians vergiftet worden, und er habe trotz des Dementis von c. 43,2 letztlich selbst daran geglaubt: es handelt sich um die eben genannte Arbeit Willmers 160 ff. sowie um E.-R. Schwinge, Festinata mors, RhMus 106 (1963) 363–378 und W. Ries, Gerücht, Gerede, öffentliche Meinung, Diss. Heidelberg 1969, 15–94. Büchner hält mit Recht daran fest, daß jener Kernsatz '*posse etiam sub malis principibus magnos viros esse*' (c. 42,4) – »Resultat der ganzen Schrift, die Beantwortung der historischen Frage, die Tacitus bewegt« (a. O. 129 = 214) – alle Wirkung und allen Sinn verlöre, wenn sich herausstellte, daß auch Agricolas Diplomatie dasselbe Schicksal wie stoische Intransigenz erleiden mußte. Um mit R. Urban (Historische Untersuchungen zum Domitianbild

des Tacitus, München 1971, 68,2) zu sprechen: »Wäre Agricola tatsächlich ein Opfer Domitians, bestünde der Unterschied zu den scharf Getadelten eigentlich im wesentlichen nur darin, daß deren Tod effektvoller war als der seinige.«
Im übrigen hatte BÜCHNER schon in den Schlußbemerkungen seiner Studien IV (1964) 156 gegen SCHWINGE dargelegt, daß *festinata mors* (c. 44,5) keines menschlichen Urhebers bedarf, sondern schlicht 'verfrühter Tod' heißen kann (mehr dazu StudClas 134 f. = Stud. IX, 221m. A.23, ferner HEUBNER z. St.). Hier und im späteren Aufsatz (135 = 222) begibt sich BÜCHNER eines Arguments, wenn er die Apostrophe '*innocentiam principi donares*' damit kommentiert, Agricola habe in seinen letzten Stunden Domitian nicht etwa vom Verdacht des Giftmords freigesprochen – davon habe er nichts wissen können –, sondern ihm seine tatsächlichen Kränkungen verziehen.
Doch der Kontext führt in andere Richtung. Im Vorausgehenden war von den Schreckensjahren nach Agricolas Tod, von der seriellen Liquidierung Prominenter die Rede gewesen. Das brauchte Agricola nicht mehr zu erleben, er starb zur rechten Zeit. Und wie starb er? Ruhig und gefaßt, »als wolltest du für dein Teil dem Kaiser Schuldlosigkeit zusprechen«; man hätte meinen können *(tamquam!)*, wenigstens für seine Person habe er mit dieser Art seines Sterbens den Kaiser von jeder Tötungsabsicht freigesprochen, ihm seine diesbezügliche Unschuld bescheinigt. Hier wird in hypothetischer Brechung des Gedankens noch einmal bestätigt, was objektiv schon c. 43,2 festgestellt worden war.
Somit hat Tacitus trotz einer gewissen Insinuationskurve nichts von Belang getan, um den soeben aufgestellten politischen Grundsatz disziplinierter Loyalität ohne moralische Selbstaufgabe, dem er selbst zeitlebens gehuldigt hat, alsbald töricht und blindlings zu untergraben: »hätte Domitian Gift gegeben, so mußte sich jeder sagen, hätte er in Ruhe das Ableben abwarten können und ... sich durch auffälliges Verhalten nicht verdächtig zu machen brauchen« (BÜCHNER 132 = 219). Domitian, der heuchlerische Tyrann, konnte den Tod des Fähigeren, des – vom originären Leistungsgedanken des Principats her gesehen – potentiellen Rivalen nicht erwarten; die endliche Befriedigung seines pathologischen Sicherheitsbedürfnisses war ihm wichtiger als die Vermeidung bösen Scheins, den seine unzeitige Betriebsamkeit erwecken mußte: das will Tacitus mit seiner Darstellung zum Ausdruck bringen. Vgl. dazu K. v. FRITZ, CPh 52 (1957) 88. 92 ff., jetzt deutsch in: R. KLEIN (Hrsg.), Prinzipat und Freiheit (Darmstadt 1969) 447 f. 454–462.]

21. Cicero, de orat. 3. Buch Anfang, besonders 3, 2, 7–8; 3, 3, 9–12 (vgl. R. REITZENSTEIN NGG 1914, 186–198, jetzt in

Aufs. zu Tac. [1967] 30–42; Cic. Brutus 57–60; pro Plancio 13; de legg. I, 1; Tusc. I, 34; 36; 37).

22. Agr. 13, 2.
23. Germ. 37, 2.
24. Dial. 40, 4.
25. E. Hübner, Hermes I, 1866, 438–448.
26. F. Vollmer, Laudationis funebris Romanorum historia et reliquiarum editio, Jbb. f. Philol., Suppl. 18, 1892, 445 ff. Vgl. jetzt W. Kierdorf, Laudatio funebris, Beitr. z. Kl. Ph. 106 (Meisenheim/Glan 1980).
27. W. Steidle, Sueton und die antike Biographie, Zetemata 1, 1951, 130 f.
28. G. Andresen, Festschrift des grauen Klosters, Berlin 1874, 291.
29. A. Gudeman, The vita Agr. of Tacitus a biography? Proceedings 28, 1897, XLVIII; Ausgabe Berlin 1902.

[Der Ansatz von Gudeman wurde (von Stuart, Anderson, Bardon, Ogilvie) in kombinierender Form weitergeführt: der Agricola als enkomiastische Biographie. P. Steinmetz (Die literarische Form des 'Agricola' des Tacitus, in: G. Radke (Hrsg.), Politik und literarische Kunst im Werk des Tacitus (Stuttgart 1971) 129–141, bes. 134–140, vgl. 132) nimmt das als Grundstock für eine komplexere Synthese, indem er die Elemente der politischen Schrift und der historischen Monographie hinzufügt. Das ist geschickt kumuliert, doch sollte man im organisch konzentrierenden Sinne Büchners noch entschiedener betonen – um nämlich die sonst sich ergebenden Widersprüche zu vermeiden –, daß das Ziel hier gerade nicht '*vitam laudare*', sondern '*vitam narrare*' heißt: für Tacitus sind das keine Synonyme, wie Steinmetz 135 schließen zu können glaubt. Tacitus will nicht – wie Steinmetz 139 aus der Perspektive der historischen Monographie selbst betont – Erzählung auf Kosten der Wahrheit geben, *citra fidem*, vielmehr *sine gratia aut ambitione*. Schließlich ist Würdigung der »spezifischen Leistungen des Helden« das Anliegen jeder Biographie, nicht nur der enkomiastischen – eben deswegen konnte immer einmal wieder die Verwechslung mit der Historiographie eintreten –, und man erinnert sich, daß die Augustus-Biographie des Nikolaos von Damaskos zumindest programmatisch, qua Absichtserklärung, sich mit dem Bekenntnis zu wahrheitsgetreuem Bericht von jenen distanziert hatte, die Octavians Staatskunst und militärische Leistung als Gelegenheit zum ἀγώνισμα einer möglichst glanzvollen Darstellung betrachteten (FGH 90 F 126 § 2, vgl. § 58). Eben auf dieser thukydideisch getönten Linie – nicht auf der von Polybios im Kontrast zur seriösen Geschichtsschreibung gezogenen – bewegt sich auch der Agricola.

Und wenn *honor*, Würdigung, im Verein mit *pietas*, Dankespflicht, die erklärten Motive des Schwiegersohnes sind, dann wiederum nicht im Sinne von Heiligenviten stoischer Märtyrer – STEINMETZ vergißt hier c. 42,4 und verwechselt die Exemplifikation von c. 2, für welche sich die *professores sapientiae* nun einmal wirkungsvoll anboten, mit Identität –, sondern um ähnlich wie Nepos' Atticusvita den Mann der besonnenen Mitte vorzuführen, der sich in schwierigen Zeiten behauptet und die Kunst des Möglichen beherrscht, ohne darum an Charakter einzubüßen – der Grat ist schmal und abschüssig, wie c. 45,1 zeigt, doch Agricola hat sich nichts vergeben, auch wenn er nicht in die Reihe der »Blutzeugen der *virtus*« (so BORZSÁK, RE-Art. 414) einzureihen ist. – Somit kann man und muß man bündiger formulieren, weiterhin im Sinne LEOS und BÜCHNERS: Der Agricola ist eine von Pietät getragene Biographie mit historiographischem Einschlag, wie er dem Politiker und Militär angemessen ist. Im übrigen lese man Plutarch, um allenthalben auch hier, wo es die Vita des Betreffenden erforderte, des historiographischen Einschlags inne zu werden – hier eben auf die hellenistische Art.]

30. F. LEO, Die griech.-röm. Biographie, Leipzig 1901, 224.
31. HOFFMANN, ZöG 21, 1870, 252.
32. H. NESSELHAUF a. O.
33. SCHANZ-HOSIUS a. O. II, 615.
34. Verf., Humanitas, die Atticusvita des Cornelius Nepos, Gymnasium 56, 1949, 100–121, jetzt in: Studien zur römischen Literatur I: Lukrez und Vorklassik (Wiesbaden 1964) 19–41, dazu 195 ff.

AGRICOLA · ÜBERSETZUNG

35. [Nachdem man jahrhundertelang von den Agricola-Handschriften, die dem Erstdruck der bis dahin bekannten Werke des Tacitus durch Franciscus PUTEOLANUS (Mailand, um 1475) vonangegangen waren, nur noch zwei zu besitzen glaubte, nämlich die beiden Vaticani Lat. 3429 und 4498 (A und B), gesellten sich kurz vor und nach 1900 als Wiederentdeckungen ein Codex Toletanus 49,2 (T) und Aesinas (E) hinzu, wobei sich bald herausstellte, daß T eine direkte, 1474 getätigte Abschrift von E darstellt, für die Textkonstitution demnach nur von gelegentlicher Bedeutung ist. Der Codex Aesinas, der seinen Namen nach der Bibliothek zu Jesi (bei Ancona) erhielt, wo er 1902 von Cesare ANNIBALDI aufgefunden worden war, ist ein Stück ihres Grundbestands, wie ihn im 15. Jh. die Brüder GUARNIERI gelegt hatten. Der eine der beiden, Stefano, hat diesen Codex, der den Agricola, die Germania und als erstes das spätantike Bellum Troianum des Diktys enthielt, nicht nur zusammengestellt und gebunden, sondern

auch eigenhändig von der Vorlage abgeschrieben, dabei jedoch sich diese Arbeit sowohl im Falle Diktys als auch im Falle Agricola angenehm verkürzt, indem er größere Teile der Vorlage schlicht übernahm und miteinband. Diese Vorlage ist – trotz gewisser Zweifel, die von Zeit zu Zeit geäußert werden – doch wohl identisch mit dem alten Codex Hersfeldensis, über dessen Beschreibungen und Schicksale im Quattrocento weiter unten (Anm. 40 z. Dial., vgl. Anm. 33) kurz zu berichten ist. So ist wenigstens ein Rest dieses Hersfeldensis (H) in Gestalt eines Quaternio (d. h. 4 zusammengefaßte Blattlagen = 16 Seiten) und eines abgeschabten Unio (1 Blattlage), von dem noch originale Reste lesbar sind, erhalten geblieben – nach dem bis heute verbindlichen Befund P. LEHMANNS (in: R. TILL, Handschriftliche Untersuchungen zu Tacitus Agricola und Germania [Berlin-Dahlem 1943], denen die Agricola- und Germaniateile des Aesinas in Photokopie beigegeben sind, S. 11 ff.) eine zwischen 830 und 850 in einer deutschen Schreibschule entstandene karolingische Minuskelschrift.
Für die Agricolapartie 13,1 (*munia* ...) bis 40,2 (... *missum*), die der alte Quaternio umfaßt, war damit eine solide Textgrundlage gewonnen; aber auch den Rest des Agricola hat GUARNIERI nach überwiegender Forschungsmeinung – wie es ja auch naheliegt – unmittelbar aus H abgeschrieben. Dabei halten wir uns – gegenüber englischen Gelehrten, die H mit E, E mit e oder im Germaniateil, wo keine Verwechslung droht, wiederum mit E bezeichnen – mit DELZ' neuer Agricola-Ausgabe weiterhin an die überkommene Siglengebung, aber auch – gegenüber MURGIAS allzu zuversichtlicher Vereinfachung (E→A→B) – an jene Relation der Hss., wie sie bereits OGILVIE vertreten hatte: Während E von H im Falle des Agricola ebenso direkt abhängt wie T von E, schiebt sich zwischen H und AB ein Hyparchetypus (überzeugend DELZ Praef. V sq.); für die Textkonstitution bleibt, neben H und E, A am wichtigsten. A wurde nicht, wie man bis in neueste Zeit gemeint hat, von Pomponius LAETUS geschrieben (s. DELZ IV sq., m. Lit.); außerdem ist gegen TILL mit den meisten neueren Herausgebern anzumerken, daß weder Geglücktes noch der partielle Unsinn, den H^2, ein nur wenig späterer Korrektor von H, produziert, stets Konjektur sein kann, Besserung oder Verschlimmbesserung auf eigene Faust, sondern von einer mit H nicht identischen Vorlage, also einer zweiten Hs. stammen muß, die gleichfalls den Agricola enthielt (vgl. Anm. 61 f.). Aus diesem bemerkenswerten Befund sollte man gleichwohl nur mit aller Vorsicht Schlüsse ziehen (vgl. Ch. E. MURGIA, CPh 72 [1977] 330, 8; ders., CPh 74 [1979] 248, 7).]

36. Die Dreimänner waren eine Gruppe der *vigintiviri*, denen die Vollziehung der Todesstrafe oblag. Daß man dem Henker, nicht wie ann. 4, 35, 5 im gleichen Falle den Ädilen, das Ver-

brennen der gefährlichen Bücher übertrug, scheint eine besondere Herabwürdigung gewesen zu sein.

37. Die Streichung des überlieferten *et* (vor *uti*, das zu Recht in *ut ita* verbessert wurde) scheint notwendig (RHENANUS *in notis*), weil sonst *pauci*, das sich nach dem Vorigen versteht, zuviel Eigengewicht haben würde und die Hauptaussage, daß sich die wenigen selber überlebt haben, zu kurz kommt (die Einwände FURNEAUX-ANDERSONS = OGILVIE-RICHMONDS erledigen sich durch die 1. Person *superstites sumus*).

38. Das heutige Marseille, schon für Aristoteles das Muster eines gut — aristokratisch — geleiteten Staatswesens, wird auch von Cicero (pro Flacco 63) wegen seiner Zucht und Ordnung gerühmt.

39. Der Gedanke, durch die Zuspitzung fast zu komprimiert, will besagen, daß die Frau, wenn sie vom Manne als gleichrangig anerkannt wird, Höheres erreicht hat als der Mann, weil man von ihr derartiges nicht ohne weiteres erwartet. Gemessen wird das in echt taciteischer Weise am Gegenbild der schlechten Frau, die um so größere Schuld bei einem Vergehen hat, da sie sich damit hätte zufriedengeben können, dem Manne zu folgen, bei einem Vergehen also noch Ungehorsam hinzukommt.

40. Manche Erklärer beziehen die Worte auf die Karriere Agricolas. Mir scheint das der Würde der taciteischen Darstellung nicht zu entsprechen. Rückhalt, Reserve, ein militärisches Bild, meint den Ersatz für den Sohn in Hinsicht auf ein in der Zukunft durch Kinder gesichertes Leben, Trost die Milderung des Leids im Augenblick.

41. Der Satz ist schwierig, aber intakt: Agricola bewirkt einen Zustand, der so ist, als ob außer Neros Tempelraub der Staat keinen anderen gesehen hätte (zum Konj. Plusqu.: Plinius Pan. 40). Offenbar hat es Agricola durch sorgfältige Untersuchung und geschickte Verhandlung erreicht, daß die nicht mehr im Kaiserpalast befindlichen Tempelschätze ohne weitere Komplikationen und Verluste zurückgegeben wurden. Vgl. WALSER a. O. 29 Anm. 99.

42. Vespasian wurde am 1. 7. 69 in Alexandria zum Kaiser ausgerufen. Tacitus' Korrektur am vespasianischen Geschichtsbild wird jetzt durch die Arbeit von A. BRIESSMANN, Tacitus und das flavische Geschichtsbild, Diss. München 1954 = Hermes-Einzelschr. 10, 1955, deutlich.

43. Vgl. darüber WALSER (s. o. Anm. 5) S. 29 Anm. 100.

44. Vespasian und Titus — vorher Claudius — haben als Zensoren zu Patriziern kreiert: vgl. MARQUARDT-MOMMSEN II, 1101 Anm. 4.

45. Man wird hier die Randbemerkung eines verärgerten Provinzialen vor sich haben; denn es ist kaum denkbar, daß Tacitus im Ernst Agricola *adrogantia* und *avaritia* zugesprochen hat,

zumal er sogleich sagt, man träte ihm schon zu nahe, wenn man seine *abstinentia* auch nur erwähne. Dagegen hat *tristitia* für altrömische Ohren einen guten Klang. *persona potestatis* scheint auf eine erklärende Pointe hin zugespitzt. So wird [*et adrogantiam et avaritiam*] zu streichen sein.

[Schon H. Furneaux bemerkte zu ann. 6, 25, 3 (*Agrippina ... virilibus curis feminarum vitia exuerat*): It is not implied that she had ever had them, wobei er auf Agr. 9,4 – unsere Stelle – verweist. Delz, der seinerseits auf die Annalenstelle verweist, beläßt den Text ebenso wie Ogilvie, während Till und Heubners Kommentar den gesamten Passus '*tristitiam ... exuerat*' im Gefolge von Peerlkamp athetieren. Dies wäre in der Tat die probateste Alternative, wenn wir nicht im Sinne von Ogilvies ausführlicher Erläuterung verstehen könnten: »Züge wie finsteres, hochfahrendes und habgieriges Wesen, die sonst zum Antlitz der Amtsgewalt [nicht »Amtsmiene«, wie Heubner versteht] gehören, hatte er von vornherein abgelegt.« D. h. Agricola wußte solche Protuberanzen der Machtausübung zu vermeiden. Dem entspricht, ohne jene Metaphorik, in der Sache durchaus ann. 2, 72, 2: [sc. *Germanicus*] *cum magnitudinem et gravitatem summae fortunae retineret, invidiam et adrogantiam effugerat.* – Unverständlich Heubners Argumentation, die ominösen Eigenschaften als natürliche Attribute römischer Statthalterschaft zu denken, hieße »das ... Bild des Statthalters Agricola doch peinlich belasten, ja zunichte machen.« Wenn sich Agricola über die normalen Versuchungen der Macht (vgl. Till zu c. 15 f.) erhebt, kann s e i n Bild doch nur gewinnen!]

46. Unter den Kollegen sind die Statthalter benachbarter Provinzen, den Prokuratoren die kaiserlichen Finanzbeamten, die neben dem Statthalter im Range eines Quästors auch in kaiserlichen Provinzen wie Aquitanien tätig waren, zu verstehen.

47. Man sieht nicht recht ein, warum Tacitus betont, daß die Tochter zu 'außerordentlicher Hoffnung' berechtigte. Hinzu kommt, daß Tacitus die Konsulstellung des Agricola so sehr hervorhebt, und schließlich, daß das Adverb (*tum*) sich gern an das Subjekt am Anfang anschließt – vgl. 3, 3 –, so daß es nahe liegt, zu verstehen 'als Konsul außergewöhnlicher Hoffnung damals hat er ...' Man hat diese Verbindung wohl nicht erwogen, weil man sich einen Konsul nicht als etwas vorstellen mochte, das erst zu Hoffnungen berechtigte. Aber gerade das ist es ja, was Tacitus mit seinem ganzen Aufbau sagen will: Konsul kann jeder werden, auf Agricola durfte man die berechtigte Hoffnung setzen, daß er Besonderes leisten würde. Im Augenblick des Konsulates hat der virtuelle Bemeisterer Britanniens Tacitus seine Tochter anvertraut, das will Tacitus sagen, nicht, daß seine Frau damals zu den besten

Hoffnungen berechtigte, was ohne die mögliche Erwähnung der Erfüllung ein schlechtes Lob ist.

[Zustimmung zu diesem zuerst von ACIDALIUS gewonnenen Textverständnis bei BORZSÁK, RE-Art. 385 f., Ablehnung durch H. HEUBNER, Vater oder Tochter?, RhMus 119 (1976) 79–84 (mit Billigung TILLS S. 79) und im Kommentar: Masse externer Parallelen contra interne Individualstruktur. Wir verstehen im Sinne BÜCHNERS: »als Konsul, damals noch von außergewöhnlicher Erwartung«, die alsbald durch die Statthalterschaft eingelöst werden sollte. Die – *statim* nach der Legatentätigkeit geweckte – *spes consulatus* (§ 5) hatte sich erfüllt, die damals sie begleitende *opinio*, ihm werde Britannien als Provinz zuteil, verdichtet sich nun ihrerseits zur *egregia spes*, und wiederum: *statim Britanniae praepositus est* ...]

48. Solche Vergleiche gehörten zum Stil geographisch-ethnographischer Schriften. Livius hatte im 104. Buche davon gesprochen. Rusticus hatte eine Geschichte des Claudius und Nero geschrieben und wird bei der Schilderung des claudischen Britannienzuges davon gesprochen haben.

49. Die Erklärer – FURNEAUX-ANDERSON und HEUBNER, primär auch OGILVIE – verstehen *extremo iam litore* ablativisch 'vom äußersten Rande aus' und beziehen das auf die Forth-Clyde-Enge. Mir ist es zweifelhaft und wahrscheinlicher, daß der Weltrand gemeint ist, wie 30, 3 die Britannier sich als die *terrarum extremos* bezeichnen. Es wäre dann instrumental — mit schon äußerster Küste am Rande der Welt vorspringend — oder lokativisch — schon am Erdrand vorspringend — zu fassen.

[Die explikative Position von '*extremo iam litore*', eingerahmt von '*procurrentium* ... *terrarum*', spricht für BÜCHNERS Deutung: denjenigen, die den Forth-Clyde-Isthmus überschreiten, eröffnen sich riesige und ungestalte Landmassen, die sich so weit erstrecken, daß ihre Küstenbegrenzung schon peripher ist, schon Weltrandcharakter annimmt; wer diese Gebiete durchmessen hat, wird gewahr, daß das Ganze (Britanniens) in einen Keil ausläuft. (Man vergleiche bei OGILVIE-RICHMOND 38 f. die Abbildung der ptolemäischen Karte, wo Caledonien ostwärts umgebogen erscheint.) Das nun § 5 folgende '*Hanc oram novissimi maris*' ist nicht – als läse man '*Hanc demum oram*' – im Gegensatz zu einer vorletzten, nur vermeintlich schon letzten Küste gesagt, als stünde bereits hier ein '*velut*' oder '*tamquam*' bei '*extremo iam litore*', sondern nimmt dieses so direkt wie möglich auf.]

50. Das 'geronnene Nordmeer' ist gewiß eine literarische Fabel, aber WALSER a. O. 26 Anm. 85 hätte doch hervorheben sollen, daß Tacitus nicht von einem 'geronnenen', sondern 'trägen' Meere spricht.

51. [Gemeint ist, in der interpretierenden Übersetzung Tills: »... sei es, daß das gleiche Klima ihnen dieses Aussehen gab, da die Länder einander gegenüberliegen.« Die Länder liegen einander gegenüber, weil sie sich gegenseitig nähern. Die allgemeine Bedeutung von *diversus* 'gegenstrebig' kann eben auch ein Zueinander implizieren, vgl. z. B. ann. 2, 17, 3.]

51a. *Persuasiones* nach der Konjektur von Glück.

52. Britannische Wagenkämpfer erwähnt auch Caesar (b. G. 4, 33). Offenbar kämpft ein ausgewählter Klient vom Wagen aus, während der Wagenlenker im Unterschied zu anderer, etwa homerischer Praxis, der Vornehmere und Angesehenere ist. Von dem einfachen geographischen Faktum der Gebirgigkeit läßt sich die so präzise Nachricht nicht anzweifeln.

53. Die Nachrichten über die terrestrischen Erscheinungen sind von aufregender und vieldiskutierter Unklarheit. Sie gliedern sich in eine Behauptung über die größere Länge der Tage in Britannien — das könnte auf Autopsie Agricolas deuten, dem die längeren Winternächte im Norden nicht so bekannt sein mochten, außerdem als Feldherrn nicht so interessierten —, einen Bericht der Eingeborenen über eine eingeschränkte Form der Polarnacht, die aber auch so noch nicht auf Britannien zutrifft — und eine Erklärung des Tacitus, die eine seltsame Unkenntnis der wissenschaftlichen Ergebnisse verrät, obwohl die Kugelgestalt der Erde seit dem 4. Jahrhundert v. Chr. bekannt war. Nach der Erklärung des Tacitus sind die *extrema et plana terrarum*, also daß man sich am Erdrand befindet, der noch dazu flach ist, schuld daran, daß die Sonne keinen so großen Schatten in der Nacht wirft, daß er die Sterne erreicht. Man wird sich die Sonne als am Rande der Scheibe unter dem Horizont laufend vorzustellen haben. Im übrigen aber scheint Unklarheit über den Stand der Lichtquelle zu bestehen und so die auch bei Annahme einer Erdscheibe unklare Erklärung zustande zu kommen. Man muß damit rechnen, daß es Tacitus als stilwidrig angesehen hätte, allzu vertraut mit schwer kontrollierbaren griechischen Theorien zu erscheinen.

54. Über *fatis monstratus* s. Einl. S. 43. Zu vergleichen ist Verg. Aen. 6, 869 über Marcellus: *ostendent terris hunc tantum fata.*

55. Die Kolonie ist Camulodunum (Colchester).

56. Eine berühmte Inschrift aus Chichester (CIL VII 11; s. Ogilvie-Richmond S. 190) trägt den Namen des Königs.

57. Der Aesinas hat die Entscheidung für die Lesart *manus* gebracht. Die Zenturionen werden als Werkzeuge des Statthalters bezeichnet.

58. In diesem Satz lassen AB *felicibus* weg. Der vermißte Gegensatz wurde in der verschiedensten Weise durch Konjektur hergestellt. Novák hat das gefunden, was der Aesinas dann als Überlieferung erwies, Furneaux-Anderson beziehen *felicibus*

auf die Römer, die jetzt im Vorteil seien (Ogilvie schließt sich wie gewöhnlich an). Es wäre aber eine schlechte Ermutigung, wenn die Britannier den Römern in ‘glücklicher Lage’ von Anfang an den größeren Angriffsschwung zusprächen, obwohl sie nicht einmal die Angreifer, sondern die Überfallenen sind und gewöhnlich der *impetus* die starke Seite der Barbaren ist. Der Satz verliert das Anstößige, wenn er eine allgemeine Erfahrung ausspricht und begründet, warum sie über ein paar Anfangsschlappen nicht mutlos werden sollten: gewiß, wenn man Erfolg hat, hat man mehr Schwung, verbissener wird man kämpfen, wenn der Anfang nicht günstig war. [Im gleichen Sinne jetzt auch Heubner.]

59. Boudicca — so die auch durch den richtig interpretierten Aesinas gesicherte Namensform — endete schließlich ihr Leben durch Gift. Ihre Geschichte erzählt Tacitus ausführlicher in den Annalen (ann. 14, 31 ff.).

60. Hier ist die Konjektur von Wex anzunehmen. Sie wird gesichert durch die Überlieferung des Aesinas *proprius:* jeder fürchtet bei der Bekanntheit mit dem energischen Statthalter spezielle Bestrafung, nicht nur Kollektivmaßnahmen.

61. Das Überlieferte ist schwer zu erkennen. Der Hersfeldensis hat im Text *ac velut facta exercitus licentia ducis salute et seditio sine sanguine stetit* mit Tilgungszeichen von *facta* bis *salute.* Am unteren Rand schreibt er *pacti exercitus licentiam dux salutem.* Furneaux-Anderson, Till a. O. 48 f., zuletzt ihm folgend Ogilvie und Delz halten die getilgte Lesart mit Änderung von *facta* in *pacta* für die richtige Überlieferung, die Randnotiz dagegen für eine falsche Konjektur des Korrektors des Hersfeldensis. Aber wenn der Korrektor erkannte, daß in *facta* eine Form von *pacisci* steckt, fragt man sich, warum er sich nicht mit der einfachen Änderung von *f* in *p* begnügt hat. Wenn weiter der Text mit einem *et* fortfährt, das anstößig ist, liegt es nahe anzunehmen, daß der Schreiber, nicht der Korrektor, die fraglichen Worte mit *precario* auf eine Stufe gestellt hat, als Ergänzung gedacht, und sie dann natürlich mit einem folgenden *et* in den Gesamtzusammenhang einpaßte und in einen zum Vorigen passenden *abl. abs.* änderte. So mag er ein nicht verstandenes *pacti* in ein farbloses *facta* verwandelt haben. Denn nun der Hauptanstoß: ist eine Form von *paciscor,* wie sicher, als überliefert anzusetzen, dann ist allerdings der geschilderte Vorgang so empörend, daß die dafür Verantwortlichen und Hauptschuldigen als Subjekte erscheinen müssen, nicht zu einem gewichtslosen Genitiv herabgedrückt werden dürfen. Das aber erfüllt — die Randnotiz: *ac velut pacti exercitus licentiam, dux salutem, seditio sine sanguine stetit* (*et* muß also als Änderung des konjizierenden Schreibers gestrichen werden; darum ist *essent* aus *et* oder gar *esset* — wie neuerdings wieder Walser schreibt —

ohne Anhalt im Text und würde nachklappen; ob nach *velut* ein *sunt* oder ein *essent* zu ergänzen ist — vgl. ann. 1, 7, 1 und hist. I, 85, 5 —, kann kein entscheidendes Gewicht haben). Wir halten demnach die Randbemerkung des Korrektors aus stilistischen Gründen für besser. Sie dürfte kaum aus Konjektur stammen. Demnach muß er wie der Schreiber eigene Überlieferung gehabt haben, sei es, daß er dieselbe Vorlage besser gelesen hat, sei es, daß er gar andere Quellen hatte. S. nächste Anm.

62. Bis zur Auffindung des Aesinas hatte man sich mit einer Überlieferung *sustinuitque* auseinanderzusetzen, bei der das *-que* am Anfang des asyndetischen Aprosdoketon als korrupt angesehen werden mußte. So nahm man eine größere Lücke an, Kühnere strichen das *que*, Halm aber ergänzte *subiit sustinuitque*, eine ingeniöse Konjektur, die er nur zu früh aufgab; denn T und der Aesinas brachten die Bestätigung. Freilich hatte das *subiit* der Korrektor nachgetragen. Till a. O. 50 hält von seiner These aus, daß der Korrektor keine Überlieferung gehabt hat, dieses *subiit* für eine karolingische Konjektur. Hier wird man aber Bedenken anzumelden haben: wir haben die karolingische Zeit sehr hochzuschätzen gelernt, aber eine so vorzügliche Konjektur, die ein enormes Textverständnis schon allein zum Erkennen der Korruptel voraussetzt, eine Konjektur, die im 19. Jh. nur einem einzigen für kurze Zeit geglückt ist, möchte man dem karolingischen Korrektor nicht zutrauen. Denn wenn Till die vorgeschlagene Konjektur *suscepit* für besser hält, ist er sicher nicht im Recht: *suscepit* ist eine Übernahme mit Freiwilligkeit und eigener Initiative, *subiit* allein paßt für die Übernahme auf Befehl des Kaisers. — Diese Stelle scheint mir den Beweis zu liefern, daß nicht alle Änderungen des Korrektors (H^2), wie Till will, auf Konjektur beruhen, zumal solange nicht erklärt ist, warum H^2 bei 25, 1 für *virium* ein absolut unsinniges *vinum* an den Rand geschrieben hat.

63. Agric. 18, 3 *terrorem ceteris fore*. Konzinn wäre es, wenn dem *prima* ein Neutrum entsprechen würde. Es wäre dann der den Römern, die immer den Anfang so sehr bedenken, geläufige Gedanke, daß die Fortsetzung so ist wie der Anfang, nur daß nicht allein die Bezogenheit von Anfang und Erfolg ins Auge gefaßt würde, sondern speziell ein von Agricola beabsichtigter (Puteolanus konjizierte darum, um die Konzinnität völlig herzustellen: *fore universa*). Aber solche Konzinnität — siehe den Gedanken hist. 2, 20; Liv. 14, 31; 21, 29; Cic. ad Att. 10, 18 — empfiehlt zumal im Agricola durchaus nicht immer eine Interpretation. Darum ist trotz der Sicherheit, mit der Furneaux-Anderson-Ogilvie das Neutrum empfehlen, die persönliche Auffassung wahrscheinlicher. Man muß nämlich die ganze Situation des Kapitels bedenken, die

hier in diesem Satze zusammengefaßt wird: ein handelnder Stamm steht den wohlwollend beobachtenden und auf Gelegenheit lauernden Stämmen, die zum Abfall bereit sind, gegenüber. Energische Anfangshandlungen werden ihnen — und darauf kommt es an — Schrecken einjagen. Die andere Auffassung dagegen würde Agricola auf eine bestimmte Absicht in allem seinem Handeln festlegen, nämlich Schrecken zu verbreiten, was zu seiner elastischen Politik keineswegs paßt. *ceteris* heißt 'den übrigen Stämmen' im Unterschied zu den von Agricolas Maßnahmen betroffenen und fast ausgerotteten, und der Satz ist mehr im Sinne von ann. 12, 31 aufzufassen. Vorzüglich ist die Anmerkung von Wex zur Stelle. Es handelt sich wieder einmal um eine Stelle, deren Sinn erst aus dem Gesamtzusammenhang präzisiert werden kann.

64. Siegesdepeschen wurden mit Lorbeer umwunden, wie es Plinius n. h. 15, 133 beschreibt.

65. Die dunkle Stelle erschloß sich, als auch hier die Konjektur von Wex *luere* durch den Aesinas bestätigt wurde. Bedenkt man die Praktiken korrupter Provinzstatthalter, wie sie Verres etwa übte, scheint es so zu sein, daß die Bauern, falls sie nicht genügend Getreide hatten, das Getreide für Sachlieferungen an das Heer selber kaufen mußten. Dabei wurden sie noch schikaniert, indem man sie vor den Staatsscheuern warten ließ. Und diese Schikanen mußten sie paradoxerweise noch durch Geld sühnen, als ob sie eine Schuld begangen hätten. So möchte ich *pretio luere* auffassen, weil Tacitus die Wendung *luere* sonst auch nur in der Bedeutung von sühnen verwendet (s. Furneaux-Anderson und Ogilvie z. St.). So kommt eine echt taciteische Paradoxie zutage. Vgl. Marquardt, Staatsverwaltung II², 102 f.; Walser a. O. 33.

66. Der *Tanaus* ist nicht bekannt, und vielleicht sollte man sich bei dieser Feststellung genug sein lassen, ohne mit einer voreiligen Identifizierung Tacitus zu belasten (wie Saint-Denis tut, wenn er den *Tanaus* mit dem Tyne-Fjord gleichsetzt: dann hätte Tacitus Eroberungen schon bekannter und sehr naher Stämme sehr übertrieben). Über die Frage vgl. im allgemeinen außer Furneaux-Anderson Gaheis RE X 131 f. (Behandlung Agricolas). Der Hersfeldensis hat nun freilich von der Hand des Korrektors *ad Taum* nachgetragen. Till a. O. 53 lehnt die Korrektur als Konjektur mit dem Argument Furneaux-Andersons ab, daß die Lesart, die auf den Tay führen würde, unmöglich sei, weil Agricola erst im vierten Jahre in diese Gegend vorgestoßen wäre. Walser dagegen hält — a. O. 35 und 37 — die Identifikation für möglich (ob die Kastelle Kap. 22 am Tay errichtet wurden, ist eine andere Frage). Mir scheint, dem Text nach würde nichts gegen einen Vorstoß bis zum Tay sprechen, dem dann im vierten Jahre

die Sicherung des 'Durchstreiften' mit einer Befestigung der Forth-Clyde-Linie gefolgt wäre (dann freilich hätte Agricola nicht erst von Titus die Ermächtigung zu einem Vorstoß bis zur Forth-Clyde-Linie erhalten, wie Nesselhauf a. O. 232 annimmt). [Ogilvie z. St. (vgl. 57,2), dem Delz und Heubner folgen, entscheidet sich für *Taum.* Da Büchner dieser Alternativlösung bereits zuneigt, kann seine diesbezügliche Argumentation Heubner (mit neuerer Lit.) übernehmen.]

67. *Clota* und *Bodotria* sind der Firth of Forth und der Firth of Clyde.

68. Streicht man bei *in melius* das schwer haltbare *in,* läßt sich *melius* wohl verstehen, indem man ein vorschwebendes 'als das Innere' ergänzt. Schwierig bleibt zu erklären, wie das *in* in den Text gedrungen ist.
[Gegenüber der Athetierung von '*et ingenia cultusque hominum*' durch G. Binder (Irland und die Iren, Gymn. 88 [1981] 430–437, bes. 435 f.) verdient die neueste Textbehandlung durch Delz (mit Hinweis auf ann. 12, 33 und Ch. E. Murgia, Calif. St. 11 [1978] 163) entschieden den Vorzug; Delz liest: *solum caelumque et ingenia cultusque hominum haud multum a Britannia differunt, in melius aditus portusque, per commercia et negotiatores cogniti.* Zu deutsch: »Boden und Klima, Naturell und Lebensweise der Menschen unterscheiden sich nicht viel von Britannien, zum Besseren die Zugänge und Häfen, die durch Handel und Kaufleute bekannt sind.« So bleibt nur Rhenanus' Konjektur *differunt* (st. *differt*), ebenso unumgänglich wie erträglich, vor allem ergibt sich jetzt bei größtmöglicher Textschonung – außer einem prickelnden Zeugma – eine durchgängig sinnvolle Periode, und wir sind endlich den schönfärbenden irischen Patrioten los – wie anderswo (s. zu c. 9, 3) vergrämte britannische Provinzialen.]

69. *hostili exercitu infesta* ist die Lesart des Korrektors des Aesinas (s. Till a. O. 55). *infestus* ist bei Tacitus immer aktiv.

70. [Diese Schlußworte spannen den Bogen, über das kunstvoll retardierende Intermezzo von Kap. 28 hinweg, zum Entscheidungskampf.]

71. Über die Funktion der Usiperepisode vgl. die Einleitung S. 57. Der Erzählungsstil, der in gehäuften Steigerungen das Grauenhafte schichtet, läßt das Nacheinander des Geschehnisses aus dem Auge und erschwert das Verständnis des Ablaufs (so scheinen die Usiper zum Schluß zweimal weggefangen zu werden: gemeint ist natürlich, daß ein Rest entkommt und schließlich auch noch weggeschnappt wird). Das schwerste Problem ist das sicher falsche *remigante.* Von den drei gepreßten Steuerleuten kann natürlich nicht einer (zurück?) 'rudern'. Die Frage muß aus dem Sinnzusammenhang und seinem besonderen Stil gelöst werden. Wenn es im folgenden heißt, zwei waren verdächtig und wurden getötet, so muß das

erste Ereignis *uno remigante* damit in Verbindung stehen. Offenbar hat die Flucht eines der Steuerleute zur Verdächtigung und Tötung der beiden anderen geführt. Eine solche Flucht – Selbstmord scheint ausgeschlossen, weil dann die Verdächtigung der anderen kaum zur Tötung, sondern zu schärferer Bewachung geführt hätte – kann nur bei einer der zahlreichen angedeuteten Landungen geschehen sein. Dann wird sich also der Flüchtling zu Fuß zu den Römern durchgeschlagen haben und zurückgewandert sein. Bei der Lage der Überlieferung führt das auf *remigrante,* wonach übersetzt wurde: die Konjektur stammt von PUTEOLANUS. Im übrigen wird die Episode noch von Cass. Dio 66, 20 berichtet.
[Bearb. plädiert für W. J. K. MÜTZELLS Konjektur *renavigante* (Z. f. d. Gymnasialwesen 7 [1853] 662 f.), weil sie paläographisch vertretbar ist und einen klaren Gegensatz schafft: Einer steuert arglistig den falschen Kurs, die beiden anderen scheinen dasselbe zu beabsichtigen, alle drei werden niedergemacht. – Mit ihren neuesten Konjekturen, ohnehin gewaltsam, verkennen DELZ und HEUBNER, daß Tötung in solch exponierter Lage nicht durch den Verdacht auf Weigerung oder Verführung, sondern nur durch den Verdacht einer bereits im Gang befindlichen Handlung, die für die Usiper unmittelbar lebensbedrohlich ist, provoziert wird. Auch Fluchtverdacht (s. im Obigen) reicht dafür nicht aus, man wäre die Steuerleute in jedem Falle los.]

72. Der *mons Graupius* ist, wie schon gesagt, unbekannt. Die modernen Ausgrabungen haben allerdings den Marsch Agricolas bis zum Plateau von Inchtuthil auf dem Nordufer des Tay verfolgen lassen. Von dort aus dürften die Römer zum *mons Graupius* aufgebrochen sein. [Er wird von OGILVIE beim Pass of Grange lokalisiert, was auf A. R. BURN zurückgeht. Weitere Hypothesen verzeichnet HEUBNER z. St.]

73. *recessus ipse ac sinus famae:* die Zurückgezogenheit allein schon hat sie geschützt. Diese Aussage ist die Basis für das kühne Bild *sinus famae.*

74. Der Satz *atque omne ignotum pro magnifico est,* den man zunächst versucht ist als eine Weiterführung der Ausführungen über den Schutz der Entlegenheit anzusehen, macht Schwierigkeiten der Einordnung. Die meisten Herausgeber haben ihn darum seit BRUEYS bei BROTIER hinter *defendit* gestellt, dabei übrigens auch das folgende *sed* mitgenommen. Aber wie FURNEAUX-ANDERSON und OGILVIE zeigen, kann die ursprüngliche Reihenfolge gehalten werden. Der Gedankengang läuft so: der Schilderung der bisherigen Lage wird die jetzige Situation in einem adversativen Asyndeton entgegengestellt; sie ist zwiefach gegliedert, einmal aus der Sicht der Römer, das andere Mal aus der britannischen Sicht, wobei kunstvoll auch diese Sichten jeweils doppelt zum Ausdruck kommen. Für die

Römer gilt: die Grenze Britanniens liegt offen vor Augen und gerade das Unbekannte übt seinen Reiz, weil es als großartig gilt, es ganz durchstreift zu haben; für die Britannier: es gibt jetzt nichts mehr, wohin man sich zurückziehen könnte, außer Felsen und Meer, und feindlicher als die Natur sind die raubgierigen Römer.

75. An dem Überlieferten — *et in libertatem, non in poenitentiam laturi* — hat sich vielfältiger Scharfsinn versucht. Das Vorgeschlagene befriedigt nicht. Sicher scheint, daß Tacitus eine der im Agricola beliebten Wendungen gebraucht, in denen mit der Praeposition *in* der Zustand, in dem man sich nach der Handlung befindet, angegeben wird (vgl. Agr. 8, 3 *in suam famam exultavit*; 41, 4: *in ipsam gloriam praeceps agebatur)*. In dieser Ausgabe wird der Text für heil gehalten: *laturi* wird wie Corn. Nep. Dat. 4, 5 *ferens* intransitiv gebraucht.
[Neueste Diskussion der Lösungsvorschläge bei HEUBNER, der für WEX' *la⟨bora⟩turi* eintritt.]

76. Überliefert ist *ex quo virtute et auspiciis imperii Romani, fide atque opera nostra Britanniam vicistis.* Es wäre unverständlich, wenn explizierend im folgenden die Leistungen des Heeres — und des Führers — hervorgehoben würden, im Vordersatz aber der Soldaten nicht gedacht würde. Ferner kennen wir die römischen Lebensbegriffe jetzt zur Genüge, um sagen zu können, daß es kein Zufall ist, wenn die Verbindung *virtus imperii* nicht belegt ist: *auspicia, fata, maiestas* etc. gehören zu ihm, nicht *virtus,* weil darin immer das freie Handeln der Persönlichkeit mitbeschlossen ist. Da *fide et opera* 'Bemühung, auf die man sich verlassen kann' vorzüglich die Leistung des Feldherrn charakterisiert, der sich selbst zuletzt nennt und sich bescheiden zurücktreten läßt, wird man *nostra* nicht ändern dürfen. Dann bleibt nur die NIPPERDEYsche Annahme, daß bei *virtute* ein *vestra* ausgefallen ist. Man wird es mit REITZENSTEIN vorher einschieben, nicht nur wegen des so entstehenden Chiasmus, sondern weil sich aus der ähnlichen Silbenfolge *vestra virtute* wohl auch der Ausfall am leichtesten erklären läßt.

77. Der Endsieg des Heeres, so ist die Vorstellung, wird beweisen, daß es tapfer ist und immer tapfer war, daß mithin weder ein Hinziehen des Krieges noch die Gründe für Rebellionen der Unterworfenen — der Verdacht bei Rebellionen, Britannien sei eben nicht richtig besiegt gewesen, wird an der Tapferkeit der Heere zuschanden, die Gründe für die Rebellionen müssen dann in zur Verzweiflung treibenden Schandtaten der Verwaltung gesucht werden — dem Heere zur Last gelegt werden können. Es ist bezeichnend für Tacitus — die Reden sind natürlich seine Gedanken —, daß ihm die rückwirkende, Vergangenheit verändernde Kraft eines entscheidenden histo-

rischen Ereignisses stets gegenwärtig ist, was historisches Bewußtsein zu nennen ich kein Bedenken trage.

78. Obwohl Tacitus in seinem frühesten Werk bisweilen eine gewisse Abundanz des Ausdruckes aufweist, scheint eine weitere Betonung des eben erwähnten Umstandes, daß die Britannier lange Schwerter und kleine Schilde führen, zumal der folgende *nam*-Satz dadurch vorausnehmend entwertet wird, doch schwer zu ertragen und wahrscheinlich mit Wex eine erklärende Interpolation angenommen werden zu müssen. Zeitgenössische Schwerter dieser Art sind gefunden worden.

78a Text nach der Konjektur von Wex und Anquetil.

79. Der trucculensische Hafen ist nicht genau bekannt. — Im übrigen ist der knappe Ausdruck doch verständlich. *unde* gibt den Ausgangspunkt für die partizipiale Aussage *proximo Britanniae latere praelecto omni*. Der Korrektor des Hersfeldensis hat *omnis* mit Recht — wohl auf Grund von Überlieferung — zu *omni* verbessert (anders Till a. O. 69): *omnis* ist nicht das passende Wort, um zu sagen oder auch nur anzudeuten, daß die Flotte ohne Verluste zurückkehrte. [Anderer Meinung sind außer Till auch Ogilvie, Delz, Heubner; letzterer verweist für betontes *omnis* 'vollzählig' auf Quintil. i. o. XI, 3, 78 *sanguis ille ... cum metu refugit, abit omnis et pallore frigescit.*] In jedem Falle wird so die abgeschlossene Leistung von Heer und Flotte vor der Blickwendung nach Rom deutlich zum Ausdruck gebracht.

80. [*maioribus* = 'für bedeutendere Leute' = *illustrioribus* wird von Heubner gegenüber Ogilvie mit hist. I, 59, 4 und ann. 4, 59, 2 begründet.]

81. Von Cassius Dio 67, 7—8 und 10, Suet. Dom. 6, Anspielungen bei Statius, Martial u. a. erfahren wir, daß die Daker 85 in Moesien einfallen und den Legaten Oppius vernichten und töten. 86 trieb Domitian sie über die Donau zurück. Er begab sich noch im Sommer wieder nach Rom. Da wurde sein Prätorianerpräfekt Cornelius Fuscus, den er mit dem Kommando betraut hatte, von den Feinden mit seiner Truppe völlig aufgerieben und selber getötet. 88 folgte die Revolte des Antonius Saturninus am Rhein. 89 unterdrückt Domitian diesen Aufstand, bestraft die Chatten, die mit den Rebellen gemeinsame Sache gemacht hatten, und greift von Pannonien aus Markomannen und Quaden an, weil sie keine Hilfe im Dakerkrieg geschickt hatten, wurde aber von ihnen mit Hilfe der sarmatischen Jazygen besiegt und schloß einen wenig ehrenvollen Frieden mit den Dakern. 91/92 fielen die Jazygen in Verbindung mit Markomannen und Quaden in Pannonien ein und vernichteten eine Legion. Wahrscheinlich von Mai 92 bis Januar 93 war Domitian auf dem Kriegsschauplatze und beanspruchte darauf einen Triumph. Dieser Krieg hieß das

Bellum Suebicum et Sarmaticum (DESSAU 1017, 2719). Auf diese Ereignisse spielt das Kapitel an.

82. Civica Cerialis (s. Sueton, Dom. 10), Legat von Moesien 82, wurde nach Sueton während seines Prokonsulates von *Asia* von Domitian getötet (sein Nachfolger wahrscheinlich C. Minicius Italus: DESSAU 1374).

83. Das *salarium* bestand aus einer Million Sesterzen (vgl. Cassius Dio 79[78], 22, 5 über einen Prokonsul von Africa im Jahre 217) und wurde auch bei Verhinderung gewährt.

84. *excedere* ist in der überlieferten Verbindung genügend belegt (s. OGILVIE-RICHMOND). Bedenkt man die Vorliebe des Tacitus für Ausdrücke mit *in,* die in einen anderen Zustand führen (s. Anm. 75), ist ein *quo ... inclaruerunt* zwar sehr kühn, aber wohl erträglich.

85. Überliefert ist *nobis nihil comperti adfirmare ausim.* So wird jetzt auch der Text von TILL und OGILVIE-RICHMOND gegeben. Die Gestaltung des Satzes ist von der Gesamtkonzeption abhängig. Hält man die Überlieferung, so denkt man, daß Tacitus zwar nichts Gewisses, aber doch etwas Unsicheres in dieser Hinsicht andeuten möchte. Das ist nach dem Verständnis des Abschlußsatzes des Hauptteiles unmöglich, *nobis nihil comperti* ist an sich so schwer, daß es nicht zu einem einfachen Objekt herabgewürdigt werden kann, und drückt dem ganzen Inhalt der Schrift entprechend aus, daß Tacitus nichts erfahren hat (anders Dio 66, 20, 3, der Agricola von Domitian getötet sein läßt, also ganz den Gerüchten verfallen ist). So wird mit WEX *ut* vor *adfirmare* einzuschieben sein im Sinne eines griechischen ὥστε τολμᾶν εἰπεῖν (*quod* würde die Beziehung auf das Hauptfaktum abschwächen, und alles, was sonst auf die Falschheit Domitians deutet, bringt ja Tacitus). [DELZ elegant: ⟨...⟩ *nobis, nihil* etc. HEUBNER: *nobis nihil comperti ⟨quo⟩ adfirmare ausim.* Seiner Diskussion der Stelle (vgl. ders., RhMus [1973] 362) kann man mindestens im Negativen zustimmen: in der überlieferten Form ist der Text nicht zu halten.]

86. Das überlieferte *animo vultuque* hält man wohl mit Recht für korrupt, weil äußerliches Zur-Schau-tragen nicht mit dem auf das Innere gehenden Begriff *animus* vereinbar ist (man müßte denn *animus* in sehr übertragener Bedeutung: ‘gespielte Niedergeschlagenheit’ verstehen, was aber der Verwendung des Wortes in ähnlichen Verbindungen widerspricht: vgl. hist. 2, 65, 1 *laetitiam ... vultu ferens, animo anxius;* weitere Stellen bei WEX. Trägt man darum Bedenken, *animo* zu halten, was in der Tat nicht leicht ist, hat die Konjektur von ERNESTI *habitu vultuque* etwas für sich, nach der hier übersetzt worden ist. Doch sei ausdrücklich auf die vorzügliche Verteidigung von *animo* durch WEX hingewiesen, die noch

an Gewicht gewinnt, wenn man die sonstigen Kühnheiten dieser Erstlingsdarstellung bedenkt.

[Ernestis Konjektur wird jetzt auch von Delz und Heubner befolgt. Till, der *animus* hier mit 'Stimmung' wiedergibt, und Ogilvie halten die Überlieferung. Doch auch Stimmung kommt von innen, in Wirklichkeit ist ja *gaudium* die Stimmung Domitians. Die von Ogilvie beigebrachten Stellen Liv. II, 5, 8 und Bell. Afr. 10 besagen nichts, weil sich dort jeweils Inneres und Äußeres im Einklang befindet.]

86a. [Caligula war zum dritten Male (eponymer) Konsul im Jahre 40. Die Konsuln des Jahres 93 hießen Sextus Pompeius Collega und Quintus Peducaeus Priscinus. Demzufolge ist in der überlieferten Angabe *excessit sexto et quinquagesimo anno* mit Petavius *sexto* in *quarto* (*IV.* statt *VI.*) zu ändern, ferner mit O. Hirschfeld (vgl. CIL XVI, 146 Nr. 12) *Priscino* für *Prisco* in den Text zu setzen.]

87. [D. h. er hatte damals erst eine einzige spektakuläre Schandtat auf dem Gewissen. Carus Mettius, ein berüchtigter *delator*, war auch der Ankläger Senecios, vgl. Kap. 2, 1 und Plin. ep. 7, 19, 5.]

88. Baebius Massa wurde im Jahre 93 von Plinius und Senecio wegen seiner Amtsführung als Prokonsul von Hispania Baetica im Auftrage des Senates angeklagt (vgl. Plinius epist. 7, 33, 4; 3, 4, 4; 6, 29, 8).

89. Helvidius, der Sohn des Helvidius von Kap. 2, 1, wurde wegen einer Anspielung auf Domitian, die er in einer Tragödie gemacht haben sollte, angeklagt und zum Tode verurteilt (Sueton Dom. 10; vgl. Plinius epist. 7, 30, 4; 9, 13, 1).

90. Arulenus Rusticus — s. Kap. 2, 1 — ist der Bruder des Iunius Mauricus. Er wurde verbannt und von Nerva zurückgeholt (vgl. Tac. hist. 4, 40, 6; Plinius epist. 3, 11, 3; 4, 22, 3; einige seiner Briefe sind an Rusticus gerichtet).

91. Senecio s. Kap. 2, 1.

92. *nos Maurici Rusticique visus, nos innocenti sanguine Senecio perfudit.* Die Herausgeber haben in verschiedener Weise ein Verb zu *Maurici Rusticique visus* zu ergänzen versucht. Wahrscheinlicher ist, daß es sich um die typische Dynamik des taciteischen Satzes handelt. 'Der Anblick des Mauricus und Rusticus (oder 'Blick', da *visus* bei Tacitus nach Ausweis des Lexikons von Gerber-Greef meist — mit Ausnahme von zwei Stellen und evtl. der unseren — aktiven Sinn hat) hat uns' — intendiert ist etwa ein 'getroffen'. Das aber wird übersteigert und intensiviert: 'uns — man beachte die Anapher — mit seinem unschuldigen Blut (Steigerung gegenüber *visus*) Senecio überströmt'. Man hätte dann einen ähnlichen Fall wie Germ. 18, 1. S. Anm. 37 z. Germ.

[Ogilvie ergänzt nach Reitzenstein ⟨*adflixit*⟩, Delz markiert eine Lücke, ohne sie mit seiner eigenen Konjektur ⟨*nota-*

vit⟩ auszufüllen (das war schon KOESTERMANNS Manier; man sollte entweder den Mut haben, seine Konjekturen in den Text zu setzen, oder die kleinen wehmutsvollen Narzißmen auch aus dem Apparat heraushalten), TILL und HEUBNER nehmen, wie schon so manche vor ihnen, Zeugma an. HEUBNER plädiert dabei vom Kontext her, mit Recht, für passives Verständnis 'Anblick'. Damit wird auch das Zeugma erträglicher. Blut und Anblick überströmen – wie das herrlich kühne Bild des Tacitus es will – gemeinsam die angstvoll stummen Zeitgenossen, die als Hinrichtungszeugen gedacht sind; im einen Fall überzieht die – durch den Anblick ausgelöste – Schamröte (vgl. Kapitelende!), im anderen Fall bespritzt das Blut der Märtyrer jene fiktiven Zuschauer, die allein durch ihre Passivität jetzt schuldig werden – auch Tacitus.]

GERMANIA · EINFÜHRUNG

1. Die Einführung gibt einen Vortrag wieder, der 1943 im Rahmen einer Vortragsreihe der Universität Freiburg gehalten und dann von G. RITTER in seinen Feldpostbriefen (Nr. 13) veröffentlicht wurde. Vgl. H. FUCHS, Rückschau und Ausblick im Arbeitsbereich der lateinischen Philologie, Mus. Helv. 4, 1947, S. 152.
2. [Als überlieferter Titel kann gelten '*De origine et situ Germanorum*': so die wichtigsten Handschriften (vgl. Anm. 27) BCWm (Q mit Umstellung), ferner PANORMITA und Niccolò NICCOLI (vgl. Anm. 40 z. Dial.); '*De origine et situ Germaniae*' hat nur c und DECEMBRIO (vgl. Anm. 33 u. 40 z. Dial.): dazu R. SABBADINI, Storia e critica di testi latini (Catania 1914) 282.]
3. Caesar, b. G. 1, 1: *Gallia est omnis divisa in partes tres.* Die etwa um 90 von Domitian neu eingerichteten selbständigen Verwaltungsbezirke *Germania superior* und *inferior* werden überhaupt nicht bedacht, das Dekumatland nicht mit zur 'Germania' gerechnet (s. Anm. 43). Tacitus kommt es darauf an, im sprachlichen Anschluß an Caesar Germanien als einen großen, von Rhein und Donau begrenzten Komplex darzustellen. Dafür bringt jetzt Bestätigung im großen Rahmen B. MELIN, Zum Eingangskaptiel der Germania, Eranos 58, 1960, 112ff.

   [MELIN hat ferner (121ff.) gezeigt, daß es Tacitus in diesem Eingangskapitel ebenso wie im Britannien-Exkurs des Agricola darauf ankommt, »zuerst die geographische Lage des Landes so klar und einfach wie möglich darzustellen« (123); c. 29, 2 beweist dann, daß sich Tacitus über die aktuelle Grenzlage auch im einzelnen keineswegs im unklaren ist, des weiteren c. 29, 3, daß zur geographischen Beschreibung auch gehört, was ethnisch nicht konform ist. Entscheidend für die Bemessung des Gesamtrahmens – ebenso wie für die Geographie des Ptolemaios (II, 11) um 150 – sind nicht die Staatsgrenzen, sondern die natürlichen Grenzen, die man nach Möglichkeit in Flüssen wie Rhein und Donau erblickt (vgl. dazu H. NESSELHAUF, Hermes 80 [1952] 234, 1). Tacitus hat weder Livius CIV noch Plinius d. Ä. anachronistisch ausgeschrieben, sondern sich an die Gepflogenheiten der Gattung gehalten. Mögen denn erfreulicherweise Teile Germaniens in römischer Hand sein – für den antiken, auch den römischen Betrachter kommt zunächst nicht der politische, sondern der geographische Komplex in den Blick.

Bei aller Betonung der geographisch-ethnographischen Komponente darf man gleichwohl, im Falle der Germania, die politisch-historische nicht aus den Augen verlieren. So formuliert, scheint dies unter Taciteern eine Trivialität zu sein. Doch wie schon beim Agricola, so erwächst für den Interpreten daraus die Aufgabe, der unverwechselbaren Individualität der Schrift gerecht zu werden, indem man Komponenten nicht nur addiert oder gegeneinander ausspielt, sondern sie synchron, als gewachsene Einheit sieht. Auf unser Eingangskapitel angewandt, heißt dies, daß MELIN in die Nähe eines Extrems gerät, während jüngst G. PERL in das entgegengesetzte zu fallen droht, so stimulierend und zugleich differenziert sein kraftvoll umreißender Aufsatz »Die 'Germania' des Tacitus: Historisch-politische Aktualität und ethnographische Tradition« (Acta class. Univ. scient. Debrecen 19 [1983] 79–89) sich im ganzen gleichwohl gibt. MELIN 117 zu *Germania omnis* ...: »Um so schreiben zu können, brauchte Tacitus kein besonderes Vorbild« – inmitten der Fülle von Belegen, auch inhaltlich nahestehenden, kommt der unübersehbar nächstliegende, alles überragende Werkanfang des Bellum Gallicum fast aus dem Visier. PERL 80: »Aus der Bezugnahme auf die berühmten Anfangsworte Caesars geht von vornherein hervor, daß Tacitus *Germania omnis* ohne die beiden Provinzen *Germania inferior* und *superior* versteht, ohne das römische Germanien« – als ob wir nicht die Kapitel 28 und 29 hätten, und als ob gegenüber Caesar nicht noch anderes zu bedenken wäre (s. W. STEIDLE, MusHelv 22 [1965] 84 ff.; A. A. LUND, Gymn. 89 [1982] 297 f.)!

So aber sind wir alsbald (a. O. 80, vgl. 84), jenseits der ethnographischen Monographie, bei der »historischen Denkschrift« angelangt; doch Denkschriften und Sendschreiben sehen nun einmal anders aus. Tacitus ruft weder zur Unterwerfung der *Germania libera* auf, noch rät er davon ab; Tacitus stellt dar. Natürlich sieht das, auf dem Hintergrund der Zeit, auch PERL (81); doch die von ihm übersichtlich referierte und überaus kontroverse Forschung eines guten Jahrhunderts sollte

davor warnen, auch nur eindeutig-einseitige Tendenzen aus der Germania heraushören zu wollen. Die Signale – wenn es denn solche sind – haben ihre Ober- und Untertöne, ähnlich wie Vergils Aeneis.
Tacitus' Sensibilität erfordert die seiner Interpreten – mehr nicht; er hat keine verschlüsselten Programme und Botschaften zu übermitteln; er diagnostiziert und er gestaltet, für Zeit und Ewigkeit, exemplarisches Leben, exemplarische Natur und Kultur, die Mahnmale römischer *memoria*. –
Alles käme ins Gleichgewicht (und im Grunde ist ihm PERL, von seiner aktuellen Stoßrichtung abgesehen, denkbar nahe, bes. S. 85. 89), wollte man sich hold bescheiden: Die Germanen in mancherlei Hinsicht eine Herausforderung für Rom, doch übergreifend in ihrem Sosein betrachtet (von vereinzelten Expektorationen abgesehen); die Germania, auf geographischer Basis, eine ethnographische Monographie, geschrieben von einem politischen Kopf und historischen Denker.]

4. Hist. 5, 2–8. Die Frage nach dem Ursprung ist gewiß ein Topos. Aber schon die drei taciteischen 'Ethnographien' behandeln ihn in der verschiedensten Weise. Schon im Agricola war darauf hinzuweisen, daß die Verwendung eines 'Topos' den Richtigkeitsgehalt nicht zu mindern braucht. Hier ist vor allem bei aller Rücksicht auf die Tradition die taciteische Besonderheit herausgearbeitet worden. Das läßt sich um so leichter vertreten, als K. TRÜDINGER, Studien zur Geschichte der griechisch-römischen Ethnographie, Basel 1918 (für das vorliegende Problem vor allem 149 ff.), die Vorbilder unter Betonung der taciteischen Andersartigkeit aufgearbeitet hat.
5. Seneca ad Helviam matrem 7, 10: *vix denique invenies ullam terram quam etiam nunc indigenae colunt; permixta omnia et insiticia sunt.*
6. Vgl. TRÜDINGER a. O. 155 ff. [Die oben S. 128 folgende Bemerkung, Tacitus' germanische Geographie erschöpfe sich in sechs Zeilen, ist nicht allein im Hinblick auf Kap. 1 etwas pointiert. Denn obzwar in der besonderen Akzentuierung, die auf das Folgende weist, ist in Kap. 5 von Tierwelt und Bodenschätzen bis nach Kap. 6, 1 hinein die Rede, so daß man mit der communis opinio, zuletzt G. WILLE (s. Anm. 6 z. Agr.) 70, eine erste Kapitelgruppe 1–5 über Herkunft und Land postulieren kann (vgl. o. S. 126: »Kap. 1–4«). Weitere Einzelkritik WILLES an BÜCHNERS Aufbauanalysen S. 55. 61, 6 u. 68 (o. S. 126 berücksichtigt); 103, 5. TRÜDINGERS Ausführungen 148–156, von WILLE 49 referiert (zum Fortgang der Forschung seit BÜCHNER ebd. 55 ff.), behalten ihren Wert.]
7. Sallust, epist. I 7, 3. Ich halte diese Briefe für sallustisch, obgleich heute die Neigung besteht, ihre Echtheit anzuzweifeln (FRAENKEL, ERNOUT, SYME, BECKER). Die Gedanken, die sich die Römer über den Reichtum gemacht haben, ver-

dienten einmal eine besondere Darstellung. An besagter Stelle formuliert Sallust gegen den 'Kapitalismus' den Gedanken, daß die Schätzung des Reichtums darum so verderblich sei, weil sie persönlichen Wert übertragbar mache, und analysiert die daraus entspringende Situation. Schon das unmöglich der Fund eines Rhetors (oder Rhetorenschülers). Über die Echtheit der Briefe vgl. G. Dietz, Sallusts Briefe an Caesar, Diss. Freiburg 1956 und Verf., Sallust, Heidelberg 1960, S. 40–90. 387–397.

[Ders., in Erwiderung auf R. Syme, Sallust (Berkeley-Los Angeles 1964) 314–351 (deutsch: Darmstadt 1975, 302–339): Sallustinterpretationen (Stuttgart 1967) 10–33. Die Echtheit wird des weiteren befürwortet von K. Vretska, Zur Methodik der Echtheitskritik (epistulae ad Caesarem senem), Wien. St. 70 (1957) 306–321; ders. in der kommentierten Ausgabe von Invective und Episteln (Heidelberg 1961) I, 38–80, bes. 38–48; E. Skard, Zur sprachlichen Entwicklung des Sallust, Symb. Osl. 39 (1964) 13–37, bes. 36 f.; O. Seel, Sallusts Briefe und die pseudosallustische Invektive, Erl. Beitr. 25 (Nürnberg 1967); E. Pasoli, Problemi delle Epistulae ad Caesarem sallustiane (Bologna 1970); G. A. Lehmann, Politische Reformvorschläge in der Krise der späten römischen Republik, Beitr. z. Kl. Ph. 117 (Meisenheim/Glan 1980) 52–99. 102–105, bes. 54–63 mit den wichtigen Anm. 90–100.]

8. Hist. 1, 88, 3: *nec deerant e contrario qui ambitione stolida conspicua arma, insignis equos, quidam luxuriosos apparatus conviviorum et inritamente libidinum ut instrumentum belli mercarentur.* Muchs Kommentar ([3]1967) 140 f. hat sicher recht, wenn er Tacitus gegenüber auf die Freude der Germanen an schönen Waffen hinweist. Aber es kommt wie immer auf die Proportionen an: im Verhältnis zu solchen Erscheinungen wie dem othonischen Heer mußte die Einfachheit der germanischen Waffen für Tacitus mehr ihren Sinn für das Wesentliche hervortreten lassen. Die Auswüchse einer ambivalent gewordenen Kultur haben, was man immer gegenwärtig halten muß, die taciteischen Urteile über die Germanen geformt.

9. Darüber jetzt B. Schweitzer, Die Bildniskunst der römischen Republik, Leipzig-Weimar 1948.

10. Vgl. Much a. O. 308, der die Wiederholung erkennt, aber doch wohl vorgreifend und zu rationalistisch meint, es sei gesagt, um die Gefährlichkeit der Raufereien klarzumachen.

11. Germ. 33. Der Sinn der Worte *urgentibus imperii fatis* ist heiß umstritten. R. Heinze hat sich in einem eigenen Aufsatze mit ihnen auseinandergesetzt (im Jahre 1928 als Vortrag gehalten, jetzt in: Vom Geist des Römertums, postum herausgegeben von E. Burck, Leipzig-Berlin 1938, Darmstadt [3]1960, 440–454. [R. Much a. O. 399 f.: »In den Worten *urgentibus*

imperii fatis liegt ja nicht notwendig der Gedanke an seinen Untergang, aber sicher der an drohendes schweres Unheil.« Neuere Lit. bei BORZSÁK, RE-Art. 425; hervorzuheben W. STEIDLE, Tacitusprobleme, MusHelv 22 (1965) 81–116, hier: 90 ff.]

Der Satz entscheidet mit über Tacitus' Auffassung von der Gegenwart und die Absicht der Germania. HEINZE hat gegen REITZENSTEIN gezeigt, daß die Worte nicht bedeuten können, das Schicksal dränge jetzt in günstiger Stunde zu einem Kriege mit den Germanen. Nach hist. 2, 1, 1 ist *iam* eher hinter *nihil* *(nihil iam)* zu stellen und zum Hauptverb zu ziehen (diese Frage hatte HEINZE offen gelassen; von den wichtigeren Hss. haben nur BbE *urgentibus iam*). HEINZE übersetzt die Worte: 'das Reich ist, durch Schicksalsfügung, in schwerer Bedrängnis.' Das ist richtig, nur darf man nicht daran denken, daß diese Bedrängnis etwa u. a. durch genaue Kenntnis des Gegners und dementsprechende Gegenmaßnahmen einmal leicht überwunden werden könne. Man muß die Stelle von dem unfatalistischen *fatum*-Denken des Tacitus her verstehen. Im Unterschied zu Livius — 5, 22, 8; 5, 36, 6; 22, 43, 9 — ist hier von den *fata* des *imperium*, also des größten Bereiches die Rede (s. Einleitung S. 40 f.). Wenn dieser große Zusammenhang sich in einer bestimmten Richtung entwickelt hat — vgl. Livius praef. 4: *ut iam magnitudine laboret sua* —, so ist zwar nicht alle Hoffnung verloren — das wäre fatalistisch und konnte Tacitus mit Recht von den Zeitgenossen verdacht werden —, aber kein Mensch kann sehen, wie der Prozeß rückgängig gemacht werden und in ihm noch Großes entstehen kann. Darum aber auch die Unüberwindbarkeit der Germanen, weil sie dem unverdorbenen Wesen näher sind. Es handelt sich ja bei ihnen nicht nur darum, daß sie einzelnen sittlichen Forderungen besser nachkommen. In dieser Lage hat die *fortuna* eine Begrenzung ihrer Allmacht erfahren, insofern als ihr Spiel für die Römer nur günstig ausgehen kann, wenn sie ihnen die Zwietracht der Feinde beschert. Die Römer aber zeigen, wie weit sie von den *optima fata* entfernt sind, darin, daß sie sich auf die *fortuna* verlassen müssen.

Gedanken über Beziehung von *fortuna* — gezeitigtem Geschehen — und *fata* — wesentlicher Struktur — sind es, die Tacitus hier wie schon im Agricolaprooemium und dann in den Historien beschäftigen. Weiteres zu dieser Stelle und der Literatur in des Verf. Studien zur römischen Literatur IV: Tacitus und Ausklang (Wiesbaden 1964) 61–67. 156 f.

[Vgl. ferner St. BORZSÁK, Art. P. Cornelius Tacitus, RE Suppl. XI (1968) 424 f. und unsere Bibliographie. Vielleicht ist gegenüber einer neueren Interpretation der kurze Hinweis erlaubt, daß im Passus '*nihil iam praestare fortuna maius potest*' das '*iam*' unmittelbar an die vorausgehende Negation gekoppelt ist, somit '*nihil iam ... maius*' nicht mit 'nichts noch Größeres', sondern weiterhin nur mit 'nichts Größeres mehr' übersetzt werden kann. Ganz entsprechend der '*favor quidam deorum*': keine 'besondere' Gunst der Götter, sondern eine 'gewisse', in gewissem Sinne noch eben so zu nennende, eingeschränkte Vergünstigung. Wird das zugestanden, könnte sich wohl auch ein Grundkonsens darüber erzielen lassen, daß hier ein geschichtlicher Prozeß unwiderruflich seinen Scheitelpunkt überschritten hat, daß nach Tacitus' Urteil der außenpolitisch-militärische Spielraum Roms begrenzter geworden ist, ebenso wie in hist. I, 16 das innenpolitisch Wünschbare vom jetzt bestenfalls noch Machbaren geschieden wird. Das ist kein Fatalismus, sondern historisches Bewußtsein, Gespür für die Zeichen der Zeit.]

12. Die Stufen dieser lange bemerkten Klimax:
42, 1 *nec Naristi Quadive degenerant*
2 *reges manserunt*
43, 1 *et quod tributa patiuntur*
44, 1 *paulo iam adductius quam ceterae Germanorum gentes, nondum tamen supra libertatem*
erga reges obsequium
45, 6 *cetera similes uno differunt, quod femina dominantur: in tantum non modo a libertate, sed etiam a servitute degenerant.*

13. S. Anm. 6.

14. [Daß die Germania eine Vorarbeit für die Historien im Sinne eines dort einzufügenden ethnographischen Exkurses gewesen sei, wird immer einmal wieder behauptet oder vermutet, z. B. – auf den Spuren E. PARATORES (Tacito [Rom[2] 1962] 205 ff.) – in I. FORNIS Einleitung zu seiner im Verein mit F. GALLI veranstalteten Germania-Ausgabe (Rom 1964) 24 f., vgl. 16 ff.] Scharfsinnige Widerlegung der von U. J. H. BECKER 1830 begründeten, von A. RIESE 1866 variierten und dann besonders von G. WISSOWA 1921 vertretenen Theorie bei HEINZE a. O. 445–448.

15. Senecas verlorene Schriften über Ägypten und Indien werden als einzige Vorgänger genannt auch von HEINZE a. O. 445, freilich unter starker Betonung ihrer Verschiedenheit von der Germania. Über sie SCHANZ-HOSIUS II[4], 1935, 707. Wichtig die Bemerkung des Plinius n. h. 6, 60: *Seneca etiam apud nos temptata Indiae commentatione LX amnes eius prodidit, gentes duodeviginti centumque.* Wenn man Senecas ausführliche Behandlung des Geographischen bedenkt und sich klarmacht, daß nicht nur eine Reihe Werke über die Germanen existierten (Livius per. 104; Plinius d. Ä. bellorum Germaniae libri XX, etc.), sondern überall leicht Kunde über Germanien eingezogen werden konnte, wird deutlich, wie wenig Tacitus über Germanien bringt, daß er also weit davon entfernt ist,

die realen Kenntnisse der Zeit über Germanien erweitern zu wollen. Es kommt ihm allein auf den Menschen an, wie HEINZE sagt, auf psychologische, ich würde vorziehen zu sagen historische Erkenntnis.

16. S. Einl. S. 29.
17. [Über Fabius Pictor s. M. GELZER, Römische Politik bei Fabius Pictor, Hermes 68 (1933) 129–166; ders., Der Anfang römischer Geschichtsschreibung, Hermes 69 (1934) 46–55; ders., Nochmals über den Anfang der römischen Geschichtsschreibung, Hermes 82 (1954) 342–348. Alles jetzt in dessen Kleinen Schriften III (Wiesbaden 1964) 51–110. Neuerdings D. TIMPE, Fabius Pictor und die Anfänge der römischen Historiographie, in: Aufstieg und Niedergang der römischen Welt I, 2 (Berlin 1972) 928–969.]
18. HEINZE a. O. 445.
19. HEINZE a. O. 446 ff.
20. MUCH a. O. 8 f., vgl. 16. So kommt es dann, daß häufig bei ihm Probleme nur darum entstehen, weil bestimmte Abschnitte unter zu enge sachliche Überschriften gepreßt werden. Das schmälert natürlich nicht das Verdienst des Kommentars, der eine Fundgrube für das germanische Altertum ist und in der Bearbeitung von W. LANGE (Germanistik) und H. JANKUHN (Archäologie) noch weiter gewonnen hat.
21. E. WOLFF, Das geschichtliche Verstehen in Tacitus' Germania, Hermes 69, 1934, 121 ff.
22. Hist. 1, 3, 1.
23. Sallust, Catilina 54: *igitur iis* (sc. Caesari et Catoni) *genus, aetas, eloquentia prope aequalia fuere, magnitudo animi par, item gloria, sed alia alii.*
24. Dieser Vorgang hat seine Parallele etwa in einer Erscheinung wie Catull, der mit dem Aussprechen seines einmaligen Erlebens die neuen Bereiche erschließt, die dann in der Elegie ihre gattungsmäßige Ausformung finden. Tacitus' relative Wirkungslosigkeit in der Antike beruht darauf, daß er, ein größter Letzter, vor Jahrhunderten geboren wurde, die ihm nicht gewachsen waren.
25. Hier darf auch WALSER (s. Anm. 5 z. Agr.) gegenüber auf den Kommentar von MUCH verwiesen werden. Im einzelnen aufzurechnen, würde schon im Versuch den Rahmen einer Übersetzung und Auslegung sprengen.
26. Germ. 4, 1. Die Wendung selber ist, wie NORDEN a. O. 54 ff. gezeigt hat, alt: περὶ ἀέρων, ὑδάτων, τόπων 19 (vgl. Komm. von SCHWEIZER-SIDLER-SCHWYZER z. St.); Vorbild vielleicht Poseidonios, auf den Plutarch, Marius 15 (Teutonen und Ambronen seien οὐχ ἑτέροις ὅμοιοι) zurückgeht. Vgl. MUCH a. O. 94 ff. Das besagt natürlich nichts über die Richtigkeit der Aussage und ebensowenig über den Aspekt, unter dem die Unvergleichbarkeit festgestellt wird.

GERMANIA · ÜBERSETZUNG

27. [Für die Germania sind uns nicht, wie für den Agricola (s. Anm. 35 z. Agr.), Teile des Hersfeldensis (H) als Archetypus erhalten, und wir haben hier auch mit einer größeren Anzahl von Handschriften zu tun. Entsprechend vielfältiger sind die Möglichkeiten, H aus diesen Hss. zu rekonstruieren. Zunächst schien es sich wie beim Agricola um zwei Vaticani als tragende Säulen zu handeln (diesmal Lat. 1862 = B und Lat. 1518 = C), allerdings doch eher um Säulenpaare (noch in KOESTERMANNS Teubneriana [3]1970: X = Bb, Y = Cc), die den Aesinas (E; s. Anm. 35 z. Agr.), der hier offenbar nicht direkt von H abhängt, flankieren; dabei steht b für den Leidensis Perizonianus XVIII Q 21 (vgl. Anm. 42 z. Dial.), c für den Neapolitanus IV C 21. Die Zahl dieser Paare hat sich in der neuen Teubnerausgabe von ÖNNERFORS (vgl. Praef. VI) um den Parisinus N. A. 1180 (p) und Marcianus Lat. 4266 (Q) sowie um den Vindobonensis s. n. 2960 (vor 1947: 711) = W und Monacensis Lat. 5307 = m verdoppelt; Wm erhalten bei WINTERBOTTOM die Gruppensigle ζ, in Anlehnung an die alte Gruppe Z beim Dialogus; schade, daß mit Rücksicht auf eine frühere Vergabe der Sigle V, die praktisch obsolet geworden ist, für den Vindobonensis, der in beiden Schriften derselbe ist, nicht dieselbe Sigle V möglich zu sein schien.
Im übrigen verzichtet ÖNNERFORS auf ein Hss.-Stemma, und auch seine vier Paare (denen sich noch weitere Hss. anreihen) sind keineswegs unbestritten. WINTERBOTTOM sieht vom Hersfeldensis die drei Hyparchetypi ζ = Wm, β = BE und Γ = CΦ abhängen, wobei Φ sich wiederum aus pQ zusammensetzt; b steht für ihn nicht neben, sondern unter B. Letzteres findet MURGIAS Beifall (CPh 72 [1977] 327), doch im übrigen bestreitet jener die Eigenständigkeit von Γ als Hyparchetypus; am wichtigsten sind ihm W, m, B und E. Schon jetzt sei darauf hingewiesen, daß die Sigle E nur noch hier den Aesinas, beim Dialogus den Vaticanus Ottobonianus Lat. 1455 bedeutet (vgl. Anm. 42 z. Dial.).]
28. Bei der Lösung des Problems *bellum* muß man erstens festhalten, daß vom Ozean, d. h. doch in erster Linie von der Nordsee, gesprochen wird (mag auch die Ostsee mit eingeschlossen werden können: s. Lex. Tacit. ed. GERBER-GREEF s. v. *Oceanus*), daß zweitens *nuper* (s. Kap. 2, 3) ziemlich weit zurückliegende Räume umfassen kann, und daß drittens nichts davon bekannt ist, daß im *bellum Suebicum* 88 in der Ostsee oder an der Ostsee ‘Stämme und Könige’ (Völker mit und ohne Könige) bekannt geworden sind. Unter diesen Umständen wird man die Flottenfahrt des Tiberius im Jahre 5 n. Chr. ins Auge zu fassen nicht für abwegig halten (vgl.

Mon. Anc.; Plinius n. h. 2, 167, Velleius Paterc. 2, 106, 3). Es handelt sich um die Entdeckung von Jütland und Erkundigungen über die skandinavische Halbinsel, die man bis ins MA für eine Insel hielt. Tacitus setzt die modernen Erweiterungen des Horizontes von der klassischen Darstellung Caesars ab. Vgl. MUCHS Kommentar 38 f. 416 ff.
[Zur relativen Bedeutung von *nuper* vgl. jetzt B. MELIN (s. o. Anm. 3) 128 ff. mit einer Reihe von Beispielen, etwa Florus I, 5, 8, wo auf die Schlacht von Carrhae (53 v. Chr.) im Kontrast zu früheren Ereignissen mit '*nuper*' Bezug genommen wird. Das ist ungefähr dieselbe Zeit, die in Kap. 2, 3 angesprochen wird, nämlich die caesarische. Es gibt aber noch frappantere Beispiele: Für Petron 2, 7 hat *nuper* die Invasion Athens durch den asianischen Stil stattgefunden, und Cic. de div. I, 86 heißt es gar: ... *ante philosophiam patefactam, quae nuper inventa est,* und expressis verbis wird die Spannweite von *nuper* Cic. nat. deor. II, 126 deutlich: *ea quae nuper, id est paucis ante saeculis, medicorum ingeniis reperta sunt.* Da bewegt man sich bereits in den Relationen eines Aper (Dial. 16)!]

29. *Adversus Oceanus* ist überliefert. ACIDALIUS konjizierte *aversus,* dem sich viele (nicht aber ÖNNERFORS) anschlossen. Die Entscheidung ist schwer. Die Schwierigkeit besteht darin, daß mit *ut sic dixerim* (für klass. *ut ita dicam*) ein ungewöhnlicher Ausdruck angekündigt wird. Wenn man also die Überlieferung für falsch hält und sich entschließt, in *aversus* = 'den Rücken kehrend' zu ändern (G. WISSOWA, GGA 1916, 673 und NJbb. 24, 1921, 27; zustimmend E. NORDEN, Die germanische Urgeschichte in Tacitus' Germania, Leipzig [0]1923, 500), so hat das gegen sich erstens, daß *aversus* ein durchaus gewöhnlicher Ausdruck ist, zweitens, daß man nicht sieht, wieso das Rückenzukehren das Befahren hindern soll. *Adversus* wird erstens aufgefaßt im Sinne von antipodisch, zweitens als feindlich. Die erste Auffassung nimmt nach Plinius n. h. 2, 172; 10, 19 im strengen Sinne nach SCHWEIZER-SIDLER und ANDERSON, Kommentar Oxford 1938 G. WALSER a. O. 21 f. an und kommt darum zum Schluß, daß 'für Tacitus zwei sich gegenseitig ausschließende Vorstellungen über die Erdgestalt gültig sind, nämlich die Form der Scheibe und die der Kugel'. MUCH hat die erste Auffassung in abgeschwächter Form als Steigerung von *ultra* genommen. Aber auch hier gilt doch, daß ein *ut sic dixerim* kaum möglich ist, wenn der gängige Begriff 'antipodisch' gemeint ist. Weiter: kein Mensch hat in der Antike die Vorstellung gehabt, daß man zu den Antipoden fahren könne. Offenbar ist aber der Ozean, wenn auch selten, befahren worden. Schließlich ist es mißlich, Tacitus im selben Werk einmal die Kugelgestalt, das andere Mal die Scheibenform der Erde (Germ. 45) vertreten

zu lassen (lassen wir einmal die Frage, ob WALSER mit Recht vom Begriff des Antipodischen auf Kugelgestalt schließt, beiseite). Bleibt *adversus* im Sinne von 'feindlich, Widerstand entgegensetzend', wie Agric. 25, 1 *tempestatum ac fluctuum adversa. Ut sic dixerim* wird gesagt, weil das Attribut und die Verallgemeinerung kühn ist und sonst nicht auf den Ozean bezogen wird. Für diese Deutung spricht, daß *immensus ultra et ... adversus* wie so oft chiastisch im nächsten Satz aufgenommen wird: *praeter periculum horridi et ignoti maris*, wobei *horridus* zu *adversus*, *ignotus* zu *immensus* zu stellen ist. Hinzuzunehmen ist die ähnlich kühne Personifizierung des Ozeans Germ. 34, 2: *sed obstitit Oceanus in se simul atque in Herculem inquiri.*

30. 'Erst nach dem Sieger, dann von sich selbst' (Namenssatz G. 2, 3). Tacitus spricht von den Stammesnamen der Germanen. Der Name Germania sei jung und vor kurzer Zeit gegeben. Dies *nuper* muß im Gegensatz zu langen mythischen Zeiträumen verstanden werden, da der Germanenname Caesar geläufig ist, während Poseidonios den zusammenfassenden Begriff nicht kennt. Die Behauptung wird weiter (als Referat) begründet: die ersten Rheinüberquerer der Germanen, die jetzt Tungrer hießen, hätten damals nämlich Germanen geheißen. So sei der Name eines Stammes, nicht eines Volkes, zu großer Geltung und Macht emporgewachsen. Der *ita*-Satz führt auf Grund eines Tatbestandes, wie 36, 1 auf Grund eines allgemeinen Gesetzes, den Vorgang in der Wirklichkeit aus. Dabei wird die abstrakte Formulierung des Vorganges — so sei allmählich der Name eines Stammes, nicht eines Volkes, zu großer Geltung gekommen — in einem Konsekutivsatz expliziert: *ut omnes primum a victore ob metum, mox etiam a se ipsis invento nomine Germani vocarentur:* 'daß alle zuerst nach dem Sieger aus Furcht, dann von sich selber, als der Name einmal erfunden war, Germanen genannt wurden'.

Auch hier hat man bei gleichmäßigem äußerem Ablauf die Parallelität vermißt. JAC. GRIMM hat sie durch eine berühmte Konjektur hergestellt: *a victo*. Zunächst also seien alle vom Besiegten aus Furcht, dann nach Findung des Namens von sich selber Germanen geheißen worden. Gegen diese Konjektur, die gewiß eine klare parallele Antithese herstellt, spricht aber dreierlei: 1. Die Korruptel ist als solche unglaubwürdig. 2. Während *a victore* 'nach dem Sieger' das *ob metum* erläutert und so innerlich eine erste Stufe sinnvoll begründet, würde '*a victo*' keine Erklärung, daß nämlich der Sieger solchen Eindruck macht, daß alle nach ihm genannt werden, enthalten und würde die Stufen nur einseitig und äußerlich trennen, wäre also schlechter. Drittens ist zwar der Singular bei *a victore* verständlich, es wäre dagegen nicht einzusehen, warum die Besiegten singularisch generalisiert würden. Man müßte in diesem Falle *a victis* erwarten. — Much sucht gegen die von Norden vertretene Deutung des Textes, der man sich schon beim ersten Übersetzen nicht entziehen kann, wenn auch der unklare Gegensatz zunächst befremdet, einen anderen Gegensatz ohne Textänderung zu gewinnen. Er versteht, da die Bedeutung des zweiten Teiles des Satzes feststeht, den ersten parallel dazu: zuerst sind alle vom Sieger, um Furcht zu erregen, dann von sich selbst Germanen genannt worden. Aber abgesehen davon, daß man zweifelt, ob gerade der Sieger auf ein solches Mittel verfällt: *ob metum* kommt achtmal bei Tacitus vor und hat dabei nie finale, sondern immer übliche kausale Bedeutung. Das macht die Auffassung sprachlich unmöglich. Schließlich entspräche eine solche absichtliche Täuschung nicht dem allmählichen Vorgang, wie er mit *evaluisse paulatim* ausgedrückt ist. Norden hat Beispiele dafür gebracht, daß die Präp. *a* in so kurzem Abstand bei Tacitus verschiedene Bedeutung haben kann. Das Argument von F. Knoke, Bemerkungen zu dem Sprachgebrauch des Tacitus, Berlin 1925, S. 34, daß Tacitus bei Benennungen sonst *e* oder *ex* gebraucht, schlägt nicht durch, weil man in der Germania wie im Agricola mit Besonderheiten des Anfangsstiles rechnen muß. So bleibt es bei der natürlichen, von Norden verteidigten Übersetzung des überlieferten Textes. Damit, daß kein klarer Gegensatz herauskommt, muß man sich abfinden. Die Nordensche Auffassung erhält aber ihre letzte Stütze, wenn gezeigt werden kann, daß gerade dies taciteischem Stile entspricht und Parallelen hat. Der Vorgang wird demnach nämlich so geschildert:

a) zuerst werden alle Germanen nach dem Sieger genannt unter dem Eindruck der Furcht — dabei ist als selbstverständlich vorausgesetzt, aber nicht ausgesprochen, daß sie von den Besiegten so genannt werden —: b) nachdem der Name einmal kreiert ist *(invento nomine* läßt an ein absichtsloses Finden denken), nennen sie sich selber so, natürlich nicht aus Furcht und nicht nach dem Sieger — das tritt zurück. Statt dessen tritt das Neue in einen Gegensatz zu dem, was weggelassen worden war in a), daß sie damals nämlich selbstverständlich von den Besiegten so genannt wurden.

Die genaue Parallele dieses Vorganges hat man in 13, 2, wo man auch ändern zu müssen glaubte. Die Gegensätze verschieben sich im Gange zu einem angesteuerten Ziele. Weitere Beispiele sind G. 18, 1 und D. 6, 6. Vgl. Anm. 35 Ende.

[Die Lit. zu diesem *locus vexatissimus* verzeichnet jetzt A. A. Lund, Die Namensätze in der Germania des Tacitus (2, 2 und 2, 3), Gymn. 89 (1982) 296–327, hier: 306, 38. Die von Norden eröffnete, von Büchner weitergeführte und seitdem noch von H. Koch (Gymn. 79 [1972] 32–49 [S. 32 zu Knoke];

vgl. dens., Gymn. 82 [1975] 426–448), W. Theiler (MusHelv 28 [1971] 118–121, mit der Umstellung *primum ob metum;* dazu Koch, Gymn. 82 [1975] 445, 27) und H. Kothe (Philol. 123 [1979] 243) vertretene Auffassung, die den Text in seiner überlieferten Form zu verstehen sucht, hat sich nicht durchgesetzt, vornehmlich aus zwei Gründen: die Schlüsselfunktion von *et* = *etiam* vor *a se ipsis,* die rückwirkend Parallelität erzwingt, wurde verkannt; die von E. Norden (German. Urgesch. 323–331, bes. 326 f.; 335–351, bes. 344. 348) und nachtragsweise von H. Fuchs (MusHelv 4 [1947] 151 f.) beigebrachten Parallelen für Funktionswechsel von *a* innerhalb einer syntaktischen Einheit erwiesen sich bei näherem Zusehen als nicht stichhaltig, trotz Kochs Verteidigung (s. Lund 319). Speziell zu Büchners Punkt 2 wäre zu fragen, ob denn wirklich »*a victore* 'nach dem Sieger' das *ob metum* erläutert« oder nicht vielmehr *ob metum* das Vorangehende (vgl. zuletzt Kraggerud [s. u.] 35 m. A. 100).
Andererseits scheint Lunds Doppelkonjektur (s. bes. 322 im Zusammenhang) ⟨*vocentur*⟩ nach *Tungri* sowie *ab auctore* statt *a victore* wenig ermutigend, manches andere fragwürdig – darauf einzugehen, ist hier nicht der Ort. Schon eher möchte man sich mit dem Ergebnis von E. Kraggerud, Der Namensatz der taciteischen Germania (Oslo 1981) 35 f. befreunden, der *a victore* durch *a victis* ersetzt und auf die gutgemeinte Krücke von J. Delz (MusHelv 27 [1970] 224 ff.) *a* ⟨*victis e*⟩ *victore* mit gutem Grund verzichtet. Womit wir denn, mit modernstem philologischem Rüstzeug, wieder bei den Resultaten – längst vor Grimm – des 16. und 17. Jh.s angelangt wären: neben Muretus' *a victo* war ebenfalls schon früh, spätestens bei Cluverius greifbar, *a victis* aufgetaucht (Kraggerud 35 m. A. 101) ... Eines ist sicher: die Diskussion wird weitergehen.]

31. Zu *Asciburgium:* jetzt Asberg bei Mörs, vgl. Much a. O. 85 ff.
32. *Ulixi* ist doch wohl dat. auct. *Ulixes* hat, zu seinem, des Weihenden Namen, wie üblich den des Vaters setzend, einer Gottheit einen Altar geweiht (s. den Kommentar von Fehrle-Hünnerkopf, Heidelberg ^{5}1959, S. 70). Die Vorstellung, daß dem *Ulixes* selbst, noch dazu mit seinem Vater zusammen, ein Altar errichtet wird, wäre ungewöhnlich (so Much; *ara* als 'Denkmal' ist bei Tacitus nach Ausweis des Lexikons von Gerber-Greef nicht belegt).
33. Münzen mit gezähntem Rand wurden von 91 bis 53 v. Chr., solche mit der *biga* oder *quadriga* zwischen 126 und 53 v. Chr. geprägt. Es ist gegen Nordens Zweifel, ob davon so spät noch Stücke im Umlauf sein konnten, gezeigt worden, daß Tacitus' Aussage mit dem Bodenbefund übereinstimmt (s. Much-Jankuhn a. O. 125 f.).
34. Weil es unsinnig wäre anzunehmen, daß die Germanen nur

nach rechts hätten schwenken können, schreibt MUCH (127, vgl. 147) nach MÜLLENHOFF *dextros vel sinistros*. Aber damit sind doch die germanischen Möglichkeiten zu groß, als daß sie Tacitus' Aussage rechtfertigten. *Dextros agunt* kann m. E. aber nur heißen 'sie treiben die rechten an', d. h. machen eine Gesamtschwenkung nach links. Die Linksschwenkung ist aber die, welche der menschlichen Natur am leichtesten fällt. Vgl. Soph. El. 743 ff. Ich bin mir des Problematischen der Übersetzung bewußt, glaube aber festhalten zu müssen, daß *dexter* auch in prädikativer Verwendung nicht Richtungsangabe ist. Da eine solche Schwenkung nur im weiten Raum, nicht in Schußweite mehr vorgenommen werden kann, sind Spekulationen über Schildseite und ungedeckte Seite – im Nahkampf wichtig – hier ohne zwingende Kraft. [Gegen MUCHS Konjektur auch die Lit., die LANGE bei MUCH 147 nachträgt. Bearb. ist weiterhin mit fast allen Kommentaren (und Übersetzungen) der Meinung, daß eine Rechtsschwenkung deshalb vorgenommen wurde, um die linke, durch den Schild gedeckte Seite dem Feind zuzukehren, während der rechte Arm um so sicherer zu Stoß und Wurf ausholen konnte. Vom Text wird durch die Parallelität mit *in rectum* 'geradeaus' ein prädikatives Verständnis von *dextros* 'als rechtsgerichtete' im Sinne von 'nach rechts' gefordert. Außerdem ist anzumerken, daß die Reiterlinie bei ihrer Schwenkung zwar ein Kreissegment durchmißt, selbst aber den Radius dieser 'Kreisbahn' darstellt: taciteische *brevitas* führt gelegentlich zur Unschärfe.]

35. 'Den übrigen gesellt man sie zu' etc. (G. 13, 2). Die Aufnahme der jungen Männer in die Gemeinschaft durch Übergabe von Schild und Speer ist sichtlich nach Tacitus' Herzen. Daher jenes Polyptoton *haec apud illos toga, hic primus iuventae honos* mit der Deutung: *ante hoc domus pars videntur, mox rei publicae*. Was geschieht nun nach der Waffennahme?

Eine Gruppe der offenbar eben Aufgenommenen wird herausgegriffen. Es sind ganz junge Burschen von hohem Adel und von großem Verdienste des Vaters.

Von ihnen heißt es: *insignis nobilitas aut magna patrum merita principis dignationem etiam adulescentulis adsignant; dignatio* ist als Überlieferung anzusprechen, nur Bb haben zu *dignitatem* simplifiziert. *dignatio* ist nach Ausweis der Stellen die Einschätzung, die Anerkennung. Danach will der Satz sagen: hoher Adel oder große Verdienste der Väter weisen auch ganz jungen Leuten schon die Einschätzung als Führer zu, d. h. geben ihnen die Stellung eines Führers.

Von diesen *adulescentuli* wird eine Gruppe von übrigen unterschieden: *ceteris robustioribus ac iam pridem probatis adgregantur*. So die Überlieferung. Das Folgende nimmt dann einen geradlinigen und direkten Verlauf: mit dem Satz 'und es ist keine Schande, unter den Gefolgsleuten erblickt zu werden, ja es gibt sogar Rangstufen in ihm' wird die berühmte Behandlung des Gefolgschaftswesens eingeleitet.

Das überlieferte *ceteris* hat dem Verständnis Schwierigkeiten bereitet. Seit LIPSIUS – doch nicht mehr ÖNNERFORS – schreibt man *ceteri*, um einen klaren und verständlichen Gegensatz zu haben: hoher Adel macht gleich zu Führern nach der Waffennahme, die übrigen – verbleibende einfache Stammesgenossen – schließen sich an, und zwar an Ältere und längst Bewährte. Die Frage aber, die sich bei der Beurteilung dieser Verbesserung des Textes erhebt, ist die, warum man sich nur den Bewährten und Älteren anschließt, wo doch eben gesagt wurde, daß Adel und Vatersverdienst schon *adulescentuli* — natürlich sogleich nach der Waffennahme, sonst hätte die Reihenfolge des Erzählten keinen Sinn — zu Führern erheben. Also: dieser Gegensatz, so klar er auf den ersten Blick erscheint, reißt einen völlig unsinnigen Zwiespalt zwischen jungen und alten *principes* auf. Die Textänderung ist schwieriger als der überlieferte Text, wenn man nur eine typische Stileigenart des Tacitus bedenkt.

Denn die Übersetzung des Überlieferten: 'Adel und Vatersverdienst gibt gleich die Stellung eines Führers, den übrigen schließt man sich an, werden sie zugesellt, wenn jene kräftiger sind und sich lange bewährt haben', ist durchaus gut, ja einzig möglich, wenn man bedenkt, daß schon beim ersten Teil des Satzes die stillschweigende Voraussetzung die ist, daß man nach der Waffennahme in ein Gefolge eintritt. Statt die herausgegriffene Sondergruppe, die gleich Führer wird, aber nun im Gegensatz zu den übrigen nach der Waffennahme zu sehen, treibt ihre Abgrenzung bei Weiterführung der stillschweigenden Voraussetzung, daß man sich nach der Waffennahme in ein Gefolge begibt, einen anderen Gegensatz heraus, nämlich im Unterschied zu den jungen Führern die anderen Führer auf Grund von Verdienst. An die stillschweigende Voraussetzung für beides aber knüpft dann das weiterführende *nec* an: es ist keine Schande, unter den Gefolgsleuten erblickt zu werden, eben das Los nach der Waffennahme.

Hier wird ein nicht ausgesprochener selbstverständlicher Gedanke weitergeführt, wie im obigen Namensatz (2, 3) ein Gegensatz an eine nicht ausgesprochene Selbstverständlichkeit angeknüpft. Der Gedanke bewegt sich lebendig innerhalb des Gefüges: hier springt er gleich zu der Elite vor, läßt sie sich in einem Gegensatz entfalten und kehrt dann zurück zu dem Intendierten, das das Folgende beherrscht. Vgl. Anm. 30. [Ein zusätzliches Argument: '*nec rubor inter comites adspici*' wird erst prägnant, wenn es sich auf die jungen *principes* als Gefolgsherren mitbezieht.]

36. *Partem vestitus superioris* ist kaum zu ändern. *vestitus supe-*

rior ist der obere Teil der Kleidung, die Bluse *(vestis superior* wäre mißverständlich im Sinne des Obergewandes), *partem* meint den Teil, der bei den Männern in Ärmel ausläuft. Die Begriffsnegation zeigt, daß dieser Gegensatz beherrschend ist. Die Übersetzung ist frei. Eine Änderung in *partem superiorem vestitus* (so P. Voss, s. Much a. O. 279) würde eine Selbstverständlichkeit zu sehr betonen (doch s. G. Pasquali, StIt. n. s. 16, 1939, 135).

37. 'Mit mehreren Ehen sich umwerben lassen' (G. 18, 1). An dieser Stelle hat man nicht geändert, obwohl die Verschiebung der Begriffe ebenso auffällig ist. Die besondere Reinheit des Lebens der Germanen begründet der Satz *nam prope soli barbarorum singulis uxoribus contenti sunt exceptis admodum paucis:* 'mit Ausnahme ganz weniger, die ...' — hier verblaßt der Begriff des *contentum esse* in der Vorstellung zu 'mehrere Frauen haben' — *qui non libidine:* 'die nicht aus Begierde ...' — mit diesen Worten wird der verblaßte Begriff 'mehrere Frauen haben' weiter mitgenommen und verwandelt zu 'mehrere Frauen nehmen', indem auf den Beginn der Handlung geschaut wird — *sed ob nobilitatem pluribus nuptiis ambiuntur:* 'sondern wegen ihres Adels mit mehreren Ehen sogar umworben werden ...' — die aktive ingressive Handlung schlägt sogar zu einem Passiv aus.

Es handelt sich um ein dauerndes Verwandeln und Hochschrauben der zu den Begriffen zu denkenden Verben, bis schließlich am Schluß ein Verb hervortritt, das aufs höchste überrascht. Verschmolzen sind zwei Gegensatzpaare: Erstens: sie allein haben eine Frau — nur wenige haben mehrere; zweitens: mit einer zufrieden sein — mehrere begehren. Der letzte Gegensatz wirkt unausgesprochen bei der Verschmelzung und Gestaltung mit und führt durch seine Verneinung zur Schlußform.

38. 'Denn für bloßgestellte Keuschheit gibt es keine Nachsicht' (G. 19, 1). Tacitus geht aus von der sich aus dem reinen Leben der Germanen ergebenden, für den Römer seiner Zeit erstaunlichen Tatsache, daß es trotz der großen Zahl der Menschen so überaus selten einen Ehebruch gibt. Die Strafe dafür ist den Männern überlassen und erfolgt auf dem Fuße. Darauf wird die Art der Strafe beschrieben, daß der Mann die Frau im Beisein der Verwandten nackt durch das Dorf treibt. *publicatae enim pudicitiae nulla venia.* Die Erklärer haben *publicatae pudicitiae* auf das Faktum des Ehebruches bezogen, und die Lexika ebenso wie das Spezialwörterbuch von Gerber-Greef haben darum unter Hinweis auf diese Stelle eine Rubrik *publicare:* einen Ehebruch begehen. Das kann es aber nicht heißen; denn *publicare* heißt öffentlich machen und kann allenfalls für das Tun einer Dirne gebraucht werden. Daran ist hier aber nicht zu denken, wie Much 291 richtig erklärt:

»daß hier noch von der Ehebrecherin die Rede oder diese doch mit eingeschlossen ist, somit zu *invenerit* als Subjekt *adultera* ergänzt werden muß, zeigt schon das *enim*. An geschäftsmäßige Hurerei ist dabei nicht zu denken.« Natürlich nicht, aber das sprachliche Problem wird von ihm überhaupt nicht gesehen. Die genaue Erklärung ist anders zu suchen. Wegen des Asyndeton: *non forma, non aetate, non opibus maritum invenerit,* das unmittelbar folgt und expliziert, muß *nulla venia* auf die Stammesgemeinschaft gehen, kann sich also nicht auf den Ehemann beziehen. Daß dieser nicht verzeiht, ist als selbstverständlich angenommen: *poena praesens et maritis permissa*. Für römisches Empfinden ist dabei — und davon muß man ausgehen — verwunderlich, daß sich der Ehemann mit dieser wenn auch schmerzhaften Geste begnügt und nicht eine härtere Strafe, womöglich die Todesstrafe wählt. Das Harte der Strafe wird mit dem Satz *publicatae enim* etc. begründet. Also muß *publicatae pudicitiae* auf dieses Vorgehen bezogen werden. *publicare* heißt also nicht, was das Wort nicht hergibt, 'einen Ehebruch begehen', ist aber natürlich auch nicht von Dirnen gesagt, sondern meint das eben geschilderte öffentliche Bloßstellen der Keuschheit (*pudicitia* hier sehr konkret gefaßt). Danach ist übersetzt worden. Die Wortbedeutung *publicare:* 'einen Ehebruch begehen' hat aus den Lexika zu verschwinden. Für Tacitus ergibt sich, daß er einen feinen Sinn für die Unerbittlichkeit und Festigkeit der Moralbegriffe einer solchen Stammesgemeinschaft gehabt hat. Vgl. (nach Much 289), mit Betonung der Öffentlichkeit, die dann den moralischen Tod zur Folge hat, Luitprandi leges 141 *publicus . . . faciat eas decalvare.*

[Bearb. bezweifelt, ob *pudicitia* »sehr konkret«, nach Analogie von *pudor*, im Sinne der *muliebria* (ann. 14, 60, 3) also, verstanden werden kann, zumal wenige Zeilen zuvor *pudicitia* in der üblichen Bedeutung 'keusche Gesinnung' gebraucht wurde. Damit würde die obige Interpretation, die alles Gewicht auf das Strafmittel der *nudatio* legt, hinfällig. Natürlich heißt *publicata pudicitia* nicht 'gebrochene Ehe', sondern 'zum allgemeinen Gebrauch preisgegebene Keuschheit' (in diesem Sinne korrekt Gerber-Greef), d. h. affektisch – wie bis heute vielfach üblich – wird hier die Ehebrecherin einer Hure gleichgestellt; man vergleiche etwa Suet. Tib. 35, 1 (über die *prostrata pudicitia* römischer Matronen, ein Ehebruch als Exempel schließt sich an) oder auch Tacitus' vielsagender Kommentar zum Ehebruch der Claudia Livia (ann. 4, 3, 3): *neque femina amissa pudicitia alia abnuerit.* – Im übrigen weist Reebs Kommentar z. St. auf die nicht wenigen Fälle hin, in denen *enim* lediglich affirmative Funktion hat ('wahrhaftig', 'allerdings'), doch möchte man eher vermuten, daß hier *enim* begründend auf die anfängliche Aussage '*paucissima . . . adul-*

teria' zurückgreift; vgl. Kühner-Stegmann, Lat. Grammatik II, 2, 124 f.]

39. Der überlieferte Schlußsatz *victus inter hospites comis* ist auch mit Sellings plausibler Änderung *communis* und trotz Caesar b. G. 6, 23 (vielleicht die Erklärung für das Zustandekommen der Interpolation) nicht zu halten, weil von *victus* nicht mehr die Rede ist, sondern man schon zu dem Verhalten der Germanen gegenüber Geschenken überhaupt übergegangen ist. Ein typischer Fall, daß eine zu rational-sachliche Textüberschrift das Verständnis hindert.
40. Über die Variante *loci* vgl. Till a. O. 88.
41. *in vicem* bzw. *vices* ist mit Halm getilgt worden. Vielleicht richtig oder Glossem das *vicis* von Waitz, das Perret in den Text setzt. S. Wührer a. O. 25.
42. Fehrle-Hünnerkopf 41: »denn sie nutzen den verfügbaren Bodenreichtum nicht durch entsprechende Bearbeitung aus«. Sinngemäß richtig, aber zugleich die Schwierigkeit der Vorstellung zeigend. Es herrscht wie in den Georgica Vergils (s. Verf., RE-Artikel Vergil) die Vorstellung, daß römischer Landbau ein gemeinsames Ringen von Mensch und Boden um die Frucht ist.
43. Die *agri decumates* sind nur hier belegt. Die Wendung heißt wohl soviel wie *agri decumani,* d. h. Staatsländereien, die gegen Entrichtung des Zehnten in Pacht gegeben werden. Siehe die Erörterung bei Much 370–374. Es handelt sich um das Gebiet hinter dem Limes, der großartigen Anlage Domitians, die aber von Tacitus keines Wortes gewürdigt wird. [Neuere Lit. zu den *decumates agri* bringt Lange bei Much 378.]
44. s. Anm. 11.
45. Das Rühmen der Chauken muß im Gegensatz zum Schicksal der Cherusker (s. nächste Anm. 46) gesehen werden. Sie erreichen es, trotz Übung von Gerechtigkeit überlegen zu bleiben. Sie beweisen, daß Gerechtigkeit nur *nomine superioris* geübt werden kann, wenn sonst das Faustrecht herrscht.
46. 'Sind es im Namen des Überlegenen' (Kap. 36, 1). Bei der Besprechung der Rheinstämme beurteilt Tacitus die Cherusker, zu seiner Zeit römische Bundesgenossen, nicht sehr günstig. Sie haben einen zu ausgiebigen und lange kraftlosen Frieden genährt. Das war mehr angenehm als sicher, weil es nicht richtig ist, unter Unbeherrschten und Starken sich der Ruhe zu überlassen. Tatsache und Beurteilung werden darauf asyndetisch begründet: *ubi* (es könnte ein *enim* folgen) *manu agitur, modestia ac probitas nomine superioris sunt.* Man hat diesen Satz nicht verstehen können und darum geändert: *nomina superiori sunt:* 'Maßhalten und Redlichkeit sind bloße Namen für den Überlegenen' (so Heinsius, ihm folgend Halm) oder *nomina superioris sunt:* sind Begriffe, Namen,

Attribute des Überlegenen (so PUTEOLANUS, ihm folgend MUCH, WINTERBOTTOM und ÖNNERFORS).

Für das Verständnis der Stelle ist das Folgende entscheidend. Mit einem *ita*-Satz wird die Geltung dieses Gesetzes in der Wirklichkeit verfolgt, wie es solchen Sätzen entspricht: die Cherusker galten nach diesem Gesetze der Wirklichkeit so einst als gut und gerecht (entspricht chiastisch *modestia* und *probitas*), jetzt heißen sie träge und dumm. Die Chatten, ihre Besieger, haben Glück und Erfolg gehabt, sich als die Überlegenen gezeigt, und so gelten sie jetzt als die Klugen — *fortuna eis in sapientiam cessit.*

Es handelt sich also um eigentümliche Verschiebungen der Wertewelt und ihrer Begriffe in rechtloser Zeit, wo der Sieg die Begriffe verwandelt, nicht ein fester sittlicher Maßstab entscheidet, wie in der *pax* des römischen *imperium.* Da die Geltung von Siegern und Besiegten in Hinsicht auf ethische Bewertung, ein Problem, das Tacitus, wie wir im Agricola sahen, besonders interessiert, zur Debatte steht, ist *nomina superiori* 'bloße Namen für den Überlegenen' unmöglich und sicher falsch konjiziert; denn noch steht der Überlegene nicht fest, und zweitens würde eine Verachtung der sittlichen Begriffe, die den Überlegenen, d. h. den, der sich überlegen fühlt, nicht am Angriff hindert, nicht bewirken können, daß man ihm nach dem Siege *sapientia* zuspricht, beziehungsweise, daß man die Unterlegenen dumm und träge nennt. Dasselbe gilt aber abgewandelt auch für die Konjektur *superioris sunt:* sind Namen des Überlegenen; denn sie werden ja gar nicht, was man danach erwarten müßte, *probi* und *modesti* genannt, sondern *sapientes,* und die Begriffe stehen nicht in seiner willentlichen Gewalt, daß er sie sich zulegen könnte, sondern der Sieger unterliegt demselben Gesetz — *cessit* unpersönlich — wie der Besiegte — *vocantur.*

Die verfehlten Änderungen lassen keinen Spielraum für weitere Versuche. Wir müssen uns mit dem Text abfinden. Und es liegt nahe, an Wendungen zu denken wie *meo nomine* oder *eo nomine* (vgl. Catull 29, 11 und 23), mit denen ausgesagt wird, daß etwas geschieht durch die Bestimmung und nach dem Maß einer Existenz, hier des Überlegenen. Rechtschaffenheit und Maßhalten sind es nicht nach dem Maß und im Namen einer garantierten sittlichen Ordnung, sondern des Überlegenen; das höhere Sein im Kampf muß die Werte behaupten. Der Überlegene, das könnten auch die Cherusker sein, die dann freilich unterlagen und bei deren Niederlage sich dann die wahren Begriffe enthüllten. Der Sieg als Enthüller der Wahrheit und der wahren Namen in rechtloser Welt, das ist hier das ganz allgemeine Problem. Nicht eine stabile sittliche Wertordnung ist dann der Maßstab, sondern der sich im Sieg enthüllende wahre Tatbestand. So kam es, daß die Cherusker nach der Niederlage auch die sittliche Hochschätzung mit Recht einbüßten, die sie nicht behaupten konnten, der Erfolg aber, zunächst bloße *fortuna*, den Chatten Anerkennung zuwachsen ließ. Das Problem erinnert an die zweite Periklesrede des Thukydides. Auch dort ist die Herrschaft Tyrannis geworden — *manu agitur* heißt das schließlich —, auch dort versuchen einige den Biedermann zu spielen — ἀπραγμοσύνη ἀνδραγαθίζεσθαι — *modestum et iustum esse* und *quiescere* heißt das – und endlich wird das Urteil gesprochen: τὸ γὰρ ἄπραγμον οὐ σῴζεται μὴ μετὰ τοῦ δραστηρίου τεταγμένον, diese Werte der Ruhe können nur verwirklicht werden, wenn die Kraft, so zu handeln, da ist. Nur daß bei Thukydides (2, 63) an dieser Stelle nicht ausdrücklich auf die Verschiebung der Wertewelt geachtet wird. Tacitus entdeckt die Gesetze des Thukydides in der Welt außerhalb des *imperium*. Daß Tacitus ann. 12, 28 über die Cherusker des Jahres 51 n. Chr. sagt *cum quis (sc. Chattis) aeternum discordant*, widerspricht der Darstellung in der Germania nicht, sondern gilt natürlich auch für sie, nur sind die Chatten überlegen. Die textliche Schwierigkeit wird von MUCH überhaupt nicht erwähnt. Allein der überlieferte Text gibt einen guten und tieferen Sinn. Mehr darüber im Aufsatz »Nomine superioris«, Studien zur römischen Literatur IV: Tacitus und Ausklang (Wiesbaden 1964) 68–82. 157. [Vgl. dazu jetzt BORZSÁK, RE-Art. 426 f. und T. PEKKANEN, Nomine superioris (Tac. Germ. 36,1), Arctos 10 (1976) 69–74.]

47. Die *sapientia*, die man nach ihrem Sieg den Chatten zuspricht, ist nicht Weisheit (FEHRLE), sondern die politische Klugheit, die nach Karneades sich mit der Gerechtigkeit nicht verträgt (vgl. Cicero, de rep. 3, 16).

48. Diese Klimax beruht auf einer Denk- und Redeform, die sich im ersten vorchristlichen Jahrhundert herausgebildet zu haben scheint: vgl. H. FUCHS, Westöstliche Abhandlungen, R. TSCHUDI zum 70. Geburtstag, Wiesbaden 1954, S. 42 Anm. 5.

49. Bezieht sich auf die Eroberung von Castra Vetera durch Civilis im Jahre 70 n. Chr. (vgl. Tac. hist. 4, 17 und 4, 61).

50. Das überlieferte *centum pagis habitantur* wird allgemein in *centum pagi iis habitantur* verbessert; der dat. auct. wie 16, 1. [WINTERBOTTOM: *centum pagis habitant;* ÖNNERFORS: *centum pag⟨i⟩ is habitantur.*]

51. Dreimal drangen römische Heere bis zur Elbe vor — 9 v. Chr. Drusus, 2 v. Chr. L. Domitius Ahenobarbus, 5 n. Chr. Tiberius —, bis Augustus nach der Niederlage des Varus auf die geplante Elbgrenze verzichtete (vgl. das bescheiden reduzierte Ziel im Mon. Anc. 26: *et Germaniam qua includit Oceanus a Gadibus ad ostium Albis fluminis pacavi.* — Vgl. J. D. NEWBY, A numism. comm. on the Res Gestae of Augustus, Iowa Studies VI, 1938, S. 73.

DIALOGUS · EINFÜHRUNG

1. Vgl. Hirzel, Der Dialog, Leipzig 1895, II 48.
2. S. z. B. die Entstehungsgeschichte von de rep.; Zeugnisse zusammengestellt bei Schanz-Hosius I[4] 1927, S. 495.
3. S. meine Einleitung zu Cicero, Vom Gemeinwesen, Zürich 1973[3].
4. Minucius Felix ist sich dieser Problematik bewußt gewesen und weist auf sie hin, indem er die entscheidende Rede des Octavius mit Worten schließt, die den Schlußworten des Maternus entsprechen: s. K. Büchner, Hermes 82, 1954, 231–234. [Jetzt in: Studien zur römischen Literatur IV: Tacitus und Ausklang (Wiesbaden 1964) 105–108. Vgl. nunmehr auch G. L. Carver, Tacitus' Dialogus as a source of Minucius Felix' Octavius, CPh 69 (1974) 100–106.]
5. Fabius Iustus ist als Freund des jüngeren Plinius bekannt (die Erwähnungen in seinem Briefwechsel zeigen freilich kein besonders enges Verhältnis: epist. 1, 5, 8; 1, 11; 7, 2). Er war *cons. suff.* im Jahre 102 n. Chr. — Die Inversion von Gentilnamen und Cognomen wurde von den Dichtern eingeführt.
6. Die Stelle, die viel darüber aussagt, wie Tacitus das Gespräch aufgefaßt haben will, ist korrupt überliefert. Denn in *cum singuli diversas vel easdem sed probabiles causas adferrent* schwächt *vel easdem* den Gegensatz ab und stimmt mit dem Befund des Dialoges nicht überein. So dürfte es die Interpolation eines Pedanten sein (Lipsius). Auch noch *sed probabiles* zu streichen (Halm) verbietet sich, weil mit diesen Worten die Tendenz der Interpolation aufgehoben wird. *Vel easdem sed probabiles causas adferrent dum* für Interpolation zu halten (Andresen), kann die Beweggründe des Interpolators schon gar nicht mehr erklären. Die Konjektur *cum singuli diversas, sed easdem probabiles* versucht möglichst viel zu halten, kann aber kaum die Korruptel erklären und stellt eine Paradoxie auf, wo keine vorliegt: es braucht nicht betont zu werden, daß nach verschiedenen Richtungen gehende Ursachen doch zugleich einleuchtend sind. Die vorgebrachten Gründe für den Wandel der Beredsamkeit gehen in verschiedene Richtung nach der Art jedes einzelnen Redners — daß nach diesem Satze jeder der Anwesenden sprechen müsse, ist ein Kurzschluß Gudemans, der Argumente für eine Secundusrede sucht —, sind aber alle einleuchtend und können dann von Maternus auf ihre Wurzeln zurückverfolgt werden. *diversas quidem, sed probabiles* würde mechanische Korruptel voraussetzen und das Meistmögliche der Überlieferung retten: G. Rambelli, Studi di filol. class., Pavia 1957, S. 105 f.
7. [Fiktives Gesprächsdatum: Der Autor des 'Dialogus' läßt

c. 24, 3 Maternus darauf hinweisen, daß vom Tod Ciceros bis zum Tag des jetzt stattfindenden Gesprächs 120 Jahre vergangen sind. Cicero verlor sein Leben am 7. Dezember 43 v. Chr., das ergibt also praktisch 42 + 78 Jahre oder, wenn man 43 v. Chr. noch mitzählt, das Jahr 77 n. Chr. Nun war bereits c. 17, 2–3 von diesen 120 Jahren die Rede, und zugleich wurde dort die dazugehörige Rechnung aufgemacht. Da zeigt sich denn ein Fehler in der Rechnung, denn vom Tode Ciceros bis zum Tode des Augustus sind es nicht 59, sondern nur 56 Jahre.

Es macht nun aber die Sache nicht besser, wenn man – wie nahezu alle Herausgeber dies tun, zuletzt Bo, Winterbottom und Heubner in ihren Ausgaben – die Konjektur des Lipsius aufgreift und *sex et quinquaginta* statt *novem et quinquaginta* in den Text setzt, denn dann müßten hier und an der anderen Stelle auch die *centum et viginti anni* entsprechend korrigiert werden. Man wende nicht ein, 120 sei als Rundzahl gemeint. 24, 3 greift auf 17, 2 f. zurück, dort wird eine genaue Rechnung mit einzelnen Posten präsentiert; am Ende einer solchen augenfällig auf Präzision bedachten Addition hat nur eine präzise Summe ihre Berechtigung, während Rundzahlen eher die konkurrenzlose Isolierung lieben. Also steckt in der Rechnung kein Überlieferungsfehler, sondern ein Fehler des Autors; hätte er ihn noch selbst bemerkt, würde er die 120 durch 117 Jahre ersetzt haben, wir kämen dann ins Jahr 74 oder 75.

Dieser Fehler wird dadurch erhärtet, daß 17, 3 als szenisches Datum die *sexta statio* des vespasianischen Principats angegeben wird. Da zuvor vom vorausgehenden *longus et unus annus* des Galba, Otho und Vitellius die Rede war – letzterer verlor ja erst im Dezember 69 Herrschaft und Leben –, da also ersichtlich das Jahr 69 schon in seiner vollen Länge für die Vorgänger Vespasians beansprucht ist – auch wenn dieser seinen *dies imperii* vom 1. Juli 69 an rechnete –, so liegt es nahe, die *stationes* (Regierungswachtzeiten) mit den vollen Kalenderjahren gleichzusetzen, womit man ins Jahr 75 kommt; ein freundlicher Zufall – vielleicht mehr als das – beschert uns für 75 auch das sechste Konsulat Verspasians.

Gegen das Jahr 77 (bzw. 78) spricht außer der *sexta statio* Vespasians auch noch dies, daß Mucian, der 37, 2 als lebend dargestellt wird, in diesem Jahr schon tot war, denn zu den Verstorbenen zählt ihn bereits die 77 vollendete Naturalis historia des älteren Plinius (XXXII, 62). Gegen 74 spricht, wie schon ausgeführt, der Kontext, der eine Rechnung der Regierungszeit Vespasians vom 1. Juli 69 an, wiewohl offiziell, nicht begünstigt.

So wird es am besten sein, wir halten am Jahre 75 fest. Dafür plädiert z. B. auch R. Syme, Tacitus (Oxford 1958) 670 f., unlängst auch H. HEUBNER im Nachwort zum Dialogus-Kommentar GÜNGERICHS S. 196 f.; ebd. 196, 3 zu L. KOENEN, Z. f. Pap. u. Ep. 13 (1974) 228–234. Zum historischen Gang der Diskussion St. BORZSÁK, Art. P. Cornelius Tacitus, RE Suppl. XI (1968) 434 f.]

8. Plinius, epist. 6, 21, 1.

9. Verf., Einleitung zu Cicero, Vom Gemeinwesen, a. O.

10. So auch K. BARWICK, Der Dialogus de oratoribus des Tacitus, Sbb. Leipzig 1954, S. 28, Anm. 1: »ein erbitterter Gegner Caesars, wurde er von diesem in Corfinium gefangen genommen und freigelassen, nahm aber den Kampf wieder auf und organisierte den Widerstand gegen Caesar in Massilia. Von dort vor Einnahme der Stadt entkommen, floh er nach dem Osten zu Pompeius, nahm an der Schlacht bei Pharsalus teil und wurde unmittelbar nach der Schlacht von Caesars Reitern erschlagen. Er war, wie es scheint, in Rom sehr beliebt und angesehen (Caes., b. civ. 3, 83, 2), und Lucan widmet ihm 7, 599 ff. einen ehrenvollen Nachruf.«

11. S. Anm. 57.

12. Die Rolle des tyrannischen Menschen in den Tragödien Senecas untersucht Helene OPELT, m.-s. Diss. Freiburg 1951.

13. Cass. Dio 67, 12, 5; die Identifizierung wird vor allem von GUDEMAN a. O. 37 ff. bestritten. Mit Entschiedenheit hatte sie E. NORDEN (Antike Kunstprosa I, Leipzig 1898[1], S. 324 f.) vertreten, gab sie dann allerdings (1915[3], Nachträge S. 19) unter dem Eindruck von GUDEMANS Darlegungen auf. Man wird dennoch NORDENS ursprüngliche Position beibehalten, wenn man bedenkt, daß die häufigen Anspielungen des Maternus auf einen normalen Tod nur auf dem Hintergrund seiner Ermordung durch Domitian ihre Wirkung tun und daß dann allerdings der Zufall seltsam gespielt haben müßte, wenn von Domitian in der Tat ein Maternus wegen eines Vergehens hingerichtet wird, das in der Richtung der Möglichkeiten des Maternus liegt, mag es auch, wie GUDEMAN zeigt, sehr viele Materni gegeben haben.
[Für eine Identifikation jetzt auch K. MATTHIESSEN, Der Dialogus des Tacitus und Cassius Dio 67, 12, L'Ant. cl. 39 (1970) 168–177 (A. 8 + 9: Lit. pro und contra), der auf platonische Hintergründe verweist und (176) zum Resultat gelangt, »Cassius Dio berichte nicht ganz korrekt und Maternus sei ... ein Opfer seiner dichterischen Kühnheit geworden.« Solche Unkorrektheit ist recht mißlich, ebenso dies, daß unser Maternus überhaupt kein Schulredner, sondern – wenigstens in der hinter ihm liegenden Lebensphase – ein Mann des Forums war, und mißlich ist vor allem, daß der taciteische Maternus aus seiner Aversion gegen *rhetores* und *scholastici* nur deshalb kein Wesen macht, weil dies Messalla für ihn tut: Aper sieht mit Recht in diesem Punkt beide zu-

sammen. Vgl. R. Häussler, Tacitus und das historische Bewußtsein (Heidelberg 1965) 196, 9.]

14. Secundus bei Quintilian, inst. 10, 1, 120: *Iulio Secundo, si longior contigisset aetas, clarissimum profecto nomen oratoris apud posteros foret; adiecisset enim et adiciebat ceteris virtutibus suis quod desiderari potest, id est autem, ut esset multo magis pugnax et saepius ad curam rerum ab elocutione respiceret. Ceterum interceptus quoque magnum sibi vindicavit locum: ea est facundia, tanta in explicanda quod velit gratia, tam candidum et lene et speciosum dicendi genus, tanta verborum etiam quae adsumpta sunt proprietas, tanta in quibusdam ex periculo petitis significantia.*
10, 3, 12: *memini narrasse mihi Iulium Secundum illum, aequalem meum atque a me, ut notum est, familiariter amatum, mirae facundiae virum, infinitae tamen curae, quid esset sibi a patruo suo dictum. is fuit Iulius Florus in eloquentia Galliarum ... princeps ... is cum Secundum, scholae adhuc operatum, tristem forte vidisset, interrogavit, quae causa frontis tam adductae? nec dissimulavit adulescens, tertium iam diem esse, quod omni labore materiae ad scribendum destinatae non inveniret exordium ... tum Florus 'Numquid tu' inquit, 'melius dicere vis quam potes?'*
12, 10, 11 *elegantiam Secundi.*
Aper und Secundus werden offensichtlich, wie bemerkt, nach Crassus und Antonius stilisiert. Man kann von einem Topos sprechen. Da ist interessant und methodisch auch für die Beurteilung des Agricola und der Germania wichtig, daß eine toposartige Stilisierung, wie Quintilian bei aller vorsichtigen Formulierung zeigt, der Wahrhaftigkeit keinen Abbruch zu tun braucht. Gerade weil der Fall hier so unverfänglich ist, ist er instruktiv. Nach ihm muß man die Topoi in den beiden anderen Schriften beurteilen.

15. Dial. 7, 1.

16. Plutarch, Otho 9.

17. Vgl. Cicero, de or. 2, 4.

18. Hist. 3, 9 f.; hist. 4, 42 rühmt Tacitus beherztes Eintreten des jungen Messalla für seinen Bruder vor dem Kaiser. Als Quelle für die eigene Darstellung nennt Tacitus den Messalla hist. 3, 25 und 3, 28.

19. Von Saleius Bassus, dem Epiker, ist nichts erhalten. Quintilian 10, 1, 90 rühmt sein *vehemens et poeticum ingenium*, Iuv. 7, 80 — jetzt gut zugänglich in der Übersetzung von U. Knoche, Juvenal, Satiren, München 1951 (S. 83) — weiß von seinem Ruhm und seiner 'Armut'.

20. Schulting folgend, hat zuerst F. Ritter dessen Ergänzung in seiner Dialogus-Ausgabe aufgenommen. Ich habe versucht, schon durch die Gliederung anzudeuten, daß der in Frage stehende Satz unmöglich eine genaue Disposition angeben

kann. Unsere Kapiteleinteilung, die von GRUTERUS, Frankfurt/Main 1607, stammt, ist nicht verbindlich. [... nicht einmal stets die Feineinteilung in Paragraphen, die Matthias BERNEGGER (Straßburg 1638) hinzufügte: die Angabe nach Else-Lilly ETTER, Tacitus in der Geistesgeschichte des 16. und 17. Jahrhunderts (Basel 1966) 156, vgl. 162, 296.
Die seitherige Forschung gibt mehrheitlich BÜCHNER recht, wenn er an der Überlieferung festhält: s. G. WILLE, Der Aufbau der Werke des Tacitus (Amsterdam 1983) 166, HEUBNER in seiner Ausgabe sowie in GÜNGERICHS Kommentar z. St. (S. 18). Der Bearbeiter tendiert dennoch zur Minorität (zuletzt WINTERBOTTOM), die *vel ad voluptatem dulcius* ergänzt: nicht nur mit dem Blick auf das Resümé 9, 1, sondern darauf, daß tatsächlich alle Punkte – wenngleich in anderer Reihenfolge; *dignitas* im Zusammengehen mit *fortuna* 8, 2 ff., vgl. 13, 1 mit 13, 3 – zur Sprache kommen.]

21. Eprius Marcellus, ein bedeutender, wenn auch zweideutiger Zeitgenosse, ist uns gut bekannt (vgl. GUDEMAN a. O. 215). Nach Cassius Dio inszenierte er 79 eine Verschwörung gegen Vespasian und beging nach Entdeckung Selbstmord. Das Redegefecht, das Aper mit sichtlicher Bewunderung in Erinnerung ruft, obwohl es schändlich genug war, schildert Tacitus hist. 4, 43 (vgl. ann. 16, 29 und hist. 2, 53). Das Urteil des Tacitus in seinen historischen Schriften über diesen Mann stimmt so mit dem des Dialogus überein, daß GUDEMAN a. O. daraus nicht mit Unrecht ein Indiz für die Echtheit des Dialogus ableitet. Denn, wie Aper zeigt, verstand sich so strenge Verurteilung keineswegs. Über Vibius Crispus vgl. hist. 2, 10: *pecunia, potentia, ingenio inter claros magis quam inter bonos,* eine eindeutige Verurteilung.

22. Dial. 9, 6.

23. Über die wissenschaftliche Diskussion zu dieser Stelle (16, 3) vgl. K. KEYSSNER, Betrachtungen zum Dialogus des Tacitus (Würzb. St. z. Altertumsw.), 1936, Sonderdruck S. 8. Es kommt als wesentlich hinzu, daß *pro duobus promitto* nur meint, daß Maternus an Stelle und eintretend für zwei es versprechen kann, daß sie Messallas Rede gegebenenfalls ergänzen. Er sagt nicht, daß er und Secundus es auf jeden Fall tun werden. Möglichkeit, nicht Faktum steht zur Diskussion.

24. Horaz epist. 2, 1, 45

    utor permisso caudaeque pilos ut equinae
    paulatim vello et demo unum ...

Zu dieser Epistel vgl. bes. F. KLINGNER, Horazens Brief an Augustus, Sbb. München 1950/5, jetzt in dessen Studien zur griechischen und römischen Literatur (Zürich 1964) 410–432.

25. Vgl. K. H. SCHULTE, Orator: Untersuchungen über das ciceronische Bildungsideal, Frankfurt 1935.

26. Solche Suasorien und Kontroversien sind uns durch den älte-

ren Seneca bekannt (s. Schanz-Hosius II[4] 1935, 338 ff.). Er hat mit wunderbarem Gedächtnis für seine Söhne, aber auch für ein breiteres Publikum aufgezeichnet, wie zu seiner Zeit bestimmte Themata von den verschiedenen Rhetoren behandelt wurden, selber ein leidenschaftlicher Ciceronianer und dem Deklamationswesen durchaus nicht gewogen. Zehn Bücher *controversiae* — Streitfälle, in denen Rechtsprobleme durchgefochten wurden, und zwar wirkliche 'Randsituationen' — und ein Buch *suasoriae*, in denen ein Ratschlag gegeben wird, ob man etwas tun soll oder nicht, sind uns erhalten. Das MA hat die fingierten Fälle für bare Münze genommen und sie als Gesta Romanorum genossen. Siehe darüber jetzt E. R. Curtius, Europäische Literatur und lateinisches Mittelalter, Bern 1954[2], S. 164.

27. Das Wesen dieser von unseren Parteien so verschiedenen Parteiungen in der Nobilität haben uns M. Gelzer (Die römische Nobilität 1912) und F. Münzer (Römische Adelsparteien 1920) verstehen gelehrt.

28. Über das Thema der großen Gefahr vgl. H. J. Mette, Hermes 80, 1952, 409 ff.

29. Die Centumviri sind ein Richterkollegium für Privatsachen (ursprünglich aus 105 Männern bestehend). In der Republik traten die großen Redner dabei kaum auf, in der Kaiserzeit dagegen gewannen sie für die Redner, da namentlich Staatsprozesse nicht mehr öffentlich verhandelt wurden, an Wichtigkeit. Vgl. M. Wlassak, RE III 1937 ff.

30. Die *paenulae*, eigentlich ein Regenmantel, ein einfaches Tuch, durch dessen mittlere Öffnung man den Kopf steckte, mit Kapuze, bisweilen regendicht aus Leder, nach unserer Stelle die Tracht vor Gericht, konnte es an Wirkung mit der kunstvoll geschlungenen Toga nicht aufnehmen. Vgl. zur *paenula* jetzt das hübsche Buch von U. E. Paoli, Das Leben im alten Rom, Bern 1948, bes. 133 und 273.

31. Die causes célèbres der ausgehenden Republik: der Volkstribun C. Cornelius wurde 65 v. Chr. *de maiestate* angeklagt und von Cicero erfolgreich verteidigt (s. über die politischen Hintergründe M. Gelzer, M. Tullius Cicero, RE s. v. Tullius Sp. 860). Von der Rede sind nur Fragmente erhalten. M. Scaurus wurde 54 v. Chr. von einer Reihe großer Redner, darunter Cicero, in einem Prozeß *rerum repetundarum* (Erpressung) mit Erfolg verteidigt. Milo wurde 52 *de vi* angeklagt — wegen der Tötung des Clodius —, von Cicero verteidigt, aber dennoch verurteilt und ging nach Massilia in die Verbannung. Die erhaltene wichtige Rede Ciceros ist in ihrer jetzigen Form wohl vorbereitet gewesen, aber nicht so vorgetragen worden. — L. Bestia, 56 v. Chr. *de ambitu* (Amtserschleichung) angeklagt, konnte von Cicero nicht gerettet werden; die Rede ist nicht erhalten (über den *maximus con-*

ventus spricht Cicero ad Q. fr. 2, 3, 6). Vatinius, ein Günstling Caesars, wurde nicht weniger als dreimal von Calvus, dem Dichter und Redner, angeklagt (s. SCHANZ-HOSIUS I a. O. S. 392 f.), einmal m i t, einmal g e g e n Cicero.

32. 2. Lücke: 1719 vermutete HEUMANN nach 40, 4 vor *non de otiosa* etc. ohne weitere Begründung eine zweite Lücke. 1871 kehrte ANDRESEN zu HEUMANN zurück. BARWICK (s. o. A. 10) tut die Annahme sehr kurz ab. Wir können ihm darin folgen. Wenn auch sicher der handschriftliche Befund — vgl. GUDEMAN a. O. 78 — nicht gegen die Annahme einer Lücke spricht — natürlich sind die wenigsten Lücken in unseren Handschriften markiert —, so hieße es dem Zufall doch zu viel zuschreiben, wenn die Lücke gerade nach Satzschluß und dann wieder vor Satzanfang fiele. Auch bei Annahme eines Blattausfalles, der sich übrigens nicht erweisen läßt, würde dieses zweimalige Spielen des Zufalles nicht erklärt. Die anderen Gründe bei GUDEMAN beruhen auf der *petitio principii*, daß Secundus gesprochen haben müsse, eine Vorstellung, die auch die sachliche Erörterung der Größe der ersten Lücke gestört hat. PETERSON AJPh 34, 1913, 8 vergleicht übrigens schon den Zusammenhang mit dem *ut subinde admoneo* 37, 6.

33. Problem der 1. Lücke: Das Problem, was uns in der Lücke verlorengegangen ist, und damit auch die Auffassung des Dialogus als Kunstwerk wird entschieden durch die Bestimmung ihres Umfanges. Ich kann mich hier den Ausführungen BARWICKS anschließen. [BARWICKS Darlegungen zu dieser Frage sind – ebenso wie z. B. die des Bearbeiters, zuletzt Philol. 113 (1969) 26–30 – durch die seitherige Forschungsentwicklung, unbeschadet richtiger Ansätze, überholt. Es sind nunmehr die Thesen D. Bos (Prometheus 2 [1976] 124–144), die im wesentlichen schon auf Überlegungen R. P. ROBINSONS in seiner Germania-Ausgabe von 1935 (S. 12 ff.) beruhen und als die denkbar schlüssigste Lösung des vieldiskutierten Problems gelten können; sie befreien uns von der Annahme eigenmächtiger Konjekturen oder kaum erklärlicher Irrtümer seitens DECEMBRIOS (vgl. A. 40) bzw. der Handschriften (vgl. A. 42); leider sind sie HEUBNERS Ausführungen im Nachwort zum Dialogus-Kommentar GÜNGERICHS (S. 193 f.), die sogar noch in sich selbst unstimmig sind, nicht zugute gekommen. – Im folgenden die Hss.-Siglen erster Stelle in der Nomenklatur WINTERBOTTOMS, der sich HEUBNERS Teubneriana mit einigen sinnvollen Ergänzungen angeschlossen hat; an zweiter Stelle die Siglen-Benennung Bos, der damit die zuletzt von KOESTERMANN betreute Tradition weiterführt.

An der betr. Textstelle finden sich folgende Vermerke der Hss.:

$\beta = X$ { B = A: *hic desunt sex pagelle* (→ Baltim.: *hic deficiunt sex pagellae*)
b = B: *deerant in exemplari sex pagelle vetustate consumptae*

$\zeta = Z$ { V : *hic est defectus unius folii cum dimidio*
E : *hic deest multum, in exemplari dicitur deesse sex paginas*

$\Gamma = Y$ { Ven. Marc. (m): *hic deficiunt quatuor parve pagelle*
c = C: *multum deficit in exemplaribus quae reperiuntur*
Δ : *hic multum deficit*

Wie man sieht, weiß die Γ-Gruppe nichts Genaues, die Angabe von m '*quatuor parve pagelle*' geht wohl auf eine Verschreibung der Vorlage (IV statt VI) zurück. Auch E geht von diesem vagen Kenntnisstand aus, fügt dann aber Information aus zweiter Hand hinzu, wobei die *sex pagellae* der β-Gruppe (der sich der Baltimorensis anschließt) zu *sex paginae* vergröbert werden. Versteht man unter *pagellae* Kolumnen *(columnellae)*, 2 je Seite, 4 je Blatt, dann kommt man auf 1½ Blätter *(folia)*, und eben dies bietet der Vermerk von V.

Eine Beschreibung des Hersfeldensis (H) durch den päpstlichen Sekretär DECEMBRIO im Jahre 1455 ergibt für den Dialogus 14 *folia in columnellis,* also zweispaltig, dann eine Lücke von 6 *folia,* danach nochmals 2½ *folia.* Hätte DECEMBRIO die Lücke mit 1½ *folia* beziffert, so hätte sich ein Gesamtumfang von 18 *folia* ergeben, wie ihn eine Instruktion NICCOLIS (auf Grund der Inventarien eines Hersfelder Mönchs, ihm durch Freund POGGIO übermittelt) im Jahre 1431 mitgeteilt hatte; außerdem bestünde dann Übereinstimmung mit den Angaben der Hss. (wenn man von den sekundären Minutien absieht). Solche Übereinstimmung läßt sich erzielen, wenn man mit Bo annimmt, daß H den Verlust von 6 *folia* in der Vorlage vermerkt hatte (*vetustate consumpta,* wie b = B später richtig vermutet, nur mit irrigem Bezug auf H selbst) und zugleich 1½ *folia* für den Fall einer späteren Ergänzungsmöglichkeit freiließ. Den 6 Blättern einer weiträumig geschriebenen Majuskelvorlage – es fehlt nicht an geeigneten Beispielen – entsprachen nach der Erfahrung des Schreibers von H 1½ Blätter seines eigenen karolingischen Minuskelcodex, anders ausgedrückt: einem Blatt der Vorlage eine Kolumne von H. Die Nachfolger von H hielten sich nun an die freigelassenen 1½ Blätter, wenigstens in ihren Vermerken – sie hatten zu schreiben und Angaben für eventuelle Dispositionen künftiger Schreiber zu machen –, DECEMBRIO aber registrierte die Zahlen des überlieferten Bestandes zusammen mit der überlieferten Zahl

ausgefallener Blätter – für sich und seine Humanistenfreunde.]
Fehlen 1$^1/_2$ *folia*, fehlt nur $^1/_{12}$ des Werkes. Eine größere Rede hat dann keinen Platz in der Lücke gehabt. Anfang und Ende der aneinanderstoßenden Reden und ein Zwischengespräch werden sie eingenommen haben.

34. Die Stellen – s. Barwick a. O. S. 3 –: Velleius Paterculus 1, 16 ff.; Seneca, Contr. 1 praef. 6 ff.; Seneca epist. mor. 114; Petron, Sat. 1 f.; 88; 83, 9–84, 3; Plinius n. h. 14 praef. 3 ff. [Das Thema behandelt jetzt – nach der materialreichen Arbeit O. Schönbergers – umfassend K. Heldmann, Antike Theorien über Entwicklung und Verfall der Redekunst, Zetem. 77 (1977). Vgl. auch R. Häussler, De causis corruptae eloquentiae. Variationen eines römischen Themas, Actes de la XIIe Conf. intern. d'ét. cl. Eirene, Cluj-Napoca 1972 (Amsterdam 1975) 311–316.]
35. S. Barwick a. O. S. 11.
36. π. ὕψους c. 44. [Dazu Jutta Bause, RhM 123 (1980) 258–266; G. Williams, Change and decline (1978) 17–25.]
37. Barwick a. O. S. 18.
38. Verf. Einführung zu Cicero, 'Vom Gemeinwesen' a. O. 28 ff.
39. Tac. ann. 4, 33.
40. Echtheit: 1426 schreibt Panormita an Guarino: *inventus est quidam dyalogus de oratoribus et est, ut coniectamus, Cor. Taciti;* 1455, nachdem der Codex von Enoch von Ascoli [?] nach Rom gebracht worden ist, schreibt Decembrio in seiner Beschreibung des Hersfeldensis: *Corneli Taciti dialogus de oratoribus: incipit* ... [Von den neueren Herausgebern ist Winterbottom z. St. überzeugt, das Zeugnis Decembrios und der Hss. beweise die Nennung des Autors Tacitus im *Incipit* des Hersfeldensis (H); Bo (Praef. LXXIII, 1, vgl. LXXXIV und z. St.) folgt – ohne Verweis – der Vermutung R. P. Robinsons (Praef. der Germania-Ausgabe [Middletown, Connect. 1935] 12), Tacitus' Name habe zwar nicht im *Incipit*, aber im *Explicit* von H (parallel dazu V, von Bo fast überzeugend als direkter Abkömmling von H gewertet; vgl. aber Winterbottom Praef. VII: V + E = ζ) gestanden, und Decembrio, der ja erstmals auch die *Explicit*-Daten berücksichtigt, habe deshalb den Dialogus Tacitus zugeschrieben; Heubner beschränkt sich in der Ausgabe (Praef. IV) auf den aus Panormitas Äußerung zu erschließenden negativen Befund; im Nachwort zu Güngerichs Kommentar formuliert er S. 186, »aller Wahrscheinlichkeit nach« sei in H dem Dialogus kein Verfassername beigegeben worden – wobei, wie aus dem Folgenden hervorgeht, von den neueren Arbeiten (Rubinstein, Brugnoli, Ullman, Bo) keine Notiz gnommen wird,

mögen sie auch im Literaturverzeichnis stehen (vgl. jetzt immerhin Praef. VII der Dialogus-Ausgabe).

Die in diesem Zusammenhang wichtigste jener neueren Arbeiten – vgl. die Liste von Positiv-Indizien bei Bo p. LXXXIV – ist die von N. RUBINSTEIN, An unknown letter by Jacopo di Poggio Bracciolini on discoveries of classical texts, Italia medioevale e umanistica 1 (1958) 383–400. Hier wurde für die Tacitus-Rezeption die Kopie eines Briefes, den der Sohn des großen POGGIO Ende 1475/Anfang 1476 zwecks künftiger Handschriften-Fahndung verfaßte, erstmals erschlossen. Dabei ist aber die neue Bezeugung der taciteischen Urheberschaft (... *in Italiam venit: Suetonius hic* [sc. *de gramm. et rhet.*]: *et Cornelius de situ et origine germanorum: et de oratoribus. Sed corruptus: et laceratus*) noch nicht ganz ausgewertet. Zwar ist in der vorausgegangenen Suchliste, die durch Jacopos Feststellung teilweise gegenstandslos wird, der Dialogus ausgefallen, doch zweifellos erst in der Kopie: die selbstverständliche Sprechweise '*Cornelius ... de oratoribus*' wie auch die summarische Schlußbemerkung, nach dem Tod des Vaters (1459) seien u. a. '*Cornelius tacitus. Suetonius*' gefunden worden, schließen aus, daß Entgegenstehendes, d. h. Anonymes vorausgegangen sein kann. Von hier aus läßt sich noch weiterkommen.

Wenn RUBINSTEIN 389 f. nachweist, daß diese Suchliste des jüngeren POGGIO nicht auf NICCOLI, sondern gemeinsam mit dessen Commentarium von 1431 auf Papiere des Vaters zurückzuführen ist, dann muß auch daran erinnert werden, daß diese Papiere ihrerseits auf z w e i Inventarien des Hersfelder Mönchs Heinrich von GREBENSTEIN aufbauen. Das erste Inventarium von 1425 enthielt, aus welchen Gründen auch immer (vgl. BORZSÁK, RE Suppl. XI [1968] 429), Tacitus' Namen im Falle des Dialogus augenscheinlich (s. PANORMITA) nicht: entweder, wird man sagen dürfen, originale Fehlanzeige oder Nachlässigkeit bei der Übermittlung. Das zweite Inventarium von 1427 jedoch (vgl. POGGIO am 17. V. 1427 an NICCOLI) müßte den Namen enthalten haben, wie man nunmehr von Jacopo aus rückschließen kann: denn Jacopo basierte nicht auf (angeblich) nachträglich hinzugefügten Überschriften, sondern auf den alten Suchlisten seines Vaters. Daß NICCOLI, dem beide Listen 1431 vorlagen, sich in diesem Falle an die ältere hält oder auch nur derselben Bequemlichkeit wie der Mönch verfällt (die obige Alternative war eine vorläufige, Jacopos Brief erteilt die Antwort), indem er bei der Dialogus-Beschreibung den Namen Tacitus nicht zum dritten Male nennt, ist unter solchen Vorzeichen nicht mehr sonderlich bedeutsam.]

Im übrigen muß doch betont werden, daß sich zwar leicht erklären läßt, wie in der Überlieferung das Fragment des

Sueton über die Rhetoren und Philologen sich an den Dialogus gehängt hat (wegen des ähnlichen Inhalts), aber kaum, wie zu den Kleinen Schriften Agricola und Germania der so themafremde Dialogus hinzugefügt worden sein sollte, wenn es sich nicht um den gleichen Verfasser handelte.

[Bleibt noch das Frontin-'Argument', das trotz DREXLERS Tacitus-Bericht von 1929 S. 286 neuerdings, in Kritik der 2. Auflage dieses Bandes, dank E. PARATORE (RCCM 9 [1967] 140) weiter durch die Literatur zu geistern droht. Nach ULLMAN (gegen MENDELL) hat zuletzt D. SCHAPS (CPh 74 [1979] 30 f.) darauf hingewiesen, daß in NICCOLIS Instruktion durch die Formel '*item in eodem codice*' einzig die drei taciteischen Schriften und die Suetonschrift zu einem Codex-Inhalt zusammengeschlossen werden. Im übrigen – hier (und nicht nur hier, wo Jacopo auf Information jenseits väterlicher Suchlisten angewiesen war) irrte schon Jacopo – war Francesco POGGIO just Frontins De aquaeductibus bereits 1429 habhaft geworden (RUBINSTEIN 397). Die Frontinschrift gehörte nicht zu H, H war somit kein beliebiger Sammelcodex, BÜCHNERS obige Argumentation behält ihre Gültigkeit.

Zusammenfassend kann man sagen, daß vom Jacopobrief her der Rückschluß auf ein Dialogus-*Incipit* mit dem Namen Tacitus, wie es das zweite Inventarium Heinrichs von GREBENSTEIN übermittelt haben muß, erlaubt, ja nahezu geboten ist. Rückwirkend gewinnt damit das Zeugnis DECEMBRIOS, von allen Verdächtigungen befreit, und aller wesentlichen Hss. seine natürliche Kraft zurück.

Im folgenden wird uns die Echtheitsdiskussion zu einem zweiten Fragenkomplex führen, der nicht in der Tacitusüberlieferung, sondern in einem Tacitusreflex des Zeitgenossen Plinius seinen Ursprung hat. Auch von hier aus ergibt sich, wie vorneweg gesagt sei, nach dem neuesten Forschungsstand die größtmögliche Gewähr dafür, daß der Dialogus von Tacitus stammt. Und wiewohl innere Kriterien überwältigend für Tacitus sprechen, soll man auch solche äußeren – s. PARATORE, L. HERRMANN u. a. – nicht geringachten.]

Einen ersten flüchtigen Zweifel an der Echtheit äußerte BEATUS RHENANUS in einer Anmerkung zu seiner Baseler Ausgabe von 1519. IUSTUS LIPSIUS schloß sich in seiner ersten Tacitusausgabe 1574 diesem Zweifel mit unerhörter Entschiedenheit an: *superest, ut de scriptore huius libri verbo admoneam, quem Tacitum non esse tam certum apud me est quam si Apollo respondisset.* Wie es zu gehen pflegt, wirkte dieser zuerst so entschieden ausgesprochene Zweifel stärker als die spätere Bedenklichkeit des LIPSIUS, und so hat in der Folge die Unechtheit festgestanden, die Jagd nach dem Verfasser begonnen (s. im einzelnen GUDEMAN 1 ff.). Dabei ist – eine

Unmöglichkeit — meist Quintilian bevorzugt worden (so vor allem in der Ausgabe von HEUMANN [1719]).
Die Lage änderte sich, als Adolf Gottlob LANGE (Acta Sem. et Soc. Philol. Lips. I [1811] 77–88) in einem Brief des Plinius an Tacitus (epist. IX 10) eine Anspielung auf seinen Dialogus entdeckte oder zu entdecken glaubte. Das LANGEsche Argument hat für Jahrzehnte die Echtheit des Dialogus entschieden, bis es verworfen wurde, weil man zu erkennen glaubte, daß Plinius sich nicht auf den Dialogus, sondern auf den diesem Briefe vorausgehenden Brief des Tacitus bezog (auf Einzelheiten der z. T. bizarren Argumentationen dieser Kontroverse — s. GUDEMAN a. O. — kann hier nicht eingegangen werden). Beides schießt über das Ziel hinaus. Es spricht in der Tat eine vielleicht sogar große Wahrscheinlichkeit dafür, daß sich Plinius auf den Dialogus bezieht. Es ist nicht leicht, die Delikatesse der andeutenden Aussage und des Spieles mit der Bildung zu begreifen, und Konjekturen etwa MOMMSENs und GUDEMANs zeigen in ihrer Überflüssigkeit, wie schwierig das Verständnis ist. Darum ein paar Worte wenigstens darüber. Die Situation des Briefes: Plinius ist auf seinem Landgute zu Eberjagd und produktiver Arbeit. Denn, wie er es in I 6 Tacitus angepriesen hatte, nichts ist besser für geistige Betätigung als die körperliche Bewegung der Jagd, wobei Stille und Einsamkeit der Wälder noch hinzukommen, so daß auch Tacitus die Erfahrung machen dürfte, daß Minerva und Diana beide in solcher Gegend zu finden seien und er also auf die Jagd seine Griffel außer dem Jagdspeer mitnehmen möge. Diese oder eine ähnliche Expektoration des Plinius hat Tacitus aufgegriffen und in einem Briefe oder auch beim Abschied, als Plinius aufs Land ging, ihm die *praecepta* gegeben, er solle, wie es sich gehöre, der Minerva und der Diana in gleicher Weise seine Verehrung zollen. Das ist nun leider nicht möglich, schreibt Plinius: es gibt keine Eber. Also bleibt nur die Minerva zur Verehrung. Mit Maßen freilich in dieser Zurückgezogenheit und Sommerhitze. Auf der Reise — unwahrscheinlich hieraus, daß Plinius schon auf einen Brief des Tacitus antwortet, wahrscheinlicher, daß er Abschiedsbemerkungen aufgreift — hat er ein paar *nugae* notiert, *in villa*, auf seinem Gutshof, sie noch etwas ergänzt, weil er zu nichts anderem Lust hatte: *itaque poemata quiescunt, quae tu inter nemora et lucos commodissime perfici putas. Oratiunculam unam alteram retractavi; quamquam id genus operis inamabile, inamoenum magisque laboribus ruris quam voluptatibus simile. Vale.* Die eigentlichen Gedichte ruhen also, weil Plinius gar keine Gelegenheit hat, in den *nemora* und *luci* sich aufzuhalten, um auf die Eber zu warten (*villa* darf nicht mit *nemora et lucos* gleichgesetzt werden), *nemora et lucos* wird mit *ut putas* als

Ansicht des Tacitus gekennzeichnet, nicht als Äußerung. Es ist darum durchaus nicht sicher, ob die Wendung in einem vorhergehenden Brief gestanden hat, zumal wenn dieser Brief unwahrscheinlich ist (s. o.). Dafür steht sie zweimal im Dialogus: Kap. 9 Ende und 12 Anfang. Und das ist nicht alles. *Commodissime* mit der Relativierung durch den Superlativ entspricht der Relativierung Apers Kap. 9 *si modo dignum aliquid elaborare et efficere velint.* Wenn man aber sagt, man könne die Ansichten der Redner des Dialogus nicht ohne weiteres Tacitus zuschreiben, so durfte Plinius in der von niemand bestrittenen Meinung der beiden Gegenspieler des Dialogus wohl auf Tacitus schließen. Gewiß, die Wendung ist, wie GUDEMAN z. St. zeigt, alt und viel gebräuchlich, auch von Tacitus sonst verwendet: das spricht aber doch erstens sehr dafür, daß Plinius des Tacitus Ansicht richtig erkannt hat, und zweitens, daß sie mit ihrer hohen und alten Patina nicht in einem Abschiedsgespräch oder einer scherzhaften Briefwendung gefallen ist, sondern eben aus dem Zusammenhange zitiert wird, in dem sie im Dialogus vorkommt. Schließlich: im Eifer des Gefechtes hat man den Brief nicht zu Ende gelesen. Ich habe den Schluß darum ganz abgedruckt. Sollte es ein Zufall sein, daß nach den Gedichten nun die Reden, zu denen es Plinius als einzigem bringt, kommen, daß diese Reden als *inamabile* und *inamoenum* charakterisiert werden, ja als den Arbeiten des Landes ähnlicher, dem Zeichen der eisernen Zeit, als seinen Genüssen — vgl. Dial. 12 *nemora vero et luci. . . . tantam mihi adferunt voluptatem* —, die es ohne Arbeit in der goldenen Zeit spendete? Der ganze Zusammenhang des Dialogus, scheint mir, steht hinter dem Brief, es wird mit seinen Begriffen — Dichtkunst, Redekunst, goldene Zeit, eiserne Zeit, *nemora et luci* Rest der goldenen Zeit — in leichter Andeutung gespielt. Wie Plinius sich ohne Kenntnis des Dialogus ausgedrückt hätte, zeigt I 6 zur Genüge. Erst der Dialogus hat ihn zu seinen eleganten Wendungen in IX 10 inspiriert. So scheint es mir nicht zuviel gesagt, wenn man behauptet, es spricht alle Wahrscheinlichkeit dafür, daß Plinius in dem Briefe an Tacitus seinen Dialogus zitiert. Damit wäre die Echtheit bewiesen. [Seitdem hat E. LEFÈVRE (Plinius-Studien II: Diana und Minerva, Gymn. 85 [1978] 37—47) in präziser Einzelinterpretation gezeigt, daß Plin. ep. IX, 10 auf I, 6 in einer Weise fußt, daß sich sowohl Zweifel an plinianischer Autorschaft als auch Annahmen verbieten, ein Tacitusbrief sei im plinianischen Briefcorpus ausgefallen oder Plinius müsse sich auf eine mündliche Äußerung von Tacitus bezogen haben. Damit hat LEFÈVRE erklärtermaßen (S. 44 mit A. 11; von HEUBNER a. O. 192 völlig mißverstanden und ins Gegenteil verkehrt) den Weg für eine neue auf den Dialogus zielende

Würdigung von ep. IX, 10 freigemacht. Es bleibt festzuhalten, daß, mit ausdrücklichem Bezug auf Tacitus, Wälder und Haine als Inspirationsrefugien der Dichter angesprochen werden, und das steht so nur – dafür gleich zweimal, von unterschiedlichen Positionen direkt auf die Ansicht des Autors selbst hinführend – im Dialogus. Die ohnehin naheliegende Annahme, daß hier der Schriftsteller zum Schriftsteller spricht, legt sich noch näher, wenn man bedenkt, daß Plinius mit seiner literarischen Anspielung ein unaufdringliches Kompliment für Tacitus' noch recht neues Werk verbinden konnte.]

An Bestreitern der taciteischen Verfasserschaft hat es seit der, wie mir scheint, zu voreiligen Zurückweisung des LANGEschen Argumentes nicht gefehlt. Ihr Hauptargument war der Stil. [Es ist ihnen durch F. LEO entrissen worden, dessen Argumentation lediglich noch der Befestigung durch R. REITZENSTEIN gegenüber GUDEMANS Unterstellungen bedurfte. LEO hat gezeigt, daß es in jener Zeit ausgeprägter Gattungsstile grundsätzlich denkbar ist, daß ein Autor je nach Werkgattung in verschiedenen Stilen zu schreiben versteht; ein späteres bekanntes Beispiel dafür ist Apulejus. Wenn sich für den Dialog als Kunstform ciceronischer Stil (nicht unbedingt verpflichtend, doch immerhin) anbot, dann sollte man im übrigen auch nicht die ciceronische Tönung am Ende des 'Agricola' vergessen: Tacitus beherrschte solche Register. So wenig durch solche traditionsbedingten Vorgaben persönlicher und persönlich sich entwickelnder Stil ausgeschlossen wird, so wenig sollte sich andererseits nach LEO, NORDEN, REITZENSTEIN und anderen eine zwingende Argumentation für Datierung oder gar Echtheit aus dem bloßen Stilcharakter derartiger Werke ableiten lassen. Im übrigen fehlt es natürlich nicht an zahlreichen verbalen und stilistischen Bezügen zwischen dem Dialogus und den weiteren Schriften des Tacitus, wie sie z. B. schon die Einleitung von JOHNS Kommentar (unbeschadet anderer Prämissen) zusammengestellt hat.] Zutiefst für Tacitus spricht der Rang der Erkenntnis und des historischen Bewußtseins, jenes bewußte Erspüren und Erkennen der tieferen Ursachen unter den mit bloßer *ratio* erkennbaren Kausalverbindungen, wie es im Agricolaproömium geübt und im Historienproömium direkt ausgesprochen wurde. Man müßte einen Tacitus erfinden, wenn nicht die Überlieferung mit den Kleinen Schriften und das Zitat des Plinius das Werk dem gäben, dem es seinem Range nach allein zugehören kann. S. G. WILLIAMS, JRSt. 44, 1954, 158.

41. Zeit: Was die Datierungsfrage anlangt, so ist es trotz der heftigsten Bemühungen GUDEMAN a. O. 29–55 nicht gelungen, den Frühansatz unter Titus zu beweisen (s. BARWICK S. 14). Selbst seine Diskussion weist eindeutig auf nachdomi-

tianische Epoche. Drei Ansätze sind versucht worden: 1. der Dialogus gehört der nachdomitianischen Epoche an, 2. der Dialogus ist ein Jugendwerk, und zwar im letzten Jahr der Regierung des Titus geschrieben. 3. der Dialogus ist unter Domitian, und zwar am Anfange seiner Regierung bis etwa 85 geschrieben worden. Die dritte Ansicht darf man wohl sehr rasch abweisen: im Agricolaproömium spricht Tacitus von dem 15jährigen Schweigen unter Domitian. Er könnte es nicht, wenn eine so freimütige Schrift unter ihm geschrieben oder veröffentlicht worden wäre. Denn mit diesem *silentium* ist ja die ganze Unlust und Unfreiheit gemeint, die weder zum Handeln oder zu freier Äußerung Raum ließ. Was den ersten Ansatz anlangt, so hat LEO mit Erfolg die Meinung vertreten, daß der Stil nicht hindere, sie in die Zeit der Germania oder des Agricola zu setzen. Für sie spricht die Tatsache, daß in der Schrift Gründe für eine Abwendung von der Redekunst entwickelt werden, die, wenn wir uns vorsichtig ausdrücken, für den Tacitus wichtig geworden sein mußten, der seine Berufung als Historiker erkannt hat. Und man wird auch BARWICK zustimmen, daß man eine solche abgeklärte Behandlung der Gründe eine Reihe von Jahren nach dem Entschluß ansetzen wird. Schließlich läßt sich nicht leugnen, daß der Dialogus die institutio Quintilians voraussetzt, die 95 erschienen ist (SCHANZ-HOSIUS II 749). Das erfordert Entstehung nach Domitian. Es kann hierbei auf R. GÜNGERICH, Class. Philol. 46, 1951, 159 ff. und BARWICK a. O. 14 verwiesen werden. Die Bedenken, die gegen den zweiten Ansatz trotz GUDEMAN bleiben, bestätigen diesen Ansatz: Vibius Crispus, der 93 als 80jähriger starb, kann nicht zu Lebzeiten unter Kaisern, bei denen er im höchsten Ansehen stand, so ungünstig beurteilt werden, ebenso wie Eprius Marcellus, der 79 Selbstmord begeht. Maternus ist nach Cass. Dio 67, 12, 5 von Domitian hingerichtet worden. Zur Identifikation des dionischen mit dem taciteischen Maternus s. o. Anm. 13. Schließlich ist es nicht das Werk eines im Jahre 81 26jährigen, das wir vor uns haben. Wenn Tacitus auf das Gespräch zurückblickend erzählt, er habe es *iuvenis admodum* gehört (Dial. 1), so blickt auf seine Jugend so nicht ein 26jähriger zurück. Recht hat GUDEMAN mit seinen Ausführungen über die Stimmung, die vom Stil noch zu unterscheiden ist (wenn auch nicht so sehr, wie es GUDEMAN tut): man kann sich den Dialogus kaum in der Zeit, wo die Empörung über das Erlebnis der Domitianregierung noch frisch ist, vorstellen. Das sollte aber nur dazu veranlassen, den Dialogus in die Zeit der Historien zu setzen. [Zur gesamten Datierungsfrage jetzt BORZSÁKS RE-Artikel 432 f.]

DIALOGUS · ÜBERSETZUNG

42. [Die verlorenen Teile des Hersfeldensis (H) werden im großen ganzen aus den Handschriften ABCDΔEV (nach Bo) = BbcCΔEV (nach WINTERBOTTOM, ihm mit Ergänzungen folgend HEUBNER) rekonstruiert, vgl. o. A. 33. Sowohl Bo als auch WINTERBOTTOM nehmen drei Hyparchetypi an (Bo: X = AB, Y = CDΔ, V mit E als Abkömmling; WINTERBOTTOM: B mit b als Abkömmling, Γ = Cφ mit weiteren Verzweigungen, wobei cΔ Derivate von γ sind, das von ζ her Korrekturen empfing, also kontaminiert ist, und ζ = EV), während Ch. E. MURGIA neuerdings (CPh 74 [1979] 245), wie seinerzeit schon ROBINSON, mit zwei Hyparchetypen auszukommen hofft, indem er WINTERBOTTOM dahingehend modifiziert, daß ζ seine Sonderstellung behält, während B und Γ unter 1 Hyparchetypus zusammenrücken. V steht in mehrfacher Hinsicht H besonders nahe (s. o. A. 33; WINTERBOTTOM Praef. X und bes. D. Bo, Avvaloramento del codice Vindobonense 2960 in relazione al Dialogus de oratoribus di Tacito, Atti della Acc. delle Scienze di Torino II, Cl. di sc. mor. 110 [1976] 1 ff.), während B = b, d. h. der Leidensis XVIII Perizonianus Q 21 dadurch aufgewertet wurde – einschließlich seiner Randnotizen –, daß B. L. ULLMAN (Pontano's handwriting and the Leiden manuscript of Tacitus and Suetonius, Italia med. e um. 2 [1959] 309–335) nunmehr definitiv nachwies, daß es sich dabei um Pontanos Autograph handelt.]
43. S. Anm. 6.
44. *Utrosque* ist wohl als Plural der Zusammengehörigkeit zu halten — HALM streicht es, aber vgl. 16, 5 — und dann mit SCHOPEN hinter *ego* zu stellen.
45. Diese für die Arbeitsweise und die Bewußtheit der Komposition wichtige Stelle erinnert an die Art Menanders, von dem folgende Anekdote erzählt wird. Von einem Besorgten gefragt, ob er denn zum Fest seine Komödie fertig habe, sagt er, das sei kein Problem: 'Ich habe die Komödie fertig; denn die Disposition ist eingerichtet. Ich muß nur noch die Verschen dazudichten' (Plut. de glor. Athen. 4 p. 348 A).
46. Der Stoff des Thyestes war vielfach bearbeitet worden — GUDEMAN a. O. 200 zählt elf griechische und zehn lateinische Bearbeitungen —, im Römischen vor allem von Accius und Varius, dem Freunde Vergils. *Oderint dum metuant* war geflügeltes Wort aus dem Werke des Accius.
47. S. Anm. 9.
48. An dieser vieldiskutierten Stelle (5, 3) stimme ich mit BARWICKS Ansicht (a. O. 23 Anm. 1) überein, daß der geforderte Sinn durch die Änderung des korrupt überlieferten *inveniri*

in *inveni* und des *apud eos* in *apud vos* (d. i. Maternus, Secundus, Tacitus) erreicht wird, zumal in dem *quatenus* doch wenigstens leise auf die Einschränkung des Secundus Rücksicht genommen wird. [Vgl. dazu neuerdings H. Merklin, Hermes 95 (1967) 500–504 und J. Christes, Hermes 107 (1979) 371–379. Eine rundum befriedigende Lösung scheint noch nicht gefunden und ist vielleicht auch nicht zu finden. Bearb. hätte einiges dazu zu sagen, findet nur keine Zeit für einen entsprechenden Aufsatz. Darum hier ohne Kommentar ('*Et*' zu Beginn von § 4 ist zu athetieren) folgender Übersetzungsvorschlag: »Sicher möge sich, erwiderte Aper, Salejus Bassus und jeder andere fühlen, der sich mit Dichtung beschäftigt und dem Ruhm durch Lieder huldigt, während er Prozesse zu führen nicht befähigt ist. Ich nämlich, sofern sich ein Schiedsrichter dieses Streites (noch) finden läßt, werde nicht dulden, daß Maternus in Gemeinschaft mit einer Anzahl anderer verteidigt wird, sondern eben nur ihn selbst werde ich – und just bei ihnen *(eos ipsos)* – anklagen ...«.]

49. S. Anm. 20.

50. S. Anm. 21.

51. *Veteres* und *senes* ist wohl nicht als einfache Tautologie zu fassen. Bei *veteres* hört man die durchs Alter erworbene Geschicklichkeit mit (gern in Bildungen wie *veterator, veteratorius*). S. Gudeman zur Stelle.

52. Man muß hier den Stolz auf das Nationalgewand des römischen Bürgers mithören (vgl. auch Agr. 21). So redet Vergil vom 'Volk in der Toga'. Horaz setzt davon ab den *tunicatus popellus*, der seinen Geschäften in der einfachen *tunica* nachgeht (s. u. 7, 4).

53. Dial. 6, 6: *Sed extemporalis audaciae atque ipsius temeritatis vel praecipua iucunditas est* rühmt Aper den Selbstgenuß bei der Stegreifrede. Auf diese Aussage folgt die Begründung: *nam ingenio quoque, sicut in agro, quamquam alia diu serantur atque elaborentur, gratiora tamen quae sua sponte nascuntur.* Es liegt derselbe Fall wie im Namenssatz vor. Die Heidelberger Ausgabe versteht den Text hier ohne Schwierigkeit, während sie G. 2, 3 ein Kreuz setzt.
Offenkundig handelt es sich um einen Vergleich, der seinerseits wieder antithetische Struktur hat. Weil man offenbar so auffassen muß, hat man sofort auch entsprechend dem *in agro* ein *in ingenio* geschrieben — Pithou — und sich damit das Verständnis, weil man Parallelität und Antithetik suchte, versperrt. Denn weil beim Acker wiederum nur von der langen Saat, beim Geist dagegen nur von der Willkommenheit des Spontanen gesprochen wird, hat man auch hier rasch Abhilfe geschaffen und ergänzt:
utilia quae serantur (Ernesti)
solidiora serantur diuque elaborentur (Peerlkamp)

solidiora quae seruntur atque elaborantur (Andresen und Halm)

In Wirklichkeit ist der Text zu verstehen, wenn man die Lebendigkeit der taciteischen Periode bedenkt. Es ereignet sich folgendes:

'Denn auch dem Geiste ist...'	Richtung: wie beim Acker spontan Wachsendes lieber und willkommener.
'...wie beim Acker...'	Hier schiebt sich der Vergleich ein.
'...obwohl anderes lange vorher ausgesät und mühselig ausgearbeitet wird...'	Ein Gegensatz drängt sich vor. Die Verben zeigen, daß Acker und Geist gleichzeitig gegenwärtig sind,
'...willkommener doch noch ...'	d.h. als das lange Vorbereitete, das selbstverständlich willkommen ist. Das wird aber nicht ausdrücklich gesagt. Das Folgende bezieht sich — schon in dem 'doch noch', dem Komparativ, vorbereitet — als Antithese auf das nicht Ausgedrückte.
'...was spontan entsteht.'	Der Gedanke läuft zu einem Ziel, nimmt aber in diesen Gang ein Spiel von Antithesen mit hinein und kann dabei ähnlich wie beim Namenssatz auf nicht ausdrücklich Ausgesprochenes Bezug nehmen:

beim Geist Vorbereitetes angenehm — beim Acker lange Ausgesätes willkommen

beim Geist Spontanes angenehmer — beim Acker von selbst Wachsendes willkommener.

[Von den neueren Herausgebern hält Heubner ⟨*in*⟩ *ingenio,* gemäß dem Kommentar Güngerichs z. St. Nebenbei: Was auf dem Acker spontan wächst, ist Unkraut und keineswegs begehrt; '*sicut in agro*' dürfte als Prolepsis des folgenden *quamquam*-Satzes zu verstehen sein.]

53a. [Der Breite Streifen ist der *latus clavus,* ein in die Tunica an der Vorder- und Rückseite senkrecht eingewebter Purpurstreifen, der die Senatorenwürde kennzeichnete (der *angustus clavus* die Ritterwürde); seine Verleihung an junge Männer außerhalb des Senatorenstandes durch den Kaiser eröffnete die Ämterlaufbahn und war eines der Mittel, den kaiserzeitlichen Senat – mit seinem Monopol auf Staatsämter – zu ergänzen. – Neuling ist der *homo novus,* der in der republikanischen Zeit erstmals in die Nobilität, zur Kaiserzeit erstmals in den Senat gelangte, ohne dies als Erbrecht von seinen Vorfahren her erlangt zu haben. Vgl. J. Vogt, Homo novus (Stuttgart 1926), neubearbeitet in: Gesetz und Handlungsfreiheit in der Geschichte (Stuttgart 1955) 81–106.]

54. Hier muß die Einfügung von Michaelis: *apud patres* der gesuchten Parallelität wegen akzeptiert werden. S. Anm. 20.

55. 7, 2: *aliquo* statt des überlieferten *alio* — Konjektur von Ritter — ist eine leichte Änderung und betont, daß die Redebegabung in irgendeinem Beliebigen entstehen und geboren werden kann, aber nicht durch noch so hohe kaiserliche Gunst verliehen wird. *aliquo* präludiert so der Haupttendenz des Kapitels 8. Aper ist solch ein *aliquis*, und er ist darauf stolzer als auf alle *honores*.

55a. Nach Orelli.

56. Das überlieferte *ipsis* muß dem Sinne entsprechend in *ipsi* verbessert werden.

57. 11, 2: *ego autem sicut in causis agendis efficere aliquid et eniti fortasse possum, ita recitatione tragoediarum et ingredi famam auspicatus sum, cum quidem in Nerone improbam et studiorum quoque sacra profanantem Vatinii potentiam fregi, hodie si quid in nobis notitiae ac nominis est, magis arbitror carminum quam orationum gloria partum.* So überliefert (AB = Bb: *in neronem*), ist der Satz nicht in Ordnung: dem *et* vor *ingredi* entspricht im Folgenden nichts, so daß der Satz nicht konstruiert werden kann. Seit Lipsius haben deshalb alle Herausgeber ein zweites *et* vor *hodie* eingefügt, also einen der nicht seltenen Ausfälle angenommen, bis Stroux, Philologus 85, 1930, 338 ff. eine andere Lösung vorschlug. Er interpungierte mit Punkt nach *tragoediarum* und ließ auf das erste gegensätzliche Gefüge ein zweites folgen, indem er nach *fregi* Doppelpunkt setzte. Sieht man einmal davon ab, daß dann *et* vor *ingredi* 'und zwar' heißen müßte, so konnte freilich die erste Hälfte des zweiten Gegensatzgefüges sich nicht auf eine Tragödie beziehen, *in Nerone* wurde unverständlich und mußte — keine Kleinigkeit — zu *imperante Nerone* geändert werden. Gegen diese Änderungen erheben sich Bedenken: 1. Es ist nicht leicht vorstellbar, daß unter Nero Maternus mit einer Rede den Vatinius gestürzt hätte, man lese dazu ann. 15,34,2. 2. Wenn Maternus seinen Ruhm mit der Redekunst unter glücklichem Stern begonnen hat, ist nicht einzusehen, warum er nicht dabei blieb. 3. Maternus will seinen Entschluß begründen, sich ganz der Dichtkunst zuzuwenden. Dieser Tendenz des Gedankens widerspricht eine so starke Betonung des Erfolges einer Rede. 4. Barwick, mit dem ich zu meiner Freude im wesentlichen zusammenstimme, macht darauf aufmerksam, daß bei Stroux das Glied *ita recitatione tragoediarum* unerträglich nachklappen würde. — Die Lösung von Lipsius dagegen entspricht voll-

kommen dem Zug des Gedankens: in einem *sicut-ita*-Gefüge wird allgemein und kurz zugegeben, daß Maternus in der Rede etwas vermag, dann aber breiter (Anfang und Ende umfassend) betont, daß er seinen eigentlichen Ruhm der Dichtkunst verdankt. – Er hat also nach Neros Tod eine Praetexta 'Nero' geschrieben. Das muß bald danach gewesen sein, da nach hist. 1, 37 *septem a Neronis fine menses sunt et iam plus rapuit Icelus quam Polycliti et Vatinii et Aegiali perdiderunt* schon sieben Monate danach Vatinius offensichtlich ein politisch toter Mann war. Vgl. BARWICK a. O. 40 f. [Bedauerlich, daß obige – im Grunde klassische – Lösung des Problems, die ungleich überzeugender als STROUX' Gewaltkur ist, bei den neueren Herausgebern keinen Anklang findet. Bo sucht '*in Neronem*' zu halten, vielleicht zu Recht. Allerdings sollte man sich dann strikt auf Parallelen beschränken, die eine ähnlich offene Verbindung aufweisen, ohne abrundendes Partizip u. dgl. Bedingt brauchbar in dieser Hinsicht Tac. hist. II, 49, 1 *atrocissima in Verginium vi*; Sen. ira III, 12, 6 *abstulit sibi in suos potestatem*. Doch man würde dann zumindest eine adäquate Klammerstellung '*improbam in Neronem . . . potentiam*' erwarten. Vgl. KÜHNER-STEGMANN, Lat. Grammatik II, 1, 214.]

58. Die mythischen Sänger Linus und Orpheus will im Preis der wiederkehrenden Goldenen Zeit Vergil übertreffen, wenn ihm das Leben so lange bleibt (4. Ekloge; s. Verf., RE-Artikel Vergil); Homer — Demosthenes, Euripides und Sophokles — Lysias und Hypereides: erst werden die unbestritten Größten in ihrem Ruhm verglichen, dann von den Tragikern die beiden, die man in Rom am meisten nachahmte — Aeschylus trat zurück —, mit den beiden Rednern der 'Zehn Redner', denen man besondere Anmut nachrühmte und die darum besonders Vorbilder der Attizisten waren (s. Cicero in seiner Geschichte der Redekunst, dem 'Brutus', 67).

59. Gaius Asinius Pollio (76/5—5 v. Chr.), Gönner Vergils (s. seine Bucolica), großer Redner, Dichter und Geschichtsschreiber (vgl. Horaz c. 2, 1); er ist eine der bedeutendsten Gestalten der ausgehenden Republik und bewahrte sich auch unter Augustus seine Selbständigkeit; Marcus Valerius Messalla Corvinus, Feldherr, Dichter, Mäzen des Dichterkreises, der dem Tibull angehörte, stammt aus ältestem Adel – auf die Messallae Poplicolae, die mit dem Anfang der Republik verbunden sind, führten sich die Messallae gern zurück – und er ist der Ahn des Messalla des Dialogus. 18, 2 gibt ihm Aper die Ehre, Repräsentant der Epoche nach Cicero zu sein.

60. Pomponius Secundus, der Dichterfreund des älteren Plinius, wird von Tacitus ann. 5, 8 und 12, 28 hoch gerühmt (vgl. Quint. inst. or. 10, 1, 98), Domitius Afer († 59) ist Lehrer

Quintilians (über ihn Tacitus ann. 4, 52. Tacitus bezweifelt offensichtlich seine moralischen Qualitäten).

61. Die absurde Paradoxie dieser Existenzen ist die Hauptsache dieser Stelle; denn 'daß sie fürchten' ist nun wirklich nichts Begehrenswertes. Darum kann man sich schwer entschließen, das von LIPSIUS empfohlene *non* vor *praestant* einzuschieben; denn mit der Empörung der Abgewiesenen muß jeder rechnen. Sie wird durch die Dankbarkeit der Befriedigten aufgehoben. Gemeint ist aber doch wohl, daß solche Leute wie die von Aper gepriesenen Redner überhaupt nie Dankbarkeit erfahren, sondern die, denen sie eine Wohltat erwiesen haben, nach Erfüllung der Bitte sich plötzlich auf Würde und Selbständigkeit besinnen und sich empörend absetzen.

62. *Insanum forum* 13, 5 ist eine poetische Wendung (Vergil, georg. 2, 501 f.), ebenso wie *lubricum forum* von Dichtern vorbereitet ist (*lubrica rostra* Sil. 7, 542); darum erwartet man auch bei *fama* eine hochpoetische Wendung; *palantem* ist zwar nicht rein prosaisch (s. GUDEMAN mit seinen Belegen z. St.), aber auch nicht sehr poetisch. Und man sieht nicht, was es neben *trepidus* soll. Weiter: Maternus hat keine Aversion gegen den Ruhm, weil er gemein mache — darauf müßte *palantem* 'umherschweifend' gehen —, und ist durchaus nicht exklusiv (man erinnere sich, mit welcher Teilnahme er schildert, daß das Volk Vergil feierte). Also wird man das überlieferte *pallantem* zu *pallentem* ändern: der Ruhm heißt bleich, weil seine Wirkung ständige Angst ist (Agr. 41, 4: *in ipsam gloriam praeceps agebatur*).

62a Unter Verzicht auf die Konjektur von ANDRESEN: 1., weil nicht anzunehmen ist, daß die Zeit die Fortsetzung der rhetorischen Übungen durch Aper tadelt, sondern bewundert, 2., weil Messalla nicht einen so plumpen Angriff auf Aper führen kann, 3., weil der Text das zu Unrecht Vermißte viel urbaner zum Ausdruck bringt, indem in dem höflichen und konventionellen Lob ironisch peiorative Wörter verwendet werden *(nondum, ab scholasticis controversiis, novorum rhetorum, otium consumere).* Aper spürt dies und antwortet darauf vorsichtig, nicht wie auf einen direkten Angriff. Die Franzosen scheinen dafür einen feineren Sinn zu haben: s. die Ausgabe von GOELZER-BORNECQUE, Paris 1947, z. St. [Auch der Italiener Bo denkt so, z. St., der Brite WINTERBOTTOM hingegen nicht, ebenso wenig J. DELZ, der (MusHelv 27 [1970] 235) ⟨*improbo*⟩ vorschlägt. Uneinsichtig weiterhin R. HÄUSSLER, Tacitus 197, 9.]

63. Nicetes Sacerdos. Es gab zwei Rhetoren dieses Namens, einen unter Tiberius (von Seneca d. Ä. öfter erwähnt, z. B. bes. 3, 6 f.), den anderen aus Smyrna, den Lehrer des jüngeren Plinius. Letzterer ist wahrscheinlich gemeint (s. GUDEMAN

z. St. und von ARNIM, Leben und Werke des Dio von Prusa, Berlin 1898, S. 128 f.).

64. Ciceros 'Hortensius', nach seinem größten Rivalen betitelt, leitet nach der '*consolatio*', der Trostschrift über den Tod der Tullia, im Jahre 46/45 als *protrepticus* die zweite Periode der philosophischen Werke Ciceros ein. Der Dialog, der einen Augustin auf das Ewige hinwies, ist von Tacitus an wesentlichen Stellen zitiert worden — s. S. 223 —. Von den etwa hundert erhaltenen Fragmenten der besonders schönen Schrift bringt *fr.* 25, durch Servius erhalten, die hier angeführte Zahl.

65. Der Sage nach führte Menenius Agrippa das streikende Volk vom heiligen Berg durch die bildliche Rede von den Gliedern, die gegen den Magen streiken, wieder in die Stadt zurück (Liv. 2, 32, 8). [Dazu Wilhelm NESTLE, Griech. Studien (Stuttgart 1948) 502–516.]

66. In der Reihe der genannten Redner ist Marcus Caelius Rufus einer der wendigen Politiker der Cicerozeit (85—48). Ein kostbares Dokument sind seine 17 Briefe an Cicero, in denen er diesen, der Statthalter in Cilicien war, über die Verhältnisse in Rom auf dem laufenden hielt (Cicero, ad fam. Buch VIII). Calvus (82 — vor 47), Dichter, Freund Catulls, gehörte als Redner der Richtung der 'Attiker' an, ebenso Marcus Iunius Brutus (78—42), der umworbene große jüngere Freund Ciceros und Caesarmörder.

67. Konsulat des Hirtius und Pansa: 43 v. Chr. Beide Konsuln fielen, bzw. erlagen ihren Wunden in der Schlacht von Mutina (Frühjahr 43) im Kampfe gegen Antonius.

68. *Statio principis* s. Anm. 7.

69. Cassius Severus (etwa 44 v. Chr. — 32 n. Chr.) ist ein natürliches Redegenie unter Augustus und Tiberius gewesen. Seine scharfe Zunge hat ihm Strafe und Verbannung eingetragen. Großartig seine Bemerkung, als die Schriften des Labienus von Staats wegen verbrannt wurden: man müsse auch ihn jetzt verbrennen, da er die Schriften des Labienus auswendig wisse (vgl. über ihn Tac. ann. 1, 72 und 4, 21). Von ihm ließen die Bewunderer der alten Redner den Niedergang der Redekunst beginnen (seine epochale Bedeutung noch nicht von Seneca d. Ä. bemerkt). — Für den korrupten und schwerverständlichen Text ist eine plausible Heilung noch nicht gefunden. Auch der Versuch der ersten Auflage erreicht nicht sein Ziel. Neben *terminus* = 'der unverrückbare Grenzstein' ist *usque ad* 'bis dahin und nicht weiter' vorzüglich, also zu halten. Das Relativpronomen *qui* kann sich nicht auf *terminus* beziehen, da der Begriff der Erstreckung mit ihm nicht in Verbindung gebracht werden kann, aber auch auf *admiratores* kann es schwerlich bezogen werden, weil dann entweder Gruppen unter ihnen unterschieden werden müßten

oder durch Erklärung Bekanntes abgeschwächt würde. Natürlich wäre es aber, an die alten Redner selber zu denken, soweit sie bis Cassius reichen, d. h. vor Cassius lebten. Die folgenden anaphorischen Relativsätze könnten wohl Subjekt des A. c. I. sein, aber das Gefüge wird mit seiner Antithese eindeutiger, wenn mit einem *eum*, das leicht ausfallen konnte, das Subjekt des A. c. I. emphatisch zum Ausdruck gebracht wird. Der Name *Severus* kann (s. 26, 4) entbehrt werden. Die Überlieferung läßt sich halten, wenn die zunächst unkonstruierbaren Worte als Zitat einer eintönig wiederholten Behauptung (vgl. Einordnung bei Quint. i. o. 12, 10, 11) aufgefaßt werden. So lese ich: *nam quatenus antiquorum admiratores hunc velut terminum antiquitatis constituere solent 'qui usque ad Cassium': ⟨eum⟩, quem reum ..., contendo ...*

70. Hermagoras, zweite Hälfte des zweiten vorchristlichen Jahrhunderts, hat mit seinem System der Redelehre die beiden ersten Bücher über Redetechnik in Rom — den *auctor ad Herennium* und Ciceros *de inventione* — stark beeinflußt. Apollodor von Pergamon, Lehrer des Octavian, schrieb eine *ars*, die auf strenge Normalisierung Wert legte.

71. Die Rede Ciceros pro M. Tullio, nur lückenhaft erhalten (72 oder 71 v. Chr.), ging über eine schwierige Eigentumsfrage, bei der wegen Gewaltanwendung geklagt wurde; ein ähnlicher Fall ist der des Caecina (die erhaltene Rede aus dem Jahre 69 oder 68 v. Chr.). Die Rede spielt in der Entwicklung des römischen Rechts eine Rolle (s. K. Büchner, Summum ius summa iniuria, Historisches Jahrbuch 73, 1953, 11–35; jetzt in: Humanitas Romana, Heidelberg 1957, 80–105).

72. Q. Roscius Gallus, großer Schauspieler der Cicerozeit (s. Schanz-Hosius I a. O. 149; über Ciceros Rede — zwischen 77 und 75 —, einen 'stilistischen Seitensprung', s. F. Klingner, Ciceros Rede für den Schauspieler Roscius, Sbb. München 1953, eine Arbeit, die wichtig ist für den, der sich weiter mit den Stilproblemen des 1. Jh. v. Chr., speziell Ciceros, beschäftigen will). Ambivius Turpio ist der Schauspieldirektor und zugleich Schauspieler, der den Komödien des Terenz (166—160) den Erfolg erkämpft hat.

73. Pacuvius (222 — etwa 132 v. Chr.), Neffe des Ennius, und Accius (170 — nach 86), die größten römischen Tragiker, die sich im Unterschied zu den großen Bahnbrechern nur noch einer Dichtgattung widmen, werden hier wegen ihrer archaischen Breite kurz abgetan; Aper vergreift sich am Heiligsten und wird dadurch charakterisiert.

74. P. Canutius, Zeitgenosse Ciceros (gelobt als Redner: Brutus 205); Attius unbekannter Redner derselben Zeit; Furnius, wohl der Vater (Cicero, ad fam. 10, 25 und 26), galt als vortrefflicher Redner; Toranius ist nicht weiter bekannt. Der

Text ist korrupt, der Sinn klar (erwägenswert JOHNs Konjektur *dico, ne quid loquar;* auch ein *nec loquor* ist denkbar).

75. Die zweite Rede des Calvus gegen Vatinius wurde wahrscheinlich 56 v. Chr. gehalten. S. Anm. 66; Asicius, wohl der von Cicero verteidigte (Anklage lautete auf Gesandtenmord; vgl. Cicero pro Caelio 23 f.); ein Drusus ist von Cicero verteidigt worden (vgl. ad Q. fr. 2, 15, 3) an demselben Tage, an dem er für Vatinius einen Freispruch erzielte, so daß Calvus an demselben Tage wohl zweimal gegen Cicero unterlag.
76. S. Anm. 66.
77. Brutus war Stoiker. Über diese sehr bedeutende Persönlichkeit ist jede Anmerkung unzureichend.
78. Die Stelle ist korrupt. Die Übersetzung folgt der von HALM aufgenommenen Konjektur von ACIDALIUS.
79. Das Wortspiel — scherzhafter Vergleich eines Tanzes mit dem 'Rad' des Schicksals — steht *in Pis. 22; ius Verrinum* 'Verrinisches Recht' und 'Saubrühe' ist ein Wortspiel aus Verr. 2, 121; *esse videatur* wendet Cicero gern an, weil es die zweitbeste Klausel darstellt.
80. Diese Stelle ist überaus aufschlußreich für die Strömung des Archaismus, jene Nachahmung und Hochschätzung der alten Schriftsteller, die dann im 2. Jh. n. Chr. besonders beherrschend hervortrat. Der Archaismus ist in Rom immer dann aufgetreten, wenn die fortschrittliche Sprache und Kunst sich zu glatt in neuen vollendeten Bahnen zu bewegen schien (Cicero-Sallust; vgl. Horazens Kampf gegen die Bewunderer der Alten). Verglichen werden die Satirenschreiber Lucilius (180—102) und Horaz (65—8), die Epiker Lukrez (96—55) mit seinem Gedicht von der Natur und Vergil (70—19 v. Chr.) — vielleicht ist an das entsprechende Werk vom Landbau besonders gedacht —, der Historiker Sisenna (119—67), den Sallust fortsetzt, in Verbindung mit dem 'Polyhistor' Varro Reatinus (116—27), von dem — obgleich nicht eigentlichem Historiker — Cicero sagt, daß er die Römer mit seinen antiquarischen Forschungen in Rom erst heimisch gemacht habe, und der moderne Historiker Servilius Nonianus (Kons. 35; † 59) unter Claudius (Tacitus schätzt ihn wenigstens als bedeutend: ann. 14, 19) und Aufidius Bassus, dessen Geschichtswerk der ältere Plinius unter Tiberius fortgesetzt hat (sein Werk ist betitelt: '*a fine Aufidii Bassi*' — s. SCHANZ-HOSIUS II a. O. 644 ff.).
81. Die *commentarii* des Calvus werden nur hier erwähnt. SCHANZ-HOSIUS (I a. O. 392) fassen sie als Sammlung von Redeentwürfen auf, HARNECKER wollte den Briefwechsel mit Cicero darunter verstehen. Letzteres sicher falsch, da die *commentarii* der modernen Rhetoren in die gleiche Reihe gestellt werden. Man wird sich darunter theoretische An-

weisungen und Ratschläge für die Redekunst vorzustellen haben (dürfte doch Calvus kaum Entwürfe von Reden veröffentlicht haben; über den Begriff des *commentarius* handelt ausführlich F. Bömer, Hermes 81, 1953, 210 ff., leider ohne die *commentarii* des Calvus zu berücksichtigen). — Die Überlieferung *fastidiunt oderunt* kann kaum gehalten werden, da hier das einzige altitalische Asyndeton noch dazu ohne Grund stilwidrig gebraucht worden wäre. *Oderunt* ist Glosse zu *fastidiunt.*

82. V (ähnlich E) hat *si quominus fatear*, John streicht davon das *si*; diese so gebesserte Lesart statt des ansonsten überlieferten *si cominus fatetur* scheint mir darum am besten, weil *fateri* doch kaum auf die triumphierend enthüllenden Aussagen Apers paßt.

82a. A. D. Leeman hat Mnem. 10, 1957, 231 überzeugend die Überlieferung wieder zur Geltung gebracht und *serunt* glücklich in *servant* geändert. [Zur seitherigen Forschungsmeinung G. Wille, Der Aufbau der Werke des Tacitus (Amsterdam 1983) 188, der selber ebenso wie Winterbottom und Güngerich z. St. an Rhenanus' Konjektur *sanitas* festhält.]

83. Gaius Gracchus († 121 unter Scheitern seiner Agrarreformen) galt als noch größerer Redner als sein Bruder, wie wir an einzelnen Fragmenten auch heute noch zu erkennen glauben (sie sind von E. Malcovati gesammelt). Cicero rühmt ihn im Brutus 125 f. Lucius Licinius Crassus (140–91 v. Chr.) ist neben Antonius – beide sind die Hauptpersonen in dem Werk 'Über den Redner' (55 v. Chr.) – der Lehrer Ciceros. Cicero hat nach seiner eigenen Auffassung vollendet, was Crassus mit seiner alles umfassenden und vertieften Beredsamkeit begonnen hatte (vgl. Cic. Brutus 143 ff.; 161 ff.).

84. Maecenas' Stil wird allgemein als geschnörkelt charakterisiert (Maecenas lebte von 74—64 bis 8 v. Chr.; *calamister* ist eigentlich das Brenneisen, das rund wie ein Rohr ist; dasselbe Bild Cic. Brut. 262, orat. 79). — Gallio, der Vater, Freund des Ovid, adoptierte den Sohn des älteren Seneca, also den Bruder des Philosophen. *Tinnitus*, hier einmalig so verwendet, bezeichnet das leere Wortgeklingel. Gallio ist Verfasser eines rhetorischen Lehrbuches und von *declamationes*; Zitate aus ihnen bestätigen Tacitus' Urteil.

85. An dem überlieferten *etiamsi* ist darum nicht zu zweifeln, weil der nächste Satz die Aussage *reconditas ... ignotas* als die Hauptsache erweist. Die Satzverknüpfung und die Struktur des Zusammenhanges würden durch ein eingeschobenes *sed aperiam, si mihi partes* etc. ... gestört.

86. Über die durchaus gute Überlieferung des *autem* und den Aufbau s. Barwick a. O. 5 Anm. 2.

87. Die wohl notwendige Ergänzung stammt von Ursinus.

88. Metrodor, Schüler des Epikur († 277 v. Chr.).
89. Cic. orat. 12: *fateor me oratorem ... non ex rhetorum officinis, sed ex Academiae spatiis extitisse.* Danach muß mit HAASE wohl vor *sed* ein *officinis* eingeschoben werden.
90. *Eloquentiae,* das manche Herausgeber streichen und auch GUDEMAN als störend empfindet, darf nicht entfernt werden. Gibt es doch erst die Pointe, daß richtige Übung in den geistigen Gegenständen schließlich *facultas* und *usus* (so statt des überlieferten *vis*) in der Beredsamkeit gibt. Daß Messalla seines Gedankens wegen *eloquentia* nicht im technischen Sinne auffaßt, wird man ihm zugute halten (s. S. 208).
91. Anklagen durch ganz junge Leute sind etwas Typisches für die ausgehende Republik. Papirius Carbo (*cons.* 120 v. Chr.), 119 von Crassus angeklagt, verübte daraufhin Selbstmord. Dolabella (*cons.* 81 v. Chr.) wurde von Caesar *de repetundis* angeklagt und freigesprochen (Verteidiger waren Hortensius und Cotta).
92. Gaius Cato, ein Verwandter des Cato Uticensis, wurde 51 von Asinius Pollio ohne Erfolg angeklagt.
93. Die Censoren Crassus und Gnaeus Domitius Ahenobarbus erließen ihr berühmtes Edikt gegen die Rhetorenschulen im Jahre 92 v. Chr. Die Nobilität witterte in ihnen populare Gefahren.
94. Derartige Themen finden sich zur Genüge beim älteren Seneca, s. Anm. 26; sie sind außer den *pestilentiae remedia* (dazu Petron. 1, Quint. inst. or. 2, 10, 5) alle bei ihm belegt.
95. Den verstümmelt überlieferten Anfang *rem cogitare* wird man sich hüten müssen zu verändern, sei es, daß man hinter *cogitare* interpungiert und sich etwa ein *nihil poterat (sc. orator) nisi rem cogitare* vorstellt, sei es, daß man die beiden Worte, wie es BARWICK tut (a. O. 15 Anm. 1), mit dem Folgenden zusammenzieht: *rem cogitare, nihil humile, nihil abiectum eloqui poterat.*
96. Mucianus, der Mann, der hinter Vespasian zurücktrat, um ihm zum Thron zu verhelfen *(socium magis imperii quam ministrum agens:* hist. II 83), einer der interessantesten Männer der Zeit (dreimal Konsul, zuletzt 72, gest. vor 77 n. Chr.). Er schrieb ein unterhaltendes Reisebuch, das Plinius d. Ä. benützte. Das Sammelwerk von Urkunden wird nur hier erwähnt (s. SCHANZ-HOSIUS II a. O. 784).
97. Der römische Prozeß gliederte sich in das Verfahren *in iure* vor dem Prätor und *in iudicio,* die eigentliche Verhandlung. Der Prätor gab die *formula,* einen Urteilsbefehl, in Hinsicht auf den der Gerichtshof oder der Richter zu untersuchen hatte, ob der Tatbestand erfüllt sei, oder einen Verwaltungsentscheid, das *interdictum.* Vgl. dazu jetzt F. WIEACKER, Vom Römischen Recht, Leipzig 1944, S. 7 ff.
98. Demosthenes (384—322). Er begann mit fünf Reden gegen

seine Vormünder, in denen er sich sein väterliches Vermögen erkämpfte (364 v. Chr.).

99. Die großen Reden, die Cicero hielt, alle irgendwie politisch, sind auch heute noch bekannt: gegen Verres, den Ausplünderer Siziliens (70), für Milo, den Vernichter des Clodius (52), gegen Catilina (63), gegen Antonius (44/43). — Die Rede pro Quinctio ist die erste Rede Ciceros (81 v. Chr.), ein Privatprozeß; für den Dichter Licinius Archias sprach Cicero im Jahre 62 v. Chr. in einer Bürgerrechtssache (Archias wurde das Bürgerrecht bestritten).

100. Das Ende des Satzes ist verlorengegangen (überliefert ist *ut secura velint); spectare aliena pericula* (ergänzt durch ein *ipsi* von HALM) ist die Konjektur von VAHLEN. Nach ihr wurde hypothetisch übersetzt. Es ist nämlich zu überlegen, ob *velint* für eine solche Übersetzung nicht zu stark ist, der Gedanke aber zu menschenverächterisch (Lukrez 2, 1—6, von GUDEMAN angezogen, ist ja ganz anders). Man könnte sich denken, wenn man des Tacitus Gedanken über das Lernen im wesentlichen Sinne bedenkt, das dem Lehrer entsprechende Verehrung einträgt, daß eine Ergänzung *ut securi ex alienis experimentis discere velint* besser entspricht (vgl. Agr. 19; Dial. 34, 6). Im andern Fall wäre die Konjektur von JOHN *periculosa mirentur* wohl besser, wenn sie nur nicht so vom Überlieferten abwiche.

101. 38, 1 muß wohl die Konjektur von WALTHER *aptior extiterit* für *est ita erit* gebilligt werden, obwohl Tacitus sonst *etsi* mit dem Indik. verbindet (als potent. Konj. aufzufassen); *aptior veritati* (nach Agricola jetzt KOESTERMANN) ist im Munde des Maternus undenkbar. [WINTERBOTTOM beläßt es wieder einmal bei Kreuzen, HEUBNER setzt *veritati* in den Text, GÜNGERICH verweist im selben Sinne auf ann. 1, 75, 1 *dum veritati consulitur, libertas corrumpebatur.* Man beachte die Lesart von V: *it°verit.*]

102. 'Für die Erben der Urbinia' hat Pollio mehrere Reden gehalten. Es war (Quint. inst. or. 7, 2, 4 f.) ein Erbschaftsstreit, bei dem ein angeblicher Sohn der Urbinia nach ihrem Tode auftauchte und Ansprüche machte.

103. [Die jetzige Übersetzung ist ein Versuch, den Text in seiner überlieferten Form zu verstehen: sowohl *forum* (= Forumsbetrieb) als auch *antiquis oratoribus* metonym, *superesse alicui* = jm. überleben (z. B. As. Pollio b. Cic. fam. X, 33, 5: *neque superesse rei p. volo*). Während WINTERBOTTOM Kreuze setzt, konjiziert HEUBNER ⟨*ab*⟩ *antiquis oratoribus*: ingeniös, doch kaum zwingend erforderlich.]

ANHANG

1 (zu Seite 212).

Selbst wenn man, wie W. Richter will (Zur Rekonstruktion des Dialogus de oratoribus, Nachr. d. Akad. d. Wiss. in Gött. 1961/12, S. 387–425, hier: 420 ff.), das überlieferte *contiones*, das die *contiones magistratuum* Kap. 36 aufnimmt und wohl in erster Linie auf die Volkstribunen zielt, in *cont⟨ent⟩iones* ändern wollte, könnte man diesen Abschnitt nicht mehr unter die Behandlung der Form des Gerichtswesens fassen; denn *ius potentissimum quemque vexandi* geht darauf, daß die Mächtigen nicht tabu waren wie in der Kaiserzeit, nicht etwa auf das Recht zur Anklage, und schließt jede Form der Hetzrede ein (man denkt an die *contiones*, die Sallust als Tribun gegen Cicero hielt, oder an die Invektiven im Senat, die nicht an Amt oder Prozeß gebunden waren), das dritte Glied aber *atque ipsa inimicitiarum gloria* weist nicht wiederholend daraufhin, daß man in den Prozessen Ruhm erlangen konnte, sondern daß nicht die Friedlichkeit in Ehren stand, sondern daß schon die Tatsache, daß man Feinde hatte, rühmlich war. Im ständigen Machtkampf vor dem Publikum des gegen jeden Höheren mißgünstigen Volkes wurde die Kampfleidenschaft aufs höchste geschürt wie in der Faustkampfwelt der Germanen. — *non de otiosa et quieta re loquimur* — sondern unaufhörlich wurde das Volk aufgeputscht — *et quae probitate et modestia gaudeat*. Es sind dieselben Begriffe wie in der Germania Kap. 36 (s. Anm. 46 z. Germ.), mit der auf die Welt der *licentia* geschlossen wird. *probitas* nimmt dabei *vexare*, *modestia* das *gloria inimicitiarum* auf. Das zeigt die enge Verbindung des ersten und zweiten Paragraphen des Kapitels 40.
[Von Güngerichs Kommentar, ihm folgend Heubners Ausgabe, wurde Richters Konjektur gebilligt. Man vergleiche denselben Fall Cic. leg. I, 11, wo Ziegler der Lesart *contentiones* der Deteriores folgt. Im übrigen hat Richter nachgewiesen, daß von c. 38, 1 bis 40, 1 ein einheitlicher Zusammenhang unter der Überschrift '*fama et consuetudo veterum i u d i c i o r u m*' besteht; insofern ist c. 36, 3 *(contiones m a g i s t r a t u u m)* keine Stütze für die Überlieferung, während der Ausdruck *contentiones assiduae* durch 4, 1 *(assidua contentio)* und 36, 3 *(assidua certamina)* zur Genüge gedeckt wird.]

2 (zu Seite 266).

Dazu W. Richter (s. Anh. 1). Während es zuvor nicht gelang, aus Tradition und Gedankengang des Dialogus eine Thematik für Secundus zu finden, die neben der Messallas und der des Maternus Eigenrecht und selbständige Substanz hat, schlägt er in geistreicher Rekonstruktion mit weiter Belesenheit in der Tat ein solches Thema vor, zugleich ausgehend von der für ihn unerschütterlichen Hypothese, daß Maternus am Anfang bei einem so ausgefeilten Schriftsteller wie Tacitus eine Rede des Secundus nur versprechen könne, wenn sie auch wirklich gehalten werden sollte. Aber ob diese Hypothese trägt, ist doch, da ein anderer für einen anderen verspricht, ohne daß dieser zustimmt, und dieses Versprechen nur hypothetischer Art ist, mehr als fraglich. Secundus könnte sich in dem zu vermutenden Zwischengespräch auch zufrieden erklärt haben.

So bleibt die These: daß Secundus über die kosmische Unfruchtbarkeit gesprochen haben müsse. Der Beweisgang Richters hat vier Stufen 1.: wer den Verlust eines geistigen Vermögens erklären will, hat die Wahl zwischen drei sich formal ausschließenden, aber einander nicht widerlegenden Deutungen, der moralischen, der natürlichen und der historischen. 2.: Tacitus will die bekannten, sich widersprechenden und dennoch als wahr unterstellten Erklärungen vollständig wiedergeben. 3.: da die Literatur vor Tacitus den moralisch-erzieherischen, den naturgesetzlichen und den politisch-geschichtlichen Aspekt kennt, muß auch Tacitus diese Gesichtspunkte haben entwickeln lassen. 4.: da den moralisch-erzieherischen Aspekt Messalla, den politisch-geschichtlichen Maternus im Erhaltenen darstellt, muß Secundus, da die unterschiedliche Richtung der Aspekte logischerweise einer Verteilung auf verschiedene Personen entspricht, in der Lücke eine Rede über das 'Altern' der Welt, den Schwund der ingenia, die natürliche Notwendigkeit des Verfalls nach einer Höchstleistung gehalten haben (was sich 5. für die Gestalt des Dialogus ergibt, kann die Stringenz des Beweises selbst nicht berühren!).

Die Frage ist, ob sich eine Secundusrede, die dann auch eine größere Lücke fordert, mit solcher mathematischen Sicherheit erschließen läßt.

Zunächst zu Punkt 2: m. W. hat Tacitus nirgendwo gesagt, daß er die bekannten Ansichten vortragen will und auch nicht, daß er sie vollständig vortragen will (weder 1, 2 f. noch 16, 2 f. — *partes* heißt nicht 'Rolle' — deuten darauf hin, sondern nur auf intensive Behandlung im Rahmen der Überzeugungen der Gesprächspartner).

Zu Punkt 1 wäre zu bemerken, daß über die Möglichkeit der Aspekte a priori schwer geurteilt werden kann. Der pädagogische und der theologische könnten z. B. sich selbständig behaupten wollen. Und abhängig von einer vorgegebenen Überzeugung philosophischer Art ist auch die Behauptung, daß keiner durch die beiden anderen widerlegt werden kann. Eine Philosophie, die die Freiheit des Geistes proklamiert, wird eine 'natürliche', 'fatalistische' Ansicht als ungemäß entlarven.

So bleibt Punkt 3: vor Tacitus haben die drei Aspekte eine Rolle gespielt. In der Tat bleibt dem Philologen nur der Weg, die vorhandenen Möglichkeiten aufzuzeigen und zu interpretieren. Vorweg: die Erkenntnis von der Antinomie der Werte, von

Ruhe und Größe in der Redekunst ist eine originale Erkenntnis. Die Originalität des Tacitus besteht nicht nur in der Anordnung überlieferter Gedanken.

Was aber die Erkenntnis vom 'natürlichen' Verfall anlangt, so birgt sich unter dem Begriff 'Natur' eine Fülle von Problematik. Die von *ingenium* und *ars*, dem Dialogus natürlich bekannt, kann hier aus dem Spiele bleiben. Ebenso aber die Konstruktion von Strukturnotwendigkeiten (Vell. Paterc. 1, 16 f., Sen. contr. praef. 6 f.), nach denen nach einem Höhepunkte ein Abstieg folgen muß, da moralische und psychologische Kategorien dabei eine Rolle spielen und das *fatum* für den Rest des Unerklärlichen gesetzt wird. Nach den Aspekten des Punktes 1 müßte es sich um eine kosmische Notwendigkeit handeln, nach der Begabungen nicht mehr entstehen, da es sich um *natura exhausta* handelt. Außer einer Stelle περὶ ὕψους 44, 1 (wo mir die Ansetzung der Frage zweifelhaft bleibt, weswegen mit ihr nicht operiert werden kann), gibt es nirgendwo die Ansicht ausgesprochen, daß keine Begabungen in der Redekunst geboren würden, weil die Natur sich verschlechtert hat.

Die Notwendigkeit, Secundus mit einer solchen Rede zu betrauen, wird damit immer schwächer. Was hätte er zu diesem Thema auch ausführen können? Sollte er einfach die Tatsache feststellen oder sollte er einen langen naturwissenschaftlichen Vortrag halten? Beides für seine Rede ungünstig. Wenn weiter die Personen in ihrem Charakter zu ihrem Thema stimmen: Secundus schreibt Biographien, das Menschlichste, was es gibt. Woher das plötzliche Interesse für die Natur? Weiter befindet man sich zwar unter Leuten, die ein starkes Leiden unter der notwendigen menschlichen Unvollkommenheit auszeichnet, aber doch unter den größten und anerkannten Geistern. Soll Secundus ihnen plausibel machen, daß sie nach dem Naturgesetz nichts sind? Peinlich. Das Dilemma, das Tacitus am Anfang skizziert: entweder müsse man über die Begabungen der Zeit schlecht denken, wenn man die Alten nicht erreichen könne, oder über ihr Urteilsvermögen, wenn sie es nicht wollten, wird durch Maternus gelöst: große Rede braucht den großen Stoff, über die *ingenia* ist nichts gesagt, wenn die Redekunst nicht mehr blüht, aber auch nicht über den schlechten Willen. Die Größe sucht sich andere Räume. In diesem Gedankenkreis ist der fatalistische Glaube an eine Verschlechterung des Kosmos fremd und inkommensurabel. Schließlich: nicht umsonst stellten wir Burckhardts Wort an den Anfang der Ausgabe: wir müssen nämlich auch fragen, ob für Tacitus die Vorstellung vom Schwund der *ingenia* durch Altern der Welt etwas bedeutet, ob er sie für diskutabel hält, ob er sich imstande fühlt, das Handwerkszeug des Naturforschers zu brauchen. Wie wir ihn kennen, müssen wir diese Frage verneinen.

Der Gedanke des Dialogus ist so geschlossen, daß die vermutete Rede des Secundus in ihm keinen Platz hat.

AUSGEWÄHLTE BIBLIOGRAPHIE ZU DEN KLEINEN SCHRIFTEN DES TACITUS

1) *Ausgaben, Kommentare, Lexica*

a) Opera minora insgesamt

Text ohne Kommentar: ed. K. Halm, Leipzig ^{1}1854, ^{4}1886
K. Halm/G. Andresen, Leipzig ^{5}1914
K. Halm/G. Andresen/E. Köstermann, Leipzig ^{6}1936, ^{7}1949
E. Köstermann, Leipzig ^{1}1957, ^{3}1970
H. Furneaux, Oxford 1900
H. Furneaux/J. G. C. Anderson, Oxford ^{2}1938
M. Winterbottom/R. M. Ogilvie, Oxford 1975
(Agricola: ~ R. M. Ogilvie, Oxford 1967)
M. Lenchantin de Gubernatis, 3 Hefte, Turin 1949
Übersetzung mit Kommentar: K. Büchner (Die historischen Versuche), Stuttgart ^{1}1955, ^{2}1963, ^{3}1985
A. Gerber/A. Greef/C. John, Lexicon Taciteum, 2 Bände, Leipzig 1903
P. Fabia, Onomasticon Taciteum, Paris–Lyon 1900

b) Agricola

Text ohne Kommentar: J. Delz, Stuttgart 1983
Text mit Kommentar: A. Draeger, Leipzig ^{2}1873
A. Draeger/W. Heraeus, Leipzig ^{6}1905
G. Andresen, Berlin 1880
A. Gudeman, Berlin ^{1}1902, Boston ^{2}1928 (mit Germania)
H. Furneaux, Oxford 1898
H. Furneaux/J.G.C. Anderson, Oxford ^{2}1922
R. M. Ogilvie/I. Richmond, Oxford 1967
R. Till, Berlin ^{1}1961, ^{2}1975
I. Forni, Rom 1962 (dazu R. Till, Gnomon 38 [1966] 169ff.)
Kommentar ohne Text: H. Heubner, Göttingen 1984

c) Germania

Text ohne Kommentar: R. P. Robinson, Middletown, Connect. 1935
A. Önnerfors, Stuttgart 1983
Text mit Kommentar: H. Schweizer-Sidler, Halle/S. ^{1}1871
H. Schweizer-Sidler/E. Schwyzer, Halle/S. ^{6}1901, ^{8}1923
E. Wolff, Leipzig ^{1}1896, ^{3}1915
W. Reeb/H. Klenk u.a., Leipzig ^{1}1930, ^{2}1939
A. Gudeman, Berlin ^{1}1916, Boston ^{2}1928 (mit Agricola)
E. Fehrle, München ^{1}1929, ^{4}1944
E. Fehrle/R. Hünnerkopf, Heidelberg ^{5}1959
R. Much, Heidelberg ^{1}1937; R. Much/R. Kienast ^{2}1959
R. Much/H. Jankuhn/W. Lange, Heidelberg ^{3}1967
J. G. C. Anderson, Oxford 1938
J. Perret, Paris ^{1}1949, ^{3}1967
I. Forni/F. Galli, Rom 1964
Kommentar ohne Text: A. Baumstark, 2 Bände, Leipzig 1875/80
K. Müllenhoff/M. Rödiger, Deutsche Altertumskunde IV, Berlin ^{1}1900, ^{2}1920

d) Dialogus de oratoribus

Text ohne Kommentar: H. HEUBNER, Stuttgart 1983
Text mit Kommentar: W. PETERSON, Oxford 1893
A. GUDEMAN, Boston [1]1894, Leipzig [2]1914
C. JOHN, Berlin 1899
G. ANDRESEN, Leipzig [4]1918
A. MARSILI, Pisa 1959
D. BO, Turin 1974
Kommentar ohne Text: R. GÜNGERICH/H. HEUBNER, Göttingen 1980

2) *Allgemeine Literatur zu Tacitus*

A. DRAEGER, Über Syntax und Stil des Tacitus (Leipzig [3]1882)
F. LEO, Tacitus (Göttingen 1896), jetzt in: V. PÖSCHL (Hrsg.), Tacitus (Darmstadt 1969) 1–15
R. REITZENSTEIN, Tacitus und sein Werk, in: Neue Wege zur Antike 4 (Leipzig 1926) 3–32, jetzt in: Aufsätze zu Tacitus (Darmstadt 1967) 121–150
H. DREXLER, Bericht über Tacitus für die Jahre 1913–1927, Jahresber. üb. d. Fortschr. d. kl. Altertumswiss. 224, Suppl. (1929) 257–461
F. KLINGNER, Tacitus, Die Antike 8 (1932) 151–169, jetzt in: Römische Geisteswelt (München [5]1965) 504–527
H. DREXLER, Tacitus, Grundzüge einer politischen Pathologie (Frankfurt/M. 1939)
E. LÖFSTEDT, On the style of Tacitus, JRSt 38 (1948) 1–8, jetzt deutsch in: V. PÖSCHL (Hrsg.), Tacitus (Darmstadt 1969) 89–103
P. WUILLEUMIER/P. FABIA, Tacite, l'homme et l'œuvre (Paris 1949)
C. W. MENDELL, Tacitus, the man and his work (New Haven 1957)
J. VOGT, Die Geschichtsschreibung des Tacitus, ihr Platz im römischen Geschichtsdenken und ihr Verständnis in der modernen Forschung = Einleitung zu Tacitus, Annalen, übers. v. A. HORNEFFER (Stuttgart 1957) XV–XXXIX, jetzt in: Orbis (Freiburg i. Br. 1960) 128–148
R. SYME, Tacitus, 2 Bände (Oxford 1958)
J. v. STACKELBERG, Tacitus in der Romania. Studien zur literarischen Rezeption des Tacitus in Italien und Frankreich (Tübingen 1960)
F. KUNTZ, Die Sprache des Tacitus und die Tradition der lateinischen Historikersprache (Diss. Heidelberg 1962)
E. PARATORE, Tacito (Rom [2]1962; dazu R. Güngerich, Gnomon 37 [1965] 422ff.)
K. BÜCHNER, Studien zur römischen Literatur IV: Tacitus und Ausklang (Wiesbaden 1964) 1–104, 154–158
W. EDELMAIER Tacitus und die Gegner Roms (Diss. Heidelberg 1964)
R. HÄUSSLER, Tacitus und das historische Bewußtsein (Heidelberg 1965)
ELSE-LILLY ETTER, Tacitus in der Geistesgeschichte des 16. und 17. Jahrhunderts (Basel 1966)
A. MICHEL, Tacite et le destin de l'empire (Paris 1966)
ST. BORZSÁK, Art. P. Cornelius Tacitus, RE Suppl. XI (1968) 373–512
T. A. DOREY (Hrsg.), Tacitus (London 1969)
W. RIES, Gerücht, Gerede, öffentliche Meinung. Interpretationen zur Psychologie und Darstellungskunst des Tacitus (Diss. Heidelberg 1969)
R. SYME, Ten Studies in Tacitus (Oxford 1970)
G. RADKE (Hrsg.), Politik und literarische Kunst im Werk des Tacitus (Stuttgart 1971); ebd. 111–128: W. RICHTER, Tacitus als Stilist
D. FLACH, Tacitus in der Tradition der antiken Geschichtsschreibung (Göttingen 1973)
U. RADEMACHER, Die Bildkunst des Tacitus (Hildesheim 1975)
H. W. BENARIO, An introduction to Tacitus (Athens, Ohio 1975)

R. Till, Tacitus als Ethnograph und Geschichtsschreiber, in: P. Neukam (Hrsg.), Lebendige Lektüre = Dialog 10 (München 1977) 96–119
K. Christ, Tacitus und der Principat, Historia 27 (1978) 449–487
R. Martin, Tacitus (London 1981)
V. Pöschl, Literatur und geschichtliche Wirklichkeit = Kleine Schriften II, hrsg. v. W.-L. Liebermann (Heidelberg 1983) 117–211
G. Wille, Der Aufbau der Werke des Tacitus (Amsterdam 1983)

3) Literatur zu den Kleinen Schriften insgesamt

K. Nipperdey, Vorläufige Bemerkungen zu den kleinen Schriften des Tacitus, RhMus 18 (1863) 342–365
R. Reitzenstein, Bemerkungen zu den kleinen Schriften des Tacitus, Nachr. d. Gött. Gel. Ges., ph.-h. Kl. 1914/15, 173–276, jetzt in: Aufsätze zu Tacitus (Darmstadt 1967) 17–120
P. Persson, Kritisch-exegetische Bemerkungen zu den kleinen Schriften des Tacitus (Uppsala–Leipzig 1927)
R. Till, Handschriftliche Untersuchungen zu Tacitus Agricola und Germania, mit einer Fotokopie des Codex Aesinas (Berlin–Dahlem 1943)
N. Rubinstein, An unknown letter by Jacopo di Poggio Bracciolini on discovery of classical texts, Italia medioevale e umanistica 1 (1958) 383–400
W. Steidle, Tacitusprobleme, MusHelv 22 (1965) 81–116
K. Büchner, Studien zur römischen Literatur VIII: Werkanalysen (Wiesbaden 1970) 200–298. 301 f.
J. Delz, Der 'Namensatz' und weitere korrupte Stellen in den kleinen Schriften des Tacitus, MusHelv 27 (1970) 224–241
Ch. E. Murgia, The minor works of Tacitus. A study in textual criticism, Class. Philol. 72 (1977) 323–343
St. Borzsák, A propos des 'écrits mineurs' de Tacite, Latomus 38 (1979) 165–172

4) Literatur zum 'Agricola'

H. Bloch, A manuscript of Tacitus' Agricola in Monte Cassino about A. D. 1135, CPh 36 (1941) 185 ff.
H. Nesselhauf, Tacitus und Domitian, Hermes 80 (1952) 222–245, jetzt in: V. Pöschl (Hrsg.), Tacitus (Darmstadt 1969) 208–240
K. Büchner, Das Proömium zum Agricola des Tacitus, Wien. Stud. 96 (1956) 321–343, jetzt in: Studien zur römischen Literatur IV (Wiesbaden 1964) 23–42
K. v. Fritz, Tacitus, Agricola and the problem of the principate, CPh 52 (1957) 73–97, jetzt deutsch in: R. Klein (Hrsg.), Prinzipat und Freiheit (Darmstadt 1969) 421–463
K. Willmer, Das Domitianbild des Tacitus (m.-s. Diss. Hamburg 1958)
W. Liebeschütz, The theme of liberty in the Agricola of Tacitus, Class. Quart. 60 (1966) 126–139
A. R. Burn, Tacitus on Britain, in: T. A. Dorey (Hrsg.), Tacitus (London 1969) 35–61
R. Urban, Historische Untersuchungen zum Domitianbild des Tacitus (Diss. München 1971)
Berta Metz, Kunst und Aufbau von Tacitus' Agricola (m.-s. Diss. Graz 1971)
G. M. Streng, Agricola – das Vorbild römischer Statthalter nach dem Urteil des Tacitus (Bonn 1971)
P. Steinmetz, Die literarische Form des 'Agricola' des Tacitus, in: G. Radke (Hrsg.), Politik und literarische Kunst im Werk des Tacitus, Der altsprachl. Unterr., Beih. 1 zu R. 14 (1971) 129–141

H. HEUBNER, Vater oder Tochter? [Zu Agr. 9,6], RhMus 119 (1976) 79–84
K. BÜCHNER, Die Darstellung des Todes des Agricola durch Tacitus, StudClas 13 (1971) 127–137, jetzt in: Studien zur römischen Literatur IX: Römische Prosa (Wiesbaden 1978) 212–225
A. R. BIRLEY, Agricola, the Flavian dynasty and Tacitus, in: B. LEVICK (Hrsg.), The ancient historian and his material = Essays in honour of C. E. STEVENS (Farnborough, Hampshire 1975) 139–154
J. K. EVANS, Tacitus, Domitian and the proconsulship of Agricola, RhMus 119 (1976) 79–84
H. W. BENARIO, Agricola's proconsulship, RhMus 122 (1979) 167–172
D. SCHAPS, The found and lost manuscripts of Tacitus' Agricola, CPh 74 (1979) 28–42

5) *Literatur zur 'Germania'*

K. TRÜDINGER, Studien zur Geschichte der griechisch-römischen Ethnographie, Diss. Basel 1918
E. NORDEN, Die germanische Urgeschichte in Tacitus' Germania (Leipzig [1]1920, [3]1923)
R. HEINZE, Urgentibus imperii fatis (Tac. Germ. C. 33), Akademie-Vortrag 1928, postum in: Vom Geist des Römertums, hrsg. v. E. BURCK (Leipzig 1938) 255–277 = (Darmstadt [4]1972) 440–454
G. RUDBERG, Zum antiken Bild der Germanen (Oslo 1933)
E. WOLFF, Das geschichtliche Verstehen in Tacitus' Germania, Hermes 69 (1934) 121–166, jetzt in: V. PÖSCHL (Hrsg.), Tacitus (Darmstadt 1969) 241–297
H. DREXLER, Die Germania des Tacitus, Gymn. 59 (1952) 52–70
V. PÖSCHL, Tacitus und der Untergang des römischen Reiches, Wien. St. 69 (1956) 310–320, jetzt in: Literatur und geschichtliche Wirklichkeit = Kleine Schriften II, hrsg. v. W.-L. LIEBERMANN (Heidelberg 1983) 201–211
K. BÜCHNER, Hat Tacitus geglaubt, der Untergang des römischen Reiches stehe unmittelbar bevor?, in: ΘΕΩΡΙΑ = Festschrift W.-H. SCHUCHHARDT (Baden-Baden 1960) 43–48, jetzt in: Studien zur römischen Literatur IV (Wiesbaden 1964) 61–67, dazu 156f.
W. BEARE, Tacitus on the Germans, Greece and Rome 11 (1964) 64–76
K. CHRIST, Germanendarstellung und Zeitverständnis bei Tacitus, Historia 14 (1965) 62–73
H. JANKUHN, Archäologische Bemerkungen zur Glaubwürdigkeit des Tacitus in der Germania, Nachr. d. Ak. d. Wiss. in Gött., I. ph.-h. Kl. 1966, 411–426
M. WINTERBOTTOM, The manuscript tradition of Tacitus' Germania, CPh 70 (1975) 1–7
M. ERREN, Urgentibus imperii fatis, Listy filol. 99 (1976) 1–30
T. PEKKANEN, Nomine superioris (Tac. Germ. 36,1), Arctos 10 (1976) 69–74
K. E. MÜLLER, Geschichte der antiken Ethnographie und ethnologischen Theoriebildung II (Wiesbaden 1980) 80–106
E. KRAGGERUD, Der Namensatz der taciteischen Germania (Oslo 1981); dazu H. HEUBNER, Gnomon 55 (1983) 654ff.
A. A. LUND, Neue Studien zum Verständnis der Namensätze in der Germania (2,2 und 2,3), Gymn. 89 (1982) 296–327
G. PERL, Die 'Germania' des Tacitus. Historisch-politische Aktualität und ethnographische Tradition, Acta Cl. Univ. Scient. Debrecen 19 (1983) 79–89

6) *Literatur zum 'Dialogus de oratoribus'*

F. Leo, Rez. der kommentierten Dialogus-Ausgabe von A. Gudeman (Boston 1894), Gött. Gel. Anz. 1898, 169–188

R. Klaiber, Die Beziehungen des Rednerdialogs von Tacitus zu Ciceros rhetorischen Schriften, 2 Teile, Progr. Bamberg 1914/16

K. Barwick, Zur Erklärung und Komposition des Rednerdialogs des Tacitus, in: Festschr. W. Judeich (Weimar 1929) 81–108

A. Kappelmacher, Die Abfassungszeit von Tacitus' Dialogus de oratoribus, Wien. St. 50 (1932) 121–129

K. Keyssner, Betrachtungen zum Dialogus als Kunstwerk und Bekenntnis, in: Studien zu Tacitus = Festschr. C. Hosius, Würzb. St. 9 (1936) 94–115, jetzt in: V. Pöschl (Hrsg.), Tacitus (Darmstadt 1969) 325–348

R. Güngerich, Der Dialogus des Tacitus und Quintilians Institutio oratoria, CPh 46 (1951) 159–164, jetzt in: V. Pöschl ... (s. o.) 349–360

O. Schönberger, Die Klagen über den Verfall der römischen Beredsamkeit im ersten Jahrhundert n. Chr. (m.-s. Diss. Würzburg 1951)

K. Barwick, Der Dialogus de oratoribus des Tacitus, Motive und Zeit seiner Entstehung, Sitzungsber. üb. d. Verh. d. sächs. Ak. d. Wiss. zu Leipz., ph.-h. Kl. 101,4 (1954)

J. Frot, Tacite est-il l'auteur du Dialogue des orateurs?, RÉL 33 (1955) 120–129

R. Güngerich, Tacitus' Dialogus und der Panegyricus des Plinius, in: Festschr. Br. Snell (München 1956) 145–152

A. Michel, Le Dialogue des orateurs de Tacite et la philosophie de Cicéron (Paris 1962)

H. Gugel, Die Urbanität im Rednerdialog des Tacitus, Symb. Osl. 41 (1967) 127–140

P. Santini, Terminologia retorica e critica del Dialogus de oratoribus (Florenz 1968)

H. Gugel, Untersuchungen zu Stil und Aufbau des Rednerdialogs des Tacitus (Innsbruck 1969)

R. Häussler, Zum Umfang und Aufbau des Dialogus de oratoribus, Philol. 113 (1969) 24–67

K. Bringmann, Aufbau und Absicht des taciteischen Dialogus de oratoribus, MusHelv 27 (1970) 164–178

Ute Hass-v. Reitzenstein, Beiträge zur gattungsgeschichtlichen Interpretation des Dialogus de oratoribus (Diss. Köln 1970)

M. Winterbottom, The transmission of Tacitus' Dialogus, Philol. 116 (1972) 114–128

A. Köhnken, Das Problem der Ironie bei Tacitus, MusHelv 30 (1973) 32–50

D. Bo, La lacuna del Dialogus de oratoribus di Tacito, Prometheus 2 (1976) 124–144

E. Lefèvre, Pliniusstudien II: Diana und Minerva. Die beiden Jagdbillette an Tacitus (1,6; 9.10), Gymn. 85 (1978) 37–47

G. Williams, Change and decline. Roman literature in the early Empire (Berkeley–Los Angeles 1978) 26–51

Ch. E. Murgia, Notes on the Dialogus of Tacitus, CPh 74 (1979) 245–249

K. Heldmann, Antike Theorien über Entwicklung und Verfall der Redekunst (München 1982) 255–299

PERSONEN- UND SACHREGISTER

Die kursiven Ziffern verweisen auf die Übersetzungen, die gewöhnlichen auf die Einleitung, Einführungen und Anmerkungen.

Accius *249*, 342
Aestier *177*
Afer, s. Domitius
Agricola 14 ff.
Aischylos 138
Angrivarier *169*
Aper 12, 188, 194, 224, *229*
Apollodor von Pergamon *247*, 342
Archaismus 203, 342 f.
Aristoteles 183
Augustinus 183
Augustus *93*, *240 f.*, *270*

Barwick, K. 218, 227, 322
Bataver *166*
Besitz (Geld, Reichtum) 128 f., *151*, *164 f.*, 301
Bildung 13, *100*, *207*, *257*, 276
Biographie 80 f., *106*
Bodotria *101 ff.*, 295
Boudicca *95*, 292
Briganten *97*
Britannien 58 ff., *90 ff.*
Brukterer *169*
Brutus *246*, *250*, *254*, *259*, *270*, 342 f.
Büchner, K. 278, 283, 342

Caelius Rufus, Marcus *244*, *270*, 341
Caesar, Gaius Iulius *93*, *95*, 139, *166*, *172*, *235*, *270*
Caledonien *91*, *103 f.*
Calvus *246*, *252*, *270*, 343
Canutius, P. *249*, 312
Carbo, Gaius Papirius *171*, *246*
Cassius Severus *247*, *255*, 341
casus eventusque rerum 279
Cato d. Ä. *246*
Cato d. J. 216
Catull 197
Chamaven *169*
Chasuarier *169*
Chatten *167*
Chauken *170*, 317

Cherusker *171*, 317 ff.
Cicero 144 f., 183 f., 186, 189, 197, 202, 205 ff., 214, 217, 222 f., *240*, *244 ff.*, *251*, *259*, *269 f.*, 319, 341 ff., 346
Claudius *93*
Clota, *101*, 295
conscientia 144
consilium 43 f., *223*
constantia 64, *98*
Corvinus Messalla 189, *246*
Crassus *246*
Crispus, Vibius 193
Curtius, E. R. 280

Demokratie 220 f., *271*
Demosthenes 205, *240*, *269*
Dialog 183 f., 190
Dichtkunst 193, *230*
dignitas 192, 198, 278
Domitia Decidiana *86*
Domitian 22, 55 ff., 71, *88*, *114*, *117 ff.*
Domitius Afer 198
Drusus Germanicus *170*, *172*
Dulgubiner *169*

Ehe *160 f.*, *315 f.*
Ehefrau 132, *153 f.*, *178*, 288
Elbe *174*, 319
Elegiker 145
exempla *100*, 144, 147

Fabius Iustus 186, 320
Fabius Pictor 138, 307
fatum 12, 39 ff., 43 f., *93*, 305
Felix, Minucius 183 f., 320
fides 42
fortuna 39 ff., 44, 305
Freiheit (und Knechtschaft) *84*, *100*, *102*, *106 f.*, 135, 145 f., *156*, *171*, *178*, 198, 212 f., 217, 221 f., *271*

Fremden, Würdigung des 66, 70
Fuchs, H. 283

Gabinianus, Iulius *256*
Gaius Caesar *93, 250*
Gaius (der Neuplatoniker) 277
Galba *87, 246*
Gallier *91, 165*
Gallio *255*, 344
Gedächtnis (memoria) 25, 80 f., *84 f., 108, 121*, 144 f., *149*, 200, 207, 225, *241*
Germanicus *172*
Germanien (als Name) *150*, 309 ff.
Geschichte 39, *121*, 128, 147, *149*, 216 ff., 280 ihre rationes 36, 147, 184
Geschichtsschreibung 10, 24 f., 57, 74, *83, 85*, 138, 142 ff., 280 f., ihre römische Tradition 27 ff., 138
Gibbon 11, 275
Götter 39, *153 ff., 173*
Gracchen, die 214
Gracchus, Gaius *246, 255*, 344
Graupius, mons *105*, 296

Habsucht 61
Heinze, E. 139, 304 f.
Helvetier *166*
Helvidius Priscus 119, 300
Hermagoras *246*, 342
Hermunduren *174*
Herodot 138
Heumann 209
Hirtius und Pansa *244*, 341
Hirzel 320
Hoffmann 79
Homer *240*
honestum 52, 129, 146, 192
honos 25, *120*, 144 f.
Horaz 201, 324
Hübner 78

Iberer *91*
imperium 63, 66, 68, *106, 169*, 222

Jünger, Ernst 275

Kimbern *171*
Klingner, F. 227, 275, 278, 279, 280, *342*
Knoche, U. 275
Krieg und Frieden 37, 65, 68, *92, 95, 99, 104, 106*, 147, *171*, 211 f., 223, *270*, Ursachen *95, 98 f.*

Langobarden *173*
Lipsius 276
Litt, Th. 281

Maecenas *255*, 344
Marbod *175*
Marcellus, Eprius 193, 324
Marius, C. *172*
Markomannen *174*
Marquardt-Mommsen 282
Marrou, H. J. 276
Massa, Baebius *119*, 300
Massilia 49, *85*, 288
Maternus, Curiatius 187, 194 ff., 198 f., 223 f.
Mattiaker *167*
Meister, K. 276, 277 ff.
Menander 335
Menenius Agrippa *244*, 341
Messalla 189, 200, 224
Metellus, Caecilius *171*
Mommsen 33, 55 f., 139, 276, 279
Much, R. 141, 307
Mucianus *88, 268*, 345
Müllenhoff 140

Naturkunde *91 f.*, 291
Nero *87, 119*
Nerthus *173*
Nerva *84*, 139
Nervier 166
Nicetes Sacerdos *243*, 340 f.
Nietzsche 10

Ordoviken *97*
Otho 30 ff., 50, *87*, 145, 188

Pacuvius *249*, 342
Paulinus *95*
Petilius Cerialis *88, 97*
Philosophiestudium 49, 52, *85, 262*
Plato 183
Plinius d. Ä. 219, 306
Plinius d. J. 186, 276
Plutarch 188

Pöhlmann 280
Pollio, Gaius Asinius, *240*, *244*, *270*, 339
Polybios 138
Pompeius, Gnaeus *270 f.*
Porträt 133, 140, 147, 210
Poseidonios 137
principia 283, 304

Quaden *174*
Quintilian 13, 188 f., 219

Rätien *174*
ratio 36, 52, 64, *86*
Rechtsordnung *156*, *269*, 345
Rede 206 ff., 215
Redekunst 191 ff., 202, *260*
Reitzenstein *37*, 280
Roscius Gallus, Q. *248*, 342
Rostovtzeff 11, 45, 275
Ruhm (gloria) *98*, 144, *157*, 192, 196, *237*
Rusticus, Arulenus *119*, 300

Saleius Bassus 191, *231*, 323
Sallust 55, 57, 61, 129, 137, 139, 303 f.
Salvius Titianus *87*
Schönheit *160*, *172*
Schulting 192
Secundus, Pomponius 198, *241*, 339 f.
Seneca 128, 137, 219, 220, 306
Siluren *91*, *97*
Sittlichkeit *160 f.*, 206 f.
Stegreifrede 336 f.
Stil, Schrift über den hohen 219 ff.
Sueben 135, *172*
Suionen *176*
superbia 67, *106*

Tacitus
Leben 12 ff.; Weltanschauung 36 ff.; als Historiker 24, 65, 74, 80, *90*, 147 f., 184, 218, 224 f., 279 f., 297
»Agricola« 49 ff.; Mittelstück 54 ff.; Stil 54 f., 76 f.; Gattung 78 ff., 278; Absicht 80; Glaubwürdigkeit 81; Überlieferung 286 f.; Datierung 279
»Germania« 59 ff., 125 ff.; Gliederung 126 ff.; Stil 130 f.; Deutung 139 ff.; Überlieferung 307 f.; Datierung 279; Gattung 136 ff., 306
»Dialogus« 183 ff.; Echtheit 226, 328 ff.; Stil 226, 323; Datierung 227, 333 ff.; fiktives Gesprächsdatum 320 ff.; Überlieferung 335
Tanaus *100*, 294 f.
Tencterer *169*
Theiler, W. 227
Tiberius *93*, *172*
Tibull 197
Traian *84*, 140, *171*
Treverer *166*
Trucculensischer Hafen *114*, 298
Trüdinger 136, 303
Tuder 175
Tuisto *149*
Turpio, Ambivius *248*, 342

Untätigkeit (und Muße) *84*, *87*, *100*, *115*, *117*, 131, *158*, *239 f.*, 319
Untergang der antiken Welt 11 f.
Urteil (iudicium) 10 f., 30, 70, 74, 81, 142 f., 147 f., 184, 199, 203, 216, *251*, *273*
Usiper 55 ff., *104*, *169*
utile 52, 192, *231*

Varus *172*
Velleius Paterculus 219
Vergil 145, 197 f., 225, *240 f.*
Vespasian 50, *87*, *89*, *93*, 225, *235*, 288
Vettius Bolanus *88*, 96
virtus 25, 38, 44, 53, 57, 131, 143 ff., 148
Vogt, J. 36, 280
Volksmeinung *89*, *116*, *155*

Walser, G. 282
Weissagung *154*
Wertewelt 143, 217, 318 f.
Wieacker, F. 275
Wissen u. Übung 207 f., 260 ff., 324 f.
Wolff, E. 141, 307
Wortkunst *232*, *239*, *248*

Zeit
Epochenbewußtsein 199, 204, 225, *244*, *246*
Gegenwart *161*, *169*, 185, 203, 225, *244*, *265*
alte Zeit 201, *227*, *242*
goldene Zeit 196, 217, *240*

GERMANIEN
NACH TACITUS
von Friedrich Gisinger
NÖRDL. OZEAN
Kimbern
Nuitonen?
Eudosen?
Varinner?
Avionen?
Angeln?
Suardonen
Reudigner?
Chauken
Friesen
Langobarden
Ingävonen
Chamaven
Chasuarier
Dulgubnier
Bataver
Brukterer
Angrivarier
Foser
Cherusker
Usiper
Istävonen?
Herminonen?
Tenkterer
Gambriver?
Chatten
Nervier
Tungrer
Limes
Mattiaker
Hercynischer
Treverer
Vangionen
DEKUMATLAND
Hermunduren
(Helvetier)
Nemeter
Naristen
Limes
ält. Limes
Triboker
Schwarzwald
GALLIEN
RAETIEN
Raet. Alpen